完訳 7つの習慣

30周年記念版

スティーブン・R・コヴィー 著

THE SEVEN HABITS OF
HIGHLY EFFECTIVE PEOPLE

SIMON & SCHUSTER
1230 Avenue of the Americas, New York, NY 10020

This Simon & Schuster edition April 2020

Japanese translation rights arranged with Franklin Covey Co.
through Japan UNI Agency, Inc.

『7つの習慣』三〇周年記念版への序文

ジム・コリンズ

私がスティーブン・R・コヴィー博士に初めて会ったのは二〇〇一年のことで、会っていろいろ話を聴きたいと誘いを受けたのだ。コヴィー博士は温かく迎えてくれ、包み込むような彼の握手は、数えきれないほど手にはめて肌に馴染んだ野球のグローブのような感じだった。私たちは腰を据えて二時間も語り合った。彼は私にたくさんの質問を投げかけた。偉大な教育者にして、当代のもっとも影響力のある思想家の一人でありながら、二五歳も年下の若輩者から学ぼうとしていたのである。

会話を続けていくうち、私自身の好奇心も掻き立てられた。私は切り出した。

「どのような経緯で『7つの習慣』のアイデアを思いついたのですか?」

「思いついたのではありませんよ」と彼は答えた。

「どういう意味です? 本を書きましたよね」

「ええ、たしかに本は書きました。しかし原則はずっと前からありました」と彼は答え、続けてこう言った。

「7つの習慣は自然の法則のようなものです。私がやったことは、それらを一つにまとめ、わかりやすいように体系づけただけです」

その一言で、『7つの習慣』がこれほどまでに大きなインパクトを与えてきた理由が見えてきた。コヴィー博士は、三〇年余の年月をかけて調べ、実践し、教え、磨きをかけたものを一冊の本にまとめたのである。彼が求めていたのは原則の考案者という名誉ではない。人々に原則を教え、広く知ってもらうことだった。自身の成功のためではなく、人々への奉仕活動として『7つの習慣』を書いたのである。

フランクリン・コヴィー社の最高経営責任者ボブ・ホイットマン氏から二五周年記念版『7つの習慣』の序文を依頼され、私はまず同書を全部読み直してみた。一九八九年の初版直後にも読んでいたが、再読してみて、そのメッセージに改めて励まされる思いがした。そしてもう一度考えてみたくなった。この本がこれほど長く読み継がれているのはなぜだろう?『7つの習慣』が不朽の名作となった理由は四つあると思う。

1 コヴィー博士は、一貫した概念の枠組みに「ユーザーインタフェース」を組み込み、その力強い文章によって、だれもが理解できるものにした。

2 コヴィー博士は、たんなるテクニックや一過性の流行ではなく、時代を超えて不変の原則に焦点を当てている。

3 コヴィー博士が主として書いているのは「成功する」ための手段ではなく、「人格を築く」ことである。人格を築くことによって、個人の効果性を高め、ひいてはより良いリーダーになれると説いている。

4 コヴィー博士自身がレベル5(偉大なリーダーシップ)の教育者であった。自身に足りない部分を謙虚に認めたうえで、自ら学んだことを広めることを決意したのである。

スティーブン・R・コヴィー博士は、卓越したシンセサイザー――統合者――だった。彼が個人の効果性のために行ったことは、グラフィカル・ユーザー・インターフェースがパソコンのためにやったことと同じだと思う。アップルやマイクロソフトが登場する前は、コンピューターを日常生活に使える人などほとんどいなかった。

簡単にアクセスできるユーザーインタフェースなどなかったし、マウスやわかりやすいアイコンもなかった。タッチスクリーンはおろか、スクリーン上にいくつもウィンドウを表示することなどできなかった。しかしマッキントッシュが登場し、次にウィンドウズが出ると、一般大衆はようやく、スクリーンの背後にあるマイクロチップの力を利用できるようになったのである。

同じように、ベンジャミン・フランクリンからピーター・ドラッカーまで、個人の効果性に関する知恵は数百年にわたって蓄積されてきたが、一つの体系的な、ユーザーフレンドリーな枠組みにまとめられてはいなかった。コヴィー博士は、標準のオペレーティングシステム、いわば個人の効果性の〝Windows〟を生み出し、簡単に使えるようにしたのだ。しかも彼は優れた書き手であり、ショートストーリーや概念を表現する軽妙な言葉使いが実に見事だ。

『7つの習慣』第一部の「インサイド・アウト」に地下鉄の中で騒ぐわが子を放っておく男性（その理由は明かされる）のエピソードがあるが、これは私にとって忘れがたいものであるし、灯台や間違ったジャングル、あるいは黄金の卵のたとえ話も秀逸である。概念の提示は、表現としても、実践の指南としても非常に優れている。「Win-Win or No Deal」「まず理解に徹し、そして理解される」「終わりを思い描くことから始める」「最優先事項を優先する」など、概念の提示は表現として素晴らしいだけでなく、読者に自然と実践を促す。コヴィー博士は、習慣を学び身につけるための手段として、子育てや結婚生活、友人との関係など、私生活で直面するさまざまな困難や問題を取り上げながら、これらの概念をわかりやすく説明している。

この枠組みに埋め込まれているアイデアの数々は、普遍的なものばかりである。それらは原則である。だからこそ、世界中のあらゆる年代の人々に訴える力があり、受け入れられているのだ。変化、断絶、混沌――まったく先行きの見えない時代において、揺るぎない固定点、乱気流の中で指針となる明確な考え方を人々は切望している。

コヴィー博士は、時代を超えた不変の原則が存在することを確信していた。そして、原則を追求するのは決して無意味なことではなく、賢明なことなのだという信念を持っていた。「神聖なものなどない、何ものも永遠に続きはしない、変化し続ける社会に不変のものを築けるわけがない！すべてが新しくなる！過去を振り返るなんて無意味だ！」と高みから叫ぶ人たちの声を退けたのである。

私自身の探求の旅が目指してきたのは、「偉大な企業を動かしているものは何か？普通の業績から卓越した業績に飛躍できる企業と、それができない企業があるのはなぜか？長く続く企業とそうでない企業の違いは何か？混沌の中で繁栄できる企業の特徴は何か？」という問いに答えることだった。

私が見出した答えの一つは、「基本理念を保持し／進歩を刺激する」という考え方である。守るべき基本理念（芯）、土台となり、錨《いかり》の役割を果たし、めまぐるしく変化する世界で指針となる原則がなければ、いかなる企業も本当の意味で偉大な企業にはなれないし、たとえ今は高い業績をあげていても、いずれ傾く。それと同時に、進歩を刺激し、変化、再生、向上、ＢＨＡＧ（Big Hairy Audacious Goals＝大きく困難で大胆な目標）を追求しなければ、いかなる企業も偉大なままではいられない。

基本理念を保持し、かつ進歩を刺激する、この二つを融合させたとき、企業や組織を長く持続させる魔法の弁証法が得られる。コヴィー博士は、個人の効果性にこれと同じパターンを見出したのである。絶え間ない変化にも揺るがない強固な芯――原則――を身につけ、それと同時に自己の向上と継続的な再新再生を追求する。この弁証法によって、人は岩のごとく堅固な土台と生涯にわたる持続的な成長を実現できるのである。

しかし、『7つの習慣』のもっとも重要な側面、実用的であると同時に奥深いものにしている理由は、「成功」よりも「人格」に重点を置いていることにあると思う。自制なくして個人の効果性は期待できず、そして人格なくして自制はできない。この序文を書いている今、私はウェストポイントの米陸軍士官学校「リーダーシップ研究一九五一年クラス議長」としての二年にわたる旅を終えようとしているところだが、この旅を通して、ウェストポイントのレシピの重要な材料は人格であることを確信した。

偉大なリーダーシップの出発点は人格なのである。リーダーシップは何よりも「人物」次第なのであり、どのような人物であるかが、その人の行動すべての土台なのである。リーダーを育てるにはどうするか？　まずは人格を確立することである。その意味で、『7つの習慣』は個人の効果性だけでなく、リーダーシップの開発にもつながっているのだと思う。

自分の研究のプロセスで調べた卓抜なリーダーたちを思い返すと、コヴィー博士の原則が彼らの物語に実際に現れていることに驚かされる。私が特に気に入っている実例、ビル・ゲイツを挙げさせていただきたい。昨今は、ビル・ゲイツのような人物が遂げた並外れた成功を運のおかげだとする風潮がある。巡り合わせがよかった、正しいときに正しい場所にいたのだというわけである。

しかし少し考えれば、この論法は崩れる。『ポピュラー・エレクトロニクス』誌がアルテア・コンピューターを表紙に掲載し、史上初のパーソナルコンピューターの到来を告げたとき、ビル・ゲイツはポール・アレンとチームを組んでソフトウェア会社を設立し、アルテアのためにBASICプログラミング言語を書いた。たしかに、あのときにプログラミングのスキルに長けていたのはタイミングがよかったのだろう。ただ、そういう人なら他にも大勢いた。カリフォルニア工科大やマサチューセッツ工科大、スタンフォードなどの学校でコンピューター科学や電気工学を学んでいた学生、IBMやゼロックス、HPなどのテクノロジー企業の熟練エンジニア、政府の研究機関の科学者、等々。ビル・ゲイツがあのときにやったことは、こうした何千人もの人たちにもできただろう。しかし彼らはしなかった。ゲイツはどうか。彼はあの瞬間に行動を起こしたのである。ハーバードを中退し、アルテアの本社があったアルバカーキに引っ越し、昼夜を分かたずにコンピューターコードを書いた。ビル・ゲイツが世に出たのは、時代の巡り合わせがよかったからではない。正しいときに主体的な反応をしたからである（第1の習慣　主体的である）。

マイクロソフトが企業として成功を収めると、「すべてのデスクにコンピューターを」という壮大なアイデアに導かれて、ゲイツは目標を拡大した。さらに後年には、地球上からマラリアを根絶するというような崇高な目標を掲げ、夫人とともにビル&メリンダ・ゲイツ財団を設立した。二〇〇七年ハーバード大学卒業式でのスピーチで、彼はこう述べている。「メリンダと私の目標は同じです。それは、我々が持っているリソースを最大限多くの人々に最大限に良いかたちで使うにはどうするか、ということです」(第2の習慣　終わりを思い描くことから始める)。

真の自制とは、自分がもっとも力を出せる時間をもっとも重要な目標に注ぐことだ。言い換えればそれは、良い意味で反逆者になることである。若きビル・ゲイツにとってもっとも重要なのはハーバードを卒業することだと、「誰もが」言うだろう。しかし彼はそうはせず、善意の人々の非難めいた視線を跳ね返して、自らの使命に努力を向けた。マイクロソフト社を設立すると、二つの最優先の目標にエネルギーを注ぐ。最高の人材を確保すること、ソフトウェアで大きな賭けに出ることである。それ以外のことはすべて二次的なものだった。ある夕食会でゲイツが初めてウォーレン・バフェットに会ったとき、ホストがテーブルの全員に「人生という旅でもっとも重要な一つの要因は何だと思うか」と質問した。アリス・シュローダーの『スノーボール　ウォーレン・バフェット伝』(伏見威蕃訳、日本経済新聞出版社)によれば、ゲイツとバフェットは二人とも「フォーカス」と答えたという(第3の習慣　最優先事項を優先する)。

ゲイツと第4の習慣(Win-Winを考える)の関係は、多少複雑である。一見するとゲイツはWin-Loseタイプだ。会社の快進撃がいとも簡単に崩れるのをひどく恐れ、「悪夢のメモ」にマイクロソフトが負けるシナリオを書き綴っていたほど気性の激しい闘志のイメージである。業界標準を獲得するレースでは、ほんの一握りの企業が大勝し、大半は負ける。ゲイツにしても勝ち組から漏れるつもりは毛頭なかった。

しかしよく見てみると、彼は補い合う力をまとめて連合体を形成することに非常に長けていた。大きな夢を実現するためには、マイクロソフトの強みだけでなく、マイクロプロセッサーのインテル、コンピューターメーカーのIBMやデルなどの強みを生かす必要があることを知っていた。彼はまた、社員と株式を共有した。だから、マイクロソフトが勝ったときには社員も勝ったのである。さらに、ビジネスでの長年来の親友スティーブ・バルマーとの関係からもわかるように、自分の性格的な長所と他者の長所を生かす能力にも瞠目《どうもく》すべきものがある。ゲイツとバルマーは、二人で力を合わせ、一人でできることをはるかに超えることを成し遂げた。一＋一が二を大きく超える結果になったのである（第6の習慣　シナジーを創り出す）。

ゲイツが財団を設立し社会的貢献活動に軸足を移したとき、「私はビジネスで成功した。だから社会にインパクトを与える方法はよく知っている」とは言わなかった。まったく逆で、彼は飽くなき好奇心を示し、理解することを追求し始めたのである。難解な問題の解決に必要な科学と手段を理解しようと、質問を投げかけ、友人との会話を「リン酸塩についてもっと知る必要があるな」といったコメントで終えていた（第5の習慣　まず理解に徹し、そして理解してもらう）。

そして最後の再新再生についても、ゲイツの姿勢には感服させられる。マイクロソフトを軌道に乗せるため多忙を極めていた時期にも、彼は読書と内省の「シンク・ウィーク」と銘打って、定期的に一週間丸々休みをとっていた。バイオグラフィーを読むことが好きになり、多くの人物の伝記を読んでいた。あるとき彼は、『フォーチュン』誌の記者ブレント・シュレンダーに「人は生きている間に驚くほど成長できるものだ」と語ったという。ゲイツはこの教訓を自らの人生のマントラとしているのだろう（第7の習慣　刃を研ぐ）。

ゲイツが一流の例であることは間違いないが、他にも多くの人物を挙げることができる。たとえば、高等学校までの教育を社会の大きな力で根本的に改革することを最終目的として、何十万人もの学部卒業生を米国内の教育困難地域にある学校に最低二年間教師として派遣するというアイデアを考えつき、ティーチ・フォー・アメリカを設立したウェンディ・コップ（主体的である、終わりを思い描くことから始める）。あるいは、キッチンテーブルやソファを買うというような重要とは思えないことは一切せず、家具のないがらんとした部屋で暮らしながら、とてつもない製品を創ることに専念していたスティーブ・ジョブズ（最優先事項を優先する）。サウスウェスト航空のハーブ・ケラハーは「9・11」後も、三〇年連続黒字経営を途絶えさせず、かつ全社員の雇用も守り抜くために、労使間のWin-Win文化を創造し全員で結束した（Win-Winを考える）。ウィンストン・チャーチルを例に挙げることもできる。彼は毎日「二回の朝」を迎えるために、第二次世界大戦中も昼寝を欠かさなかった（刃を研ぐ）。

私はなにも、『7つの習慣』が偉大な企業に到達するための地図だと言いたいわけではない。たとえば拙著『ビジョナリーカンパニー』（山岡洋一訳、日経BP）や『ビジョナリーカンパニー2 飛躍の法則』（山岡洋一訳、日経BP）に書いてある原則と、『7つの習慣』の原則は互いに補い合うものであって、同じではない。コヴィー博士の本は、偉大な組織を築くことではなく、個人の偉大な効果性の実現をテーマにしている。

しかしそうは言っても、組織は人で成り立っている。個々人の効果性が高くなれば、組織も強くなる。「7つの習慣」を実践している人たちは、私が『ビジョナリーカンパニー2 飛躍の法則』で詳しく書いたレベル

5のリーダーになれる可能性が高くなるのではないだろうか。レベル5のリーダーとは変革を起こす類稀《まれ》なリーダーであり、個人としての謙虚さと職業人としての強い意志を兼ね備え、エネルギー、意欲、創造力、自制心を、自分よりも大きなものに、自分がいなくなってからも長続きするものに投じられる人間である。彼らはたしかに野心的だ。

しかしその野心を燃やす対象は、偉大な企業を築くことであれ、あるいは世界を変えることであれ、自分自身を超えた何かである。最終的には自分のためではない大きな目的を達成しようとしている。企業が偉大なまま存続できるかどうかを測るもっとも重要な変数の一つは、この単純な問いかけにある——「力を持っている人たちの内面の真の動機、彼らの真の人格、真の野心は何か?」彼らが何を語ろうとも、どんなポーズをとろうとも、その内面にある真の動機は、彼ら自身の決断と行動に現れる。すぐに現れなくとも、いずれ現れる。特に困難な時期には必ず現れる。ここで円をぐるりと描くように、コヴィー博士が示した枠組みの中心に戻る。まず内面の人格を確立する。私的成功があって初めて、公的成功がある。

それゆえに私は、スティーブン・R・コヴィー博士自身をレベル5の教育者と言っているのである。彼はその素晴らしいキャリアを通して、自身の影響力を誇示することなくあくまで謙虚であり、それと同時に不屈の意志をもって人々に原則を説いた。一人ひとりが「7つの習慣」を実践すれば世界は良くなると心から信じ、その信念は本書のどのページにも輝いている。レベル5教育者であるスティーブン・R・コヴィー博士は、自らが教えたとおりに生きるために、一人の個人として最善を尽くした。

自分が一番苦労するのは第5の習慣（まず理解に徹し、そして理解される）だと彼は打ち明けていたが、何とも皮肉ではある。コヴィー博士はまず、理解するという知的な旅に数十年をかけ、そしてこの本を書いたからだ。最初は学習者、それから教師となり、そして教師として書くことを学んだ。その過程で自らの教えを不朽のものとした。第2の習慣の章でコヴィー博士は私たちに、自分の葬儀の場面を思い浮かべながら考えてほしいと問いかけている――「あなた自身とあなたの人生について、参列者にどのように語ってほしいだろうか。彼らの目に自分がどのような人間に映ってほしかったのか。どういう貢献や功績を記憶しておいてほしいのか」。コヴィー博士はきっと、自身の葬儀の様子に深い満足感を覚えるだろう。

人は永遠には生きられない。しかし著作と思想はずっと生きる。本書のページをめくるとき、あなたはコヴィー博士の力が最高潮にあったときの彼と交流できるのである。すべての文章から「私はこれを信じている。あなたのために言いたい。これを学んで、身につけてほしい。成長し、より良い人間になってもっと貢献し、有意義な人生にしてほしい」という彼の声が聞こえてくるようだ。彼の人生は終わった。しかし彼の仕事は終わっていない。まさにこの本の中で続いている。書き始めたときと同じように今も息づいている。『7つの習慣』はまだ二五歳。素晴らしいスタートを切ったばかりなのである。

コロラド州ボールダーにて

二〇一三年七月

三〇周年記念版に寄せて

ショーン・コヴィー

私はこれまでに、「世界的に有名なスティーブン・R・コヴィー博士が父親というのはどんな感じでした?だって〝7つの習慣〟の家で育ったんでしょう?」というようなことを数えきれないほど聞かれた。

子どもの頃の私にとって、両親はふつうの両親だった。善良で優しく、そしてうざかった。見知らぬ人が近づいてきて私を抱き寄せ、むせび泣きながら「お父上の著書が私の人生を変えたんですよ」と告白する、なんていうことが十代の頃はよくあった。一七歳の私は「マジ? うちの親父、ベロアのスウェットパンツにドレスシャツを着て、ボートシューズを履いているんだよ? そんな親父があなたの人生を変えたって?」

今でも覚えている。小学校のときのことだ。昼食時間に父が学校のカフェテリアにやってきて、私と一緒に列に並んだかと思うと、即興でつくった「家族が大好き」という曲を歌い始めたのだ。友だちは皆おもしろがっていた。私は死んでしまいたかった。そのうえ父は禿げていた! 恥ずかしいことこのうえなかった!

自分が授かった贈り物の偉大さに気づいたのは、ずいぶん経ってからのことだった。一九歳になってようやく私は父の本の一冊を手にとり、父が言いたいことを読み始め、そして思った。「親父、すごい。やるじゃん」それまでに学んだ教訓のすべてがよみがえってきた。「7つの習慣の家」で九人きょうだいの四番目として育った私は、父の本に書かれていることに囲まれていた。父は原則を教えてくれただけでなく、私たち子どもを貴重な生徒とみなして、いろいろなアイデアの実験台にしていた。水中にいることに最後に気づく魚さながら、私たちは知らず知らずのうちに父の教えに浸かっていたのである。

社会人になり、「7つの習慣」の奥深さを実感するようになって、ティーンエイジャー・バージョンの「7つの習慣」を書くことにした。それが『7つの習慣 ティーンズ』である。これを執筆していた当時、私には十代の子どもがいなかったのだが、それは幸運だったと思う。子どもたちがティーンエイジャーになった今、かつての自分が言っていたことを思い出す。「ティーンエイジャーが原則を守って効果的に生きるわけがない。そんなの矛盾している。おかしいよ」ところが……世の中には例外的なティーンエイジャーが大勢いるのだ。「7つの習慣」が大勢の人の人生に影響を与えたことを知り、そのメッセージをもっと多くの人に伝えたくなり、子ども向けの絵本『The 7Habits of Happy Kids』、ティーンエージャー向けの『The 7Habits of Highly Effective Teens』を相次いで出版した。私はフランクリン・コヴィー社のイノベーション部門のトップとしてかれこれ二〇数年にわたり、「7つの習慣」のワークショップ、ウェブセミナー、ビデオ、ワークブックも制作してきた。要するに、私は「7つの習慣の家」で育ったのみならず、父を除いて世界中のだれよりも「7つの習慣」を実践し、「7つの習慣」について書き、考えてきたのである。

だから、『7つの習慣』の出版社であるサイモン&シュスターから「三〇周年記念版にあなたの洞察を加えてはどうか」と打診を受けたとき、とても悩んだ。とっさの反応は「そんなことできるわけがない！あの本は傑作だ。付け加えることなんかないだろう?」だった。

しかし、しばらく考えているうちに、「それもいいかもしれない。「7つの習慣」が私だけでなく世界中に与えたインパクトを語ることができる」と思い始めた。父自身の人生の知られざるエピソードを紹介できるし、「7つの習慣」が今の時代にも深く関係していることを伝えられることに気づいたのである。

実際のところ、家庭や組織、社会の問題や試練が深くなるほど、習慣の重要性が増していく。それはなぜか。効果性という時代を超えて普遍的な原則が土台になっているからだ。父はこれらの概念を自分で考え出したとは言っていない。世界中で普遍的に受け入れられている概念であることを発見したのである。父の役割は、これらの概念を個々人の人生の指標となる習慣にし、体系化することだった。

父は、自分のミッションは世界中に原則中心のリーダーシップを行き渡らせることだと自認していて、「私のことはどうでもいい。大切なのは原則だ。私が亡き後もずっと多くの人にこれらの原則を学んでもらいたい」とたびたび言っていた。私は父のこの言葉を思い出し、勇気づけられた。父がここにいたら、「これらの原則が生き続けられるように、私の本に色を加えなさい」と背中を押してくれるのではないかと思った。

そこで本書では、それぞれのセクションと習慣の最後にインサイトとストーリーを数ページ加えた。読者の皆さんの実感の度合いが増して、原則を実践しやすくなるのではと期待している。

父の言葉は何一つ変えていない。本書は生前のスティーブン・R・コヴィーそのものであり、読み進めていくと、彼が本から飛び出してきて、あなたには素晴らしい価値と可能性があると断言し、職場や家庭で効果性の高い人間になるための方法を目の前で教えてくれているかのように感じるだろう。

私は長年「7つの習慣」の仕事に取り組んできたが、最近ますます、「7つの習慣」は社会性・情動学習や行動科学の分野の大きな科学的ブレークスルーなのではないかと思えてくる。「7つの習慣」は、新しくできた7つの「あれやこれや」ではない。本書の序文でジム・コリンズが書いていることにまったく同感だ。

スティーブン・R・コヴィーが個人の効果性のために行ったことは、グラフィカルなユーザーインターフェースがパソコンのためにやったことと同じだと思う。（中略）個人の効果性に関する知見は、ベンジャミン・フランクリンからピーター・ドラッカーまで長い年月にわたって積み重ねられているが、ユーザーフレンドリーで一貫性のあるフレームワークにまとめられたことはなかった。コヴィーは、個人の効果性のための使いやすい標準的なオペレーティングシステム――Windows――をつくったのだ。

「7つの習慣」は現在、世界中の何千もの小・中・高校、フォーチュン一〇〇企業、中小企業をはじめ、家庭、障がい者、乗馬セラピー、軍隊や刑務所でも採用されている。

『7つの習慣』に書かれている原則、例え、体験談には、人生を変える力がある。学校で「Win-Winを考える」ことを学んだ一六歳の少女から届いた手紙を紹介しよう。

ショーンさん、私にとって、これまでに身についていた習慣を断ち切るのは本当にたいへんでした。一番きつかったのは、学校である女の子と競争するのをやめることでした。とてもウエメセな子なんです（すみません、これおぼえたての言葉なんですけど、すごくいいと思う。「ウエメセ」というのは上から目線のことで、傲慢で偉そうで、押しつけがましい、という意味です）。興味を持っていることがその子と同じなので、同じグループになることが多かったんです。以前は、学芸会やスピーチコンテストみたいなイベントでも彼女のウエメセな態度のせいで楽しめませんでした。でも、ずいぶん慣れてきました！　彼女の態度をゆるして前に進むことにしたのです。今日の日記には自分に言い聞かせる言葉を書きました。「人生は競争じゃない」と。わかりますよね？　気持ちがすごくラクになりました！　大きな荷物をおろしたような感じです。

電力会社ミシシッピ・パワーの社長、アンソニー・ウィルソン氏からいただいたメールも忘れられない。

一九九〇年代は規制撤廃の脅威が我々の業界に未曾有の危機をもたらしましたが、当社は「7つの習慣」を取り入れ、前進することができました。上から下まで全社員がコヴィーの『7つの習慣』と『原則中心リーダーシップ』のトレーニングを受け、これらの習慣を会社の文化に根付かせました。二〇〇五年、ハリケーン・カトリーナが当社の二三の郡サービス区域を襲い、すべてのお客様への電力供給がストップしてしまいました。一二〇〇〇人のライン要員を北米中からかき集めましたが、彼らを統率する監督員が足りませんでした。しかし、この危機対応で一人ひとりがリーダーシップの役割を果たせるはずだと社員を信じました。「終わりを思い描くことから始める」も「まず理解に徹し、そして理解される」も、それ以外の習慣も社員たちはよくわかっていましたから、見事な働きをしてくれました。結局、一二日後には電気を復旧することができ、USAトゥデイ紙に取り上げられ「危機管理のお手本」と絶賛されました。大災害の状況でステップアップしてリーダーシップを発揮し、迅速に決断を下し、改革することのできるエンパワーメントの文化を築いたのです。「7つの習慣」は、当社のハイパフォーマンス文化という布地に今も織り込まれています。感謝です！

これが原則の力である。「7つの習慣」の力である。私が書き足したインサイトが読者の皆さんにとって一助となりますように。

ショーン・コヴィー

フランクリン・コヴィー・エデュケーション社長、ブライドル・アップ・ホープ財団共同創設者・会長。世界中を飛び回る人気の講演者であり、多くのラジオ番組やTV番組に出演し、出版物にも取り上げられている。ハーバード大学でMBAを取得。著書はニューヨーク・タイムズ紙のベストセラーリストに掲載され、ウォールストリート・ジャーナルでビジネス書ベストセラー一位の『実行の4つの規律』や『7つの習慣ティーンズ〈2〉大切な6つの決断―選ぶのは君だ』など多数の著書・共著書がある。

『7つの習慣』発刊二〇周年に寄せて

変化を起こしたいすべての人に必読のビジネス書はほんの数冊しかない。本書はそのすぐれた一冊である。

セス・ゴーディン　『トライブ　新しい〝組織〟の未来形』著者

『7つの習慣』は、ビジネスの世界を進んでいく私たちの道しるべになる。シンプルだが、驚くほど効果がある。上を目指すリーダーにおすすめの一冊！

メグ・ホイットマン　Quabi CEO　ヒューレット・パッカード元CEO

『7つの習慣』はもはや史上屈指のベストセラーである。

『フォーチュン』

『7つの習慣』は歴史的名著である。それにはもっともな理由がある。この一冊で何千万人もの人たちの生き方が大きく変わったからだ。私もそのひとり！　この二〇年間、友人や同僚、ラジオのリスナーに向けて週に何度も本書を引用し、奨めている。人生で成功したいなら、書斎に置いておくべき一冊。

デイブ・ラムジー　ニューヨーク・タイムズ紙ベストセラー作家　全米ネットワークラジオ番組司会者

スティーブン・R・コヴィーの革新的な一冊は現在も多くの人々を導き、鼓舞している。個人の効果性の開発が幸福へとつながる道筋を照らし出し、世界をより良くする変化を生み出すのだということが説得力をもって語られている。

ロザベス・モス・カンター博士
ハーバード大学アドバンスト・リーダーシップ・イニシアチブディレクター
ハーバード・ビジネス・スクール主任教授　アーバックル記念講座教授
『「確信力」の経営学』『Supercorp』著者

一〇年前、コヴィー博士の7つの習慣セミナーに参加しました。大勢の人が参加していて、ほとんどは企業のリーダーでした。室内を見渡すと、だれもが真剣な様子だったので、「大人になるまで待たなくても、これらのスキルを教えてもいいのではないか」と思ったのです。それからすぐに私たちの学校でも「7つの習慣」を教えはじめました。最初は教職員に、そして生徒に。最低学年の五歳の子たちもです。以来一〇年間、「7つの習慣」の効果は絶大です。教師になって三六年になりますが、生徒の成績、教師の勤続年数、保護者の満足度にこれほどの影響を及ぼしたものは知りません。世界中の五〇〇〇以上の学校で、大勢の生徒たちが『リーダー・イン・ミー』を通してパワフルな習慣を学んでいるのです。すばらしいことです。

ミュリエル・トーマス・サマーズ　ABコームズ小学校校長

本書『7つの習慣』は、人を解放する真実に世界の目を開かせた。その真実とは、マインドセットは私たちに奇妙な悪さをするということだ。自分が貧しいと感じているうちは貧しいのである。コヴィー博士は、生き方を変えるカギは自分自身に対するマインドセットを変えることだと教えている。潜在能力も可能性も計り知れないほど豊かなのだということに一人ひとりが気づくべきだと。

ムハンマド・ユナス　二〇〇六年ノーベル平和賞受賞者

読んでいてとてもためになる……非常に思慮深く、啓発に富む一冊だ。

ノーマン・ヴィンセント・ピール　『積極的思考の驚くべき結果』著者

『７つの習慣』は過去二五年間ずっと、私のお気に入りのビジネス書である。「すべてのカテゴリー」で一番のお気に入りだ。ここに書かれている教訓は、毎日二四時間考慮するに値する人生の教訓である。

ジョエル・ピーターソン　ジェットブルー航空会長

『７つの習慣』に示されている教訓は、成功への導く重要なガイドです。本書がずっとベストセラーであるのも当然だと思う。私が水泳でも人生でも成功できているのは、７つの習慣と同じように主体的なアプローチのおかげです。それは、夢を描く、計画する、到達する、というもの。当財団のプログラムを通して、夢を描く力に気づき、目標に向かって綿密な計画を立て、それを実行することの大切さを伝えています。

マイケル・フェルプス　第二二回オリンピックメダリスト　マイケル・フェルプス財団創設者

スティーブン・コヴィーは、私をはじめ米国海軍の何千人もの兵士に影響を与えた。生と死の意味をふまえてリーダーを育成することがわれわれの仕事である。『7つの習慣』は、考え方を改め、個々人にとって新しいチャレンジ、わが国の防衛にとって不可欠なチャレンジに取り組むことを教えてくれた。氏の著作は海軍のリーダー世代に影響を与えた。私としても、「9・11」以降に海軍を率いる上で役立った。氏がわが軍の幹部と夕食を共にし、海軍をより良くするためのアイデアを話してくれた日のことは一生忘れないだろう。氏はわれわれの人生を決定的に変えたのである。

ヴァーン・クラーク大将　米国海軍　退役

私の場合、ビジネス書や自己啓発書を推薦することはめったにない。しかし『7つの習慣』は別だ。本書には一〇点満点の評価をつけ、同僚、家族、友人に積極的に奨めている。スティーブン・コヴィー氏と彼のチームと仕事してきたことを心から喜んでいる。ビジネス界への大きな貢献に感謝したい。

フレッド・ライクヘルド　ベイン・アンド・カンパニー フェロー　『究極の質問』著者

『7つの習慣』はたんなる一冊の本ではない。自身が書いたとおりの人生を送った偉大な教師が残した遺産だ。スティーブン・R・コヴィー博士の強い信念は原則と経験に基づいている。私は彼に深く感謝しているが、彼の不在を悲しんではいない。その教えを通して、彼はこれからも毎日私とともにあり続けるのだから。

クレイトン・クリステンセン　ハーバード・ビジネス・スクール教授
『イノベーションのジレンマ―技術革新が巨大企業を滅ぼすとき』
『イノベーション・オブ・ライフ ハーバード・ビジネス・スクールを巣立つ君たちへ』著者

スティーブン・コヴィーのことを思うと、「よくやった。私の良き忠実なるしもべ」とねぎらわれ、微笑んでいる彼を想像する。彼がこれほどの称賛を受けてしかるべき最大の理由は『7つの習慣』にある。本書の教訓は、二五年前にスティーブンが執筆したときと変わらず現在も重要な意味を持っている。『7つの習慣』は今もなお最も読まれ、読み返されるべき一冊なのである。

ケン・ブランチャード　『1分間マネジャー』『リーダーシップ論 より高い成果をいかにしてあげるか』著者

時間、移動、仕事、家族に関わる責任や要求が重くのしかかる現代の競争社会において、スティーブン・R・コヴィーの『7つの習慣』を参考にできるのは心強い。

マリー・オズモンド　歌手・俳優　『The Key Is Love』著者

コヴィーは、米国の実業界にとってデール・カーネギー以来もっとも偉大な自己啓発コンサルタントである。

『USAトゥデイ』

「7つの習慣」のトレーニングを導入してから、社員の協力姿勢が目に見えて改善しました。これこそ当社が望んでいたことです。何年もトレーニングを続けてきましたが、それだけの価値があると実感しています。すべての大陸で事業を展開するジョージフィッシャーのような国際的企業にとって、個人の成長、社員同士の関係の向上、垣根を越えて効率よく協力することが成功に不可欠なのです。

イブ・セラ　ジョージフィッシャーCEO　スイス／シャフハウゼン

スティーブン・コヴィーの『7つの習慣』は、七四カ国にまたがって社員を管理するうえで、マリオットにすばらしい指針を与えてくれた。リーダーシップを飛躍的に強化し、卓越したホスピタリティを実現できたのも、彼の洞察のおかげである。

J・W・マリオット・ジュニア　マリオット・インターナショナル執行役会長兼取締役会会長

はじめに

スティーブン・R・コヴィー

『7つの習慣　成功には原則があった！』の初版以降、世界は劇的に変化した。私たちの生活ははるかに複雑になり、より多くのことが要求され、ストレスは増す一方である。世の中は産業時代から情報・知識時代へと移行し、それによってもたらされた結果には深い意味がある。個人のレベルでも、家庭やさまざまな組織のレベルでも、ほんの一〇年前や二〇年前には考えられなかったような困難や問題にぶつかっている。かつてない規模であるばかりか、まったく新しいタイプのチャレンジに直面しているのである。

このような社会の劇的な変化、デジタル化するグローバル市場への移行が進む中、私はよくこのような質問を受ける。

「今の時代にも『7つの習慣』は有効なのだろうか？」

「一〇年後、二〇年後、五〇年後、一〇〇年後でも通用するのだろうか？」

この重要な問いに対して私は、「変化が大きいほど、困難なチャレンジであるほど、『7つの習慣』の持つ意味も大きくなる」と答えたい。私たちが抱えている問題、感じている痛みは普遍的なものであり、問題の数も、痛みの度合いも増している。しかしその解決方法は、歴史の中で長く繁栄した社会すべてに共通する原則、不変にして普遍の原則、自明の原則に基づいている。これらの原則は私が考え出したものではない。私はただ、これらの原則を明確にし、体系づけただけなのである。

私はこれまでに多くの教訓を学んできたが、その中でも特に興味深いのは、「自分の最高の望みを達成し、最大の困難を克服したいならば、自分が求める結果を支配している原則や自然の法則を知り、それを適用する」という教訓である。どのように原則を適用するかは、個々人の強みや才能、独創性などによって大きく変わってくるだろう。しかし突き詰めれば、いかなる成功も、その成功に結びついている原則に従って行動することによって手にできるのである。

ところが多くの人はこのようには考えない。少なくとも意識してはいない。逆に、原則に基づいた解決策はこの時代の常識や考え方とはまるで対照的だと感じるだろう。どのように対照的なのだろうか。私たちが今直面している困難を例に挙げて説明していこう。

恐れと不安

昨今、多くの人は何がしかの恐れにとらわれている。将来を恐れ、職場での自分の弱さを恐れ、職を失い家族を養えなくなるのではないかと恐れている。このように気弱になっていると、安定した生活を望み、職場や家庭でお互いにもたれ合う共依存関係になりがちだ。もたれ合いの共依存関係から抜け出すには、各々が自立する他ない。現代社会では、このような問題に対する一般的な解決策は「自立」とされているからだ。これは、「私は『自分自身と自分のもの』を大切にしよう。自分の仕事をきちんとこなし、本当の喜びは仕事以外に見出そう」という態度である。

自立は重要だ。それどころか不可欠であり、達成しなければならないものである。しかし私たちの社会は相互依存で成り立っているのだから、自立という土台の上に、相互依存の能力を身につけなくてはならない。何であれ重要な成果をあげるにはどのようなスキルにもまして、相互依存の能力が必要なのである。

今すぐ欲しい

人はモノを欲しがる。それもすぐに欲しがる。「もっとお金が欲しい。立派な家や車が欲しい。娯楽施設で楽しみたい。全部を手に入れたいし、全部手にして当然だ」と考える。クレジットカードが普及し、「今手に入れて支払いは後回し」というスタイルが当たり前になっている。しかし、経済的な問題はいずれ訪れる。自分の支払い能力を超えてモノを買ってはいけないことに後から気づき、痛い思いをすることもある。それに懲りて、もっと堅実に生活しようとしても、長続きしない。あるいは利息の請求がしつこくつきまとい、いくら一生懸命働いても追いつかない羽目に陥ることもある。

テクノロジーがめまぐるしく変化し、市場や技術のグローバル化で競争が激化する時代にあっては、賢明に生活するだけでなく、常に自分を再教育し、自己改革していかなくてはならない。時代の波に乗り遅れないためにも、絶えず知性を磨いて研ぎ澄まし、自分の能力を伸ばすことに投資していなければならない。職場で上司から結果を求められるのは当然のことである。競争は熾烈であり、組織の生き残りがかかっているからだ。

そのような現実の中で、経営者は今日の成果を求める。しかし真の成功は持続性と成長である。たとえ四半期の目標を達成できたとしても、その成功を一年、五年、一〇年という期間にわたって維持し、さらに増大させていくために必要な投資をしているか、と自問しなければならない。

ウォール街に代表されるような私たちの社会は、今すぐに結果を出せと叫んでいる。しかし、今日の結果を出す必要性と、明日の成功に結びつく能力に投資する必要性とのバランスをとらなければならないのだ。それと同じことは、自分の健康、結婚生活、家族の絆、自分が所属するコミュニティのニーズについても言える。

非難と被害者意識

人は何か問題にぶつかると、他者に責任を押しつける傾向がある。昨今は被害者ぶることが流行にでもなっているかのようだ。「もし上司があんなに無能でなければ……、もし貧乏な家に生まれていなければ……、もしもっと良い場所に住んでいれば……、もし父親の短気が遺伝していなければ……、もし子どもがこんなに反抗的でなければ……、もし他の部署が受注の間違いを繰り返さなければ……、もしこんな斜陽業界にいなければ……、もし社員がこれほど怠け者でなければ……、もし妻がもっと自分を理解してくれれば……、もし……、もし……」

こんなふうに、自分の抱えている問題や困難を他人や状況のせいにすることが当然のようになってしまっている。そうすれば一時的には痛みが和らぐかもしれない。しかし実際には、自分とその問題をつなぐ鎖を強くするだけなのである。謙虚な人は自分が置かれた状況を受け入れ、責任をとる。勇気ある人は、主体的に困難に取り組み、創造的に克服していく。こうした人たちは、自ら選択することによって大きな力を得るのである。

絶望

非難されてばかりいる子どもは、人に対する不信感と絶望感を内面に育ててしまう。置かれている状況で自分は被害者だと思ってしまったら、希望を失い、生きる意欲を失い、やがて諦めと停滞の状態に慣れていく。「私はただの駒、操り人形だ。歯車の歯にすぎないのだから、自分ではどうすることもできない。何をすればいいのか指示してほしい」——聡明で有能でありながら、こんなふうに感じ、落胆と憂鬱の連鎖に陥っている人のなんと多いことか。多くの人たちは今の社会で生き残るために、「何かあったときに落胆しなくともすむように、人生に対する期待のハードルを最初から下げておけばいい」というような態度をとっている。しかしこれは、人間の長い歴史を通して見出された成長と希望の原則「自分の人生は自分で創造する」とは正反対の態度である。

バランスの欠如

携帯電話は私たちの生活をますます複雑にしている。より多くのことが要求され、ストレスは増し、本当に疲れさせられる。時間を管理して少しでも多くの成果をあげよう、現代のテクノロジーの驚異をうまく駆使して効率を高めよう、有能な人間になろうと、誰もが必死で努力している。それなのになぜ、ますます仕事に追われ、健康、家族、誠実さなど、自分にとってもっとも大切なものを仕事のために犠牲にしなければならないのだろう？

生活を維持するエンジンである仕事が問題なのではない。仕事の複雑化や早すぎる変化でもない。問題は、「もっと早く出勤し、もっと遅くまで残業しなさい。もっと効率的に働きなさい。今は忍耐あるのみ」という現代社会の要求である。だが実際には、こうした社会の求めにただ応じていたら、心の平和やバランスのよい生活は得られない。自分にとってもっとも重要な事柄を明らかにし、それを誠実に実行して初めて得られるのである。

「利己主義」

現代社会は、「人生で何かを得たいなら、一番を目指さなければならない」と教えている。「人生はゲームだ。レースだ。競争だ。だから勝たなければ意味がない」というわけである。同級生、職場の同僚、家族までもが競争相手に見え、彼らが勝てば勝つほど、自分の取り分が少なくなると感じる。もちろん外見上は他者の成功を応援する寛大な人間のように振る舞うが、内心では他人の成功を妬んでいる。

私たちの文明の歴史を振り返れば、偉大な業績の多くは、自立した個人の揺るぎない決意のもとで成し遂げられたことがわかる。しかしながら、この知識労働者時代においては、個人ではなく「私たち」という概念を心から理解し、実践し、内面化した人こそが、最大の機会、無限の可能性を手にできる。すべての人に成功が行きわたってなお余りあると考える「豊かさマインド」を持つ人、他者を尊重し、お互いの利益のために無私の気持ちで働く人によってこそ、真の優れた業績はなされるのである。

理解されたいという渇望

人が持つ欲求の中で、他人から理解されたいという欲求ほど切実なものはないだろう。「私の声に耳を傾けてほしい」「私に敬意を払ってほしい」「大切にしてほしい」という欲求は、他者に対して影響力を持ちたいという欲求でもある。ほとんどの人は、影響力の鍵はコミュニケーション力にあると思っている。自分の言いたいことをわかりやすく、説得力を持って伝えられれば、他者に影響を与えられるはずだと考えている。

しかしわが身を振り返ってみてほしい。誰かと話をしているとき、相手の話を理解しようと真剣に聴くどころか、相手が話し終わった後のリアクションを考えながら聞いていないだろうか。あなたが相手に影響を与えられるのは、相手があなたに影響を与えていると感じたときからである。自分が理解されていると感じたとき、あなたが本心から真剣に話を聴いてくれたと感じたとき、あなたが心を開いてくれたと相手が感じたときに初めて、その人に影響を与えられるようになるのである。

ところがほとんどの人は、感情的な未熟さゆえ他者の話を真剣に聴くことができず、自分の考えを伝えることばかり考え、相手を理解することに神経を集中しようとしない。現代社会においては、理解と影響力が大事だと声高に叫ばれている。しかしながら影響力を与えるということは、たとえ一人でも真剣に聴いてくれる他者との相互理解という原則に基づくものなのである。

対立と相違

人間には多くの共通点がある。しかし同時に相違点も多い。人それぞれに考え方は異なるし、価値観やモチベーション、目的が相反することもある。こうした違いによって、自然と対立が引き起こされる。競争社会においては、お互いの考え方の違いから生じる対立を解決するとなると、どうしても「可能な限りたくさん勝ちとる」ことにエネルギーが向けられてしまう。

妥協は、両者がそれぞれの立場を明確にし、お互いに受け入れられる中間点まで歩み寄るという巧みな解決策と言えるかもしれないが、それでも双方ともに満足する解決策ではない。考え方が違うからといって、解決策を最低の共通点まで引き下げなければならないのは、何とももったいない話だ。妥協せず、創造的協力という原則に従えば、双方が最初に持っていた考え方を上回る素晴らしい解決策を生み出せるのだ。

私的停滞感

人間の本質には四つの側面がある。肉体、知性、心情、精神である。これら四つの本質に対する現代社会と原則のアプローチの違いを見ていこう。

・**肉体**

現代社会の傾向：生活習慣を改善せずに、健康上の問題は手術や薬で治療する。

原則：健康に関して、すでに確立され受け入れられている普遍的な原則に沿ったライフスタイルによって、病気や健康上の問題を予防する。

・**知性**

現代社会の傾向：テレビを見ながら娯楽にふける。

原則：幅広く深く読書し、継続的に学ぶ。

・**心情**

現代社会の傾向：私利私欲のために、他人を利用する。

原則：敬意を払い、話を真剣に聴き、他者に仕えることが真の達成感と喜びをもたらす。

・**精神**

現代社会の傾向：世俗主義と皮肉が増長する風潮に身を任せる。

原則：人生を前向きにとらえることができるもの、人生に意味を見出そうとする基本的なニーズの源には原則があることを認識している。その自然の法則の源として私が個人的に信じているのは、神である。

あなた自身が抱える個人的な問題やニーズだけでなく、これまで挙げた社会における普遍的な問題も常に心に留めておくことを勧めたい。そうすれば、問題の解決策とそこに至るまでの道筋を見出せるだろうし、現代社会のアプローチと時を超えた不変の原則に基づくアプローチとの対比がはっきりと見えてくるはずである。

最後に、私がいつもセミナーなどで尋ねる質問をここでも投げかけてみたい。死の床で自分の人生を振り返ったとき、もっと多くの時間をオフィスで過ごせばよかった、あるいはテレビをもっと見ればよかったと悔やむ人は、果たしてどれくらいいるのだろうか。答えは簡単だ。一人としているわけがない。死の床にあって思うのは、家族や愛する者のことである。人は誰かのために生き、最期はその人たちのことを思うのだ。

偉大な心理学者のアブラハム・マズローも、人生を終えるとき、自分自身の自己実現欲求（マズローの説く「欲求の段階」の最終段階）よりも、子孫の幸福、達成、貢献を願ったという。彼はそれを自己超越と呼んでいた。

それは私にとっても同じである。「7つの習慣」に含まれている原則のもっとも大きな力、もっとも満足感を与えてくれる力は、自分の子や孫たちを思う気持ちから生まれるのである。

たとえば私の一九歳の孫娘シャノンは、あるきっかけから、ルーマニアの孤児のために仕えたいという気持ちを抱いた。ある日、病気の子どもがシャノンの目の前で嘔吐し、彼女に抱きつこうとした。シャノンはその瞬間、「私はこれ以上、自己中心的な人生を送りたくない。私は自分の人生を奉仕に使わなければいけない」と決意し、私と妻のサンドラに手紙を書いた。それから彼女はルーマニアに戻り、今でも同じ場所で奉仕活動をしている。

私の子どもたちは皆結婚したが、彼らは配偶者とともに原則と奉仕を中心に据えたミッション・ステートメントを書いている。彼らがそのミッション・ステートメントを実践する姿を見るにつけ、私は自分の子孫たちから真の喜びを得ることができるのである。

これから『7つの習慣』を読み始めるあなたに、刺激に満ちた学びの冒険を約束しよう。あなたが学んだことを愛する人たちに教えてあげてほしい。そして何よりも、学んだことをすぐに実践してほしい。実行に移さなければ、本当に学んだとは言えない。知識を持っていてもそれを実行しないのは、知っていることにはならないのである。

私自身も「7つの習慣」を実践する努力を続けてきた。上達していくにつれて、スキー、テニス、ゴルフなどのスポーツと同じように、チャレンジの中身そのものが変わっていく。私は「7つの習慣」の原則を実践するために毎日真剣に奮闘している。この冒険にあなたもぜひ歩み出してほしい。

二〇〇四年ユタ州プロボ市にて

完訳 7つの習慣
人格主義の回復

CONTENTS

新たなインサイト

第三部 公的成功……251

第一部

パラダイムと原則

PARADIGMS AND PRINCIPLES

インサイド・アウト

正しい生き方なくして真の成功はありえない。

――デイビッド・スター・ジョーダン

私は二五年余にわたり、コンサルティングの仕事を通して、企業や大学、家庭生活などさまざまな場面で多くの人々と接する機会に恵まれてきた。こうして知り合った人の中には、社会的に大きな成功を遂げている人も大勢いたが、見た目の成功とは裏腹に、彼らは虚しさを覚え、本当の自分を探し求め、あるいは深く豊かな人間関係に飢えていた人が少なくなかった。

彼らが打ち明けてくれた悩みの一部を紹介しよう。あなたにも思い当たることがあるかもしれない。

- 仕事で達成したいと思っていた目標はすべて成し遂げました。ずいぶん出世しましたよ。ところが、それと引きかえに私生活と家族を犠牲にしてしまった。今じゃ妻も子どもたちも他人同然です。さらに自分のことすらわからなくなっている。私にとって大切なことは何なのだろう。まったく、今までやってきたことは何だったのだろう。
- またダイエットを始めました。今年に入ってもう五回目。ご覧の通り太っていますからね、何とかしたいんですよ。新しいダイエット本が出れば必ず読みます。減量の目標を立てて、「絶対にできる」と自分に言い聞かせ、やる気満々で始める。でも続かない。二〜三週間もすると、やる気はどこへやら。自分との約束をどうしても守れないんですよね。

●管理職セミナーにはいくつも出ています。部下には大いに期待していますし、自分も気さくで公平な上司になろうと努力しています。しかしそれが部下には伝わらないのですよ。私が病気で会社を休みでもしたら、無駄話に花が咲くでしょうね。私がこれほど努力しても、彼らには責任感や自主性というものが育たない。見込みのある人間がどこかにいないものでしょうか。

●高校生の息子がおります。反抗的で、ついにドラッグに手を出しました。私の言うことなんか聞きやしません。困り果てています。

●やらなければならないことが山積みだ。いつだって時間が足りない。一年三六五日、朝から晩まで時間に追われている。時間管理のセミナーも受講したし、システムやツールだっていくつも試した。多少役には立ったが、望んでいたようなバランスのよい生活を送っているとはとても思えない。

●子どもたちに仕事の大切さを教えたいんですよね。でも、家の手伝いをさせるにしても文句たらたらで嫌々やるって感じですし、私がいちいち指示しなくちゃいけません。自分でやったほうがよっぽど簡単ですよ。言われる前に進んでやったためしがありません。子どもというのはどうしてこうなんでしょう？

●目が回るほど忙しい。こんなことをしていて将来のためになるのだろうかと不安になることがある。振り返ってみて意味のある人生だったと思いたい。自分の存在が何かの役に立ったと思いたいんですよ。

●友人や親戚が成功したり何かで認められたりすると、笑顔でおめでとうと言うけれど、内心は嫉妬でおかしくなりそう。どうしてそんなふうに感じるのかしら？

●ええ、私は押しの強い人間です。だいたいは自分の意見を通せます。自分の思いどおりの結果になるように人を説得することもできます。もちろんその時どきの状況をよく考え、自分の案が誰にとってもベストだと確信できます。しかし何だかすっきりしません。周りの人たちが私や私の意見を内心ではどう思っているのか気になるんですよ。

●私たちの結婚生活は破綻状態です。べつに喧嘩をするわけではないのですが、もうお互い愛情は感じていません。カウンセリングを受けたり、いろいろ努力はしましたが、昔のような気持ちは戻ってきそうにありません。

どれもこれも深刻な悩みだ。深く根を張った問題であり、応急処置で解消するような痛みではない。

数年前、私と妻のサンドラも同じような問題で悩んでいた。息子の一人が学校生活にうまくなじめず苦労していた。成績がふるわず、良い点数をとるどころか、答案の書き方の指示さえ理解できない。対人関係も未熟で、親友を困らせることもたびたびあった。背が低くやせっぽちで、運動もからきしだめ。ピッチャーの手からボールが離れる前にバットを振るありさまなのである。当然、皆の笑い者になっていた。

私たち夫婦は息子の力になろうと必死だった。私も妻も、人生において何で「成功」したいかと問われれば、親としての成功以外にはないと思っていた。だから、息子のためになるようにと、彼に対する自分たちの態度と行動を改めた。積極的な心構えというテクニックを駆使して、息子を励まそうとしたのだ。「頑張れ！おまえならきっとできる！バットをもう少し短く持って、ボールから目を離すな。いいか、ボールが近くにきたらバットを振るんだぞ」息子が少しでも上達すれば、もっと上達するようにと、「いいぞ、その調子で頑張れ」と励まし続けた。

他の子たちが笑おうものなら、「放っておいてくれ。からかうんじゃない。頑張っているところなんだから」と叱りつけた。すると息子は、「うまくなんかなりっこない。野球なんかもう嫌だ」と言って泣きだすのだった。

何をやっても息子のためにはならず、私も妻も深く心を痛めていた。息子はみるからに自信をなくしていた。励まし、手を差しのべ、前向きな態度で接したが、どれもこれも失敗に終わった。そしてようやく、一歩下がって違う観点から状況を見つめ始めたのである。

当時私は、国内のさまざまな企業にリーダーシップ開発の研修を行う仕事をしていた。その関係で二ヵ月に一度、ＩＢＭの管理職能力開発セミナーで「コミュニケーションと認知」というテーマで講義をしていた。講義の準備をしていて、人は物事をどう認知し、それが行動をどのように支配するのか、ものの見方が行動にどう影響するのか、強い関心を持つようになった。そして期待理論や自己達成予言、「ピグマリオン効果（訳注：教師の期待が生徒の学力を伸ばすという教育心理学理論）」を調べていくうちに、ものの見方が人の内面の深いところで作用していることに気づいたのである。要するに、何を見るかというよりも、どのようなレンズを通して見ているかが問題であり、そのレンズこそが一人ひとりの世界観をつくっているのである。

ＩＢＭで教えていたこれらの考え方を妻に説明し、私たち夫婦が直面していた問題に当てはめて話し合った。そして、息子によかれと思ってやっていたことは、実は私たちのレンズを通して息子を**見ていた**結果なのだと気づいたのだ。私たちの心の奥底を正直に探ってみれば、「あの子は他の子たちよりも劣っている。何かが足りない」と思っていたことは明らかだった。自分たちの態度や行動を変え、どんなに言葉を尽くして励ましても、息子がそこから感じとるのは「おまえは劣っている。だからお父さんとお母さんが守ってやらなくてはならない」というメッセージだ。これではうまくいくはずがない。

状況を変えたければ、まず自分たちが変わらなくてはならないのだと、私たち夫婦は悟った。そして自分が本当に変わるには、ものの見方を変えなくてはならない。

個性主義と人格主義

私はその頃、ものの見方に関する研究と並行して、一七七六年のアメリカ合衆国独立宣言以来これまでに米国で出版された「成功に関する文献」の調査に夢中になっていた。自己啓発、一般向けの心理学、自助努力などに関するそれこそ何百もの本、論文、随筆に目を通し、ものによっては熟読した。自由にして民主的な国の人々が考える「成功の鍵」が書かれた文献を端から調べたのである。

成功をテーマにした書籍を二〇〇年さかのぼって調べていくうちに、はっきりとしたパターンが見えてきた。最近の五〇年間に出版された「成功に関する文献」はどれも表面的なのだ。それでは、私たち夫婦が息子のことで感じていた痛み、私自身がこれまでに経験してきた痛み、仕事で接してきた多くの人たちの痛みには、まるで効きそうにない。そこに書かれているのは、社交的なイメージのつくり方やその場しのぎのテクニックばかりだ。痛みに鎮痛剤や絆創膏で応急処置を施せば、たしかに痛みは消える。問題は解決したかにみえるかもしれないが、根本にある慢性的な原因をほったらかしにしていたら、いずれ化膿して再発することになる。

これとはまるで対照的に、建国から約一五〇年間に書かれた「成功に関する文献」は、誠意、謙虚、誠実、勇気、正義、忍耐、勤勉、質素、節制、黄金律など、人間の内面にある人格的なことを成功の条件に挙げている。私はこれを**人格主義**と名づけた。中でもベンジャミン・フランクリンの自叙伝は圧巻で、特定の原則と習慣を深く内面化させる努力を続けた一人の人間の姿が綴られている。

この人格主義が説いているのは、実りのある人生には、それを支える基本的な原則があり、それらの原則を体得し、自分自身の人格に取り入れ内面化させて初めて、真の成功、永続的な幸福を得られるということである。

ところが、第一次世界大戦が終わるや人格主義は影をひそめ、成功をテーマにした書籍は、いわば**個性主義**一色になる。成功は、個性、社会的イメージ、態度・行動、スキル、テクニックなどによって、人間関係を円滑にすることから生まれると考えられるようになった。この個性主義のアプローチは大きく二つに分けられる。一つは人間関係と自己PRのテクニック。もう一つは積極的な心構えである。こうした考えのいくつかは、「態度が成功を決める」「笑顔が友だちをつくる」「どんなことでも思い、信じれば達成できる」といった元気づける言葉やときには正当な格言となる。

しかし、個性をもてはやす数々の「成功に関する文献」では、人を操るテクニック、ひどいときには明らかに騙しのテクニックさえ紹介されていた。相手が自分を好きになるように仕向けたり、自分が欲しいものを得るために、相手の趣味に興味があるかのようなふりをしたり、はたまた高圧的な態度で怖がらせ、人を利用するテクニックである。

もちろん、個性主義の文献も人格を成功の要因と認めてはいるが、切っても切り離せない必須要因とみなしてはおらず、添え物的に扱っている文献がほとんどである。人格主義に触れるくだりがあったとしても、通り一遍である。これらの文献が強調しているのはあくまで、即効性のある影響力のテクニック、力を発揮する戦略、コミュニケーションスキル、ポジティブな姿勢なのである。

私は自分自身の個性主義に気づき始めた。私たち夫婦も無意識のうちに、息子にこの解決策を押しつけていたのだ。個性主義と人格主義の違いがわかって初めて、私も妻も、子どもの行いや成績で親としての社会的評価を得ようとしていたことを思い知らされたのである。そうしたレンズを通して見るならば、息子はどうしても「不合格」になってしまう。自分たちの目に映る息子の**姿**よりも、世間の目に映る自分たちの**姿**のほうが気になり、良い親と見られたいと思うあまり、息子を見る目が歪んでいたのだろう。**私たち夫婦のものの見方**、問題に対する態度には、純粋に息子のためを思う親心よりもはるかに多くの事柄が潜んでいたのである。

妻と話し合っていて、私たち自身の人格と動機、息子に対する見方が彼にどれほど強い影響を及ぼしていたかに気づき、苦々しい思いだった。そもそも息子を他の子と比較するのは私たち夫婦の基本的な価値観とは相容れないはずだった。そんなことは条件つきで子どもを愛するようなものであり、息子の自尊心を傷つけるのは間違いない。そこで私と妻は、**自分自身**に目を向けることにした。テクニックを使うのではなく、心の奥底にある動機、息子に対する見方を変える決心をした。息子を変えようとせず、一歩離れて距離をおき、**彼**に対する**私たち**の見方から離れて、彼自身の本質、独自性、一人の人間としての彼本来の価値を感じとろうと努力した。

私たち夫婦は、深く考え、自らの信条を実践し、祈った。やがて息子の独自性が**見え始めた**。彼の内面に幾重にも潜んでいる可能性が**見えてきた**。それらの潜在能力は、彼自身のペースで発揮されるはずだ。気をもまず、息子が自分で独自性を表現できるように、邪魔にならないようにしていよう、私たちはそう決心した。息子を肯定し、彼の価値を認め、成長を喜ぶことが、親の自然な役割なのだとわかった。さらに、自分たちの動機にも意識的に働きかけ、子どもたちが「良い子」であることに満足感を得ようとする態度を改め、自分自身の内面的な安定を育てる努力をした。

息子に対する以前の見方を捨て、彼本来の価値を大切にするようになると、私たち夫婦に新しい感情が芽生えてきた。他の子と比較して優劣を判断したりせず、息子と過ごす時間を心から楽しめるようになったのだ。私たちが勝手に思い描く子どものイメージに押しこめることも、世間の基準に照らして息子を判断することもやめた。親心からとはいえ、社会に受け入れられるかたちに息子を無理にはめ込もうとすることもやめた。息子は社会に十分適応して生きていけるとわかったから、他の子たちから笑われたときも、しゃしゃり出ることもなくなった。

守ってもらうことに慣れていた息子は、初めのころ親の庇護が突然なくなり禁断症状を起こした。私と妻は息子の苛立ちに理解は示したが、必ずしもそれに応えようとはしなかった。私たちのそのような態度は、「おまえを守ってやる必要はない。一人でも十分にやっていける」という息子への無言のメッセージだった。

数週間、数ヵ月と月日が経つにつれ、息子はひそかに自信を持ち始め、自分を認めるようになった。自分のペースで花を咲かせ始めた。学業成績、スポーツ、人間関係など社会的な基準からしても目を見張るほど成長した。それも、いわゆる自然の発達プロセスをはるかに上回るスピードで。後年、息子は学生団体のリーダー数人の一人に選出され、スポーツでは州を代表する選手になり、Aがずらりと並ぶ成績表を持ち帰るようになった。誠実で人を引きつける性格が前面に出て、誰とでも打ち解けてつき合えるようになった。

息子が「社会的に得た高い評価」は、周囲の期待に応えようとしたからではなく、本来の自分を素直に表現したからに他ならない。私たち夫婦はかけがえのない経験をしたと思う。他の息子や娘たちに接するうえでも、親以外の役割を果たすときにも大変役立った。成功に関わる「個性主義」と「人格主義」の決定的な違いを身をもって体験し、深く認識できたからである。私と妻の確信を代弁している聖書の一節を紹介しよう。

「油断することなく、あなたの心を守れ、命の泉は、これから流れ出るからである」

第一の偉大さ、第二の偉大さ

わが子で経験したこと、ものの見方に関する研究、成功に関する文献の調査、これらが私の頭の中でつながり、人生でめったにない「アハ体験」の瞬間が訪れた。個性主義の強烈なインパクトを一瞬にして理解し、私が真実だと確信していること——はるか昔の子どもの頃に教えられたことや自分自身の価値観の奥深くにあるもの——と、日々私を取り巻く応急処置的な考え方との違いがはっきり見えたのである。長年にわたり生活のあらゆる場面で多くの人々と接してきたが、私が教えてきたこと、効果的だと信じていたことが、昨今流行の個性主義の考え方とほとんど相容れない理由がよくわかったのだ。

私はなにも、個性を伸ばすこと、コミュニケーションスキルのトレーニング、他者に影響を及ぼす戦略、ポジティブ・シンキングといった個性主義のさまざまな要素が成功に不要だと言いたいわけではない。それどころか不可欠な場合もある。

私が言いたいことは、たしかに成功にはこれらの要素も必要だが、あくまで第一の要素ではない二次的な要素だということだ。人間は前の世代が築いた土台にさらに積み上げていく能力を与えられているというのに、その能力を使わず、自分の成功を築くことだけに目を向け、成功を支える土台のことを忘れてしまってはいないだろうか。種も蒔かずに刈り入れることだけを考えてきたせいで、種を蒔く必要すら忘れてしまってはいないだろうか。

二面性や不誠実など人格に根本的な欠陥がありながら、人に影響を及ぼす戦術やテクニックを使って自分の思いどおりに人を動かしたり、もっと仕事の成績を上げさせたり、士気を高めたり、自分を好きにさせたりしようとして一時的にはうまくいったとしても、長続きするわけがない。二面性はいずれ相手の不信感を招き、どれほど効果的な人間関係を築くテクニックを使ったところで、相手を操ろうとしているとしか見えないだろう。どんなに巧みな言葉を使っても、たとえ善意からだとしても、効果は望めない。信頼という土台がなければ、成功は長続きしないのだ。基礎となる人格の良さがあって初めて、テクニックも生きてくる。

テクニックだけを考えるのは、一夜漬けの勉強と似ている。一夜漬けで試験をうまく乗り切れることもあるだろうし、良い成績だってとれるかもしれない。だが、日々の積み重ねを怠っていたら、教科をしっかりと習得することはできないし、教養ある人間にはなれない。

農場に一夜漬けは通用しない。春に種蒔きを忘れ、夏は遊びたいだけ遊び、秋になってから収穫のために一夜漬けで頑張る。そんなことはありえない。農場は自然のシステムで動いている。必要な務めを果たし、定まった手順を踏まねばならない。種を蒔いたものしか刈り取れない。そこに近道はないのだ。

この原則は人の行動や人間関係にも当てはまる。人の行動も人間関係も、**農場の法則**が支配する自然のシステムなのである。学校のように人工的な社会システムの中では、人間が定めた「ゲームのルール」を学べば、一時的にはうまくいくかもしれない。一回限りの、あるいは短い期間だけの付き合いなら、個性主義のテクニックをうまく使い、相手の趣味に興味があるふりをし、魅力をふりまいて良い印象を与えられるかもしれない。短期間だけ効き目のある手軽なテクニックなら、すぐにも身につけられるだろう。しかしそうした二次的要素だけでは、長続きする関係は築けない。真の誠実さや根本的な人格の強さがなければ、厳しい状況に直面したときに本当の動機が露わになり、関係が破綻し、結局のところ成功は短命に終わるのである。

第二の偉大さ（**才能に対する社会的評価**）に恵まれていても、**第一の偉大さ**（**優れた人格を持つこと**）を欠いている人は多いものである。人格こそが第一の偉大さであり、社会的評価はその次にくる第二の偉大さである。同僚や配偶者、友人、反抗期の子どもとの関係など、その場限りでは終わらない人間関係において第一の偉大さを欠いていれば、いずれ関係にヒビが入るのは避けられない。「耳元で大声で言われたら、何が言いたいのかわからない」とエマーソン（訳注：米国の思想家）も言っているように、無言の人格こそ雄弁なのである。

もちろん、人格は素晴らしいのに口下手で、思うように人間関係が築けない人もいる。しかしそうしたコミュニケーションスキル不足が及ぼす影響もまた、しょせん二次的なものにすぎない。

突き詰めれば、あるがままの自分、人格が、どんな言動よりもはるかに雄弁なのである。誰にでも、人格をよく知っているからという理由で一〇〇％信頼している人がいるだろう。雄弁であろうがなかろうが、人間関係のテクニックを知っていようがいまいが、信頼して一緒に仕事ができる人がいるはずだ。

ウィリアム・ジョージ・ジョーダン（訳注：米国のエッセイスト）は次のように述べている。「すべての人の手に、善または悪をなす巨大な力が委ねられている。その力とは、その人の人生が周りに与える無言の、無意識の、見えざる影響である。見せかけではない真のあなた自身の影響が、常に周囲に放たれているのだ」

パラダイムの力

「7つの習慣」は、効果的に生きるための基本的な原則を具体的なかたちにしたものである。「7つの習慣」のどれもが基礎であり、第一の偉大さにつながるものである。これらの習慣を身につけるのは、継続的な幸福と成功の土台となる正しい原則を自分の内面にしっかりと植えつけることに他ならない。

しかし、「7つの習慣」を本当に理解するためには、まず自分のパラダイムを理解し、パラダイムシフトの方法を知らなければならない。

人格主義も個性主義も社会的パラダイムの一例である。**パラダイム**という言葉はギリシャ語に由来している。もともとは科学用語だったが、昨今はモデルや理論、認識、既成概念、枠組みを意味する言葉として広く用いられている。平たく言えば物事の「見方」であり、物事をどう認識し、理解し、解釈しているかである。

パラダイムを理解するために、地図にたとえて考えてみよう。言うまでもないが、地図と現実の場所は同一ではない。地図は現実の場所のいくつかの要素を表したものである。パラダイムも同じだ。パラダイムとは、何らかの現実を表す理論、説明、あるいはモデルのことである。

シカゴ中心部のどこかに行きたいとしよう。シカゴの道路地図があればとても役立つが、その地図が間違っていたらどうだろう。地図には「シカゴ」と表示されているが、印刷ミスで実はデトロイトの地図だったら、どうしても目的地にたどり着けず、イライラが募るばかりだろう。

あなたはたぶん、自分の**行動**をどうにかしようとするだろう。もっと頑張ってスピードをあげるかもしれない。しかしそうまで努力したところで、間違った場所に早く到着するだけである。

あるいは**態度**を変えるかもしれない。もっと前向きに考えようとするのだ。目的地にたどり着けなくとも気にしない。ポジティブになったあなたは、着いた場所がどこであっても満足できるというわけである。

しかしどちらにしても、道に迷ってしまったことに変わりはない。根本的な問題は行動とも態度とも関係ない。地図が間違っていたことが、そもそもの原因なのである。

シカゴの正しい地図を持っていれば、努力が無駄になることはない。途中で癪《しゃく》にさわる障害物に出くわしても、態度次第でイライラせずにすむ。だが、何にせよ地図が正しいことが前提条件である。

人は皆それぞれ頭の中にたくさんの地図を持っている。これらの地図は二つに大別できる。「**あるがままの状態**」が記された地図（現実）、そして「あるべき状態」が記された地図（価値観）である。私たちは、経験することのすべてをこれらの地図を通して解釈している。地図が正確かどうかを疑うことはめったにない。地図を持っていることすら意識しないのが普通だ。ただ単純に、物事はこうなのだ、こうあるべきなのだと思い込んでいるだけなのである。

私たちの態度や行動は、こうした思い込みから生まれる。物事をどう見るかが、私たちの態度と行動を決めているのである。

話を先に進める前に、ここで興味深い体験をしていただきたい。一八ページの絵を数秒間見る。次に二〇ページの絵を見て、あなたが見たものを詳しく説明してほしい。

女性の顔に見えただろうか。何歳くらいの女性で、どんな感じの人だろうか。服装はどうだろう。どういう立場の人に見えるだろう。

あなたはおそらく、二枚目の絵の女性は二五歳くらい、小さな鼻が愛らしい美人で、流行のファッションに身を包み、華やかさを感じさせる人だと描写するだろう。あなたが独身男性なら、デートに誘いたいような女性かもしれない。ファッション業界で働いているなら、モデルに採用したいと思うかもしれない。

しかし、あなたが受けた印象はことごとく間違っているかもしれない。その絵の女性が六〇歳から七〇歳くらいの悲しげな老婆で、鼻が大きく、とてもモデルにはなれそうもない女性だったらどうだろう。デートの相手どころか、道路を渡る手助けをしてあげなければならない。

どちらが正しいのだろうか。もう一度、絵を見てほしい。お婆さんの顔が見えてきただろうか。見えてくるまで、絵とにらめっこしよう。大きなかぎ鼻やショールが見えるだろうか。

この絵を前にしてあなたと面と向かっていれば、自分に見えているものをお互いに納得がいくまで話し合えるだろう。

残念ながらそれはできないので、四六ページを開き、その絵をよく見てから、もう一度二〇ページの絵を見てほしい。今度は老婆に見えただろうか。この先を読む前に、老婆に見えるまで目を凝らして頑張ってほしい。

私はもう何年も前、ハーバード・ビジネス・スクールの授業で初めてこの認知実験を受けた。教授はこれと同じ絵を使い、二人の人間が同じ絵を見ながら意見が異なり、しかも両方の意見が正しいという状況がありう

ることを明快に証明してみせたのだ。それは論理的というより心理的な問題である。

教授は、大きなカードを一束、教室に持ってきた。カードの半分には一八ページの若い女性が描かれ、もう半分には四六ページの老婆が描かれていた。

教授は、学生の半分に若い女性の絵を、残り半分に老婆の絵を配り、カードを一〇秒間見させ、回収した。次に、二枚の絵を合成した二〇ページの絵をスクリーンに映し、その絵が何に見えるかクラス全員に説明させた。最初に若い女性のカードを見ていた学生のほとんどは若い女性に見えると答え、老婆のカードを見ていた学生たちは老婆だと答えた。

それから教授は、それぞれ違うカードを見せられていた学生二人に、スクリーンの絵が何に見えるか相手に説明するよう指示した。お互いに説明を始めると、激しく意見がぶつかった。

「年寄りだなんて、ありえないだろう。せいぜい二〇歳か二二歳くらいだよ」

「まさか、冗談だろう。どう見ても七〇はいってる。八〇歳と言ってもおかしくない」

「おまえ、どうかしてるんじゃないか。目が見えないのか?彼女は若くてきれいだ。デートに誘いたいくらいの美人だよ」

「美人だって?婆さんじゃないか」

こんなふうに両者まったく譲らず、話は一向にかみ合わない。他の見方もありうること、二つの見方が両立することはすでに授業で学んでいたにもかかわらず、自分の意見が正しいと信じて疑わず、相手の意見を認めようとはしなかった。別の視点から絵を見ようとした学生はほとんどいなかった。

不毛な議論がしばらく続いてから、一方の学生が絵の中の線を指差して「若い女性のネックレスがある」と言った。すると相手の学生は「違うね。それは婆さんの口だよ」と応じた。そのうち二人は具体的な相違点を冷静に指摘し始め、二つのイメージがぴったり重なると、ようやく相手の見方を認識するに至った。冷静になって相手の意見を尊重し、具体的な事例を挙げてコミュニケーションを進めていくことで、教室にいた学生全員が相手の視点から絵を見られるようになった。しかしスクリーンからいったん視線を外し、また視線を戻すと、最初に一〇秒間見せられていたカードの絵のほうに見えてしまうのである。

私はよく、講演やセミナーでこの認知実験の話をする。個人としての効果性、人間関係のあり方について多くのことを教えてくれるからである。まず、経験による条件づけが、私たちのものの見方（パラダイム）に強い影響を与えていることがわかる。わずか一〇秒の条件づけでさえ、見え方にあれほど影響するのだから、これまでの人生でたたきこまれてきた条件づけの影響たるや、どれほどだろうか。家庭、学校、教会、職場、友人関係、職業団体、そして個性主義などの社会通念等々、私たちの生活には多くの影響力が作用している。そのすべてが無意識のうちに私たちに影響を与え、私たちの頭の中の地図、ものの見方、すなわちパラダイムを形成しているのである。

この認知実験によって、態度と行動は自分が持っているパラダイムから生まれることもわかる。自分のパラダイムから外れた行動を、少しの葛藤もなく正直にできる人はいないだろう。自分の見方とは異なる言動で一貫性を保つのはまず不可能だ。最初に若い女性のカードを見せられ、それに条件づけられていたら、合成した絵も若い女性に見える人がほとんどである。あなたもその一人だとするなら、街で通りを渡ろうとする彼女に出会っても、手を貸そうとはしないだろう。彼女に対するあなたの**態度**と**行動**は、彼女に対するあなたの**見方**と一致して当然なのである。

ここで個性主義の根本的な欠点の一つが浮かび上がる。態度と行動の源泉である自分のパラダイムを詳しく観察し、理解しなければ、個性主義のテクニックで態度や行動を変えようとしても、長続きしないということである。

この認知実験から得られるもう一つの教訓は、他者との接し方もパラダイムの影響を強く受けていることを気づかせてくれることである。自分は物事を客観的に、正確に見ていると思っていても、違う見方をしている相手もまた、話を聴けば同じように客観的に正確に見ていることがわかってくる。「視点は立ち位置で変わる」のである。

誰しも、自分は物事をあるがままに、客観的に見ていると思いがちである。だが実際はそうではない。私たちは、**世界をあるがままに**見ているのではなく、**私たちのあるがまま**の世界を見ているのであり、自分自身が条件づけされた状態で世界を見ているのである。何を見たか説明するとき、私たちが説明するのは、煎じ詰めれば自分自身のこと、自分のものの見方、自分のパラダイムなのである。相手と意見が合わないと、相手のほうが間違っていると瞬間的に思う。しかし例の認知実験でも、真面目で頭脳明晰な学生たちですら、自分自身の経験のレンズを通して見て、同じ絵に対して違う見方をする。

私はなにも正しい事実は存在しないと言っているのではない。認知実験では、最初にそれぞれ違う絵で条件づけされていた学生二人が、二枚の絵を合成した絵を見る。二人はこの合成した絵の中で黒いラインと白い余白という同一の事実を見ている。二人とも、それらが事実であることは認めている。しかしそれらの事実に対する解釈は、それ以前の経験を反映したものになる。こうして、事実は意味を持たなくなり、それぞれの学生の解釈だけが残るのである。

自分の頭の中にある地図、思い込み、つまり基本的なパラダイムと、それによって受ける影響の程度を自覚し、理解するほど、自分のパラダイムに対して責任を持てるようになる。自分のパラダイムを見つめ、現実に擦り合わせ、他の人の意見に耳を傾け、その人のパラダイムを受け入れる。その結果、はるかに客観的で、より大きな絵が見えてくるのである。

パラダイムシフトの力

認知実験から得られるもっとも重要な洞察は、パラダイムシフトに関するものだろう。合成した絵がようやく違う絵（二〇ページ参照）に見え、「ああ、なるほど」と納得する瞬間、いわゆる「アハ体験」のことである。最初のイメージに縛られている人ほど、アハ体験は強烈になる。まるで頭の中に光が突然差し込んでくるような感じだ。

パラダイムシフトという言葉を初めて使ったのはトーマス・クーンという科学史家で、多大な影響を及ぼした画期的な著作『科学革命の構造』に出てくる。同書の中でクーンは、科学の分野における重要なブレークスルーのほとんどは、それまでの伝統、古い考え方、古いパラダイムとの決別から始まっていると述べている。

古代エジプトの天文学者プトレマイオスにとって、宇宙の中心は地球だった。しかしコペルニクスは、激しい抵抗と迫害に遭いながらも中心は太陽だと主張した。このパラダイムシフトによって、それまでとは異なる視点からすべてが解釈されるようになる。

ニュートンの物理学モデルは正確なパラダイムであり、現在も工学の基礎である。しかしそれは部分的で不完全なものだった。後にアインシュタインは相対性理論を打ち出し、科学界に革命をもたらす。アインシュタインのこのパラダイムは、自然現象の予測と説明の精度を飛躍的に高めたのである。

細菌論が確立されるまで、出産時の母子死亡率の異常な高さの理由は誰にもわからなかった。戦場においても、前線で重傷を負った兵士より、小さな傷や病気で命を落とす兵士のほうが多かった。まったく新しいパラダイムである細菌論の登場によって、これらの現象が正確に理解でき、医学は目覚ましい進歩を遂げた。

今日あるアメリカ合衆国もまた、パラダイムシフトの結果である。何世紀にもわたり、国家統治の概念は絶対君主制、王権神授説だった。そこに、新しいパラダイムが登場する。「人民の、人民による、人民のための政治」である。こうして誕生した立憲民主主義国家は、人々の持つ計り知れない潜在能力を解き放ち、歴史上類をみない水準の生活、自由、影響力、希望を創出した。

パラダイムシフトはプラスの方向だけに働くとは限らない。前述したように、人格主義から個性主義へのパラダイムシフトは、真の成功と幸福を育む根っこを引き抜いてしまった。

しかし、パラダイムシフトがプラスに働こうがマイナスに働こうが、あるいは一瞬にして起ころうが徐々に進行していこうが、一つのものの見方から別の見方に移行することは大きな変化を生む。正しくても間違っていても、私たちのパラダイムが態度と行動を決め、ひいては人間関係のあり方にも影響するのである。

ある日曜日の朝、ニューヨークの地下鉄で体験した小さなパラダイムシフトを、私は今も覚えている。乗客は皆黙って座っていた。新聞を読む人、物思いにふける人、目を閉じて休んでいる人。車内は静かで平和そのものだった。そこに突然、一人の男性が子どもたちを連れて乗り込んできた。子どもたちは大声で騒ぎだし、車内の平穏は一瞬にして破れた。男性は私の隣に座り、目を閉じていた。この状況にまったく気づいていないようだ。子どもたちは大声で言い争い、物を投げ、あげくに乗客の新聞まで奪いとるありさまだ。迷惑この上ない子どもたちの振る舞いに、男性は何もしようとしない。

私は苛立ちを抑えようにも抑えられなかった。自分の子どもたちの傍若無人ぶりを放っておき、親として何の責任も取ろうとしない彼の態度が信じられなかった。他の乗客たちもイライラしているようだった。私は精一杯穏やかに、「お子さんたちが皆さんの迷惑になっていますよ。少しおとなしくさせていただけませんか」と忠告した。

男性は目を開け、子どもたちの様子に初めて気づいたかのような表情を浮かべ、そして、言った。「ああ、そうですね。どうにかしないといけませんね……病院の帰りなんです。一時間ほど前、あの子たちの母親が亡くなって……これからどうしたらいいのか……あの子たちも動揺しているんでしょう……」

その瞬間の私の気持ちを想像できるだろうか。私のパラダイムは一瞬にしてシフトした。突然、子どもたちの様子がまったく違って**見えた**のだ。違って**見えた**から、**考え**も、**感情**も、**行動**も変化した。私の苛立ちは消えてなくなり、態度や行動を無理に抑える必要はなくなった。私は男性の苦しみに共感し、同情と哀れみの感情がとめどなくあふれ出た。「奥様が亡くなられたとは……お気の毒に。さしつかえなければ話していただけますか？何か私にできることはありませんか？」すべてが一瞬にして変わったのである。

人生を揺るがす危機に直面し、物事の優先順位が突如として変わるとき、あるいは夫や妻、親、祖父母、管理職、リーダーなど新しい役割を引き受けるとき、多くの人は考え方が根本から変化するパラダイムシフトを体験している。

態度や行動を改善すべく、何週間、何ヵ月、何年も個性主義のテクニックを身につける努力を積んできたところで、物事が一瞬にして違って見えるパラダイムシフトの大きな変化には比べようもないだろう。

生活の中で比較的小さな変化を起こしたいのであれば、私たちの態度や行動に対し適切にフォーカスすれば良いだろう。しかし大きな変化、劇的な変化を望むのなら、土台となるパラダイムを変えなくてはならない。

ソロー（訳注：米国の作家・思想家）は、「悪の葉っぱに斧を向ける人は千人いても、根っこに斧を向けるのは一人しかいない」と言っている。行動や態度という「葉っぱ」だけに斧を向けるのをやめ、パラダイムという「根っこ」を何とかしなければ、生活を大きく改善することはできないのである。

見方＝あり方

もちろん、すべてのパラダイムシフトが一瞬にして起こるわけではない。地下鉄での一瞬のパラダイムシフトと異なり、私と妻が息子のことで経験したパラダイムシフトは、ゆっくりと、困難にぶつかりながらも意図的なプロセスによってもたらされたものだった。私たち夫婦の息子に対する態度は、個性主義の経験と条件づけが長年蓄積された結果だった。良い親はこうあるべきだという思い込み、そして子どもたちの成功の尺度に関して、自分の内面の奥深くに根づいていたパラダイムの影響を強く受けていたのである。これらの基本的なパラダイムを変え、物事を違った角度から見られるようになってようやく、自分自身にも、あの状況にも大きな変化をもたらすことができた。

息子をそれまでと違う目で**見る**ために、私も妻も**あり方**を変えなくてはならなかった。こうして自分自身の人格の向上と形成に投資した結果、私たちの新しいパラダイムが生まれたのである。

パラダイムと人格を切り離すことはできない。人間においては、**あり方は見方に直結**するのであり、**どう見るか**と**どうあるか**は強い相関関係で結ばれているからだ。あり方を変えずに見方を変えることはできない。その逆もまたしかりだ。

地下鉄でのあの経験は、表面的には突然のパラダイムシフトに見えるが、あのとき私に訪れたパラダイムシフトは、私自身の基本的な人格の結果であり、それと同時に私の人格に制約されてもいた。

たとえば、事情を知ってからも、妻を亡くし打ちひしがれている男性にわずかな同情心を抱くだけで、あるいは何となく罪悪感を覚えるだけで、お悔やみの言葉もかけない人もいるだろう。逆に、あの親子のただならない様子に気づき、何か事情がありそうだと察して、私よりも早く手を差し伸べられる人もいるに違いない。

パラダイムの力が強いのは、世界を見るレンズをつくるからである。パラダイムシフトは、瞬時に起こる場合でも、ゆっくりと意図的なプロセスで進んでいく場合でも、必ず劇的な変化を生み出す力になる。

原則中心のパラダイム

人格主義の土台となる考え方は、人間の有意義なあり方を支配する**原則**が存在するということである。自然界に存在する引力の法則などと同じように、人間社会にもまた、時間を超えて不変であり異論を挟む余地のない、普遍的にして絶対的な法則があるのだ。

実際にあったエピソードから、これらの原則の影響力を考えてみよう。米海軍協会が発行する雑誌『プロシーディングズ』に掲載された以下のフランク・コック隊員の体験談もまた、パラダイムシフトの一例である。

訓練艦隊所属の戦艦二隻が、悪天候の中、数日前から演習航海を続けていた。私は先頭の戦艦に乗っており、陽が沈んでから当番でブリッジに入った。あたりに霧が発生して視界が悪かったので、艦長もブリッジに残り状況を見守っていた。

暗くなってから間もなく、ブリッジのウイングに立っていた見張りが報告に来た。

「右舷船首の進路に光が見えます」

「停止しているのか、後方に動いているのか」と艦長は聞いた。

「停止しています」と見張りは答えました。つまり、その船はこちらの進路上にあり、衝突の危険があるわけです。

艦長は信号手に「衝突の危険あり、進路を二〇度変更せよと、当該の船に信号を出せ」と命じた。

返ってきた信号はこうです。「そちらが二〇度進路変更せよ」

艦長は再度、信号手に指示した。「私は艦長だ。そちらが二〇度進路を変更せよと信号を送れ」
すると「こちらは二等水兵です。そちらが進路変更しなければなりません」という返事が返ってきた。
艦長はついに怒り、吐き出すように言った。「信号を送れ。こっちは戦艦だ。二〇度進路を変えろ」
返ってきた光の点滅は、「こちらは灯台である」だった。
我々は進路を変えた。

艦長が経験したパラダイムシフト、そしてこのエピソードを通して私たちが経験するパラダイムシフトは、その状況にまったく異なる光を当てるものである。視界が悪かったために艦長には見えなかった現実が、私たちにも見えてくる。霧の中を航行する戦艦の艦長だけでなく、私たちが日常生活においても理解しなければならない現実である。

原則は灯台にたとえることができる。それは破ることのできない自然の法則である。映画監督セシル・B・デミルは、代表作『十戒』の中で原則について次のように表現している。「神の律法（原則）を破ることはできない。それを破ろうとすれば自分自身が破れるだけだ」

誰でも、経験や条件づけから形成されたパラダイムや頭の中の地図を通して自分の生活や人間関係を見ているものである。この頭の中の地図は、現実の場所ではない。あくまで「主観的な現実」であって、現実の場所を表現しようとしているにすぎない。

「客観的な現実」、つまり現実の場所は、灯台の原則で成り立っている。それは人間の成長と幸福を左右する原則であり、人類の歴史がたどってきたあらゆる文明社会に織り込まれ、長く繁栄した組織や家族の根っことなっている自然の法則である。私たちの頭の中の地図がどれほど正確であっても、原則を変えることはできない。

このような原則、あるいは自然の法則は、社会の歴史のサイクルを深く調べ、思索している人からすれば、今さら言うまでもない明白なものである。これらの原則の正しさは、歴史の中で幾度となく証明されている。ある社会の人々が原則をどこまで理解し、どこまで従うかによって、その社会が存続と安定へ向かうのか、逆に分裂と滅亡に至るのかが決まるのである。

私の言う原則は、難解なものでもなければ、謎めいたものでもない。まして宗教的なものではない。この本で述べている原則は、私自身の宗教も含めて特定の宗教や信仰に固有のものは一つとしてない。これらの原則は、長く存続しているすべての主要な宗教、社会思想、倫理体系の一部に組み込まれている。自明のものであり、誰でも日常生活の中で有効性を確認できるものばかりである。

これらの原則あるいは自然の法則は、人間の条件、良心、自覚の一部となっていると言ってもいいだろう。社会的な条件づけが違っていても、すべての人間の内面に必ず存在している。もちろん、これらの原則に対する忠実さの度合いは人それぞれであろうし、忠実さが低かったり、条件づけされていたりすると、原則が見えず、感じとれないこともあるだろう。しかしそのような人でも、原則は内面のどこかに必ず潜んでいる。

たとえば、平等と正義という概念の土台となっているのは**公正**の原則である。たとえ公正とはまるで正反対の経験をしても、人が公正さの感覚を生まれながらに持っていることは小さな子の行動を見ればわかる。公正の定義や、公正さを実現するプロセスに大きな違いがあっても、時代や地域に関わらず、公正という概念そのものは誰もが理解できる。

誠実と**正直**も例として挙げることができる。協力関係や長続きする人間関係、個人の成長に不可欠な信頼の土台となる原則だ。

人間の尊厳も原則である。アメリカ独立宣言の基本的な考え方は、「我々は以下の事実を自明なものとみなす。すべての人間は創造主によって平等につくられ、生命、自由、幸福の追求など、不可侵の権利を授かっている」という一節からもわかるように、人間の尊厳という原則を土台としている。

奉仕や**貢献**、あるいは**本質**、**美徳**という原則もある。

可能性という原則は、私たちは常に成長することができ、潜在する能力を発見し、発揮し、さらに多くの才能を開発できるという原則である。**成長**は**可能性**に関連する原則である。成長とは、潜在能力を発揮し、才能を開発するプロセスであり、これには**忍耐**や**養育**、**励まし**といった原則が必要になる。

原則は**手法**ではない。手法とは具体的な活動、行動である。ある状況で使えた手法が、別の状況にも通用するとは限らない。二番目の子を最初の子と同じように育てようとしたことのある親なら、よくわかると思う。

手法は個々の状況に応じて使い分けるものだが、原則は、あらゆる状況に普遍的に応用できる深い基本の真理である。個人にも、夫婦や家族にも、あらゆる民間・公的組織にも当てはめることができる。たとえば企業がこれらの真理を組織内に習慣として根づかせれば、社員は状況に応じて対処する多種多様な手法を自分で考え出すことができる。

原則は**価値観**とも異なる。強盗団には強盗団なりの価値観がある。しかしここで述べている基本の原則には明らかに反している。価値観は地図であり、原則は現実の場所である。正しい原則に価値を置けば、真理を手にし、物事のあるがままの姿を知ることができる。

原則は人間の行動を導く指針であり、永続的な価値を持っていることは歴史が証明している。原則は基礎的なものであり、自明であるから議論の余地すらない。原則に反する価値観に従って充実した人生を送ろうとすることの愚かしさを考えれば、原則が自明の理であることはすぐにわかる。不正、詐欺、卑劣、無駄、凡庸、堕落が、長続きする幸福や成功の盤石な土台になると本気で思っている人などいないはずだ。原則の定義、実行の方法については議論があるにしても、人は生まれながらにして原則の存在を知り、意識しているのである。

私たちの頭の中の地図またはパラダイムをこれらの原則、自然の法則に近づけるほど、地図は正確になり、機能的に使えるようになる。正しい地図は、個人の効果性、人間関係の効果性に計り知れない影響を与える。態度や行動を変える努力をいくらしても追いつかないほど、大きな変化を遂げられるのである。

成長と変化の原則

今の社会には個性主義が蔓延している。人間の成長に求められる努力という自然のプロセスを踏まなくとも、個人の効果性、豊かで深い人間関係を手に入れ、充実した人生を手っ取り早く得られると示唆しているからだ。しかしそれは絵空事である。「働かなくとも簡単に金持ちになれますよ」と、そそのかしているようなものだ。個性主義はうまくいくように思えるかもしれない。しかし、まやかしであることに変わりはない。

個性主義は人を惑わし、欺く。個性主義のテクニックや応急処置的な手法で成功を手に入れようとするのは、デトロイトの地図でシカゴのどこかを目指すのと大差ない。

社会心理学者エーリッヒ・フロムは、個性主義の因果を鋭く指摘している。

今の時代の人々を見ると、まるでロボットかと思える。自分自身を知らず、理解しようともせず、唯一わかっているのは自分が社会から求められているイメージだけである。意思の疎通をはかるコミュニケーションは避けて無駄なおしゃべりに興じ、心から笑うことはせず、つくり笑いだけがうまくなり、本当の痛みを追いやり、鈍い絶望感でやり過ごそうとしている。こうした人間について言えることが二つある。一つは、治療の施しようがないほど自発性および自分らしさ欠乏症を患っていること。そしてもう一つは、地球上に今生きているほとんどの人間が、基本的にこれと変わらないということである。

すべての生命に、成長と発達のしかるべき順序がある。子どもはまず寝返りを覚えてから、座り、はいはいすることを学ぶ。その次に、歩き、走ることができるようになる。どの段階も重要であり、時間がかかる。省略できる段階は一つもない。

人生のさまざまな段階で能力を開発するのも同じである。ピアノが弾けるようになることも、同僚とうまくコミュニケーションをとれるようになることも、段階を踏まねばならない。これは個人にも、夫婦や家族にも、組織にも当てはまる原則である。

誰でも物理的な現象であればこの**プロセス**の原則は知っているし、受け入れている。しかし、感情や人間関係に当てはめるとなると簡単には腑に落ちない。人格となればなおさらわかりにくいし、理解できている人は少ない。たとえ理解できたとしても、それを受け入れ、実践するのはますます難しい。だから近道を探したくなる。プロセスの重要なステップを省略し、時間と労力を節約する個性主義のテクニックに引き寄せられてしまうのもわからなくはない。

しかし、成長と発達の自然のプロセスで近道をしようとしたらどうなるだろうか。仮にあなたがテニスの初心者で、格好良く見せたいがために上級者のようにプレーしようとしたらどうなるだろう。ポジティブ・シンキングだけでプロに太刀打ちできるだろうか。

ピアノを習い始めたばかりなのに、リサイタルを催せるほどの腕前だと友人たちに吹聴したらどうなるだろう。答えは言うまでもない。発達のプロセスを無視し、途中を省略することなどできるわけがない。それは自然の理に反する行為であり、近道しようとして得られるのは失望とフラストレーションだけである。

どんな分野にせよ、現在の能力レベルが一〇段階の二であるなら、五に達するためにはまず三になる努力をしなければならない。「千里の道も一歩から」始まる。何事も一歩ずつしか進めないのだ。

わからないところを教師に質問しなければ、教師はあなたの現在のレベルを把握できないのだから、あなたは何も学べず、成長できない。いつまでもごまかしきれるものではなく、いずれ馬脚を現すことになる。学習の第一歩は、自分の無知を認めることである。ソローの言葉を借りよう。「自分の知識をひけらかしてばかりいたら、成長にとって必要な自分の無知を自覚することなど、どうしてできるだろうか」

ある日のことである。友人の娘二人がやってきて、父親が厳しく理解がなさすぎると泣きながら訴えた。正直な気持ちを父親に伝えたいが、何と言われるか怖い。それでも二人は、両親の愛情、理解、導きを切望していた。

私は彼女たちの父親と話してみた。彼は頭では状況を理解していた。自分は短気だと認めはしたものの、それに対して責任を取ろうともせず、情緒面の未熟さを改善しようとしなかった。未熟さに正面から向き合おうとはしなかったのだ。プライドが邪魔をし、自分を変える第一歩を踏み出せずにいたのである。

妻、夫、子ども、友人、同僚と有意義な関係を築くためには、まず相手の話を聴けるようになることが第一歩だ。それには精神的な強さが要る。我慢強く心を開き続け、相手を理解したいという気持ちがなければ、人の話を本当に聴くことはできない。高い人格が要求される。つまり、人格ができていなければならないのだ。感情のままに動き、相手のことは考えずにそれらしいアドバイスをするのは簡単である。しかしそれでは確かな人間関係は築けない。

テニスやピアノなどごまかしがきかないものであれば、成長のレベルは誰にでもわかる。しかし人格や情緒となるとそうはいかない。初めて会う人や同僚に対してであれば、格好をつけ、それらしく振る舞うことができる。できるふりをすることも可能だ。しばらくの間だけなら、少なくとも人前ではそれで何とかやっていけるだろう。自分を欺くことさえできるかもしれない。しかしほとんどの人は本当の自分を知っているものだし、一緒に暮らしている人や職場の同僚なら、真実の姿に気づく。

実業界でも、成長の自然のプロセスを無視して近道を行こうとする例は枚挙にいとまがない。経営陣は、厳しい訓示、笑顔をつくるトレーニング、外部の介入、あるいはM&A、友好的買収や敵対的買収などによって、新しい企業文化を「購入」し、生産性、品質、社員の士気、顧客サービスを高めようとする。しかし、このような操作が職場の信頼の低下につながっていることに目を向けようとはしない。これらのテクニックがうまくいかなければ、別の個性主義的テクニックを探し始める。かくして、企業文化の土台となる信頼という原則とプロセスはいつまでも無視されるのである。

実は、もう何年も前のことになるが、私自身、この原則に反する行動をとってしまったことがある。ある日のことである。三歳になる娘のバースデーパーティのために仕事から帰ると、娘はリビングの隅に座り込み、プレゼントのオモチャを抱え込んで、他の子たちに使わせまいとしていた。私が最初に気づいたのは、娘のわがままぶりを見ていた他の子たちの親の視線だった。私は恥ずかしかった。しかも当時は大学で人間関係論を教えていたのだから、まるで立場がない。私がどんな対応をするのかと、親たちは期待しているようだった。

部屋の中は険悪な雰囲気だった。子どもたちは娘の周りに集まり、自分たちの親があげたプレゼントのオモチャで遊びたいと手を差し出している。ところが娘は頑として聞かない。私は自分に言い聞かせた──分かち合うことを娘に教えなくてはならない、分かち合いは社会生活の基本的な価値の一つなのだから。

まず、ストレートに頼んでみた。「みんなからもらったオモチャを貸してあげようよ」

「やだ」娘はにべもない。

次の手として、少しばかり理を説くことにした。

「自分の家でお友だちにオモチャを貸してあげれば、お友だちの家に遊びに行ったときに、オモチャを貸してもらえるよ」

「やだ！」またしても即座に拒否。

娘をどうすることもできない自分をさらけ出してしまい、穴があったら入りたい気分だった。三番目の手段は、賄賂である。小声で「オモチャを貸してあげたら、いいものをあげる。ガムだよ」と言った。

「ガムなんかいらないもん！」娘は叫んだ。

私は業を煮やし、四番目の手段、脅しにかかった。「貸してあげないなら、おしおきだぞ！」

「いいもん。ぜんぶあたしのオモチャだもん。かしてなんかあげないもん！」娘はそう言って泣き出した。

最後は実力行使である。私はオモチャを娘から取り上げ、他の子たちに渡した。「さあみんな、これで遊んでいいよ」

娘には、分かち合う経験の前に所有する経験が必要だったのだろう（そもそも、所有していないものを貸し与えることはできないのだから）。娘にそのような経験をさせるには、父親である私がもっと精神的に成熟していなければならなかった。

しかし、あのときの私は、娘の成長や娘との関係よりも、あの場にいた親たちの目を気にしていた。「娘はオモチャを貸すべきだ。貸さないのは間違っている」と短絡的に判断していたのである。

たぶん、私自身の精神的レベルが低いために、娘に高い期待を押しつけたのだろう。娘の態度を**理解して我慢強く**接することができず、また、そうするつもりもなかった。私の未熟さゆえに、**分かち合い**を娘に一方的に期待したのである。自分の人格の欠点を補うために地位や権威の力を借りて、娘を言いなりにしようとしたのだ。

しかし力を借りることは、人を弱くする。物事を成し遂げるのに外の力に頼る癖がついてしまうからだ。そして、その力に強要された人も弱くなる。主体的な判断、成長、自制心の発達が抑えつけられるからである。ひいてはお互いの関係も弱くなる。恐怖が関係を支配し、一方はますます横暴に、他方はますます自己防衛に走る。

体格、地位、権限、資格、ステータスシンボル、容姿、過去の実績など、借りてくる力はいろいろあるが、そうした力の源泉が変化したら、あるいは失ってしまったら、果たしてどうなるだろう。

あのとき、私がもっと成熟していたなら、自分自身の内面の力を使えただろう。分かち合いや成長の原則、子を愛し育てる親としての能力を理解し、それを自分の内面の力として、オモチャを貸すかどうかの判断を娘に委ねることができたはずだ。娘に言い聞かせることに失敗した後も、他の子たちの関心を別の遊びに向け、娘の精神的なプレッシャーを取り除いてやることだってできたかもしれない。後になって私は、子どもは何かを所有することを一度経験すれば、ごく自然に、自発的に貸せるようになることを学んだのである。

私自身の経験から言えるのは、何を教えるにもタイミングが重要だということである。関係が張りつめ感情的な雰囲気になっているときに教えようとすると、子どもはそれを親からの裁きや拒絶と受け取るものである。しかし落ち着いたときを見はからって子どもと二人きりになり、静かに話し合えば、大きな効果が期待できる。それには親の側の精神的な成熟が必要だ。当時の私の忍耐力や自制心では、そこまで至っていなかったのだと思う。

所有を経験しなければ、真の分かち合いを理解することはできない。夫婦関係や家庭において、無意識に与えたり、分かち合あったり、あるいはそれらを拒んだりする人は少なくない。こうした多くの人たちは、自分で何かを所有したと実感したことがないのだろう。所有した実感を持つことが、アイデンティティの意識、自尊心の意識を芽生えさせるのだ。わが子の成長を本当に願うなら、このような所有感を体験させ、分かち合うことの大切さを教え、そして自ら模範を示さなくてはならない。

問題の見方こそが問題である

揺るぎない原則を土台にして充実した人生を送っている人や、うまくいっている家族、高い業績をあげている企業に、多くの人は強い関心を示す。その人物の強さと成熟度、その家族の団結力、シナジーを創り出し環境変化に対応できるその企業の文化に感心するのだ。

そして多くの人がすぐに「どうすればそんなにうまくいくのですか？　コツを教えてください」などと聞く。こういう質問をする人は後を絶たないが、自分の基本的なパラダイムに従っていることに気がついていない。本音は、「私の今の痛みをパッと解消してくれる応急処置を教えてほしい」ということなのだ。

しかし実際に、この手の質問に答え、望みどおりのアドバイスをしてくれる人はどこにでもいるだろうし、教えてもらったスキルやテクニックはとりあえず効くかもしれない。表面の傷や急性の痛みなら絆創膏や鎮痛剤で取り除ける。

しかし、隠れた慢性疾患はそのままなのだから、いずれ別の急性症状が現れる。急性の痛み、差し迫った問題に対症療法でごまかし続けているうちに、原因となっている病巣は悪化するばかりである。

問題をどう見るか、それこそが問題なのである。

この章の初めにいろいろな悩みを紹介したが、それらをもう一度考えてみよう。個性主義的な考え方が影響していることがわかる。

「管理職セミナーにはいくつも出ています。部下には大いに期待していますし、自分も気さくで公平な上司になろうと努力しています。しかしそれが部下には伝わらないのですよ。私が病気で会社を休みでもしたら、無駄話に花が咲くでしょうね。私がどれほど努力しても、彼らに責任感や自主性を教えることはできないのでしょうか。見込みのある人間がどこかにいないものでしょうか」

個性主義の考えによれば、組織再編や解雇など思い切った策に出れば、部下をシャキッとさせ、彼らの潜在能力を引き出せるのかもしれない。あるいは、モチベーションアップのトレーニングでやる気を引き出せるのかもしれない。それでもだめなら、もっと有能な人材を見つければよい、ということらしい。

だが、上司に対する不信感が**士気**の低さの原因とは考えられないだろうか。彼らは、自分が歯車のように扱われていると思っていないだろうか。この上司は、そんな扱いはしていないと断言できるだろうか。

心の奥底で部下をそんなふうに見てはいないだろうか。部下に対する見方が、問題の一因となっていることはないのだろうか。

「やらなければならないことが山積みだ。いつだって時間が足りない。一年三六五日、朝から晩まで時間に追われている。私の行動はオンラインで管理され、どこにいても仕事の指示が飛んでくる。生産性が低いといつも叱咤され、しかも別のところからはワークライフバランスだと言われる。時間管理の研修も受講したし、メンタルヘルスのトレーニングも受けた。多少役には立ったが、望んでいたようなバランスのよい生活を送っているとはとても思えない」

先ほどと同様に、表層的なスキルやテクニックで解決できるとする人たちによれば、こうしたプレッシャーを効率よく解決できる新しい制度や方法がどこかにあるらしい。

だが、効率が上がれば問題は解決するのだろうか。より少ない時間でより多くのことができれば、状況は良くなるのだろうか。効率を上げるというのは結局のところ、自分の生活を支配している状況や人々にそそくさと対応するだけのことではないのか。

もっと深く根本的に見なければならないことがあるのではないだろうか。自分の持っているパラダイムが、時間、生活、自分自身に対する見方を誤らせていることはないだろうか。

「私たちの結婚生活は破綻状態です。べつに喧嘩をするわけではないのですが、もうお互い愛情は感じていません。カウンセリングを受けたり、いろいろ努力はしましたが、昔のような気持ちは戻ってきそうにありません」

個性主義なら、心にたまっていることを洗いざらい吐き出すセミナーに夫婦揃って出るとか、そういった本を一緒に読むとかすれば、奥さんにもっと理解してもらえますよ、と教えるだろう。それでもだめだったら、新しいパートナーを探すことですね、と。

しかし問題は奥さんにあるのではなく、この人自身にあるとは考えられないだろうか。妻の無理解をそのままにし、理解してもらう努力をせずにこれまで暮らしてきた結果ではないだろうか。

妻、結婚生活、真の愛情について持っている基本のパラダイムが問題を悪化させていることはないだろうか。個性主義というものが、問題の解決方法だけでなく、問題に対する見方そのものも歪めていることがわかっていただけただろうか。

多くの人が、意識的にせよ無意識にせよ、個性主義の空約束の幻想から醒め始めている。仕事でさまざまな企業を訪ねていて気づくのは、長期的展望を持つ経営者は皆、愉快なだけで中身のない話に終始する「モチベーションアップ」や「元気を出そう」式のセミナーに嫌気がさしていることだ。

彼らは本質を求めている。鎮痛剤や絆創膏ではない長期的プロセスを求めているのだ。慢性的な問題を解決し、永続的な成果をもたらす原則に取り組みたいのである。

新しいレベルの思考

アルベルト・アインシュタインはこう言っている。「我々の直面する重要な問題は、その問題をつくったときと同じ思考のレベルで解決することはできない」

自分自身の内面を見つめ、周囲を見まわしてみると、さまざまな問題は結局、個性主義に従って生き、人間関係を築いてきたからだと気づくはずだ。これらの問題は深くて根本的な問題であり、問題をつくったときと同じ個性主義のレベルでは解決できないのだ。

新しいレベル、もっと深いレベルの思考が必要である。これらの根深い悩みを解決するには、人間としての有意義なあり方、効果的な人間関係という現実の場所を正確に描いた地図、すなわち原則に基づいたパラダイムが必要なのである。

「7つの習慣」とは、この新しいレベルの思考である。原則を中心に据え、人格を土台とし、**インサイド・アウト**（内から外へ）のアプローチによって、個人の成長、効果的な人間関係を実現しようという思考である。

インサイド・アウトとは、一言で言えば、自分自身の内面から始めるという意味である。内面のもっとも奥深くにあるパラダイム、人格、動機を見つめることから始めるのである。

インサイド・アウトのアプローチでは、たとえばあなたが幸福な結婚生活を望むなら、まずはあなた自身が、ポジティブなエネルギーを生み出し、ネガティブなエネルギーを消し去るパートナーになる。一〇代のわが子にもっと快活で協調性のある人間になってほしいと望むなら、まずはあなた自身が子どもを理解し、子どもの視点に立って考え、一貫した行動をとり、愛情あふれる親になる。仕事でもっと自由な裁量がほしければ、もっと責任感が強く協力的で、会社に貢献できる社員になる。信頼されたければ、信頼されるに足る人間になる。才能を認められたければ（第二の偉大さ）、まずは人格（第一の偉大さ）を高めることから始めなければならない。

インサイド・アウトのアプローチでは、公的成功を果たすためには、まず自分自身を制する私的成功を果たさなくてはならない。自分との約束を果たすことができて初めて、他者との約束を守ることができる。人格より個性を優先させるのは無駄なことだ。自分自身を高めずに他者との関係が良くなるわけがない。

インサイド・アウトは、人間の成長と発達をつかさどる自然の法則に基づいた継続的な再生のプロセスである。また、上向きに成長する螺旋であり、責任ある自立と効果的な相互依存という高みに徐々に近づいていくことだ。

仕事柄、私は多くの人々に接する機会に恵まれている。快活な人、才能ある人、幸福と成功を切望している人、何かを探し求めている人、心を痛めている人。経営者、大学生、教会組織、市民団体、家族、夫婦。そして、さまざまな体験を通してわかったことは、決定的な解決策、永続的な幸福と成功が外から内に（アウトサイド・イン）もたらされた例は一つとして知らない。

アウトサイド・インのパラダイムに従った人は、おしなべて幸福とは言い難い結果となっている。被害者意識に凝り固まり、思うようにいかないわが身の状況を他の人や環境のせいにする。夫婦ならば、お互いに相手だけが変わることを望み、相手の「罪」をあげつらい、相手の態度を改めさせようとする。労働争議ならば、莫大な時間と労力を費やして上辺だけの法律を通し、あたかも信頼関係が築かれたかのように振る舞っている。

私の家族は一触即発の危険をはらんだ三つの国――南アフリカ、イスラエル、アイルランド――で暮らした経験があるが、これらの国が抱えている問題の根源は、アウトサイド・インという社会的パラダイムに支配されていることにあると私は確信している。敵対するグループはそれぞれに問題は「外」にあるとし、「向こう」

が態度を改めるか、あるいは「向こう」がいなくなりさえすれば、問題は解決すると思い込んでいる。

インサイド・アウトは現代社会の大半の人々にとって劇的なパラダイムとなる。個性主義のパラダイムを持ち強烈な条件づけを受けている人は特にそうだ。

とはいえ、私の個人的経験、また何千という人々と接してきた経験、さらには成功を収めた歴史上の人物や社会を仔細に調べた結果から確信したことは、「7つの習慣」としてまとめた原則は、私たちの良心と常識にすでに深く根づいているものばかりだということである。自分の内面にあるそれらの原則に気づき、引き出し、生かせば、どんなに困難な問題でも解決できる。そのためには新しい、より深いレベルの考え方「インサイド・アウト」へとパラダイムシフトすることが必要である。

あなたがこれらの原則を真剣に理解しようとし、生活に根づかせる努力をするとき、T・S・エリオット（訳注：英国の詩人）の次の言葉の真実を幾度となく実感することだろう。

「探究に終わりはない。すべての探究の最後は初めにいた場所に戻ることであり、その場所を初めて知ることである」

7つの習慣とは

人格は繰り返し行うことの集大成である。それ故、秀でるためには、一度の行動ではなく習慣が必要である。

――アリストテレス

私たちの人格は、習慣の総体である。「思いの種を蒔き、行動を刈り取る。行動の種を蒔き、習慣を刈り取る。習慣の種を蒔き、人格を刈り取る。人格の種を蒔き、運命を刈り取る」という格言もある。

習慣は私たちの人生に決定的な影響を及ぼす。習慣とは一貫性であり、ときに無意識に行われる行動パターンであり、日々絶えず人格として現れる。その結果、自分自身の効果性の程度が決まる。

偉大な教育者だったホーレス・マンは、「習慣は太い縄のようなものだ。毎日一本ずつ糸を撚《よ》り続けるうちに、断ち切れないほど強い縄になる」と言っている。しかし私は、この言葉の最後の部分には同意できない。習慣は断ち切れるものだからだ。習慣は、身につけることも、断ち切ることもできる。だがどちらにしても、応急処置的な手段は通用しない。強い意志を持ち、正しいプロセスを踏まなくてはならない。

アポロ一一号が月に行き、人類が初めて月面を歩き、地球に帰還した様子を、世界中の人々がテレビの前に釘づけになって見守ったものである。あの出来事は、どんなに言葉を尽くしても言い表せない感動を与えた。しかし宇宙飛行士たちが月に到達するためには、地球のとてつもない引力をまさに断ち切らなくてはならなかったのだ。ロケットがリフトオフして最初の数分間、距離にして数キロ足らずの上昇に必要としたエネルギーは、その後の数日間、約七〇万キロの飛行に使ったエネルギーをはるかに上回っているのである。

習慣の引力も非常に強い。ほとんどの人が考える以上の強さである。先送り、短気、批判、わがままなど、人間の効果性を支える基本の原則に反する癖が根づいてしまっていたら、ちょっとやそっとの意志の力ではとても断ち切れない。生活を多少変えるだけで断ち切れるものではない。「リフトオフ」には並外れた努力が要る。しかし引力からいったん脱出できれば、まったく新しい次元の自由を手にできるのである。

すべての自然の力がそうであるように、引力はプラスにもマイナスにも働く。習慣の引力は、あなたが行きたい場所に行くのを妨げているかもしれない。しかし引力によって私たちは地に足をつけていられるのであり、引力が惑星を軌道に乗せ、宇宙の秩序を維持しているのも事実である。このようにとてつもない力であるからこそ、習慣の引力も効果的に使えば、人生に効果性をもたらすために必要なバランスと秩序を生み出せるのだ。

「習慣」の定義

本書では、**知識**、**スキル**、**意欲**の三つが交わる部分を習慣と定義したい。

まず知識は、**何をするのか**、**なぜそれをするのか**という問いに答える理論的なパラダイムである。スキルは**どうやってするのか**を示し、意欲は動機であり、**それをしたい**という気持ちを示す。人生において効果的な習慣を身につけるには、これら三つすべてが必要である。

自分の意見を言うだけで人の話に耳を傾けなければ、同僚や家族など周りの人との関係はうまくいかないだろう。人間関係の正しい原則の知識がなかったら、人の話を聴くことが必要だとは思いもしないかもしれない。効果的な人間関係のためには相手の話を真剣に聴くことが大事だと知ってはいても、そのスキルを持っていないかもしれない。人の話を深く聴くスキルがなければ、確かな人間関係は築けない。

しかし、話を聴く必要性を知り、聴くスキルを持っていたとしても、それだけでは足りない。聴きたいと思わなければ、つまり意欲がなければ、習慣として身につくことはない。習慣にするためには、知識、スキル、意欲の三つがすべて機能しなければならないのである。

自分のあり方／見方を変えることは、上向きのプロセスである。あり方を変えることによって見方が変わり、見方が変われば、さらにあり方が変わる、というように螺旋を描きながら上へ上へと成長していく。知識、スキル、意欲に働きかけることによって、長年寄りかかっていた古いパラダイムを断ち切り、個人としての効果性、人間関係の効果性の新しいレベルに到達できる。

このプロセスで痛みを感じることもあるだろう。より高い目的を目指し、そのために目先の結果を我慢する意志がなければ、変化を遂げることはできないからだ。しかし、このプロセスこそが、私たちの存在目的である幸福をつくり出すのである。幸福とは、最終的に欲しい結果を手に入れるために、今すぐ欲しい結果を犠牲にすることによって得る果実に他ならない。

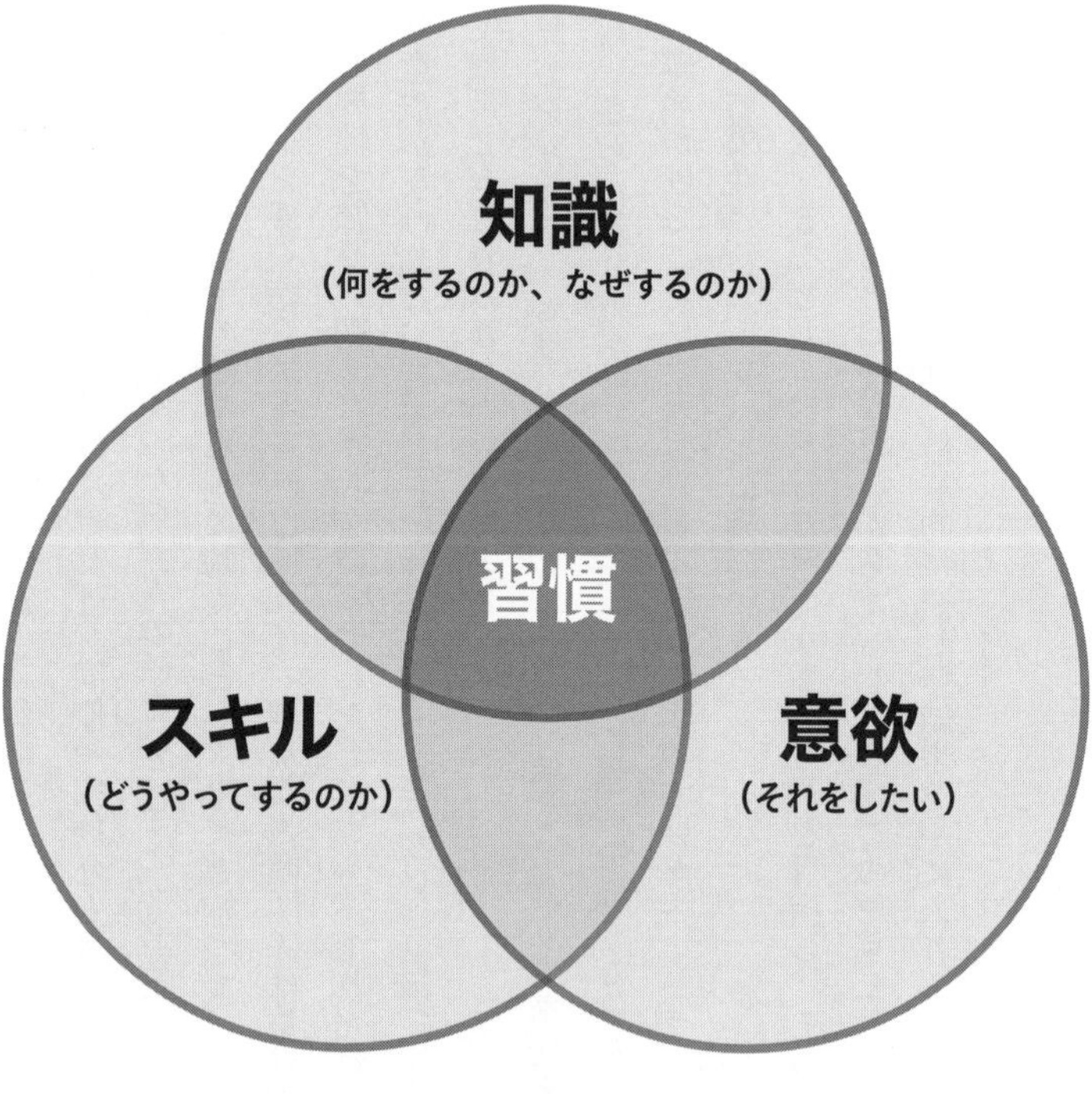

効果的な習慣は
原則と行動パターンによって形成される。

成長の連続体

「7つの習慣」は、断片的な行動規範を寄せ集めたものではない。成長という自然の法則に従い、連続する段階を踏んで、個人の効果性、人間関係の効果性を高めていく統合的なアプローチである。**依存**から**自立**へ、そして**相互依存**へと至る「成長の連続体」を導くプロセスである。

誰しも、他者に一〇〇%依存しなければならない赤ん坊として人生を歩み出す。最初は誰かに保護され、養われ、育てられる。誰かに面倒をみてもらわなければ、数時間、長くても数日しか生きられない。

しかし年月とともに、肉体的、知的、感情的、経済的にだんだんと**自立**していく。やがて完全に自立し、自分のことは自分で決められる独立した人間になる。

成長し、成熟していくと、社会を含め自然界（nature）のすべては生態系という**相互依存**で成り立っていることに気づく。さらには、自分自身の本質（nature）も他者との関係で成り立っており、人間の生活そのものが相互に依存し合っていることを発見する。

新生児から成人へと成長していくプロセスは自然の法則に従っている。そして成長にはさまざまな特徴がある。たとえば、肉体的な成熟と同時に精神的あるいは知的な成熟が進むとは限らない。逆に肉体的には他者に依存していても、精神的、知的には成熟している人もいる。

成長の連続体では、**依存**は**あなた**というパラダイムを意味する。**あなた**に面倒をみてほしい、**あなた**に結果を出してほしい、**あなた**が結果を出さなかった、結果が出ないのは**あなた**のせいだ、というパラダイムである。

成長の連続体

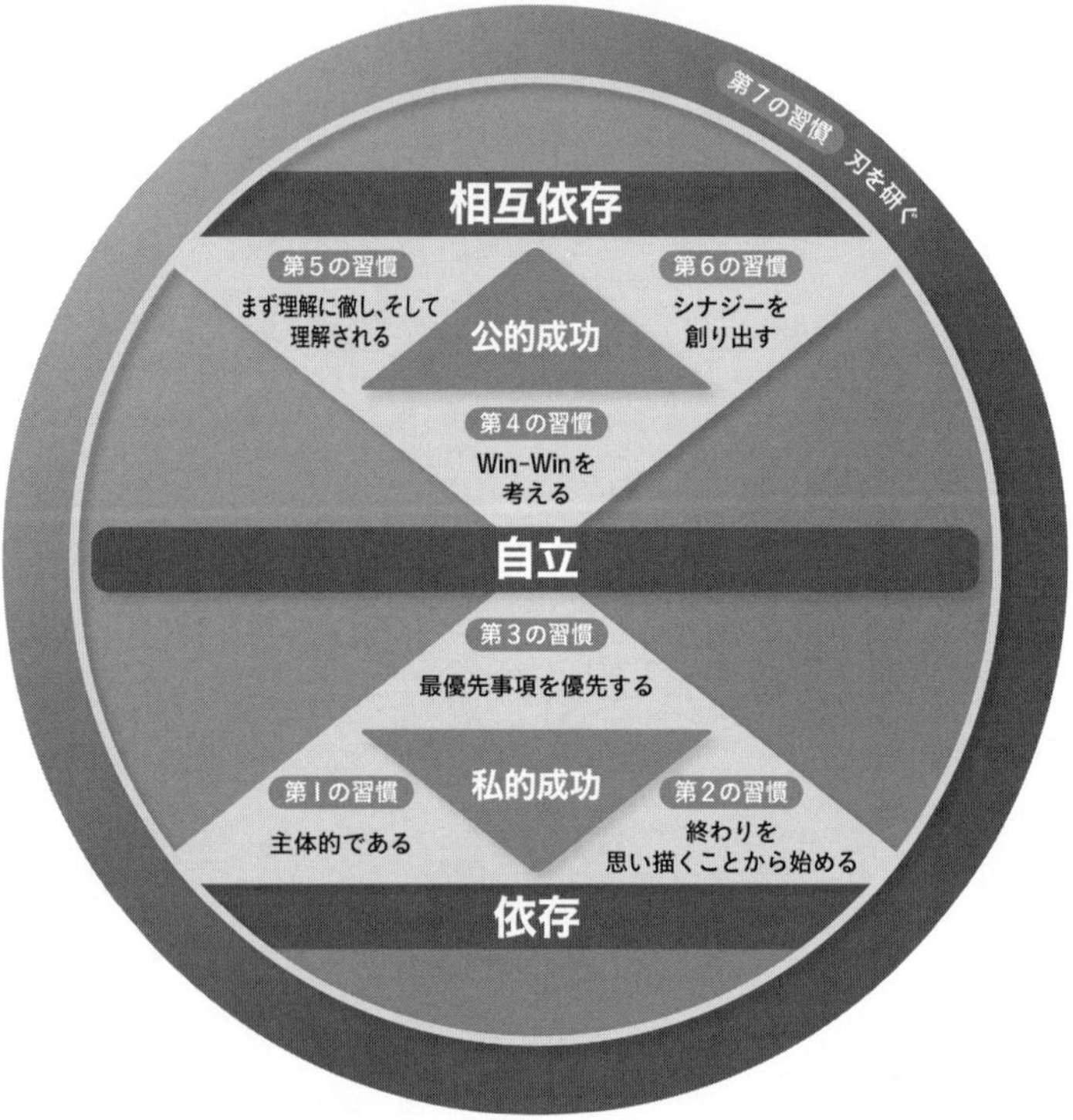
第7の習慣
刃を研ぐ
相互依存
第5の習慣
まず理解に徹し、そして
理解される
公的成功
第6の習慣
シナジーを
創り出す
第4の習慣
Win-Winを
考える
自立
第3の習慣
最優先事項を優先する
私的成功
第1の習慣
主体的である
第2の習慣
終わりを
思い描くことから始める
依存

自立は**私**というパラダイムである。**私**はそれができる、**私**の責任だ、**私**は自分で結果を出す、**私**は選択できる、ということである。

相互依存は**私たち**というパラダイムである。**私たち**はそれができる、**私たち**は協力し合える、**私たち**がお互いの才能と能力を合わせれば、もっと素晴らしい結果を出せる、と考える。

依存状態にある人は、望む結果を得るために他者に頼らなくてはならない。自立状態にある人は、自分の力で望む結果を得られる。相互依存状態にある人は、自分の努力と他者の努力を合わせて、最大限の成功を手にする。

仮に私が身体に何らかの障害があり、肉体的に依存しているとしたら、あなたの助けが必要である。感情的に依存しているなら、私の自尊心と心の安定は、あなたが私をどう見ているかで左右される。あなたに嫌われたら、私はひどく傷つくだろう。知的に依存しているとしたら、私の生活のさまざまな用事や問題はあなたに解決してもらわなくてはならない。

肉体的に自立していれば、私は自分で動ける。知的に自立していれば、自分で考え、抽象的な思考を具体的なレベルに置き換えて考えることができる。クリエイティブに、また分析的に思考し、自分の考えをまとめ、わかりやすく述べることができる。感情的に自立していれば、自分の内面で自分自身を認め、心の安定を得られる。人にどう思われようと、どう扱われようと、私の自尊心が揺らぐことはない。

自立した状態が依存よりもはるかに成熟していることは言うまでもない。自立だけでも大きな成功なのである。とはいえ、自立は最高のレベルではない。

にもかかわらず、現代社会のパラダイムは自立を王座に据えている。多くの個人、社会全般は自立を目標に掲げている。自己啓発本のほとんどが自立を最高位に置き、コミュニケーションやチームワーク、協力は自立よりも価値がないかのような扱いである。

現代社会でこれほどまでに自立が強調されるのは、今までの依存状態への反発とも言えるのではないだろうか。他人にコントロールされ、他人に自分を定義され、他人に使われ、操られる状態から脱したいという気持ちの現れなのである。

しかし、依存状態にいる多くの人は、相互依存の考え方をほとんど理解していないように見受けられる。自立の名のもとに自分勝手な理屈で離婚し、子どもを見捨て、社会的責任を放棄している人も少なくない。

依存状態への反発として、人々は「足かせを捨てる、解放される」「自分を主張する」「自分らしく生きる」ことを求めるわけだが、この反発は実は、もっと根深く、逃れることのできない依存状態の現れでもある。他者の弱さに気持ちを振り回され、あるいは他者や物事が自分の思いどおりにならないからといって被害者意識を持つなど、内的な依存心ではなく、外的な要因に依存しているからだ。

もちろん、自分が置かれている状況を変えなければならないこともある。しかし依存という問題は個人の成熟の問題であって、状況とはほとんど関係がない。たとえ状況がよくなっても、未熟さと依存心は残るものである。

真に自立すれば、周りの状況に左右されず、自分から働きかけることができる。状況や他者に対する依存から解放されるのだから、自立は自分を解き放つ価値ある目標と言えるだろう。しかし有意義な人生を送ろうとするなら、自立は最終目標にはならない。

自立という考え方だけでは、相互依存で成り立つ現実に対応できないのである。自立していても、相互依存的に考え行動できるまで成熟していなければ、個人としては有能であっても、良いリーダーやチームプレーヤーにはなれない。夫婦、家族、組織という現実の中で成功するには、相互依存のパラダイムを持たなくてはならないからである。

人生とは、本質的にきわめて相互依存的である。自立だけで最大限の効果を得ようとするのは、たとえるならゴルフクラブでテニスをするようなものだ。道具が現実に適していないのである。

相互依存は自立よりもはるかに成熟した状態であり、高度な概念である。肉体的に他者と力を合わせることができる人は、自分の力で結果を出せるのは言うまでもないが、他者と協力すれば、自分一人で出す最高の結果をはるかに上回る結果を出せることを知っている。感情的に相互依存の状態にある人は、自分の内面で自分の価値を強く感じられると同時に、他者を愛し、与え、他者からの愛を受け止める必要性を認識している。知的に相互依存の状態にあれば、他者の優れたアイデアと自分のアイデアを結びつけることができる。

相互依存の段階に達した人は、他者と深く有意義な関係を築き、他の人々が持つ莫大な能力と可能性を生かすことができる。

相互依存は、自立した人間になって初めて選択できる段階である。依存状態からいきなり相互依存の段階に達しようとしても無理である。相互依存できる人格ができていないからだ。自己を十分に確立していないのだ。

そのため、以降の章で取り上げる第1、第2、第3の習慣は自制をテーマにしている。これらは依存から自立へと成長するための習慣である。人格の成長に不可欠な**私的成功**をもたらす習慣である。まず**私的成功**が**公的成功**に先立つのだ。種を蒔かなければ収穫できないのと同じで、私的成功と公的成功の順序を逆にすることはできない。あくまでもインサイド・アウト、内から外へ、である。

真に自立した人間になれば、効果的な相互依存の土台ができる。この人格の土台の上に、個々人の個性を生かしたチームワーク、協力、コミュニケーションの公的成功を築いていく。これは第4、第5、第6の習慣になる。

第1、第2、第3の習慣を完璧に身につけなければ、第4、第5、第6の習慣に取り組めないわけではない。順序がわかっていれば、自分なりに効果的に成長することができるのであり、なにも第1、第2、第3の習慣を完璧にするまで何年も山にこもって修行しなさいと言っているのではない。

人間は相互依存で成り立つ世界で生きている以上、世の中の人々や出来事と無関係ではいられない。ところが、この世界のさまざまな急性の問題は、人格に関わる慢性的な問題を見えにくくする。自分のあり方が相互依存の関係にどのような影響を与えているのかを理解すれば、成長という自然の法則に従って、人格を育てる努力を適切な順序で続けていけるだろう。

第7の習慣は、**再新再生**の習慣である。人間を構成する四つの側面をバランスよく日常的に再生させるための習慣であり、他のすべての習慣を取り囲んでいる。成長という上向きの螺旋を生み出す継続的改善であり、この螺旋を昇っていくにつれ、第1から第6までの習慣をより高い次元で理解し、実践できるようになる。

五二ページの図は、「7つの習慣」の順序と相互関係を表したものである。それぞれの習慣の相互関係から相乗効果が生まれ、それぞれの習慣の価値がさらに高まることを具体的に解説するために、本書を通してこの図をたびたび参照する。各習慣の章の冒頭でも、該当する習慣を強調して表示する。

効果性の定義

「7つの習慣」は、**効果性**を高めるための習慣である。原則を基礎としているので、最大限の効果が長期にわたって得られる。個人の人格の土台となる習慣であり、問題を効果的に解決し、機会を最大限に生かし、成長の螺旋を昇っていくプロセスで他の原則を継続的に学び、生活に取り入れていくための正しい地図（パラダイム）の中心点を与えてくれる。

これらが効果性を高める習慣であるのは、自然の法則に従った効果性のパラダイムに基づいているからでもある。私はこれを「P／PCバランス」と呼んでいるが、多くの人が自然の法則に反して行動しているのではないだろうか。自然の法則に反するとどうなるか、『ガチョウと黄金の卵』というイソップの寓話で考えてみよう。

貧しい農夫がある日、飼っていたガチョウの巣の中にキラキラと輝く黄金の卵を見つけた。最初は誰かのいたずらに違いないと思い、捨てようとしたが、思い直して市場に持っていくことにした。するとすると卵は本物の純金だった。農夫はこの幸運が信じられなかった。翌日も同じことが起き、ますます驚いた。農夫は、来る日も来る日も目を覚ますと巣に走っていき、黄金の卵を見つけた。彼は大金持ちになった。まるで夢のようだった。

しかしそのうち欲が出て、せっかちになっていった。一日一個しか手に入らないのがじれったく、ガチョウを殺して腹の中にある卵を全部一度に手に入れようとした。ところが腹をさいてみると空っぽだった。黄金の卵は一つもなかった。しかも黄金の卵を生むガチョウを殺してしまったのだから、もう二度と卵は手に入ることはなかった。

この寓話は、一つの自然の法則、すなわち原則を教えている。それは効果性とは何かということである。ほとんどの人は黄金の卵のことだけを考え、より多くのことを生み出すことができるほど、自分を「効果的」、有能だと思ってしまう。

この寓話からもわかるように、真の効果性は二つの要素で成り立っている。一つは成果（黄金の卵）、二つ目は、その成果を生み出すための資産あるいは能力（ガチョウ）である。

黄金の卵だけに目を向け、ガチョウを無視するような生活を送っていたら、黄金の卵を生む資産はたちまちなくなってしまう。逆にガチョウの世話ばかりして黄金の卵のことなど眼中になければ、自分もガチョウも食い詰めることになる。

この二つのバランスがとれて初めて効果的なのである。このバランスを私はＰ／ＰＣバランスと名づけている。Ｐは**成果**（Production）、すなわち望む結果を意味し、ＰＣは成果を生み出す**能力**（Production Capability）を意味する。

三つの資産とは

資産は基本的に三種類ある。物的資産、金銭的資産、人的資産である。一つずつ詳しく考えてみよう。

数年前、私はある**物的資産**を購入した。電動芝刈機である。そして、手入れはまったくせずに何度も使用した。最初の二年間は問題なく動いたが、その後たびたび故障するようになった。そこで修理し、刃を研いでみたが、出力が元の半分になっていた。価値はほとんどなくなっていたのである。

もし資産（ＰＣ）の保全に投資していたら、芝を刈るという成果（Ｐ）を今も達成できていただろう。そうしなかったばっかりに、新しい芝刈機を買うはめになり、メンテナンスにかかる時間と金をはるかに上回るコストがかかる結果となった。

私たちは、目先の利益、すぐに得られる結果を求めるあまり、自動車やコンピューター、洗濯機、乾燥機等の価値ある物的資産を台無しにしてしまうことが少なくない。自分の身体や自然環境を損なってしまうことすらある。ＰとＰＣのバランスがとれていれば、物的資産の活用の効果性は著しく向上する。

Ｐ／ＰＣバランスは、金銭的資産の活用にも大きく影響する。元金と利息の関係を例にするなら、金の卵を増やして生活を豊かにしようとして元金に手をつければ、元金が減り、したがって利息も減る。元金はだんだんと縮小していき、やがて生活の最小限のニーズさえ満たせなくなる。

私たちのもっとも重要な**金銭的資産**は、収入を得るための能力（ＰＣ）である。自分のＰＣの向上に投資しなければ、収入を得る手段の選択肢はずいぶんと狭まってしまう。クビになったら経済的に困るから、会社や上司に何を言われるかとびくびくして保身だけを考え、現状から出られずに生きるのは、とても効果的な生き方とは言えない。

人的資産においてもP／PCバランスは同じように基本だが、人間が物的資産と金銭的資産をコントロールするのだから、その意味ではもっともバランスが重要になる。

たとえば、夫婦がお互いの関係を維持するための努力はせず、相手にしてほしいこと（黄金の卵）ばかりを要求していたら、相手を思いやる気持ちはなくなり、深い人間関係に不可欠なさりげない親切や気配りをおろそかにすることになるだろう。相手を操ろうとし、自分のニーズだけを優先し、自分の意見を正当化し、相手のあら探しをし始める。愛情や豊かさ、優しさ、思いやり、相手のために何かしてあげようという気持ちは薄れていく。ガチョウは日に日に弱っていくのである。

親と子の関係はどうだろうか。幼い子どもは他者に依存しなければならず、非常に弱い存在である。ところが親は、躾、親子のコミュニケーション、子どもの話に耳を傾けるなど、子どもの能力（PC）を育てる努力をややもすると怠ってしまう。親が優位に立って子どもを操り、自分の思いどおりにやらせるほうが簡単だからである。親である自分のほうが身体は大きいし、何でも知っているし、そもそも**正しい**のだから、子どもに指図して当然なのだという態度である。必要ならば怒鳴りつけ、脅してでもやらせればよいと考えてしまう。

それとは逆に甘やかすこともある。子どもに好かれるという黄金の卵がほしくて、いつでも子どもの言いなりになり、子どもを喜ばせようとする。しかしそれでは規範を守る意識が育たず、目標に向かって努力することができず、自制心や責任感のない大人になってしまう。

厳しくするにせよ、甘やかすにしろ、親は頭の中で黄金の卵を求めている。子どもを自分の思いどおりにするという黄金の卵、あるいは子どもに好かれたいという黄金の卵だ。だがその結果、ガチョウ——子ども自身——はどうなるだろう。この先、責任感、自制心、正しい選択をする判断力や重要な目標を達成できる自信は育つだろうか。親子関係はどうなるだろう。子どもが一〇代になり、大人になる重要な過渡期を迎えたとき、それまでの親子関係から、自分を一人前の人間として扱い、真剣に話を聴いてくれる親だと思うだろうか。何があっても信頼できる親だと思えるだろうか。あなたはそれまでに、子どもと心を通わせて真のコミュニケーションをとり、子どもに良い影響を与えられる親子関係を築いているだろうか。

たとえば、あなたは散らかり放題の娘の部屋が気になっているとしよう。娘の部屋がきれいになることがP（成果）、すなわち黄金の卵である。そしてあなたとしては、本人が掃除することを望んでいる。となれば娘が自分で掃除することがＰＣ（成果を生み出す能力）である。あなたの娘は、ガチョウと同じように黄金の卵を生む資産なのである。

ＰとＰＣのバランスがとれていれば、娘は掃除することを約束し、約束を守る自制心があるのだから、いちいちあなたに言われなくても機嫌よく部屋を掃除する。娘は貴重な資産であり、黄金の卵を生むガチョウということができる。

しかし、あなたがＰ（きれいな部屋）だけしか考えていなければ、部屋を掃除しろと口やかましく言って娘をうんざりさせるだろう。娘がすぐに言うことを聞かないと、怒鳴り、叱りつけることだろう。かくして、黄金の卵が欲しいばっかりに、ガチョウの健康（娘の健全な成長）を損ねる結果となってしまうのだ。

ここで、私のPC体験談を読んでいただきたい。私の大の楽しみの一つは、子どもたちと順繰りに行うデートである。誰しもデートの予定があるだけでうれしいものである。その日は、娘の一人とデートすることになっていた。

私はうきうきして娘に言った。「今夜はおまえとデートする番だよ。何をしたい？」

「そうだね、わかってる」と娘。

「そうじゃなくて、何をしたいかって聞いているんだよ」と私。

「そうだなあ、あたしのしたいことはお父さんは好きじゃないと思うよ」と娘は言う。

「言ってごらん。おまえがしたいことなら、何だっていいんだから」私は元気よく言った。

「スターウォーズを観に行きたいの。でもお父さんは嫌いなんじゃないかな。前に行ったとき、ずっと寝てたじゃない。ああいうファンタジー映画はお父さんの趣味じゃないのよね」と娘は言う。

「そんなことないさ。おまえがその映画を観たいなら、一緒に行くよ」

「無理しなくていいよ。なにも必ずデートしなきゃいけないわけじゃないんだし」と娘は言い、少し間をおいてから続けた。「でもね、お父さんがスターウォーズを好きになれない理由、自分でわかってる？ジェダイの騎士の哲学と鍛錬を知らないからだよ」

「は？」

「ジェダイの騎士の鍛錬ってね、お父さんが教えているのと同じことをしているんだよ」

「ほんとか？ スターウォーズを観に行こう！」

こうして私と娘は映画を観に行った。娘は私の隣に座り、私にパラダイムを授けてくれたのだ。私は生徒となり、娘から学んだ。とても素晴らしい経験だった。娘から教えられた新しいパラダイムのおかげで、ジェダイの騎士になるための鍛錬の基本哲学がさまざまな場面に現れていることがわかってきた。

これはあらかじめ計画したＰ体験ではなく、ＰＣ投資の予期せぬ果実だった。娘との絆を強める非常に価値あるものだった。そして、二人で黄金の卵も手にできた。親子関係というガチョウにエサをたっぷり与えたからである。

組織の成果を生み出す能力

正しい原則の大きな価値の一つは、あらゆる状況に当てはめられ、応用できることである。個人だけでなく家庭や組織にもこれらの原則を応用できる例をこの本の随所で紹介したいと思う。

組織の中でＰ／ＰＣバランスを考えずに物的資産を使うと、組織の効果性が低下し、死にかけたガチョウを後任に渡すことになる。

たとえば、機械などの物的資産を管理している社員が、上司の受けを良くすることだけを考えているとしよう。この会社は急成長を遂げていて、昇進の機会も多い。そこで彼は生産性を最大限に上げようとする。メンテナンスのために機械を停止することはなく、昼夜を問わずフル稼働だ。生産高はぐんぐん伸び、コストは下がり、利益は急増する。あっという間に彼は昇進した。黄金の卵を手にしたわけである。

ところが、あなたが彼の後任についたと考えてみてほしい。あなたは息もたえだえのガチョウを受け継いだのである。機械はすっかり錆びつき、あちこちガタがきている。メンテナンスのコストがかさみ、利益は激減。黄金の卵は生まれない。その責任は誰がとるのだろうか。あなたである。あなたの前任者は資産を消滅させたも同然なのだが、会計システムには、生産高、コスト、利益しか計上されないからである。

P／PCバランスは、顧客や社員など組織の人的資産においてはとりわけ重要である。

あるレストランの話をしよう。そこのクラムチャウダーは絶品で、ランチタイムは毎日満席になった。しばらくしてレストランは売却された。新しいオーナーは黄金の卵しか眼中になく、チャウダーの具を減らして出すことにした。最初の一ヵ月は、コストは下がり売上は変わらなかったから、利益は増えた。ところが徐々に顧客が離れていった。評判が落ち、売上は減る一方だった。新しいオーナーは挽回しようと必死だったが、顧客の信頼を裏切ったツケは大きかった。固定客という資産を失ってしまったのである。黄金の卵を生むガチョウがいなくなったのだ。

顧客第一を掲げながら、顧客に接するスタッフのことはまるでないがしろにしている企業は少なくない。スタッフはPCであり、会社は**大切な顧客に望む接客態度でスタッフに接する**ことが原則である。

人手はお金で雇えるが、人の心までは買えない。熱意と忠誠心は、心の中に宿るものである。労働力は買えても、頭の中までは買えない。創造力、創意工夫、機知は頭の中に宿るのだ。

PC活動とは、大切な顧客に自発的に接する態度と同様に、スタッフに対しても自発的に接することである。それによって、スタッフは自発的に行動でき、自分の心と頭の中にある最高のものを提供することができるのだ。

あるグループディスカッションでの一幕である。「やる気も能力もない社員をどうやって鍛え直せばいいんだろう」と一人が質問した。

「手りゅう弾でも投げつけてやればいい」ある経営者が勇ましく答えた。

グループの何人かは、この「やる気を出せ、さもなくば去れ」式の発言に拍手した。ところが別の一人が「それで辞めたらどうします?」と質問した。

「辞めやしないよ」と勇ましい経営者は答えた。

「それなら、お客さんにも同じようにしたらどうです? 買う気がないなら、とっとと出てけ、と言えばいいじゃないですか」

「客には言えないよ」

「ではなぜスタッフにはできるんですか?」

「こっちが雇っているからだよ」

「なるほど。それでお宅のスタッフの忠誠心はどうですか? 離職率は低いですか?」

「冗談じゃない。今どきいい人材なんか見つかるもんか。離職率も欠勤率も高いし、副業もやり放題だよ。忠誠心なんかありゃしない」

このような態度、黄金の卵オンリーのパラダイムでは、スタッフの頭と心の中から最大限の力を引き出すのは無理である。当面の利益を確保するのはもちろん大切だが、それは最優先すべきものではない。

効果性の鍵はバランスにある。Pだけを追求したら、ガチョウの健康を害する。機械がだめになり、資金が枯渇し、顧客や社員との関係が壊れる。逆にPCに力を入れすぎるのは、寿命が一〇年延びるからといって毎日三~四時間もジョギングするようなもので、延びた寿命の一〇年間をジョギングに費やす計算になることには気づいていない。あるいは延々と大学に通うような人もいる。仕事はせず、他の人たちの黄金の卵で生活する永遠の学生シンドロームである。

P/PCバランスを維持するには、黄金の卵とガチョウの健康のバランスを見極める高い判断力が要る。それこそが効果性の本質であると言いたい。短期と長期のバランスをとることであり、良い成績をとろうという意欲とまじめに授業を受けるバランスをとることである。部屋をきれいにしてほしいと思う気持ちと、言われなくとも進んで掃除できる自主性のある子どもに育つように親子関係を築くことのバランスをとることなのである。

この原則は、誰でも生活の中で実際に体験しているはずである。黄金の卵をもっと手に入れようと朝から晩まで働きづめの日が続き、疲れ果てて体調を崩し、仕事を休むはめになることもあるだろう。十分な睡眠をとれば、一日中元気よく働ける。

自分の意見をごり押しすれば、お互いの関係にヒビが入ったように感じるだろう。しかし時間をかけて関係の改善に努めれば、協力し合おうという気持ちが生まれ、実際に協力し、コミュニケーションが円滑になり、関係が飛躍的に良くなるものである。

このようにP／PCバランスは、効果性に不可欠なものであり、生活のあらゆる場面で実証されている。私たちはこのバランスに従うことも、反することもできる。どちらにしても、原則は存在する。それはまさに灯台である。「7つの習慣」の土台となる効果性の定義とパラダイムなのである。

この本の活用方法

「7つの習慣」を一つずつ見ていく前に、二つのパラダイムシフトを提案したい。この本から得る価値を最大限に高めるためにも、以下に提案するパラダイムシフトをぜひ実践してほしい。

まず、この本は一度目を通したら本棚にしまい込んでおくようなものではないと考えてほしい。

もちろん、一度最初から最後まで通読し、全体を把握するのはよいことだ。しかしこの本を、変化と成長の継続的なプロセスを通して手元に置き、折に触れて読み返し、参考にしてほしい。段階的な構成になっており、各習慣の章の最後に応用方法のアイデアを用意してあるので、それぞれの習慣が理解できたら、集中的に練習し身につけることができる。

理解が深まり、習慣が身についてきたら、再度習慣の原則に立ち戻ってほしい。知識を広め、スキルを伸ばし、意欲を高められる。

第二に、この本との関係を生徒（教わる側）から教師（教える側）に転換することを勧めたい。インサイド・アウトのアプローチにならって、学んだことを二日以内に他の人に教えることを前提として読んでほしい。

たとえば、P／PCバランスの原則を誰かに教えるつもりで読むとしたら、読み方も変わるのではないだろうか。この章の最後を読むときに、早速試してみてほしい。今日か明日、まだ記憶が鮮明なうちに、配偶者、子ども、同僚、友人に教えるつもりで読み進めると、理解の度合いや感じ方も違ってくるだろう。

このようなアプローチで以降の章を読むと、内容をよく覚えられるだけでなく、視野も広がり、理解が深まり、学んだことを実践してみようという意欲が湧いてくるはずだ。

さらに、この本で学んだことを素直な気持ちで教えたら、あなたに貼られていた否定的なレッテルが消えていくことに驚きを感じるだろう。教わった人は、あなたの変化と成長を目にし、「7つの習慣」を生活に取り入れ身につけようとするあなたの努力を支え、協力してくれるようになるだろう。

この本がもたらしてくれること

マリリン・ファーガソン（訳注：米国の社会心理学者）の次の言葉がすべてを言い表していると思う。「説得されても人は変わるものではない。誰もが変化の扉を固くガードしており、それは内側からしか開けられない。説得によっても、感情に訴えても、他人の扉を外から開けることはできない」

あなたが自分の「変化の扉」を開き、「7つの習慣」に込められた原則を深く理解し、実践する決心をするならば、いくつかの素晴らしい成果を約束できる。

まず、あなたは段階を踏みながら**進化的**に成長していくが、その効果は**飛躍的**なものになる。P／PCバランスの原則だけでも、それを実践すれば、個人にも組織にも大きな変化をもたらすことに疑問の余地はないはずだ。

第1、第2、第3の習慣（私的成功の習慣）に対して「変化の扉」を開くことによって、あなたの自信は目に見えて増すだろう。自分自身を深く知り、自分の本質、内面の奥深くにある価値観、自分にしかできない貢献にはっきりと気づくだろう。自分の価値観に従って生活すれば、あるべき自分を意識し、誠実、自制心、内面から導かれる感覚を得て、充実し平安な気持ちに満たされる。他者の意見や他者との比較からではなく、自分の内面から自分自身を定義できる。正しいか間違っているかは他者が決めるのではなく、自分で判断できるようになるのである。

逆説的だが、周りからどう見られているかが気にならなくなると、他者の考えや世界観、彼らとの関係を大切にできるようになる。他者の弱さに感情を振り回されることがなくなる。さらに、自分の心の奥底に揺るぎない核ができるからこそ、自分を変えようという意欲が生まれ、実際に変わることができるのである。

さらに第4、第5、第6の習慣（公的成功の習慣）に対して「変化の扉」を開けば、うまくいかなくなっていた大切な人間関係を癒し、築き直す意欲が生まれ、そのための力を解き放つことができるだろう。うまくいっている人間関係はいっそう良くなり、さらに深く堅固で、創造的な関係に発展し、新たな冒険に満ちたものになるだろう。

そして最後の第7の習慣を身につけることによって、それまでの六つの習慣を再新再生して磨きをかけ、真の自立、効果的な相互依存を実現できるようになる。第7の習慣は、自分自身を充電する習慣である。

あなたが今どんな状況に置かれていようと、習慣を変えることはできる。それまでの自滅的な行動パターンを捨て、新しいパターン、効果性、幸福、信頼を土台とする関係を生み出す新たなパターンを身につけることができるのだ。

「7つの習慣」を学ぶとき、あなたの変化と成長の扉をぜひ開けてほしい。忍耐強く取り組んでほしい。自分を成長させるのは平たんな道のりではないが、それは至高に通じる道である。これに優る投資が他にあるだろうか。

これは明らかに応急処置ではない。だが、必ず成果を実感でき、日々励みになるような成果をも見ることができる。ここでトーマス・ペイン（訳注：米国の社会哲学・政治哲学者）の言葉を引用しよう。「なんなく手に入るものに人は価値を感じない。あらゆるものの価値は愛着がもたらすものなのだ。ものの適切な対価は、誰にもつけられないのだ」

新たなインサイト

パラダイムと原則

ショーン・コヴィー

息子のネイサンは、まだ小さかった頃、社交不安障害に苦しんでいた。そのせいで小学校低学年のときは何日も学校を休んだ。ネイサンが一年生になった日の朝のことだ。学校に着き、ネイサンを車から降ろすのが一苦労だった。チャイルドシートから彼の指を一本一本引き離して、校舎から駐車場に出てきていた校長先生に預けなくてはならなかった。校長先生はネイサンをひょいと背負い、校舎に入っていった。その間ずっと、ネイサンは校長先生の背中を蹴っていた。私は車の中で泣いてしまった。

ネイサンが二年生に進級し、私は野球をやらせることにした。はじめての練習のとき、彼はほかの子たちやコーチを見ておびえてしまい、地面につっぷして「死んだふり」をした。熊に遭遇した場合に生き延びる方法を読んで聞かせたことがあって、それを思い出したらしい。私はネイサンを起き上がらせようとしたけれども、びくとも動かない。コーチも説得したが、ネイサンは音もたてずにじっとしていた。練習の間ずっと、息子は「死んだふり」をしていたのだった。

フットボールの試合を見にいったときのことも忘れられない。ネイサンは自分の前のシートを蹴りながら大声を上げて応援していた。周りの人たちがこちらをじっと見ていることに気づいて、私はネイサンの腕をつかみ、「やめなさい！」ときつく言った。

その瞬間、私は自分の反応を恥じた。なんの罪もない子を厳しく罰してしまい、怒りにかられた自分の声にいたたまれなくなった。「よくもネイサンをそんなふうに罰することができるね。ネイサンがどんな子が知っているだろう？ 無限の可能性を秘めた素晴らしい男の子じゃないか。彼をそんなふうに叱ったり、悪い子だと決めつけたりする権利はおまえにはない。彼の成長を見守りなさい」と、良心の声に諭されているような気がした。この突然の、そして予想外の気づきはとても深く、それから数日間、私の頭を離れなかった。

しばらくたって、この体験のおかげでネイサンに対するパラダイム・シフトができたと妻に話した。あれほどの不安を抱えた特別な少年。その息子が自分のペースで成長できるように辛抱強く見守り、彼を信じることが、私たち両親がすべきことだったのだ。

ネイサンはゆっくりと変わり始めた。大きな変化は四年生のときにやってきた。学校の行事で第5の習慣（まず理解に徹し、そして理解される。共感によるコミュニケーションの原則）

について話すことになったのだ。ネイサンは家に帰ってくるなり「学校に電話して、ぼくはスピーチしないって言ってよ。7つの習慣の家の子だというだけでぼくを指名したんだから」と言った。私はとっさに「学校に電話したほうがいいかもしれない。壇上にあがったら死ぬふりをしかねないからな」と頭をよぎったが、すぐに思い直した。「大丈夫、ネイサンならできるよ」

数週間後、ネイサンは二〇〇人の前に立ち、自分で書いた見事なスピーチを読み上げた。スピーチの間中、気が遠くなりそうだったけれども、勇気を振り絞って最後まで頑張ったそうだ。その日、彼は大いに自信をつけ、それからはスピーチの機会を自分から求めるようになった。信じられないかもしれないが、高校に進学する頃には、ネイサンはとても外向的で話し好きな子に育っていた。ネイサンの短所が長所になったのだ。子どもの頃にたくさんの試練を経験したからこそ、彼は今、愛と思いやりを持って自分なりに、同じような試練にあっている人たちの力になろうとしている。妻と私がネイサンの可能性を「見た」ときから、彼に対する私たちの態度が変わり、やがてすべてを変えた。それがパラダイム・シフトの力なのである。

See-Do-Get

父はよく言っていた。「わかってないな。だれもわかってない。パラダイムが大事なんだ。パラダイムのことをもっと話さなくてはだめだ。小さな変化を起こしたいのなら、行動を変えればいい。だが飛躍的な変化を望むなら、パラダイムを変えなければならない」

フランクリン・コヴィー社ではこれまで何百万人ものトレーニングを実施しており、その結果からパラダイム・シフトの重要性を認識している。我々がよく使う下の図は、何を見るかでどう行動するかが決まり、どう行動するかで得られる結果が決まる、ということを表している。個人であれ、チームや組織であれ、何をするか（行動）だけを考えていたら、望みの結果は得られないことがわかった。望みどおりの結果を得るためには、何を見るか（パラダイム）を考えなければならない。見方を変えないかぎり、新しい行動は出てこないのだ。

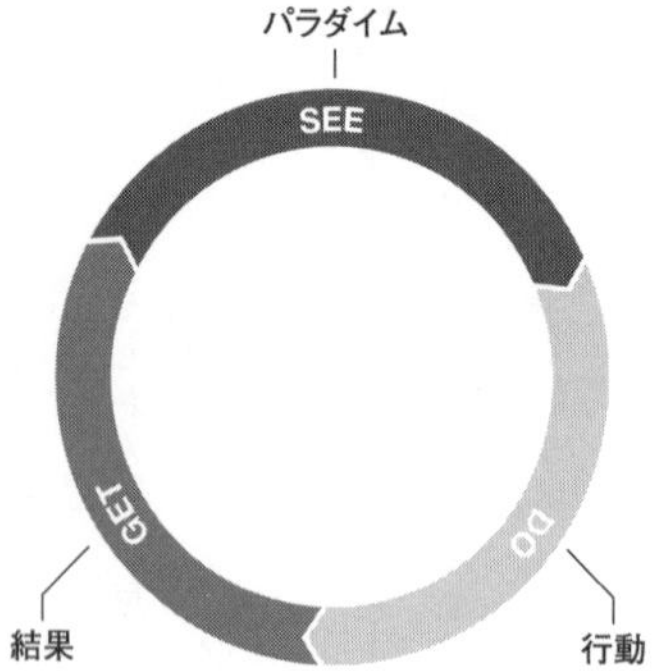

父はパラダイムと同じように原則も重要視していた。そして、原則に従って生きれば必ず成功するし、その成功は長続きするのだと、私たちに断言していた。「7つの習慣」はどれも、いくつかの重要な原則とパラダイムを土台にしている。これから「7つの習慣」を順番に取り上げていくが、その前にやってみてほしいことがある。

下の図に1から54までの数字がランダムに散らばっている。欠けている数字もトリックもない。これらの数字を1、2、3と順番に見つけていってほしい。六〇秒でいくつまで数えることができるだろうか。

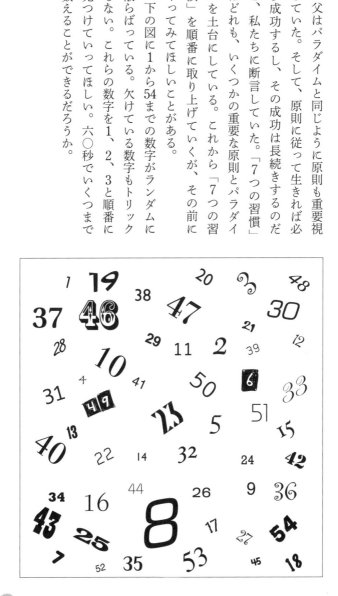

いくつまで行けただろうか。ほとんど人は20くらいまでだと思う（私が子どもたちとやるときはたいてい、最後の54まで見つけられる子が何人かいる。これは、我々大人が子どもの才能を見くびっている証拠でもある）。

ではもう一回。今度は数字を見つけやすくする方法を教えよう。63ページに詳しい説明があるので、読んでほしい。

今度はいくつまで数えることができただろうか？ たぶん全員が54まで行けたはずだ。一回目との違いは何か？ 二回目は方法を知っていたからだ。誘導してくれる組織化モデルのようなものである。これはちょっとしたゲームにすぎないが、その意味するところはばかにできない。私たちの生活はこのようにランダムに散らばった数字みたいなものだ。順番に進んでいくのは並大抵のことではない。たくさんの選択肢があり、障壁もある。道に迷い、効果性を失うのはたやすい。

ここで「7つの習慣」が登場する。「7つの習慣」はいわば組織化モデルである。より良く、より速く目標に到達し、問題を解決するのを手助けする考え方である。20までしか行けないか、最後の54まで行けるかの違いだ。このモデルを頭の中に入れた瞬間、あなたは今までのあなたではなくなる。なぜならこれは、有意義で貢献できる人生を創造するためのパターンだからだ。

59ページの図を見てほしい。これは本書に出てくる「成長の連続体」とは違う。私がこの木の図を使うのは、「7つの習慣」の構造をわかりやすく表しているからである。私的成功の習慣は地中に根を張っていて、これらの習慣が個人的なものであり、ほかの人たちには見えないことがわかる。公的成功の習慣は地上に出ていて、だれにでも見える。再新再生の習慣である第7の習慣が太陽と雨の近くにあるのは、私たちには常に栄養補給が必要であることを表している。

「7つの習慣」では順番が重要なのだ。三〇年以上前、父は本書の初稿を書き終えると「最初からやり直しだ」と言い、スタッフを唖然《あぜん》とさせた。父は習慣の順番の重要性を軽くみていたことに気づいたのだった。パラダイムを最初に持ってきて、全部書き直す必要があった。ご存知のとおり、「7つの習慣」はインサイド・アウトのアプローチである。私的成功（第1の習慣、第2の習慣、第3の習慣）を成し遂げなければ、公的成功（第4の習慣、第5の習慣、第6の習慣）を手にすることはできない。たとえば、上司との関係が悪く、Win-Winを考えることが無理であるなら、まずは自分自身を見つめる。そして自分のほうに間違いがあるとしたら、それは何なのか突き止める必要がある。動機が間違っているのかもしれない。あるいは何か下心があるのかもしれない。私の場合、人間関係でうまくいかないとき、十中八九、問題は私のほうにあって相手ではない。問題を解決するカギは、まず自分自身を正すこと。これがインサイド・アウトである。私的成功なくして公的成功はない。

習慣を身につけるには、順番の大切さを知ることに加えてもう一つ重要なカギがある。良い習慣ではないものを理解することだ。つまり「効果性の低い人の7つの習慣」である。

効果性の低い人の7つの習慣

第1の習慣　反応するだけ

自分の問題は全部、他人やほかのもののせいにする。気にくわない上司、両親、配偶者、恋人、元恋人、はては遺伝子のせい。不景気だからだ、政府のせいだ、等々。被害者意識が強い。自分の人生に責任を持とうとしない。腹が空いたら食べる。腹が立ったらわめく。怒鳴られたら怒鳴り返す。これは単なる反応である。

第2の習慣　何も思い描かずに始める

前もって計画を立てない。目標を設定しない。自分の行動の結果なんか気にしない。

再新再生
第７の習慣
刃を研ぐ
公的成功
第６の習慣
シナジーを創り出す
第５の習慣
まず理解に徹し、そして理解される
第４の習慣
Win-Winを考える
私的成功
第３の習慣
最優先事項を優先する
第２の習慣
終わりを思い描くことから始める
第１の習慣
主体的である

流れに身をまかせる。刹那《せつな》的に生きる。明日死ぬかもしれないのだから、今やりたいことをやる。

第3の習慣　優先事項を後にする

先延ばしにする。電話が鳴ったら仕事の途中でもいちいち出るように、緊急のことを最初にやる。大切なことは後でやる。だれかとの関係を良くするといったって、その人がいなくなるわけじゃないのだから、別にどうでもいい。なぜ運動なんかするわけ？　まだ全然健康なのに。そしてYouTubeを見る時間は毎日たっぷり確保する。

第4の習慣　Win-Loseを考える

人生を過酷な競争と考える。全員の分はないのだから、自分が先に取りにいったほうがいい。だれかが勝つということは自分が負けるということだ。だから他人の成功は許せない。でも自分が負けそうなら、相手を道連れにする。

第5の習慣　とにかく話し、そして聞くふりをする

生まれつき口があるのだから、使うのは当然。たくさんしゃべる。まずは自分の言い分を理解させる。そのあと人の話を聞くときは、「そうだね」などと適当に相づちを打

ち、昼飯は何にしようかと考えながら聞いているふりをする。本当に他人の意見がほしいときも、自分の意見を押しつける。

第6の習慣　自分だけに頼る

正しいのは自分だけだ。他人はみんなおかしい。なぜうまく付き合う必要がある？チームワークというのは幻想。協力なんかしていたら仕事が遅れるだけ。自分の考えが常にベストなのだから、自分だけの孤島に籠って一人でやったほうがいい。

第7の習慣　燃え尽きる

運転に忙しくてガソリンを入れる時間がない。心身の充電をしたりリフレッシュしたりする時間がない。新しいことを学ばない。まるで疫病みたいに運動を嫌う。良書、自然、美術、音楽等々、自分を鼓舞してくれそうなものには極力近づかない。みんな燃え尽きようぜ。

言うまでもなく、これらは私たちが身につけたい習慣ではない。しかしこうした行動はほとんど抵抗なくやってしまえるものだから、多くの人が溺れてしまう（私も含めて）。「7つの習慣」は家庭や職場での行動を導き、効果性を高めるためのフレームワークである。このフレームワークを自分のものにして、私的成功が必ず公的成功に先立つということを覚えておいてほしい。そして、自分のパラダイムを見直し、アップグレードさせよう。

私たちきょうだいはよく「一番大切な習慣は何?」と父に質問したものである。父は「どの習慣も一番大切だよ」と答えたかと思えば、「一番大切な習慣はね……」ともったいぶって「第2の習慣だよ。自分の人生のビジョンを持っていないというのは、何も持っていないということだからね」と言ったりしていた。あるときは「第6の習慣が究極の習慣だな。ほかの習慣を全部実行すれば、シナジーを生み出せるから」と答え、またあるときは「第1の習慣が断トツで大事だよ。自分のことには自分が責任を持つのだと決心できないかぎり、ほかのどの習慣も身につかない」と言っていた。私たちはいつも、父の答えをワクワクして待っていた。

個人的には、一番重要な習慣は自分にとって一番難しい習慣だと思う。

実際に取り組み、どの習慣が難しいかを実感してほしい。

皆さんのご健闘をお祈りします!

このページの図は先ほどのゲームと同じものだが、ここでは九つのボックスに区切ってある。この図のパターンをたどれば、数字を見つけることができる。つまり、最初の数字はボックス1にあり、次の数字はボックス2、その次の数字はボックス3、その次の数字はボックス4、というようにボックス9まで続けたら、ボックス1に戻って同じように繰り返す。

1	2	3
4	5	6
7	8	9

今度も自分で六〇秒はかり、どこまで行けるかやってみてほしい。終わったら55ページに戻ってほしい。

THE SEVEN HABITS OF HIGHLY EFFECTIVE PEOPLE

第二部

私的成功

PRIVATE VICTORY

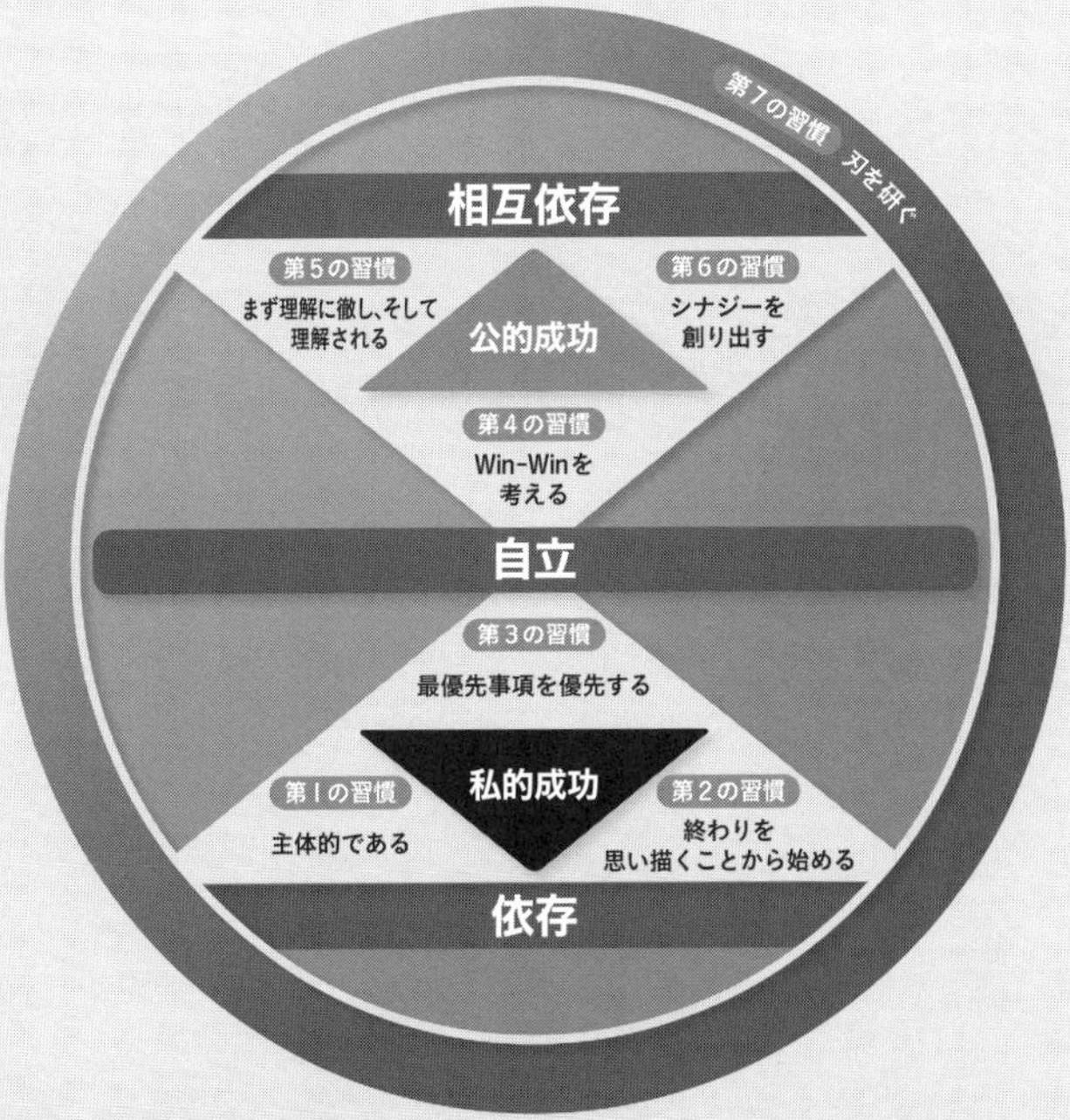

THE SEVEN HABITS
OF HIGHLY
EFFECTIVE PEOPLE

第1の習慣

主体的である

BE PROACTIVE

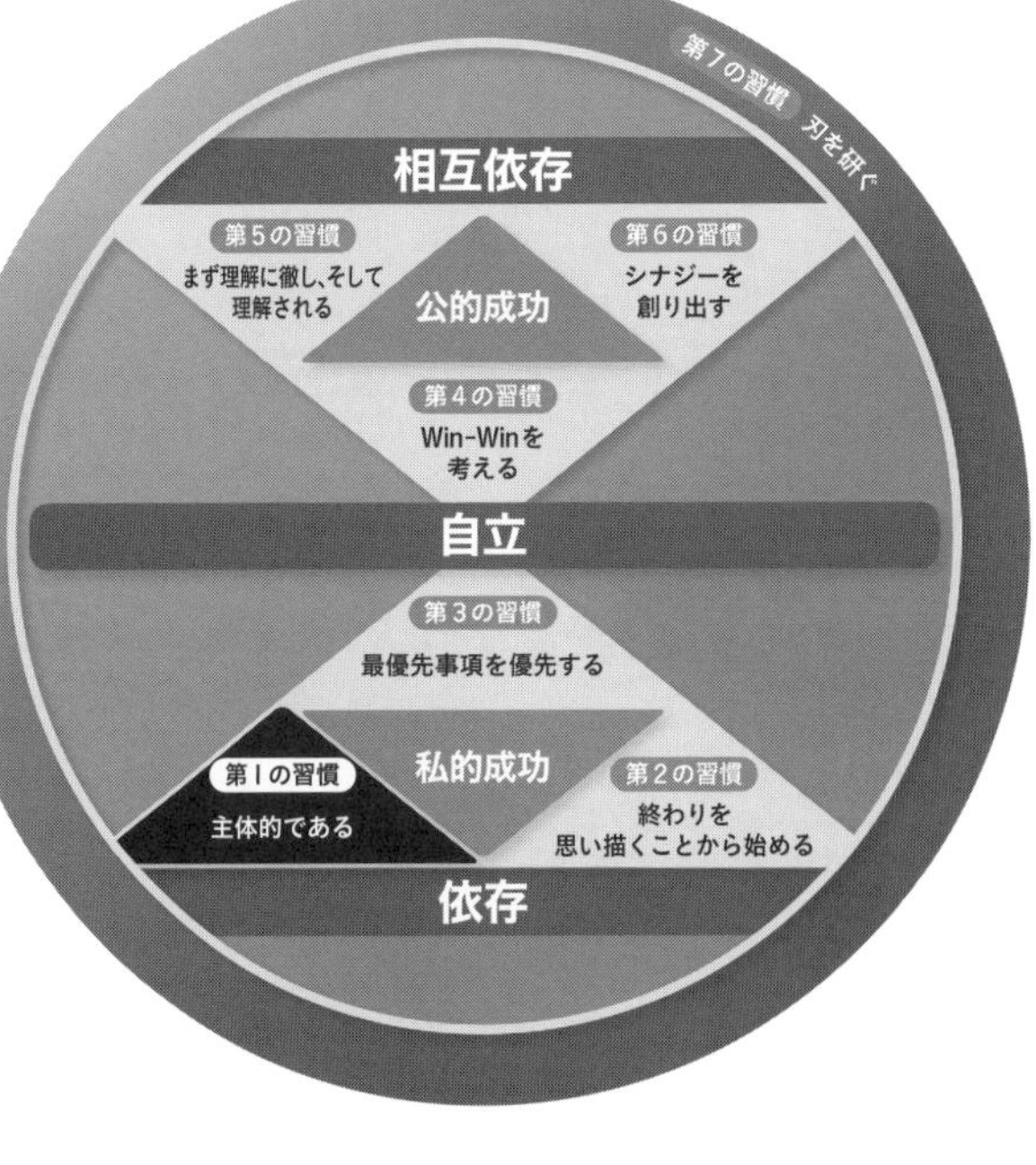

パーソナル・ビジョンの原則

意識的に努力すれば必ず人生を高められるという事実ほど、人を勇気づけるものが他にあるだろうか。

――ヘンリー・デイヴィッド・ソロー

この本を読んでいる自分の姿を想像してみてほしい。意識を部屋の隅に置いて、そこから自分を眺めてみる。頭の中であなたは、まるで他人であるかのように自分自身を見ているはずだ。

次は、自分の今の気分を考えてみてほしい。あなたは今、どんな気持ちだろうか。何を感じているだろう。その気分をどんな言葉で言い表せるだろうか。

さらに、自分の頭の中で起こっていることを考えてみる。あなたは頭をフル回転させ、今やっていることにどんな意味があるのかと、いぶかしんでいることだろう。

あなたが今行ったことは、人間にしかできないことである。動物にはできない。それは人間だけが持つ能力であって、「自覚」というものだ。自分自身の思考プロセスを考えることのできる能力である。この能力があるからこそ、人は世代を追うごとに大きく進歩し、世界のあらゆるものを支配するまでになったのだ。

自覚があれば、人は自分の経験だけでなく他者の経験からも学ぶことができる。そして、習慣を身につけるのも、絶ち切るのも、自覚という能力のなせるわざなのである。

人間を人間たらしめているのは、感情でも、気分でもない。思考ですらない。自分の感情や気分や思考を切り離して考えられることが、人間と動物の決定的な違いである。この自覚によって、人間は自分自身を見つめることができる。自分をどう見ているか、自分に対する見方、いわば「セルフ・パラダイム」は、人が効果的に生きるための基盤となるパラダイムだが、私たちは自覚によって、このセルフ・パラダイムさえも客観的に考察できる。セルフ・パラダイムはあなたの態度や行動を左右し、他者に対する見方にも影響を与えている。セルフ・パラダイムは、人の基本的な性質を表す地図となるのだ。

そもそも、自分が自分自身をどう見ているか、他者をどう見ているかを自覚していなければ、他者が自分自身をどう見ているか、他者は世界をどう見ているかわからないだろう。私たちは無意識に自分なりの見方で他者の行動を眺め、自分は客観的だと思い込んでいるにすぎない。

こうした思い込みは私たちが持つ可能性を制限し、他者と関係を築く能力も弱めてしまう。しかし人間だけが持つ自覚という能力を働かせれば、私たちは自分のパラダイムを客観的に見つめ、それらが原則に基づいたパラダイムなのか、それとも自分が置かれた状況や条件づけの結果なのかを判断できるのである。

社会通念の鏡

現代の社会通念や世論、あるいは周りの人たちが持っているパラダイム、それらはいわば社会通念の鏡である。もし人が自分自身を社会通念の鏡だけを通して見てしまうと、たとえるなら遊園地にあるような鏡の部屋に入り、歪んだ自分を見ているようなものである。

「君はいつも時間に遅れる」

「おまえはどうして部屋の片づけができないんだ」

「あなたって芸術家肌ね」

「よく食べる人だね」

「あなたが勝ったなんてありえない」

「君はこんな簡単なことも理解できないのか」

人はよく他者をこんなふうに評するが、その人の本当の姿を言い当てているとは限らない。ほとんどの場合は、相手がどういう人間なのかを客観的に述べているのではなく、自分の関心事や人格的な弱さを通して相手を見ている。自分自身を相手に投影しているのである。

人は状況や条件づけによって決定されると現代社会では考えられている。日々の生活における条件づけが大きな影響力を持つことは認めるにしても、だからといって、条件づけによってどのような人間になるかが**決まる**わけではないし、条件づけの影響力に人はまったくなすすべを持たないなどということはありえない。

ところが実際には、三つの社会的な地図——決定論——が広く受け入れられている。これらの地図を個別に使って、ときには組み合わせて、人間の本質を説明している。

一つ目の地図は、**遺伝子的決定論**である。たとえば、「おまえがそんなふうなのはおじいさん譲りだ。短気の家系だからおまえも短気なんだよ。そのうえアイルランド人だ。アイルランド人っていうのは短気だからね」などと言ったりする。短気のDNAが何世代にもわたって受け継がれているというわけである。

二つ目は**心理的決定論**である。育ちや子ども時代の体験があなたの性格や人格をつくっているという理論だ。「人前に出るとあがってしまうのは、親の育て方のせいだ」というわけである。大勢の人の前に出るとミスをするのではないかと強い恐怖心を持つのは、大人に依存しなければ生きられない幼児期に親からひどく叱られた体験を覚えているからだという理屈だ。親の期待に応えられなかったとき、他の子どもと比較され親から突き放されたりした体験が心のどこかに残っていて、それが今のあなたをつくっているというのである。

三つ目は**環境的決定論**である。ここでは、上司のせい、あるいは配偶者、子どものせい、あるいはまた経済情勢、国の政策のせい、となる。あなたを取り巻く環境の中にいる誰かが、何かが、あなたの今の状態をつくっていることになる。

これら三つの地図はどれも、刺激／反応理論に基づいている。パブロフの犬の実験で知られるように、特定の刺激に対して特定の反応を示すように条件づけられているというものだ。

しかしこれらの決定論的地図は、現実の場所を正確に、わかりやすく言い表しているだろうか。これらの鏡は、人間の本質をそのまま映し出しているだろうか。これらの決定論は、単なる自己達成予言ではないだろうか。自分自身の中にある原則と一致

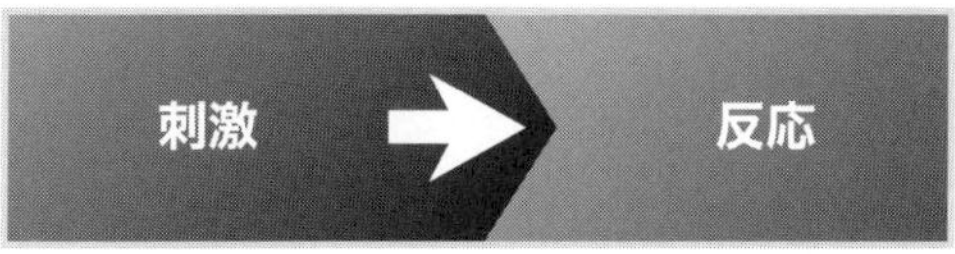

していだろうか。

刺激と反応の間

これらの質問に答える前に、ヴィクトール・フランクル（訳注：オーストリアの精神科医・心理学者）という人物の衝撃的な体験を紹介したい。

心理学者のフランクルは、フロイト学派の伝統を受け継ぐ決定論者だった。平たく言えば、幼児期の体験が人格と性格を形成し、その後の人生をほぼ決定づけるという学説である。人生の限界も範囲も決まっているから、それに対して個人が自らできることはほとんどない、というものだ。

フランクルはまた精神科医でもありユダヤ人でもあった。第二次世界大戦時にナチスドイツの強制収容所に送られ、筆舌に尽くし難い体験をした。

彼の両親、兄、妻は収容所で病死し、あるいはガス室に送られた。妹以外の家族全員が亡くなった。フランクル自身も拷問され、数知れない屈辱を受けた。自分もガス室に送られるのか、それともガス室送りとなった人々の遺体を焼却炉に運び、灰を掃き出す運のよい役割に回るのか、それさえもわからない日々の連続だった。

ある日のこと、フランクルは裸にされ、小さな独房に入れられた。ここで彼は、ナチスの兵士たちも決して奪うことのできない自由、後に「人間の最後の自由」と自ら名づける自由を発見する。たしかに収容所の看守たちはフランクルが身を置く環境を支配し、彼の身体をどうにでもできた。しかしフランクル自身は、どのような目にあっても、自分の状況を観察者として見ることができたのだ。彼のアイデンティティは少しも傷ついていなかった。**何が起ころうとも、それが自分に与える影響を自分自身の中で選択することができたのだ。**自分の身に起こること、すなわち受ける刺激と、それに対する反応との間には、反応を選択する自由もしくは能力があった。

収容所の中で、フランクルは他の状況を思い描いていた。たとえば、収容所から解放され大学で講義している場面だ。拷問を受けている最中に学んだ教訓を学生たちに話している自分の姿を想像した。

知性、感情、道徳観、記憶と想像力を生かすことで、彼は小さな自由の芽を伸ばしていき、それはやがて、ナチスの看守たちが持っていた自由よりも大きな自由に成長する。看守たちには行動の自由があったし、自由に選べる選択肢もはるかに多かった。しかしフランクルが持つに至った自由は彼らの自由よりも大きかったのだ。それは彼の内面にある能力、すなわち反応を選択する自由である。彼は他の収容者たちに希望を与えた。看守の中にさえ、彼に感化された者もいた。彼がいたから、人々は苦難の中で生きる意味を見出し、収容所という過酷な環境にあっても尊厳を保つことができたのである。

想像を絶する過酷な状況の中で、フランクルは人間だけが授かった自覚という能力を働かせ、人間の本質を支える基本的な原則を発見した。それは、**刺激と反応の間には選択の自由がある**、という原則である。

選択の自由の中にこそ、人間だけが授かり、人間を人間たらしめる四つの能力（自覚・想像・良心・意志）がある。**自覚**は、自分自身を客観的に見つめる能力だ。**想像**は、現実を超えた状況を頭の中に生み出す能力である。**良心**は、心の奥底で善悪を区別し、自分の行動を導く原則を意識し、自分の考えと行動がその原則と一致しているかどうかを判断する能力である。そして**意志**は、他のさまざまな影響に縛られずに、自覚に基づいて行動する能力である。

動物は、たとえ知力の高い動物でも、これら四つの能力のどれ一つとして持っていない。コンピューターにたとえて言うなら、動物は本能や調教でプログラムされているにすぎない。何かの行動をとるように動物を調教することはできるが、教えられる行動を自分で選ぶことはできない。動物自身がプログラミングを書き換えることはできないのだ。そもそもプログラミングという概念を意識すらしていない。

しかし人間は、人間だけが授かっている四つの能力を使えば、本能や調教とは関係なく自分で新しいプログラムを書くことができる。だから動物にできることには限界があり、人間の可能性は無限なのだ。しかし私たち人間が動物のように本能や条件づけ、置かれた状況だけに反応して生きていたら、無限の可能性は眠ったままである。

決定論のパラダイムは主に、ネズミ、サル、ハト、イヌなどの動物、ノイローゼ患者や精神障害者の研究を根拠としている。測定しやすく、結果を予測できそうだという点では、決定論は一部の研究者の基準を満たしているかもしれないが、人間の歴史を見れば、また私たち人間の自覚という能力を考えれば、この地図は現実の場所をまったく描写していないこと

主体的なモデル

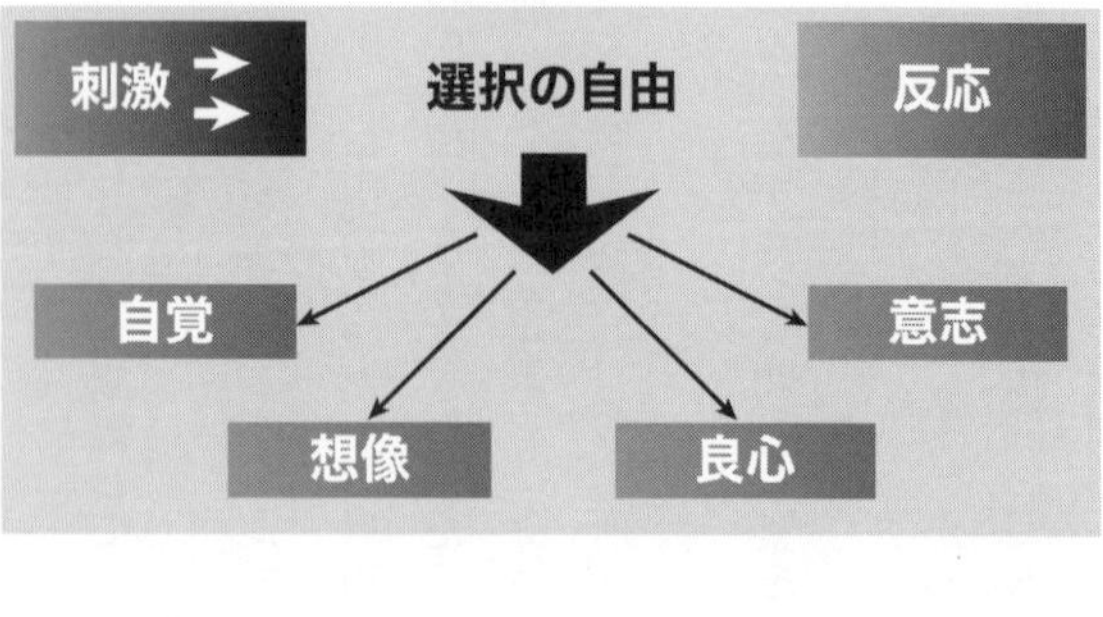

がわかるはずだ。

人間だけに授けられた四つの能力が、人間を動物の世界よりも高い次元へ引き上げている。これらの能力を使い、開発していくことができれば、すべての人間に内在する可能性を引き出せる。その最大の可能性とは、刺激と反応の間に存在する選択の自由なのである。

「主体性」の定義

人間の本質の基本的な原則である選択の自由を発見したフランクルは、自分自身の正確な地図を描き、その地図に従って、効果的な人生を営むための第1の習慣「**主体的である**」ことを身につけ始めた。

昨今は、組織経営に関する本にも**主体性**（proactivity）という言葉がよく出てくるが、その多くは定義を曖昧にしたまま使われている。主体性とは、自発的に率先して行動することだけを意味するのではない。人間として、自分の人生の責任を引き受けることも意味する。私たちの行動は、周りの状況ではなく、自分自身の決定と選択の結果である。私たち人間は、感情を抑えて自らの価値観を優先させることができる。人間は誰しも、自発的に、かつ責任を持って行動しているのである。

責任は英語でレスポンシビリティ（responsibility）という。レスポンス（response＝反応）とアビリティ（ability＝能力）という二つの言葉でできていることがわかるだろう。主体性のある人は、このレスポンシビリティを認識している。自分の行動に責任を持ち、状況や条件づけのせいにしない。自分の行動は、状況から生まれる一時的な感情の結果ではなく、価値観に基づいた自分自身の選択の結果であることを知っている。

人間は本来、主体的な存在である。だから、人生が条件づけや状況に支配されているとしたら、それは意識的にせよ無意識にせよ、支配されることを自分で選択したからに他ならない。

そのような選択をすると、人は**反応的**（reactive）になる。反応的な人は、周りの物理的な環境に影響を受ける。天気が良ければ、気分も良くなる。ところが天気が悪いと気持ちがふさぎ、行動も鈍くなる。**主体的**（proactive）な人は自分の中に自分の天気を持っている。雨が降ろうが陽が照ろうが関係ない。自分の価値観に基づいて行動している。質の高い仕事をするという価値観を持っていれば、天気がどうであろうと仕事に集中できるのだ。

反応的な人は、社会的な環境にも左右される。彼らは「社会的な天気」も気になってしまうのだ。人にちやほやされると気分がいい。そうでないと、殻をつくって身構える。反応的な人の精神状態は他者の出方次第でころころ変わるのである。自分をコントロールする力を他者に与えてしまっているのだ。

衝動を抑え、価値観に従って行動する能力こそが主体的な人の本質である。反応的な人は、その時どきの感情や状況、条件づけ、自分を取り巻く環境に影響を受ける。主体的な人は、深く考えて選択し、自分の内面にある価値観で自分をコントロールできるのである。

だからといって、主体的な人が、外から受ける物理的、社会的あるいは心理的な刺激に影響を受けないかというと、そんなことはない。しかし、そうした刺激に対する彼らの反応は、意識的にせよ無意識にせよ、価値観に基づいた選択なのである。

エレノア・ルーズベルト（訳注：フランクリン・ルーズベルト大統領の夫人）は「あなたの許可なくして、誰もあなたを傷つけることはできない」という言葉を残している。ガンジーは「自分から投げ捨てさえしなければ、誰も私たちの自尊心を奪うことはできない」と言っている。私たちは、自分の身に起こったことで傷ついていると思っている。しかし実際には、その出来事を受け入れ、容認する選択をしたことによって傷ついているのだ。

これがそう簡単に納得できる考え方でないことは百も承知している。特に私たちがこれまで何年にもわたって、自分の不幸を状況や他者の行動のせいにしてきたのであればなおのことだ。しかし、深く正直に「今日の私があるのは、過去の選択の結果だ」と言えなければ、「私は他の道を選択する」と言うことはできないのだ。

以前、サクラメントで主体性について講演したときのことである。話の途中で聴衆の中から一人の女性が突然立ち上がり、興奮気味に話し始めた。会場には大勢の聴衆がいて、全員がその女性に視線を向けると、彼女は自分がしていることにはたと気づき、恥ずかしそうに座り込んだ。それでも自分を抑えきれないらしく、周りの人としゃべり続けた。とてもうれしそうだった。

彼女に何があったのか尋ねたくて、私は休憩時間が待ち遠しかった。休憩時間になると、すぐさま彼女の席に行き、彼女の体験を話してもらった。

「信じられないようなことを経験したんです！」と彼女は勢い込んで話した。

「私は看護師なのですが、それはそれはわがままな患者さんを担当しているんです。何をしてあげても満足しないんです。感謝の言葉なんかもらったことはありません。ありがたいなんて、これっぽっちも思ってやしないんです。いつも文句ばかり。この患者さんのせいで、さんざんな思いをしていました。ストレスがたまり、家族に八つ当たりしていたくらいです。他の看護師も同じ目にあっていました。皆、早く死んでほしいと祈るくらいだったんです」

彼女は続けた。

「そうしたら、あなたがそこでこう話したのです。私の同意なくして誰も私を傷つけることはできない、自分自身がみじめになることを選んだのだと。私は絶対に納得できませんでした。でも、その言葉が頭から離れません。自分の心に問いかけてみたんです。本当に自分の反応を選択する力なんてあるんだろうかと。そして突然、自分にはその力があるってひらめいたんです。このみじめな気持ちは自分で選んだことなのだと、気づかされたのです。みじめにならないことも自分で選べるのだと知った瞬間、立ち上がっていました。まるで刑務所から出てきたみたいです。全世界に叫びたいくらいです。私は自由だ、牢獄から解放された、これからは他人に自分の気持ちを左右されることはないのだと」

私たちは自分の身に起こったことで傷つくのではない。その出来事に対する自分の反応によって傷つくのである。もちろん、肉体的に傷ついたり、経済的な損害を被ったりして、つらい思いをすることもあるだろう。しかしその出来事が、私たちの人格、私たちの基礎をなすアイデンティティまでも傷つけるのを許してはいけない。むしろ、つらい体験によって人格を鍛え、内面の力を強くし、将来厳しい状況に直面してもしっかりと対応する自由を得られる。そのような態度は他の人たちの手本となり、励ましを与えるだろう。

苦難の中にあって自らの自由を育み、周りの人々に希望と勇気を与えたヴィクトール・フランクルのような人は大勢いる。ベトナム戦争で捕らわれの身となったアメリカ兵の自叙伝からも、個人の内面にある自由という力の大きさがひしひしと伝わってくる。自ら選択してその自由を使うことによって、収容所の環境にも、他の捕虜たちにも影響を与えることができた。そして彼らの影響力は今なお息づいている。

不治の病や重度の身体障害など、この上ない困難に苦しみながらも精神的な強さを失わずにいる人に接した体験はあなたにもあるだろう。彼らの誠実さと勇気に大きな感動を覚え、励まされたはずだ。苦しみや過酷な身の上を克服した人の生き方ほど、心の琴線に触れるものはない。彼らは、人に勇気を与え、人生を崇高なものにする価値観を体現しているのである。

妻のサンドラと私も、二五年来の友人キャロルが四年間がんと闘った姿から大きな感動をもらった。病がいよいよ末期に入ったとき、サンドラは彼女が自叙伝を書くのを枕元で手伝った。長時間に及ぶ困難な作業だったが、妻は、子どもたちに自分の人生体験を何としてでも伝えたいというキャロルの強い決意と勇気に感動していた。

キャロルは思考力と精神状態に支障をきたさないように、痛み止めの薬を最小限に抑えていた。彼女は、テープレコーダーにささやくように語り、あるいはサンドラに直接話して書きとらせた。キャロルは主体的な人だった。勇気にあふれ、他者を思いやっていた。その姿は、周りの人々を強く励ました。

キャロルが亡くなる前日のことを、私は一生忘れないだろう。耐え難い苦しみの中にある彼女の目の奥に、人としての大きな価値を感じとったからだ。彼女の目には、人格、貢献、奉仕の精神、愛、思いやり、感謝に満ちた人生が宿っていた。

私はこれまでに何度も、講演会などで次のような質問をしてきた――「死の床にありながら毅然とし、愛と思いやりを人に伝え、命が尽きる瞬間まで他者を励まし続けた人と接した経験はありますか?」すると聴衆の四分の一ほどが手を挙げる。私は続けて尋ねる。「その経験を一生忘れないと思う人は?その人の勇気に心を打たれ、励まされ、もっと人の役に立ちたい、思いやりを持って人と接しようという気持ちになりましたか?」手を挙げていた人は全員、同意を示す。

ヴィクトール・フランクルによれば、人生には三つの中心となる価値観があると言う。一つは「経験」、自分の身に起こることである。二つ目は「創造」であり、自分でつくり出すものの価値だ。そして三つ目は、「姿勢」である。不治の病というような過酷な現実に直面したときの反応の仕方だ。

私の経験からも言えるが、フランクルはパラダイムの再構築において、この三つの価値のうちで一番大切なのは「姿勢」だと言っている。つまり、人生で体験することにどう**反応する**かがもっとも大切なのである。

パラダイムシフトは、困難に直面したときにこそ起こる。厳しい状況に置かれると、人はまったく新しい視点から世界を眺めるようになる。その世界にいる自分自身と他者を意識し、人生が自分に何を求めているのか見えてくる。視野が広がることによって価値観が変化し、それが態度にも表れて周囲の人々を鼓舞し、励ますのである。

率先力を発揮する

私たち人間に本来備わっている性質は、周りの状況に自ら影響を与えることであって、ただ漫然と影響を受けることではない。自分が置かれた状況に対する反応を選べるだけでなく、状況そのものを創造することもできるのだ。

率先力を発揮するというのは、押しつけがましい態度をとるとか、自己中心的になるとか、強引に進めたりすることではない。進んで行動を起こす責任を自覚することである。

私のところには、もっと良い仕事に就きたいという人が大勢相談に来る。私は彼らに必ず、率先力を発揮しなさいとアドバイスする。関心のある職業の適性試験を受け、その業界の動向を調べ、さらには入りたい会社の問題点を探って解決策を考え、その問題を解決する能力が自分にあることを効果的なプレゼンテーションで売り込む。これはソリューション・セリングといい、ビジネスで成功するための重要なパラダイムである。

こうアドバイスすると、ほとんどの人は賛同する。このようなアプローチをすれば採用や昇進の機会を手にできると、彼らは確信する。ところが、それを実行に移す率先力を発揮できない人が多いのである。

「どこで適性テストを受ければよいかわからないんですけど……」

「業界や会社の問題点というのは、どうやって調べればいいんですか？　誰に聞けばいいんでしょうか？」

「効果的なプレゼンテーションと言われても、どうすればいいのか……さっぱり見当がつきません」

こんな具合に、多くの人は自分からは動かずに誰かが手を差し伸べてくれるのを待っている。しかし良い仕事に就けるのは、自分から主体的に動く人だ。その人自身が問題の解決策となる。正しい原則に従って、望む仕事を得るために必要なものは端から実行する人だ。

わが家では、子どもたちが問題にぶつかったとき、自分からは何もせず、無責任にも誰かが解決してくれるのを待っているようなら、「RとIを使いなさい」（Rはresourcefulness＝知恵、Iはinitiative＝率先力）と言ってきた。最近では、私に言われる前に「わかってる。RとIを使えばいいんでしょ」とぶつぶつ言う。

人に責任を持たせるのは、その人を突き放すことにはならない。逆にその人の主体性を認めることである。主体性は人間の本質の一部である。主体性という筋肉は、たとえ使われずに眠っていても、必ず存在する。多くの人は社会通念で歪んだ鏡に映る自分を見ている。しかし私たちがその人の主体性を尊重すれば、少なくとも一つの本当の姿、歪んでいない姿をその人自身に見せてあげることができるのである。

もちろん、精神的な成熟の度合いは人それぞれであり、精神的に他者にどっぷりと頼っている人に創造的な協力を期待することはできない。しかし、相手の成熟度に関わらず、人間の基本的な性質である主体性だけは認めることができる。その人が自分で機会をつかみ、自信を持って問題を解決できる環境を整えることはできるのである。

自分から動くのか、動かされるのか

率先力を発揮する人としない人の違いは、天と地ほどの開きがある。効果性において二五％とか五〇％どころの違いではない。率先力を発揮でき、そのうえ賢く感受性豊かで、周りを気遣える人なら、そうでない人との効果性の差はそれこそ天文学的な数字になる。

人生の中で効果性の原則であるP／PCバランスを生み出すには率先力が必要だ。「7つの習慣」を身につけるにも率先力が要る。第1の習慣「主体的である」の後に続く六つの習慣を勉強していくと、主体性という筋肉が他の六つの習慣の土台となることがわかるはずだ。どの習慣でも、行動を起こすのはあなたの責任である。周りが動くのを待っていたら、あなたは周りから動かされるだけの人間になってしまう。自ら責任を引き受けて行動を起こすのか、それとも周りから動かされるのか、どちらの道を選ぶかによって、成長や成功の機会も大きく変わるのである。

以前、住宅改修業界の団体にコンサルティングをしたことがある。その会合では、約二一〇社の代表が四半期ごとに集まり、業績や問題点を忌憚なく話し合った。

当時は市場全体が深刻な不況だったが、この業界はことさら打撃を受けていた。会合は重苦しい空気の中で始まった。初日は、「業界では今何が起こっているのか、業界が受けている刺激は何か？」というテーマで話し合った。業界では多くのことが起こっていた。業界を取り巻く環境の圧力はすさまじいものだった。失業者は増える一方だった。業界会合に参加していた企業の多くも、生き残るために大幅な人員削減を余儀なくされていた。その日の話し合いが終了する頃には、朝よりも参加者の落胆は大きくなっていた。

二日目のテーマは「この先はどうなるか？」だった。業界の動向を予測しながら、おそらく予測どおりの結果になるだろうという悲観論が広まった。二日目の終わりには、全員がさらに意気消沈した。誰もが景気の底はまだ打っていないと予測していた。

さて、三日目である。このままではいけないと、「**我々**はどう反応するのか？ **我々**は何をするのか？ この状況で**我々**はどのように率先力を発揮するのか？」と主体的なテーマに集中することにした。午前中は経営の合理化とコスト削減をテーマに議論し、午後はマーケットシェア拡大の方策を考えた。午前も午後も活発にディスカッションし、現実に即し、実行可能なアイデアに議論の的を絞った。そうしているうちに活気が生まれ、希望が見え、主体的なムードで会合を締めくくることができた。

協議の結果は、「業界の景気はどうか」という問いに対する三つの答えとしてまとめられた。

一. 業界の現状は厳しく、景気はさらに悪化するものと予想される。

二. しかし我々がこれから取り組む対策には期待できる。経営を合理化し、コストを削減し、マーケットシェアを伸ばすからだ。

三. よって我々の業界はかつてないほど良い状況だ。

反応的な人がこれを読んだら、「おいおい、現実を直視しろよ。ポジティブ・シンキングにもほどがある。自己暗示をかけているだけじゃないか。いずれ現実を思い知らされるよ」とでも言うだろう。

しかし、それこそが単なるポジティブ・シンキングと主体性の違いなのである。会合で私たちは現実を直視した。業界の現状、今後の見通しの厳しさも認識した。だがそれと同時に、現状や将来の予測に対して前向きな反応を選択できるという現実も認識したのだ。この現実を認識していなかったら、業界を取り巻く環境の中で起こることが業界の将来を決めるという考え方を受け入れていただろう。

企業、自治体、家庭も含めてあらゆる組織が、主体的であることができる。どんな組織も、主体的な個人の創造力と知恵を結集し、主体的な組織文化を築ける。組織だからといって、環境の変化に翻弄される必要はない。組織としての率先力を発揮すれば、組織を構成する全員が価値観と目的を共有できるのだ。

言葉に耳を傾ける

私たちの態度と行動は、自分が持っているパラダイムから生み出される。自覚を持って自分のパラダイムを見つめれば、自分の行動を導いている地図がどのようなものかが見えてくる。たとえば、私たちが普段話している言葉一つとっても、主体性の度合いを測ることができる。

反応的な人の言葉は、自分の責任を否定している。

「僕はそういう人間なんだよ。生まれつきなんだ」（人はすでに決定づけられ、変わりようがない。だから自分の力ではどうにもできない）

「本当に頭にくる人だわ」（人の感情は自分ではコントロールできない）

「それはできません。時間がないんです」（時間が限られているという外的要因に支配されている）

「妻がもっと我慢強かったらいいのに」（他者の行動が自分の能力を抑えつけている）

「これをやらなければならないのか」（状況や他者から行動を強要されている。自分の行動を選択する自由がない）

反応的な言葉	主体的な言葉
私にできることは何もない	私は別の案を考える
私はいつもこうやっている	私は他のやり方を探す
あの人は頭にくる	私は気持ちを抑える
そんなことが認められるわけがない	私は効果的なプレゼンテーションができる
私はそれをやらなければならないのか	私は適切な対応を選ぼう
私はできない	私は選択する
私は……しなければならない	私は……のほうがよい
……でさえあったら	私は……しよう

反応的な人の言葉は、決定論のパラダイムから生まれる。彼らの言葉の裏にあるのは、責任の転嫁である。**自分には責任がない、自分の反応を選ぶことはできない**と言っているのである。

大学で教えていた頃のことである。一人の学生が「授業を休んでもかまいませんか？ テニスの合宿があるので」と言ってきた。

「行かなければ**ならない**のか、それとも行くことを**選ぶ**のか、どちらだね？」私は聞いた。

「実は、行かなくちゃ**いけない**んです」

「行かないとどうなるんだい？」

「チームから外されます」

「そうなることについて、どう思う？」

「いやです」

「つまり、チームから外されないという結果が欲しいから、行くことを**選ぶ**わけだ。では、授業に出なかったらどうなる？」

「わかりません」

「よく考えてみなさい。授業に出なかった場合の自然な結果は何だと思うかね？」

「先生は落第点をつけたりはしませんよね？」

「それは社会的な結果だ。他人がもたらすものだ。テニスのチームに参加しなければ、プレーができない。それは自然な結果だ。授業に出なかった場合の自然な結果は？」

「学ぶ機会を失うことでしょうか」

「そうだ。だからその結果と他の結果を比べて、選択しなさい。私だったらテニスの合宿に行くほうを選択するだろうね。しかし、何かを**しなければならない**、などという言い方はしないでほしい」

「では、テニスの合宿に行くことを**選びます**」と彼はもじもじしながら答えた。

「私の授業を休んでまで？」と冗談半分でからかいながら言い返した。

反応的な言葉の厄介なところは、それが自己達成予言になってしまうことだ。決定論のパラダイムに縛られている人は、自分はこういう人間だという思い込みを強くし、その思い込みを裏づける証拠を自分でつくり上げてしまう。こうして被害者意識が増していき、感情をコントロールできず、自分の人生や運命を自分で切り開くことができなくなる。自分の不幸を他者や状況のせいにする。星のせいだとまで言い出しかねない。

あるセミナーで主体性について講義していたとき、一人の男性が前に出てきてこう言った。「先生のおっしゃっていることはよくわかるんですが、人によって状況は違うんです。たとえば私たち夫婦のことです。不安でたまりません。妻と私は昔のような気持ちがもう持てないんです。私は妻をもう愛していないと思うし、妻も私を愛していないでしょうね。どうしたらいいでしょう?」

「愛する気持ちがもうなくなったというのですね?」私は聞いた。

「そうです」と彼はきっぱり答える。「子どもが三人もいるので、不安なんです。アドバイスをお願いします」

「奥さんを愛してください」と私は答えた。

「ですから、もうそんな気持ちはないんです」

「だから、奥さんを愛してください」

「先生はわかっていません。私にはもう、愛という気持ちはないんです」

「だから、奥さんを愛するのです。そうした気持ちがないのなら、奥さんを愛する理由になるじゃないですか」

「でも、愛(Love)を感じないのに、どうやって愛するんです?」

「いいですか、愛（Love）は動詞なのです。愛という気持ちは、愛するという行動から得られる果実です。ですから奥さんを愛する。奥さんに奉仕する。犠牲を払う。奥さんの話を聴いて、共感し、理解する。感謝の気持ちを表す。奥さんを認める。そうしてみてはいかがです？」

古今東西の文学では、「愛」は動詞として使われている。反応的な人は、愛を感情としかとらえない。彼らは感情に流されるからだ。人はその時どきの感情で動くのであって、その責任はとりようがないというような筋書の映画も少なくない。しかし映画は現実を描いているわけではない。もし行動が感情に支配されているとしたら、それは自分の責任を放棄し、行動を支配する力を感情に与えてしまったからなのだ。

主体的な人にとって、愛は動詞である。愛は具体的な行動である。犠牲を払うことである。母親が新しい命をこの世に送り出すのと同じように、自分自身を捧げることである。愛を学びたいなら、他者のために、たとえ反抗的な相手でも、何の見返りも期待できない相手であっても、犠牲を払う人たちを見てみればいい。あなたが親であるなら、子どものためならどんな犠牲も辞さないはずだ。愛とは、愛するという行為によって実現される価値である。主体的な人は、気分を価値観に従わせる。愛、その気持ちは取り戻せるのである。

関心の輪／影響の輪

自分がどのくらい主体的な人間か自覚するもう一つの素晴らしい方法がある。自分の時間とエネルギーを何にかけているかに目を向けてみるのだ。誰でも広くさまざまな関心事（懸念することから興味あることまで）を持っている。健康や家族のこと、職場の問題、国家財政、核戦争、等々。この図のような**関心の輪**を描いて、関心を持っていることと、知的にも感情的にも特に関心のないこととを分けてみよう。

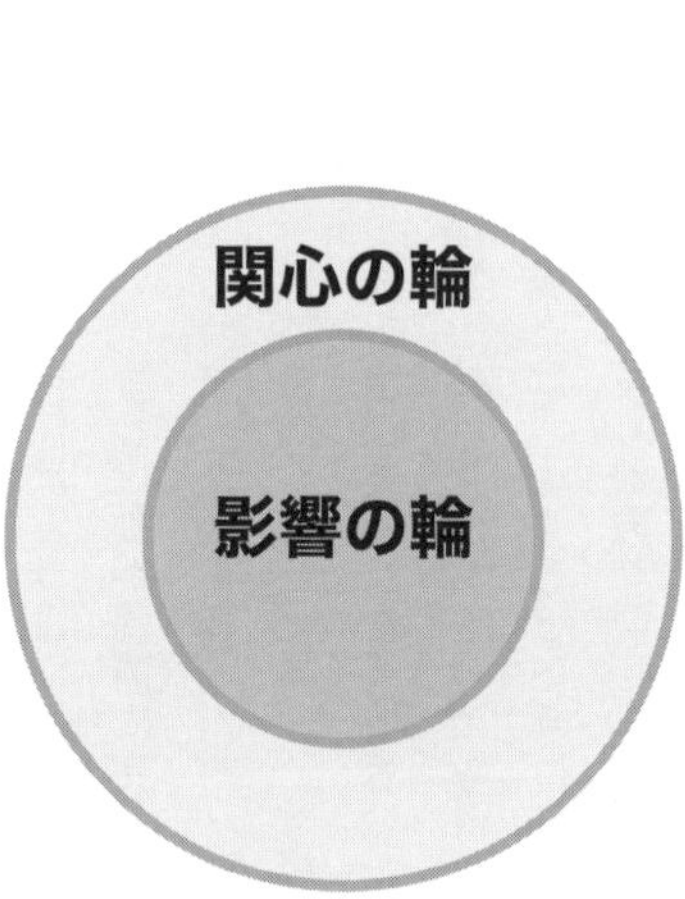

関心の輪の中に入れたことを見ると、自分がコントロールできるものとできないものとがあることに気づくだろう。自分でコントロールでき、影響を与えられるものは、図のように小さな円でくくる。この円を**影響の輪**と呼ぶことにしよう。

この二つの輪のうち、自分の時間と労力を主にかけているのはどちらだろうか。それによって主体性の度合いがわかる。

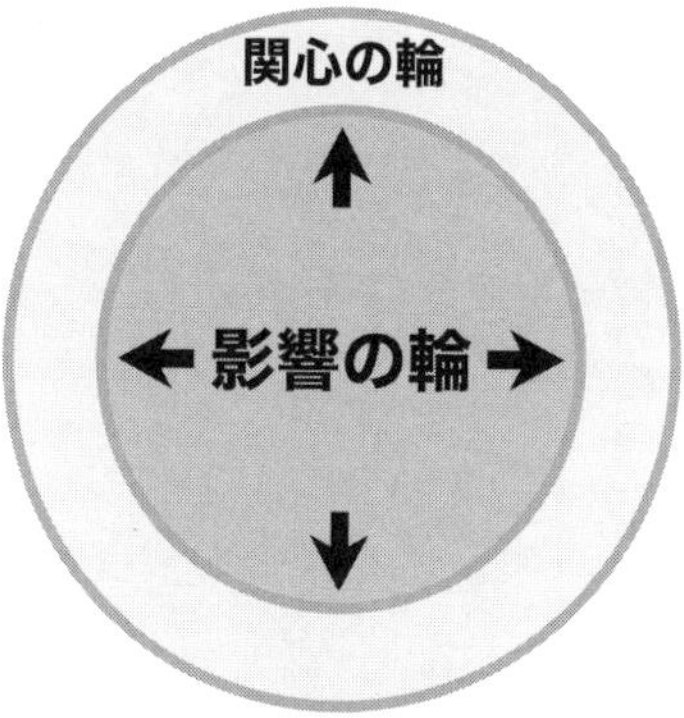

主体的な生き方
（ポジティブなエネルギーが影響の輪を広げる）

主体的な人は、影響の輪の領域に労力をかけている。自分が影響を及ぼせる物事に働きかける。主体的な人のエネルギーには、影響の輪を押し広げていくポジティブな作用があるのだ。

一方、反応的な人が労力をかけるのは影響の輪の外である。他者の弱み、周りの環境の問題点、自分にはどうにもできない状況に関心が向く。こうした事柄ばかりに意識を集中していると、人のせいにする態度、反応的な言葉、被害者意識が強くなっていく。自分が影響を及ぼせる物事をおろそかにしてしまうと、ネガティブなエネルギーが増え、その結果、影響の輪は小さくなっていく。

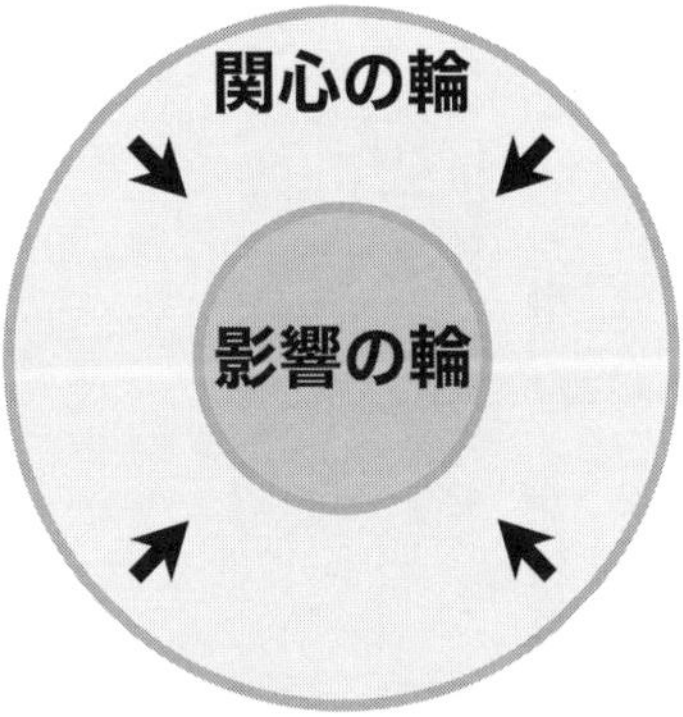

反応的な生き方
（ネガティブなエネルギーが影響の輪を小さくする）

関心の輪の中にとどまっている限り、私たちはその中にある物事に支配される。ポジティブな変化を起こすために必要な主体的な率先力を発揮することはできない。

第一部で、学校で深刻な問題を抱えた息子の話をした。私と妻は、表面的な息子の短所、他の子たちの息子に対する態度を深く案じていた。

しかし、そうした心配は、私たち夫婦の影響の輪の外のことだった。影響の輪の外でいくら頑張っても、親としての至らなさを思い知らされ、無力感を覚えるばかりで、逆に息子の依存心を強めるだけだった。

影響の輪に意識を向け、私たち夫婦のパラダイムを見つめることでようやくポジティブなエネルギーを生み出し、自分自身を変え、やがて息子に影響を与えることができた。状況に気をもむのをやめ、自分自身に働きかけることによって、状況そのものを変えることができたのである。

一方、地位や財力、役割、人脈などによって、影響の輪のほうが関心の輪よりも大きくなる場合がある。

これは近視眼的な精神状態の現れであって、広い視野を持とうとせず、関心の輪だけにしか目を向けない自己中心的で反応的な生き方の結果である。

主体的な人は、影響を及ぼしたい事柄を優先させるにしても、主体的な人の影響の輪は、どんなに広がっても関心の輪より大きくなることはない。それは、自分の影響力を効果的に使う責任を自覚しているからだ。

直接的、間接的にコントロールできること、そしてコントロールできないこと

私たちが直面する問題は、次の三つのどれかである。

- 直接的にコントロールできる問題（自分の行動に関わる問題）
- 間接的にコントロールできる問題（他者の行動に関わる問題）
- コントロールできない問題（過去の出来事や動かせない現実）

主体的なアプローチをとることで、この三種類の問題のどれでも、影響の輪の中で一歩を踏み出して解決することができる。

自分が**直接的にコントロールできる問題**は、習慣を改めれば解決できる。これは明らかに自分の影響の輪の中にある問題であり、これらの問題を解決できれば、第1、第2、第3の習慣の「私的成功」に関わることができる。

間接的にコントロールできる問題は、影響を及ぼす方法を考えることで解決できる。こちらのほうは、第4、第5、第6の習慣の「公的成功」に結びつく。私は、影響を及ぼす方法を三〇種類以上は知っているつもりだ。相手の立場に身を置いて考える、それとは反対に相手とは違う自分の主張をはっきりさせる、あるいは自分が模範となる、説得する。他にもいろいろある。しかしほとんどの人は、三つか四つのレパートリーしか持ち合わせていない。たいていは自分の行動の理を説き、それがうまくいかないとなると、「逃避」か「対立」かのどちらかになる。これまでやってきて効果のなかった方法を捨て、影響を与える新しい方法を学び受け入

れれば、どれだけ解放的な想いになることができるだろうか。

自分では**コントロールできない問題**の場合には、その問題に対する態度を根本的に改める必要がある。どんなに気に入らなくとも、自分の力ではどうにもできない問題なら、笑顔をつくり、穏やかな気持ちでそれらを受け入れて生きるすべを身につける。こうすれば、そのような問題に振り回されることはなくなる。アルコール依存症の更生団体、アルコホーリクス・アノニマスのメンバーが唱える祈りは、まさに的を射ている――「主よ、私に与えたまえ。変えるべきことを変える勇気を、変えられないことを受け入れる心の平和を、そしてこれら二つを見分ける賢さを」。

直接的にコントロールできる問題、間接的にコントロールできる問題、コントロールできない問題、どんな問題でも、それを解決する第一歩は私たち自身が踏み出さなくてはならない。自分の習慣を変える。影響を及ぼす方法を変える。コントロールできない問題ならば、自分の態度を変える。解決策はすべて、自分の影響の輪の中にあるのだ。

影響の輪を広げる

どんな状況に対しても自分で自分の反応を選び、その状況に影響を与えられる。それは心強い事実である。化学式の一部分を変えるだけで、まるで違う結果になるのと同じだ。

以前私がコンサルティングをした企業のトップは、創造的で、洞察力に長け、有能で、聡明だった。誰もがこの社長の能力を認めていた。ところが、経営スタイルは独裁的以外の何ものでもなかった。社員を自分では何も判断できない使い走りのように扱い、「決めるのは私だ」とばかりに、これをしろ、あれをしろと命令するばかりだった。

その結果、経営幹部全員を敵に回す羽目になった。幹部らは廊下に集まって社長の陰口をたたくようになった。会社の状況を何とかしようと知恵を出し合っているかのような口ぶりだが、実際は自分たちの責任を棚にあげ、社長の欠点を延々とあげつらっているだけだった。

たとえば、「今度という今度は信じられない」と誰かが言い出す。「プロジェクトは順調に進んでいたのに、社長がこの間やってきて、それまでとは違う指示を出した。おかげで何ヵ月もの努力が水の泡だよ。あんな社長の下でどうやって働けっていうんだ。定年まであと何年だろう?」

「社長はまだ五九歳だよ。あと六年も耐えられると思う?」と別の誰かが言う。

「わかるもんか。あの社長は引退なんかしないよ」

しかしそんな経営幹部の中に、一人だけ主体的な人物がいた。彼は感情に流されず、自分の価値観に従って行動していた。率先力を発揮し、常に先を予測し、社長の立場になって考え、状況を読みとっていた。彼にも社長の欠点はわかっていたが、それを批判したりせず、欠点を補うことに努め、自分の部下たちが社長の短所に影響されることのないように気を配った。そして、長期的な視野、創造性、鋭い洞察力など、社長の長所を生かすようにした。

彼は自分の影響の輪にフォーカスしていたのである。彼も他の幹部たちと同じように使い走りをさせられていたが、期待される以上のことをやっていた。社長のニーズをくみ取り、社長の考えを理解しようとした。だから、報告を上げるときも、社長が知りたがっていることを分析し、その分析に基づいた助言も添えた。

ある日、私はコンサルタントとしてその社長と話していた。社長は「先生、この男はたいしたものですよ。私が出せと言った情報だけでなく、私がまさに必要としている情報も出してくる。そのうえ私が一番気になっている観点から分析までして、提案をまとめてくるんですからね。データに沿って分析し、分析に沿った提案をするんですよ。立派なもんです。あの男が担当する部署については何の心配も要らないくらいですよ」と言った。

次の会議でも、社長はいつもの調子で幹部の面々に「あれをやれ、これをやれ」と細かく指示していた。しかし彼には違う態度をとり、「君の意見はどうだね?」と聞いた。彼の影響の輪が大きくなったのだ。

社長の態度の変化が社内を騒然とさせた。反応的な幹部たちはまたも井戸端会議を開き、今度はこの主体的な人物をやり玉にあげた。

責任回避は反応的な人に見られる性質である。「自分には責任がない」と言うほうが無難だ。「自分には責任がある」と言ってしまったら、「自分は無責任だ」ということになりかねない。今自分が置かれている状況に責任があるのは自分だということになる。何年も自分の行動の結果を他者のせいにしてきた人ならなおさら、「私には自分の反応を選択することができる」とは言い切れないだろう。

この会社の幹部たちが廊下でつるんでいるのも、自分が選んだ反応の結果なのであり、彼ら自身の責任なのである。しかしそれを認めようとはしないはずだ。だから彼らは、自分には責任がないことを裏づける証拠や攻撃材料をせっせと探していた。

ところが、この主体的な人物は、他の幹部たちに対しても主体的な態度で接していた。すると少しずつ彼の影響の輪がこの幹部たちにも広がり、やがてこの会社では、重要な決定を下すときには彼の関与と承認を求めるようになった。社長も例外ではない。だからといって社長はこの人物を脅威と感じる必要はなかった。彼の強みは社長の強みを補強し、弱点を補い、二人の強みを生かし合い、理想的なチームとなっていたからだ。

この人物の成功は、状況によるものではなかった。他の経営幹部も全員が同じ状況に置かれていた。彼はその状況に対して反応を選択したからこそ、影響の輪に働きかけ、違いを生み出したのである。

「主体的」という言葉から、押しつけがましく、強引で、もしくは無神経な態度をイメージする人もいるだろう。しかしそれはまったく違う。主体的な人は押しつけがましくはない。主体的な人は、賢く、価値観に従って行動し、現実を直視し、何が必要かを理解する。

ガンジーを例にとろう。イギリスがインドを支配下に置き、搾取したことに対し、インドの国会議員たちは、自分たちの関心の輪に加わらないことでガンジーを批判していた。そのときに当のガンジーはどうしていたかというと、田畑を歩き回り、静かに、ゆっくりと、誰も気づかないうちに、農民に対する自分の影響の輪を広げていた。ガンジーに対する支持、信頼、信用が大きなうねりとなって農村部に広まっていった。彼は公職に就いておらず、政治的な立場もなかったが、その勇気と思いやりとによって、そして良心に訴える説得や断食によって、ついにイギリスを屈服させ、大きく広がった影響の輪の力で三億人のインド人に独立をもたらしたのである。

「持つ」と「ある」

自分の意識が関心の輪に向いているのか、影響の輪に向いているのかを判断するには、自分の考え方が**持つ**(have)と**ある**(be)のどちらなのかを考えてみればいい。関心の輪は、**持つ**という所有の概念であふれている。

「家さえ**持て**れば幸せになった……」
「もっと部下思いの上司を**持って**いたら……」
「もっと素直な子どもを**持って**いたら……」
「学歴さえ**持って**いたら……」
「自由になる時間を**持って**いたら……」

これに対して影響の輪は、**ある**ことで満ちている。

「私はもっと忍耐強く**ある**ぞ」
「もっと賢く**ある**」
「もっと愛情深く**ある**」

影響の輪にフォーカスすることは、人格を磨くことに他ならない。

問題は自分の外にあると考えるならば、その考えこそが問題である。そのような考え方は、自分の外にあるものに支配されるのを許していることだ。だから、変化のパラダイムは「アウトサイド・イン（外から内へ）」になる。自分が変わるためには、まず外にあるものが変わらなければならないと考えるのだ。

それに対して主体的な人の変化のパラダイムは、「インサイド・アウト（内から外へ）」である。自分自身が変わる、自分の内面にあるものを変えることで、外にあるものを良くしていくという考え方だ。主体的な人は、もっと才能豊かになれる、もっと勤勉になれる、もっとクリエイティブになれる、もっと人に対して協力的になれる、というように考える。

旧約聖書に私の好きな物語がある。この物語が教える価値観は、ユダヤ教とキリスト教の伝統に深く織り込まれている。一七歳のときに兄弟に奴隷としてエジプトに売られたヨセフという青年の話だ。ヨセフは、ポテパルというエジプトの有力者の下僕となったわが身を哀れみ、自分を売りとばした兄弟を恨んだに違いないと誰もが思うだろう。しかしヨセフは主体的な人間だった。彼は自分の内面に働きかけた。そしてたちまち、ポテパルの家を切り盛りするようになる。やがて信頼を得て、ポテパルの財産を管理するまでになった。

ところがある日、ヨセフはまたも窮地に陥る。自分の良心に沿わない行動を拒否したために、一三年間も投獄されることになったのだ。それでも彼は主体的であり続けた。自分の影響の輪（**持つことよりあること**）に働きかけ、その牢獄をも統率する立場になる。そしてついに、その影響力はエジプト全土に及び、ファラオに次ぐ実力者となったのである。

この物語は、多くの人にとって劇的なパラダイムシフトになるはずだ。自分の身の上を他者や周りの状況のせいにするほうがはるかに簡単である。しかし私たちは自分の行動に責任がある。前に述べたように、責任（responsibility）とは、反応（response）を選べる能力（ability）である。自分の人生をコントロールし、「**ある**」ことに、自分のあり方に意識を向け、働きかけることで、周りの状況に強い影響を与えられるのである。

もし私が結婚生活に問題を抱えているとしたら、妻の欠点をあげつらって何の得があるだろう。自分には何の責任もないのだと言って、無力な被害者となり、身動きできずにいるだけだ。こちらから妻に働きかけることもできない。妻の短所に腹を立て、なじってばかりいたら、私の批判的な態度は、自分の短所を正当化するだけである。相手に改めてほしい短所より、それを責めてばかりいる私の態度のほうが問題なのだ。そんな態度でいたら、状況を好転させる力はみるみるしぼんでいく。

私が本当に状況を良くしたいのであれば、自分が直接コントロールできること――自分自身――に働きかけるしかない。妻を正そうとするのをやめて、自分の欠点を正す。最高の夫になり、無条件に妻を愛し、支えることだけを考える。妻が私の主体的な力を感じとり、同じような反応を選んでくれればうれしいが、妻がそうしようとしまいと、状況を改善するもっとも効果的な手段は、自分自身に、自分が「**ある**」ことに働きかけることである。

影響の輪の中でできることはいくらでもある。より良い聴き手で**ある**こと、もっと愛情深い配偶者で**ある**こと、もっとより良い生徒で**ある**こと、もっと協調性があり献身的なスタッフで**ある**こと。場合によっては、心から笑って幸福で**ある**ことがもっとも主体的な態度になる。不幸になる選択ができるように、幸福な気持ちで**ある**ことは主体的な選択である。影響の輪に絶対に入らないものもある。たとえば天気がそうだ。しかし主体的な人は心身の両面において自分の天気を持っている。自分の天気には自分で影響を及ぼすことができる。私たちは幸せであることができる。そして、自分にはコントロールできないことは受け入れ、直接的か間接的にコントロールできることに努力を傾けるのだ。

棒の反対側

人生の焦点を影響の輪にすべて移す前に、関心の輪の中にある二つのことについて考える必要がある。それは**結果**と**過ち**である。

私たちには行動を選択する自由がある。しかしその行動の結果を選択する自由はない。結果は自然の法則に支配されている。結果は影響の輪の外にある。たとえば、走ってくる電車の前に飛び込むのを選択することはできるが、電車にはねられてどういう結果になるかは、自分で決めることはできない。

それと同じように、商取引で不正を働くのを選択することはできる。この場合、発覚するかどうかで社会的な結果は違ってくるだろうが、この選択が人格に及ぼす自然の結果はすでに決まっている。

私たちの行動は、原則に支配されている。原則に沿って生きればポジティブな結果につながり、原則に反すればネガティブな結果になる。私たちはどんな状況においても自分の反応を選択できるが、反応を選択することで、その結果も選択しているのである。「棒の端を持ち上げれば、反対側の端も持ち上がる」のである。

誰でもそれぞれの人生の中で、後になって後悔するような棒を拾ったことがあるはずだ。その選択は、経験したくなかった結果をもたらしたに違いない。やり直せるものならば、別の選択をするだろう。これは「過ち」と呼んでいるが、一方では深い気づきを与えてくれる。

過去の出来事を悔いてばかりいる人にとって、主体的であるために必要なのは、過去の間違いは影響の輪の外にあることに気づくことだ。過ぎてしまったことを呼び戻すことはできないし、やり直すこともできない。また、生じた結果をコントロールすることなどできない。

私の息子の一人は、大学でアメリカンフットボールの選手をしていたとき、ミスがあったら必ずリストバンドを引っ張り、気合を入れ直して次のプレーに影響しないようにしていた。

主体的なアプローチは、間違いをすぐに認めて正し、そこから教訓を学ぶ。だから失敗が成功につながる。IBMの創立者T・J・ワトソンはかつて、「成功は失敗の彼方にある」と語った。

しかし過ちを認めず、行動を正さず、そこから何も学ぼうとしなければ、失敗はまったく異なる様相を帯びてくる。過ちをごまかし、正当化し、もっともらしい言い訳をして自分にも他者にも嘘をつくことになる。一度目の過ちを取り繕うという二度目の過ちは、さらに、一度目の失敗を増幅させ、必要以上に重大なものになり、自分自身にさらに深い傷を負わせることになる。

私たちを深く傷つけるのは他者の行動ではないし、自分の過ちでもない。重要なのは、過ちを犯したときにどういう反応を選択するかである。自分を咬んだ毒蛇を追いかけたら、毒を身体中に回してしまうようなものだ。すぐに毒を取り除くほうがよほど大切なのだ。

過ちを犯したときにどう反応するかが、次の機会に影響する。過ちをすぐに認めて正すことはとても大切なことであり、悪影響を残さず、より一層の力を得ることができるのである。

決意を守る

影響の輪のもっとも中心にあるのは、決意し、約束をしてそれを守る能力である。自分自身や他者に約束をし、その約束に対して誠実な態度をとることが、私たちの主体性の本質であり、そこにもっとも明確に現れるのである。

それは私たちの成長の本質でもある。人間だけに授けられた**自覚**と**良心**という能力を使えば、自分の弱点、改善すべき点、伸ばすことのできる才能、変えるべき行動、やめなければならないことを意識することができる。そして、これらの自覚に実際に取り組むためには、やはり**想像**と**意志**を働かせ、自分に約束し、目標を立て、それを必ず守る。こうして強い人格や人としての強さを築き、人生のすべてをポジティブにするのだ。

ここで、あなたが今すぐにでも自分の人生の主導権を握るための方法を二つ提案しよう。一つは何かを**約束して**、それを守ること。もう一つは、**目標を立て**、それを達成するために努力することだ。どんなに小さな約束や目標であっても、それを実行することで、自分の内面に誠実さが芽生え、育ち、自制心を自覚できるようになる。そして自分自身の人生に対する責任を引き受ける勇気と強さを得られる。自分に、あるいは他者に約束をし、それを守ることによって、少しずつ、その場の気分よりも自尊心のほうが重みを増していく。

自分自身に約束し、それを守る能力は、人の効果性を高める基本の習慣を身につけるために不可欠である。

知識・スキル・意欲は、私たち自身が直接コントロールできるものである。バランスをとるために、三つのうちどこからでも取り組むことができる。そしてこの三つが重なる部分が大きくなっていけば、習慣の土台となっている原則を自分の内面に深く根づかせ、バランスのとれた効果的な生き方ができるような強い人格を築くことができる。

主体性：三〇日間テスト

自分の主体性を認識し、育てるために、なにもヴィクトール・フランクルのように過酷な体験をする必要はない。日常の平凡な出来事の中でも、人生の大きなプレッシャーに主体的に取り組む力をつけることはできる。どのような約束をして、どのようにそれを守るか、交通渋滞にどう対処するか、怒っている顧客や言うことを聞かない子どもにどのような反応を選択するか、問題をどうとらえるか、何に自分の努力を傾けるか、どのような言葉遣いをするか。

三〇日間、自分の主体性を試すテストに挑戦してみてほしい。実際にやってみて、どういう結果になるか見るだけでいい。三〇日間毎日、影響の輪の中のことだけに取り組むのである。小さな約束をして、それを守る。裁く人ではなく、光を照らす人になる。批判するのではなく、模範になる。問題をつくり出すのではなく、自らが問題を解決する一助となる。

これを夫婦関係において、家庭で、職場でやってみる。他者の欠点を責めない。自分の欠点を正当化しない。間違いを犯したら、すぐに認め、正し、そこから教訓を得る。間違いを他者のせいにしない。自分がコントロールできることに取り組む。自分自身に働きかけ、「ある（be）」ことに取り組む。

他者の弱点や欠点を批判的な目で見るのをやめ、慈しみ深い目で見る。問題はその人の弱点や欠点ではなく、それに対してあなた自身がどんな反応を選択し、何をすべきかである。問題は「外」にある、そんな考えが芽生えたら、すぐに摘み取ってほしい。そう考えることこそが問題なのである。

自分の自由の芽を日々伸ばす努力を続けていると、少しずつ自由が広がっていく。逆にそうしないと、自由の範囲がだんだんと狭まっていき、自分の人生を主体的に生きるのではなく、「生かされている」だけの人生になる。親や同僚、社会に押しつけられた脚本に従って生きることになるのだ。

自分の効果性に責任を持つのは自分以外にはいない。幸せになるのも自分の責任である。突き詰めて言えば、自分がどういう状況に置かれるかは、自分自身の責任なのである。

サミュエル・ジョンソン（訳注：英国の文学者）の言葉を借りよう。「満足は心の中に湧き出るものでなければならない。人間の本質を知らない者は、自分自身の人格以外の何かを変えて幸福を求めようとするが、そのような努力が実を結ぶはずはなく、逃れたいと思う悲しみを大きくするだけである」

自分は責任ある（反応を選択する能力）人間であると自覚することが、自分自身の効果性の土台となる。そして、これから取り上げる習慣の土台となるのだ。

第1の習慣：主体的である　実践編

1 丸一日、自分が話す言葉に注意し、周りの人々の言葉も注意して聴いてみる。「……でさえあったらなあ」「できない」「しなければならない」というような反応的な言葉を何回使ったり聞いたりしただろうか？

2 近い将来にありそうなことで、過去の経験からみて反応的な態度をとるだろうと思うものを一つ選ぶ。自分の影響の輪の中で、その状況を考え直してみる。どのような反応を選択すれば主体的であるだろうか？ その状況を頭の中でありありと想像してみる。主体的に反応している自分を思い描いてみる。刺激と反応の間にあるスペースを思い出そう。そこには選択の自由がある。その自由を生かすことを自分に約束する。

3 仕事や私生活で抱えている問題を一つ選ぶ。それはあなたが直接的にコントロールできる問題だろうか、間接的にコントロールできる問題だろうか、それとも自分にはコントロールできない問題だろうか。それを判断したうえで、問題を解決するために影響の輪の中でできることを一つ決め、実行する。

4 主体性の三〇日間テスト（一一一ページ）にトライする。影響の輪がどのように変化するか見てみよう。

新たなインサイト

第1の習慣　主体的である

ショーン・コヴィー

父親が世界的に有名な『7つの習慣』の著者スティーブン・R・コヴィー博士であるという、うちのような家庭で育つのは、いささかきついものがあった。というのも父親が私たち子どもに何にでも責任を持たせようとしたからだ。学校から帰ってきて、母に「ガールフレンドにすごく頭にきた」というようなことを話すと、父はきまって「だれも君を怒らせることはできないよ。君がそうさせないかぎりはね。その反応は君の選択なんだ」と言って私を諭した。あるいは「数学の先生にはもううんざりだ。先生のせいで代数の単位を落としそうだよ！」と愚痴ると、父は私を呼び寄せて「ショーン、自分の言葉に耳を傾けてみなさい。君が代数の単位を落としたら、それは君のせいであって、先生のせいではない。先生の悪口を言う前に、改善してほしいことを先生と話し合うべきでは？」などと静かに言うものだから、「はあ？ 父さんは何もわかってない！」と思い、母のところに行く。私が自分の問題を人のせいにしていくら文句を言っても、母なら好きにさせてくれるからだ。うまくバランスがとれていたと思う。父親はいつも原則に忠実で、母親はいつも子どもに忠実だった。

人間は被害者意識を持ちやすい。用心深くしていないと、被害者意識はあなたにも忍び寄り、自分の外にある力を責めるようになる。自分の問題を両親や配偶者、上司、天気、政府、状況のせい、あるいは「全人類」のせいにすらする。

現実の生活においては、私たちは被害者ではない。主体である。自分の人生を創造する力、選択する自由を持っている。だが、そのことをいつも意識していなければ、その力を発揮することはできない。

何年も前、仕事はどんな具合だと父から聞かれた。私は長々と不満を述べ立てた。「忙しくてやりくりが大変だよ」「オフィスの派閥争いに嫌気がさしてる」「もう燃え尽きるよ」「通勤時間が長すぎて死にそうだ」等々。少しは慰めてくれるものと思っていた。ところが、父はがっかりした表情で私を見つめ「ショーン、君らしくないな。まるで被害者気取りじゃないか。そんなに忙しくならないように時間を管理することだな。派閥争いに首を突っ込むんじゃないよ。通勤時間が長いのがいやなら引っ越せばいい」と言い放ち、その場を離れた。私はびっくりしたが、すぐに気づいた。「父はまったくもって正しい。私は被害者意識のかたまりだった。どうしてこうなった？　すぐにやめよう！」目が覚める思いだった。そう、私には自分の態度を選択する自由がある。忙しさの程度を、通勤時間を、自由に選べるのだ。私の身に起こるすべてのことへの反応は、自分で選べるのである。そのことを思い出させてくれた父に、感謝の気持ちでいっぱいだった。

実証される、主体性の重要性

父が一九八九年に主体性について書いたことのすべてが、今では膨大な経験的データで裏付けられている。二〇年間リサーチを続けたスタンフォード大学教授のキャロル・ドウェックは、ほとんどの人の学習能力については二つのマインドセット（つまりパラダイム）のどちらかに分類されるとしている。一つは「修正」マインドセット、もう一つは「成長」マインドセットである。修正マインドセットの人は、自分の知力や才能はある程度修正できても、そうたいしたことはできないと思っている。これは反応的な世界観だ。「数学は得意じゃない」とか「人付き合いはどうも苦手だ。無理して付き合うことはないだろう」という態度である。

成長マインドセットの人は、自分の基礎的な能力は献身や努力によって開発され、強化できると思っている。自分が運転席に座っているのだから、改善できるし変えられるのだと考える。これは主体的な世界観であり、「もっと業績を上げることができる」とか

「パートナーをもっと思いやれるはずだ」というような主体的な考え方や言葉が生まれる。

ペンシルベニア大学ポジティブ心理学センター所長のマーティン・セリグマン博士もまた、影響の輪にフォーカスすることの利点を探求している。著書『世界でひとつだけの幸せ――ポジティブ心理学が教えてくれる満ち足りた人生』（小林裕子訳、アスペクト）の中で、個人の幸福を左右するのは（1）遺伝子、（2）環境、（3）コントロール、この三つであると結論づけている。しかし彼はリサーチの結果から、最も幸福に関係するのは三番目のカテゴリー「自分がコントロールできるもの」であると指摘している。セリグマン博士によれば、幸福になりたいなら、自分でコントロールできるものに注力することが重要になる。

同じくペンシルベニア大学の心理学教授アンジェラ・ダックワースは、知恵と率先力（Resourcefulness と Initiative 以後「RとI」）が成功の重要な予測因子であるとする考え方を裏付けている。ダックワースは長年にわたり、陸軍士官学校の士官候補生や全米スペリング・ビー出場者（訳注：子どもたちを対象にした英単語の綴りの正確さを競う大会）、問題の多い学校の新米教師など、厳しい環境にある学生や大人を調査した。彼女のリサーチチームはどの調査でも必ず「ここで成功できるのはどんな人ですか、それはなぜですか？」と質問した。多くのさまざまな状況に共通する成功の予測因子が一つ浮かび上がった。やり抜く力である。ダックワースは著書『やり抜く力 GRIT(グリット)——人生のあらゆる成功を決める「究極の能力」を身につける』(神崎朗子訳、ダイヤモンド社)の中で、何週間や何カ月にとどまらず何年もフォーカスがぶれずに努力し続けるには、何よりもやり抜く力が重要だと説いている。

私もダックワースに全面的に同意する。私は経営者としてこれまで何百人も雇用してきたが、以前は応募者のGPA(成績評価)、最終学歴、履歴書にある情報を考慮していた。しかし現在は二つに焦点を絞っている。他者とどのくらいうまくやれそうか、そしてRとI、ダックワースの言葉を借りれば「グリット=やり抜く力」をどのように発揮しているか、である。RとIのスコアが高く、グリットと成長マインドセットを示している人は成功すると断言できる。実際、「やり抜く力」は、当社の採用評価フォームに正式に記載されている項目なのである。

主体的なチームと組織

「主体的である」ことは、個人だけでなくチームや組織にも当てはめられる。企業、政府、教育機関、非営利団体も含めて、ありとあらゆる組織が、景気後退、市場の縮小、競争、サイクル、破壊的イノベーションに直面している。生き残るには、主体性を持ち、障害に対応し乗り越えることを学ばなければならない。その一例として、世界的なハイテクメーカーである東南アジアの企業（A社）を紹介しよう。この会社は「7つの習慣」を取り入れ、CEOから第一線の社員まで全員がトレーニングを受け、原則を深く信じていた。そしてあるとき初めて、その信念を試される状況に置かれた。

ある年、A社の工場がある地域は五〇年以来最大の雨量となった。大規模な洪水で一三〇〇万人が避難を余儀なくされ、八〇〇人以上が死亡した。報道によれば、被害総額で世界の歴史上四番目の自然災害だったという。A社はとりわけ打撃を受け、広大な生産施設はおよそ六フィートの高さまで浸水し、粉塵《ふんじん》ゼロでなければならない生産環境は壊滅的な状態だった。専門家の試算では、工場の一部だけの再稼働ですら七カ月以上の洗浄作業と一〇億ドルの費用がかかり、さらに高性能設備のほとんどは取り替えに数年要するとのことだった。一部のマーケットリポートは、A社は廃業になるとまで予測し、そうなれば約三万五〇〇〇人の労働者が職を失うことになる。さらに、この会社が生産する重要な部品がなければ、世界各地のハイテクメーカーは生産停止に追い込まれるほど、影響は甚大で全世界に及ぶだろうと予測した。

ところがA社の経営陣は、操業再開に何年もかかるとの予測を否定し、救援を待たずに行動を開始した。経営陣は「7つの習慣」のトレーニングを受け、原則を自社の「コアオペレーティングシステム」にする努力を重ねていた。この究極の試練にあって長年の訓練が生き、「第1の習慣：主体的である」が発揮されたのである。

経営陣はただちに「だれ一人解雇しない。社員は家族も同然である。一丸となって努力する」と世界に向けて発信した。経営陣の最優先事項は社員の安全だった。家が浸水し、最も被害を受けた社員を支援するチームが結成された。次に現地の海軍水兵を雇い、取り替えのきかない設備を引き揚げ、乾かして修理した。

同じ工業団地にある別の大企業の工場は泥の中で錆《さび》つき、社員は解雇された一方、A社の業務は停止することなく続いた。たしかに全社員の雇用を継続したことは大きな違いではあったが、チームとして事業を再建できたのは、これらの素晴らしい社員たちの献身の賜物《たまもの》であった。何万人もの社員たちは、その多くは家が大きな被害に遭いながらも、工場の再生のために集まってきた。なんとか力になろうと、工場から何マイルも離れた避難所から、ほとんどは小さなボートや水牛に乗り、何時間もかけてやってきたのだった。

多くの社員はそれまでやったことのない作業をした。泥まみれになる重労働だ。会社のリーダーたちも腕まくりをして、工場労働者と一緒に働いた。それまで会ったこともなかった者同士がチームを組み、その場で問題を解決した。

努力のかいがあって、水が退いてからわずか一五日で工場は再稼働した。一年後、会社は市場トップの座を取り戻した。復旧に数十億ドルも何年もかからなかったことは観測筋を驚かせた。復旧にかかったのは、泥まみれになるのをいとわない全社員の決意だけだった。それこそが主体的な文化の力なのである。

流れを変える人になる

だれしも困難を経験している。まだ逆境に遭遇していない人も、いずれ必ず経験する。過去を葬り去り、過去から学んで前に進む能力はだれもが授かっている。主体的であることの本質は、「流れを変える人」という考え方でとらえることができる。流れを変える人とは、過去の悪習、ネガティブな傾向やパターン（虐待、薬物中毒、ネグレクトなど）を自分の世代で止め、もっとポジティブな傾向、パターン、良い習慣を家族や友人、同僚に手渡す人だ。世代から世代へと受け継がれてきた破壊的なパターンは、人間だけに授けられた四つの能力を使うことで断ち切ることができる。一つ目は自覚（自分自身を客観的に見つめ、自分の好き嫌いを観察する能力）、二つ目は良心（善悪を見分ける能力）、三つ目は想像（新しい可能性を思い描く能力）、四つ目は意志（ほかのあらゆる影響の外で行動する能力）である。

先だって、ある友人と話をした。大学生の息子のフットボールの試合を見るために、彼は毎週末アリゾナからペンシルベニアに飛んでいる。「息子の試合を毎週末見に行くなんて信じられないよ。すごいね。君は父親の鏡だ」と私は言った。

友人は恐縮し、そのわけを話した。「ぼくはね、子どもの頃、義理の父親が帰宅する音に毎日おびえていた。始終暴力をふるわれていたから」

「そうだったのか。君、よく乗り越えられたね」

「いつのことだったかはっきりとは思い出せないが、まだ小さかったとき、義理の父親のようにはならないぞ、と決心したんだ。自分の子どもには愛情を示そう、と。それ以来ずっと、いい父親になるために努力している」

それ以上に信じられないことに、友人は義理の父親を恨んでいなかった。彼は言った。

「なぜだかわからないが、ぼくは彼を許すことができた。たった一度、一時間しか会ったことのない実の父親も許した。だからこそ、前に進むことができ、乗り越えることができたんだ。子どもの頃を振り返るときは、一歩離れて客観的になれる。暗い過去は片隅に追いやられていて、もう自分には何の影響も与えないとわかるんだよ」

私は友人に畏敬の念を抱いた。彼は自分の人生を再構築し、家族の中で流れを変える人になったのだ。虐待は自分の世代で止め、妻と子どもたちに愛情と支えを手渡している。そこには人間だけに授けられた四つの能力のすべてがある。私の友人は子どもの頃に虐待は悪いことだと知り、父親とは違う自分の姿を思い描いた。自分自身を客観的に見つめ、良心の声に従って、義理の父親と実の父親を許すことを選んだ。こうして、子ども時代の痛みを取り払ったのである。

自覚はほかの三つの能力の触媒である。一歩離れて自分を客観的に見つめ、自分の考え、感情、気分を調べれば、想像、良心、意志をそれまでにない新しいやり方で働かせるベースができる。そして実際に飛躍できるのだ。私の友人と同じように、自分の境遇、生い立ち、精神的な痛みを乗り越えられるのである。

別の友人の話をしよう。彼も小さい頃に受けた虐待を逆転させ、わが子に健全な流れを手渡すことができた。しかし彼の場合、子どものときに受けた心の傷を乗り越えることはできなかった。「父はぼくをめちゃくちゃにした」と彼は言う。「母も妹たちもめちゃくちゃにした。みんなが心を破壊されたんだ。ぼくもそうだよ。あいつがぼくに残した傷を消し去ることはできなかった」

この友人が体験したことを他人は完全には理解できない。だから私も、父親を許そうとしない彼を裁く立場にはない。しかし人間だけに授けられた四つの能力を全部使えば、彼もまた、自分には無理だと思っていた心の平和を得られるだろう。たしかに遺伝子や家庭環境、さまざまな困難は個人に影響を与える。しかしそれらがどういう人間になるかを決めるわけではない。

主体的であることが第1の習慣であるのには理由がある。自分のことには自分が責任を持つのだと決意しないかぎり、ほかの習慣はどれ一つとして身につかないからである。

あなたも私も毎日、反応的になるか主体的になるか、たくさんの決断を下している。ある一日をとってみても、天気が良くない、くだらないメールをもらう、上司から叱られる、駐車違反チケットを切られる、友人から陰口をたたかれる、昇進を見送られる、税金が上がった等々、いろいろと嫌なことが起きる。そうした事柄に、あなたはどうするだろう?

反応的な人は衝動で選択してしまう。缶入りの炭酸水みたいなもので、生活の中でプレッシャーがかかったり、上下に振られたりすると、すぐに噴き出てしまう。しかし主体的な人は価値観に基づいて選択する。行動する前に考える。自分の身に起こることすべてをコントロールできるわけではないが、事態に対して自分がどう行動するかはコントロールできるとわかっている。反応的な人が、すぐに噴き出る炭酸水だとすれば、主体的な人は真水である。激しく上下に振られても静かに落ち着いていて、コントロールがきいている。

ここまでいろいろと書いてきたが、突き詰めれば二つにまとめることができる。一つは、自分の人生に責任を持つこと。もう一つは、イニシアチブ(率先力)を発揮することだ。単純な話なのだ。被害者ではなく、変化を起こす人になる。有意義な人生が自分のところにやってくるのを漫然と待つのではなく、自分からつかみにいく。人生という乗り物の乗客ではなく、運転手になる。過去に生きるのではなく、未来への想像を働かせて生きるのである。

THE SEVEN HABITS
OF HIGHLY
EFFECTIVE PEOPLE

第２の習慣

終わりを思い描くことから始める

BEGIN WITH THE END IN MIND

パーソナル・リーダーシップの原則

我々の後ろにあるもの（過去）と我々の前にあるもの（未来）は、我々の内にあるものに比べればとるに足らないものである。

——オリバー・ウェンデル・ホームズ

このページと次のページは、邪魔が入らず一人になれる場所で静かに読んでほしい。これから紹介すること以外は頭の中を空っぽにし、日常生活の細々とした用事も、仕事や家族、友だちのこともすべて忘れ、意識を集中し、心を開いて読んでもらいたい。

ある（愛する人の）葬儀に参列する場面を心の中に思い描いてみよう。あなたは葬儀場に向かって車を走らせ、駐車して車から降りる。中に入ると花が飾ってあり、静かなオルガン曲が流れている。故人の友人たちや家族が集まっている。彼らは別れの悲しみ、そして故人と知り合いであったことの喜びをかみしめている。

あなたは会場の前方に進んで行き、棺の中を見る。驚いたことに、そこにいたのはあなた自身だった。これは、今日から三年後に行われるあなたの葬儀だ。ここにいる人々は、生前のあなたに対する敬意、愛、感謝の気持ちを表しに来ているのである。

あなたは席に着き、式が始まるのを待ちながら手にした式次第を見る。四人が弔辞を述べるようだ。最初は親族を代表して、各地から集まってきた子ども、兄弟姉妹、姪、おば、おじ、いとこ、祖父母から一人。二人目は友人の一人で、あなたの人柄をよく知っている人。三人目は仕事関係の人。最後は、あなたが奉仕活動を行ってきた教会や自治会などの組織から一人。

ここで深く考えてみてほしい。これらの人たちに、あなた自身あるいはあなたの人生をどのように語ってほしいだろうか。彼らの言葉で、あなたがどういう夫、妻、父、母だったと述べてほしいだろうか。彼らにとって、あなたはどのような息子、娘、あるいはいとこだったのか、どのような友人だったのか、どのような同僚だったのか。

あなたは、彼らに自分がどのような人物だったのかを見てほしかったのか。どういう貢献や功績を憶えておいてほしいのか。その場に集まっている人たちの顔をよく見てもらいたい。彼らの人生に、あなたはどのような影響を及ぼしたかったのだろうか。

読み進める前に感じたことを簡単に書き留めてほしい。そうすれば第2の習慣をより深く理解することができるだろう。

「終わりを思い描くことから始める」とは？

自分の葬儀の場面を真剣に思い描いてみて、あなたは一瞬でも、自分の内面の奥深くにある基本的な価値観に触れたはずだ。それはあなたの内面にあって影響の輪の中心にある。あなたを導く価値観と、束の間でも触れ合ったのである。

ここでジョセフ・アディソン（訳注：英国のエッセイスト）の一文を考えてみよう。

偉人の墓を見ると、自分の中にある嫉妬心が消えてなくなる。著名人の碑文を読むと、不相応な欲望は消え去っていく。子どもの墓石の前で悲嘆に暮れる親の姿を見ると、私の心は張り裂けそうになる。しかし、その両親の墓を見ると、死すべき人間の死を悼む虚しさを覚える。戦いに敗れた王が敵の傍らに横たわり、宿敵同士の思想家、あるいは対立し世界を二分した聖人たちが並んで葬られているのを見ながら、人間の些細な競争、派閥、論争を思うと、悲しみと驚きを禁じ得ない。墓石の日付を見る。昨日亡くなった人もいれば、六〇〇年前に亡くなった人もいる。そして私は、今生きている人たち全員がこの世を去り、全員が同時代の人間として語られる日のことに、思いを馳せる。

第2の習慣「終わりを思い描くことから始める」は生活のさまざまな場面やライフステージに当てはまる習慣だが、もっとも基本的なレベルで言うなら、人生におけるすべての行動を測る尺度、基準として、自分の人生の最後を思い描き、それを念頭に置いて今日という一日を始めることである。そうすれば、あなたにとって本当に大切なことに沿って、今日の生き方を、明日の生き方を、来週の生き方を、来月の生き方を計画することができる。人生が終わるときをありありと思い描き、意識することによって、あなたにとってもっとも重要な基準に反しない行動をとり、あなたの人生のビジョンを有意義なかたちで実現できるようになる。

終わりを思い描くことから始めるというのは、目的地をはっきりさせてから一歩を踏み出すことである。目的地がわかれば、現在いる場所のこともわかるから、正しい方向へ進んでいくことができる。

仕事に追われ、「活動の罠」に人はいとも簡単にはまってしまう。成功への梯子をせっせと登っているつもりでも、一番上に到達したときに初めて、その梯子は間違った壁に掛けられていたことに気づく。結局はまったく効果のない、多忙きわまりない日々を送っていることが大いにありうるのだ。

人は虚しい勝利を手にすることがよくある。成功のためにと思って犠牲にしたことが、実は成功よりもはるかに大事なものだったと突然思い知らされる。医師、学者、俳優、政治家、会社員、スポーツ選手、配管工、どんな職業においても、人は、もっと高い収入、もっと高い評価、もっと高い専門能力を得ようと努力するが、結局、自分にとって本当に大事なものを見失い、取り返しのつかない過ちを犯したことに気づくのだ。

自分にとって本当に大切なものを知り、それを頭の中に植えつけ、そのイメージどおりになるように日々生活していれば、私たちの人生はまるで違ったものになるはずだ。梯子を掛け違えていたら、一段登るごとに間違った場所に早く近づいていくだけである。あなたはとても**能率**よく梯子を登るかもしれない。上手に素早く登れるかもしれない。しかし、終わりを思い描くことから始めてこそ、本当に**効果的**になりうるのだ。

自分の葬儀で述べてもらいたい弔辞を真剣に考えてみてほしい。それが**あなたの**成功の定義になる。これまで思っていた成功とはまったく違うかもしれない。名声や業績を努力して手にすること、あるいは金持ちになることを成功だと思っているかもしれない。しかし、梯子を掛けるべき正しい壁の端っこですらないかもしれないのだ。

終わりを思い描くことから始めると、目の前にこれまでとは違う視野が広がる。二人の男性が共通の友人の葬儀に出席していた。一方の男性が「彼はいくら遺したんだい？」と尋ねた。もう一人は思慮深く答えた。

「すべて遺したさ、彼自身をね」

すべてのものは二度つくられる

「終わりを思い描くことから始める」習慣は、**すべてのものは二度つくられる**という原則に基づいている。すべてのものは、まず頭の中で創造され、次に実際にかたちあるものとして創造される。第一の創造は知的創造、そして第二の創造は物的創造である。

家を建てることを考えてみよう。家の設計図が隅々まで決まっていなければ、釘一本すら打つことはできない。あなたはどんな家を建てたいか頭の中で具体的にイメージするはずだ。家族を中心にした住まいにしたいなら、家族全員が自然と集まるリビングを設計するだろうし、子どもたちには元気よく外で遊んでほしいなら、中庭をつくり、庭に面した扉はスライド式にしようと思うかもしれない。ほしい家をはっきりと思い描けるまで、頭の中で創造を続けるだろう。

次に、思い描いた家を設計図にし、建築計画を立てる。これらの作業が完了してようやく工事が始まる。そうでなければ、実際に物的につくる第二の創造の段階で次から次へと変更が出て、建設費用が二倍に膨れ上がることにもなりかねない。

「二度測って一度で切る」が大工の鉄則だ。あなたが隅々まで思い描いていた本当に欲しい家が、第一の創造である設計図に正確に描けているかどうか、よくよく確認しなければならない。そうして初めて、レンガやモルタルでかたちを創造していくことができる。毎日建設現場に足を運び、設計図を見て、その日の作業を始める。終わりを思い描くことから始めなければならないのである。

ビジネスも同じだ。ビジネスを成功させたいなら、何を達成したいのかを明確にしなければならない。ターゲットとする市場に投入する製品やサービスを吟味する。次は、その目的を達成するために必要な資金、研究開発、生産、マーケティング、人事、設備などのリソースを組織する。最初の段階で終わりをどこまで思い描けるかが、ビジネスの成功と失敗の分かれ道になる。失敗する企業のほとんどは、資金不足、市場の読み違い、事業計画の甘さなど、第一の創造でつまずいているのである。

同じことが子育てにも言える。自分に責任を持てる子に育てたいなら、そのことを頭に置いて毎日子どもと接する。そうすれば、子どもの自制心を損なったり、自尊心を傷つけたりすることはないはずだ。

程度の差こそあれ、この原則は生活のさまざまな場面で働いている。旅行に出るときには、行先を決めて最適なルートを計画する。庭をつくるなら、植物をどのように配置するか頭の中で想像を巡らすだろうし、紙にスケッチする人もいるだろう。スピーチをするなら、事前に原稿を書く。都市の景観を整備するなら、どんな景観にするか青写真をつくる。服をつくるときは、針に糸を通す前にデザインは決まっている。

すべてのものは二度つくられるという原則を理解し、第二の創造だけでなく第一の創造にも責任を果たすことによって、私たちは影響の輪の中で行動し、影響の輪を広げていくことができる。この原則に反して、頭の中で思い描く第一の創造を怠ったなら、影響の輪は縮んでいく。

描くか委ねるか

すべてのものは二度つくられる。これは原則である。しかし第一の創造が常に意識的に行われているとは限らない。日々の生活の中で自覚を育て責任を持って第一の創造を行えるようにならなければ、自分の人生の行方を影響の輪の外にある状況や他の人たちに委ねてしまうことになる。家族や同僚から押しつけられる脚本どおりに生き、他者の思惑に従い、幼い頃に教え込まれた価値観、あるいは訓練や条件づけによってできあがった脚本を演じるという、周りのプレッシャーに反応するだけの生き方になる。

これらの脚本は他者が書いているのであって、原則から生まれたものではない。私たちの内面の奥深くにある弱さと依存心、愛されたい、どこかに属していたい、ひとかどの人物と見られたいという欲求に負けて、他者が押しつける脚本を受け入れてしまうのだ。

自分で気づいていようといまいと、また、意識的にコントロールしていようといまいと、人生のすべてのことに第一の創造は存在する。第一の創造によって自分の人生を自分の手で描く。それができれば、第二の創造で主体的なあなたができる。しかし第一の創造を他者に委ねてしまったら、あなたは他者によってつくられることになる。

人間だけに授けられている自覚、想像、良心という能力を働かせれば、第一の創造を自分で行い、自分の人生の脚本を自分で書くことができる。言い換えれば、第1の習慣が言っているのは「あなたは創造主である」であり、第2の習慣は「第一の創造をする」習慣なのである。

リーダーシップとマネジメント：二つの創造

第2の習慣は、自分の人生に自らがリーダーシップを発揮すること、つまりパーソナル・リーダーシップの原則に基づいている。リーダーシップは第一の創造である。リーダーシップとマネジメントは違う。マネジメントは第二の創造であり、これについては第3の習慣で取り上げる。まずは、リーダーシップがなくてはならない。

マネジメントはボトムライン（最終的な結果）にフォーカスし、目標を達成するための手段を考える。それに対してリーダーシップはトップライン（目標）にフォーカスし、何を達成したいのかを考える。ピーター・ドラッカー（訳注：米国の経営学者）とウォーレン・ベニス（訳注：米国の経営学者）の言葉を借りるなら、「マネジメントは正しく行うことであり、リーダーシップは正しいことを行う」となる。成功の梯子を効率的にうまく登れるようにするのがマネジメントであり、梯子が正しい壁に掛かっているかどうかを判断するのがリーダーシップである。

ジャングルの中で、手斧で道を切り拓いている作業チームを考えてみれば、リーダーシップとマネジメントの違いがすぐにわかるだろう。作業チームは生産に従事し、現場で問題を解決する人たちだ。彼らは実際に下草を刈って道を切り拓いていく。

マネジメントの役割はその後方にいて、斧の刃を研ぎ、方針や手順を決め、筋肉強化トレーニングを開発し、新しいテクノロジーを導入し、作業スケジュールと給与体系をつくる。

リーダーの役割はジャングルの中で一番高い木に登り、全体を見渡して、「このジャングルは違うぞ！」と叫ぶ。

だが仕事の役割に追われて効率しか見えない作業チームやマネージャーだったら、その叫び声を聞いても、「うるさい！作業は進んでいるんだから黙ってろ」としか反応しないだろう。

私生活でも仕事でも、私たちは下草を刈る作業に追われるあまり、間違ったジャングルにいても気づかないことがある。あらゆる物事がめまぐるしく変化する現代においては、個人や人間関係のあらゆる側面においても、これまで以上にリーダーシップの重要性が増している。

私たちに必要なのは、はっきりとしたビジョン、明確な目的地である。そしてその目的地に到達するためには、ロードマップよりもコンパス（方向を示す原則）が要る。地形が実際にどうなっているのか、あるいは通れるのかは、その場その場で判断し問題を解決するしかない。しかし、自分の内面にあるコンパスを見れば、どんなときでも正しい方向を示してくれるのである。

個人の効果性は単に努力の量だけで決まるのではない。その努力が正しいジャングルで行われていなければ、生き延びることさえおぼつかなくなる。どの業界をとっても変革を求められている現代にあって、まず必要とされるのはリーダーシップである。マネジメントはその次だ。

ビジネスの世界では市場がめまぐるしく変化し、消費者の嗜好やニーズをとらえて大ヒットした製品やサービスがあっという間にすたれることも珍しくない。主体的で強力なリーダーシップによって絶えず消費者の購買行動や購買意欲など市場環境の変化を機敏にとらえ、正しい方向に経営資源を投じるのだ。

航空業界の規制緩和、医療費の急上昇、輸入車の品質向上と輸入量の激増。さまざまな変化が事業環境に大きな影響を及ぼしている。企業が事業環境全体を注視せず、正しい方向に進んでいくための創造的なリーダーシップを発揮しなかったなら、マネジメントがいかに優れていても、失敗は避けられない。効率的なマネジメントは揃っているけれども効果的なリーダーシップのない状態は、ある人の言葉を借りれば「沈みゆくタイタニック号の甲板に椅子をきちんと並べるようなもの」である。マネジメントが完璧でもリーダーシップの欠如を補うことはできない。ところが、私たちはしばしばマネジメントのパラダイムにとらわれてしまうため、リーダーシップを発揮するのが難しくなってしまうのだ。

シアトルで一年間に及ぶ経営者能力開発プログラムを行ったときのことである。最終回の日、ある石油会社のトップが私に次のような話をしてくれた。

「プログラムの二ヵ月目に先生はリーダーシップとマネジメントの違いを話されましたね。あの後、私は社長としての自分の役割を考え直しました。自分がリーダーシップの役割を果たしてこなかったことに気づきましたよ。マネジメントばかりに気をとられ、差し迫った問題や日々の業務の管理にどっぷり浸かっていたんです。先生の話を聞いて決心しました。マネジメントから身を引く、マネジメントは他の社員に任せると。私はリーダーとして組織を率いなければなりませんからね。

最初は難しかったですね。これまでは、仕事といえば火急の問題を切り抜けることであり、それを突然やめたわけですからね、禁断症状が起きましたよ。前だったら、そういう問題を解決するとその場で達成感を味わえました。しかし会社の方向性や組織文化の構築、問題の徹底的な分析、新しいビジネスチャンスの発掘に取り組むようになってからは、何だかもの足りなかったんですよ。周りの社員もこれまでのやり方から抜け出ることができず、四苦八苦していました。以前なら私が何でも相談に乗り、問題を解決し、指示を出していたのですからね。彼らも大変だったと思いますよ。

でも私は頑張りました。リーダーシップは絶対に必要だと確信していましたから。そしてリーダーシップを発揮しました。おかげで会社はすっかり生まれ変わり、市場の変化に適応できるようになりました。売上高が倍増し、利益は四倍になりました。私はリーダーシップの領域に入ったのです」

あまりにも多くの親が、マネジメントのパラダイムにとらわれている。方向性や目的、家族の想いより、能率・効率やルールにとらわれている。

個人の生活ではよりリーダーシップが不足している。自分自身の価値観を明確にする前に、能率よく自己管理や目標達成に取り組んでしまうのだ。

脚本を書き直す：あなた自身の第一の創造者となる

前に述べたように、主体性の土台は「自覚」である。主体性を広げ、自分を導くリーダーシップを発揮できるようにするのが、**想像**と**良心**である。

想像力を働かせると、まだ眠っている自分の潜在能力を頭の中で開花させられる。良心を働かせれば、普遍の法則や原則を理解し、それらを身につけ実践するための自分自身のガイドラインを引ける。自覚という土台に想像と良心を乗せれば、自分自身の脚本を書く力が得られるのである。

私たちは他者から与えられた多くの脚本に従って生活しているから、それらの脚本を「書き直す」よりもむしろ「書き起こす」プロセスが必要であり、あるいはすでに持っている基本のパラダイムの一部を根本的に変える、つまりパラダイムシフトしなければならないのだ。自分の内面にあるパラダイムは不正確だ、あるいは不完全だと気づき、今持っている脚本に効果がないことがわかれば、自分から主体的に書き直すことができるのだ。

エジプトの元大統領アンワル・サダトの自叙伝には、自分の脚本を書き直した実例を見ることができる。実に感動的な話である。

イスラエルへの憎しみに染まった脚本に沿って育てられ、教育を受けていたサダトは、テレビカメラに向かって次のような発言を繰り返していた。「イスラエルがアラブの土地を少しでも占領している限り、イスラエル人と握手はしない。絶対にしない！」

国民も呼応して叫んだ。「絶対！　絶対！　絶対にしない！」

サダトはこの脚本のもとに国民の力を結集し、意志を統一したのである。

独立的で愛国主義に満ちた脚本は国民の深い共感を引き出した。しかしそれは、愚かな脚本であることをサダトは知っていた。エジプトとイスラエルが強く張りつめた相互依存の関係にあるという現実を無視していたからだ。

こうしてサダトは、脚本を書き直すこととなる。サダトは若い頃、ファルーク国王を倒す陰謀に関わった罪でカイロ中央刑務所の独房五四号に収監された。その独房の中で自分の内面を見つめ、これまで持っていた脚本が果たして適切かつ賢明であったか考え始めた。心を無にし、深く瞑想し、聖典を研究し、祈ることによって、彼は脚本を自ら書き直す力を得たのだった。

刑務所を出たくない気持ちもあった、とサダトは自叙伝に書いている。その刑務所で真の成功とは何かを知ったからだ。それは物を所有することではない。真の成功とは、自分を制し、自分自身に勝つことだと悟ったのである。

ナセル政権の時代、サダトは閑職に追いやられていた。国民からは、サダトはもう信念を捨てたと思われていたが、そうではなかった。人々は自分のストーリーを反映して見ていたにすぎない。誰もサダトという人物を理解してはいなかった。彼は時機を待っていたのだ。

やがて機が熟す。エジプト大統領となり、政治の現実に直面して、イスラエルに対する憎しみに満ちた脚本を書き直す仕事に取りかかった。エルサレムのクネセット（イスラエルの国会）を訪問し、前例のない歴史的な和平交渉を開始する。この勇気ある行動が、キャンプ・デービッド合意につながったのである。

サダトは、自覚、想像、良心を働かせて、自らを導くリーダーシップを発揮したから、内面にある基本的なパラダイムをシフトし、イスラエルに対する見方を変えることができた。彼は影響の輪の中心から当時の状況に働きかけた。脚本を書き直すことによってパラダイムを変え、行動と態度を改めることで広がった影響の輪の中で、何百万人もの人々に影響を与えたのだ。

自覚を育てていくと、多くの人は自分が手にしている脚本の欠点に気づく。まったく無意味な習慣、人生における真の価値とは相容れない習慣が深く根づいていたことを思い知らされる。第2の習慣が教えるのは、そのような脚本を持ち続ける必要はないということだ。効果的な脚本とは、正しい原則から生まれる自分自身の価値観と一致する脚本である。私たち人間は、自分自身の想像力と創造力を使って、効果的な生き方の脚本を書くことができる。

私が自分の子どもの行動に過剰に反応しているとしよう。子どもたちが私の気に障ることをし始めると、胃がきりきりし、すぐに身構え、闘う態勢になる。長期的な成長や理解にフォーカスせず、今この瞬間の子どもの行動が気に食わず、目先の闘いに勝とうとする。

私は、身体の大きさや父親としての権威など持てる武器を総動員し、怒鳴りつけ、脅し、お仕置きをする。当然、勝つのは私だ。しかし、勝者たる私は、ぼろぼろになった親子の絆の残骸の中に立ちすくむ。子どもたちは上辺では私に服従するが、力で抑圧された恨みは残る。その気持ちはいずれ、もっと酷いかたちで噴出することになるだろう。

この章の冒頭で行ったように、私は自分の葬儀の場面を想像してみる。子どもたちの一人が弔辞を述べようとしている。私は子どもたちの人生が、その場しのぎの応急処置的な闘いの積み重ねではなく、愛に満ちた親の教えと躾の結果であってほしいと願う。彼らの内面が、私とともに過ごした年月の豊かな思い出でいっぱいであればと願う。その成長の途上で喜びと悲しみを分かち合った愛情深い父親として私を覚えていてほしい。心配事や悩みを私に打ち明けてくれたとき、私が真剣に耳を傾け、助けになろうとしたときのことを思い出してほしい。私は完璧な父親ではなかったが、精一杯努力したことを知ってほしい。そして何よりも、世界中の誰よりも彼らを愛していたことを記憶に留めておいてほしい。

私が自分の葬儀を想像してこのようなことを望むのは、心の底から子どもたちを愛し、助けになりたいし、大切に思っているからだ。私にとっては父親としての役割が何よりも大事だからである。

それなのに、この価値観をいつも意識しているとは限らない。些細なことに埋もれてしまうことがある。差し迫った問題や目の前の心配事、子どもたちの些細ないたずらに気をとられ、もっとも大切なことを見失うのだ。その結果、反応的になり、心の奥底でどんなに子どもたちのことを思っていても、彼らに対する私の態度は本心とはまるで正反対なものになってしまう。

しかし私には自覚がある。想像力と良心もある。だから、自分の心の奥底の価値観を見つめることができる。自分の生き方の脚本がその価値観と一致していなければ、それに気づくことができるのだ。第一の創造を自分が置かれた環境や他者に委ね、自分が主体的になって自分の人生を設計していなかったなら、それを自覚できるのだ。私は変わることができる。過去の記憶に頼って生きるのではなく、想像力を働かせて生きることができる。過去ではなく、自分の無限の可能性を意識して生きることができる。私は、自分自身の第一の創造者になることができるのだ。

終わりを思い描くことから始めるというのは、親としての役割、その他にも日々の生活でさまざまな役割を果たすときに、自分の価値観を明確にし、方向をはっきりと定めて行動することである。第一の創造を自分で行う責任があるのであり、行動と態度の源となるパラダイムが自分のもっとも深い価値観と一致し、正しい原則と調和するように、自分で脚本を書き直すことである。

また、その価値観をしっかりと頭に置いて、一日を始めることでもある。そうすればどんな試練にぶつかっても、どんな問題が起きても、私はその価値観に従って行動することができる。私は誠実な行動をとることができる。私は感情に流されず、起こった状況にうろたえることもない。私の価値観が明確なのだから、本当の意味で主体的で価値観に沿った人間になれるのである。

個人のミッション・ステートメント

終わりを思い描くことから始める習慣を身につけるには、**個人のミッション・ステートメント**を書くのがもっとも効果的だ。ミッション・ステートメントとは、信条あるいは理念を表明したものである。個人のミッション・ステートメントには、どのような人間になりたいのか（人格）、何をしたいのか（貢献、功績）、そしてそれらの土台となる価値観と原則を書く。

一人ひとり個性が異なるように、個人のミッション・ステートメントも同じものは二つとない。形式も中身も人それぞれである。私の友人のロルフ・カーは、自分のミッション・ステートメントを次のように書き表している。

まず家庭で成功しよう。

神の助けを求め、それにふさわしい生き方をしよう。
どんなことがあっても正直でいよう。
お世話になった人たちの恩を忘れずにいよう。
判断を下す前に双方の言い分を聴こう。
他人の忠告に素直に耳を傾けよう。
その場にいない人を擁護しよう。
誠意を持ち、なおかつ強い決断力を持とう。
毎年何か一つ新しいことを身につけよう。
明日の仕事は今日計画しよう。
待ち時間を有意義に使おう。
常に前向きな姿勢でいよう。
ユーモアを忘れないようにしよう。
職場でも家でも規律正しくしよう。
失敗を恐れず、失敗から学び成長の機会を逃すことだけを恐れよう。
部下の成功を助けよう。
自分が話す二倍の時間、人の話を聴こう。
異動や昇進を気にせず、今ここにある仕事にすべての力を注ごう。

次に紹介するミッション・ステートメントは、家庭と仕事の両立を心がけていた女性のものである。

私は仕事と家庭を両立できるように努力する。私にとってどちらも大切なことだから。

私も家族も、そして友人たち、お客さまも、くつろげて、楽しめて、幸せを味わえる家にする。清潔で整理整頓が行き届き、暮らしやすく、居心地のよい環境をつくる。何を食べるか、何を読むか、何を見るか、何をするか、何にでも知恵を働かせる。子どもたちには、愛すること、学ぶこと、笑うこと、自分の才能を伸ばすことと活用することを教えたい。

私は民主主義社会の権利、自由、責任を大切にする。一市民として社会が直面している問題を理解し、政治のプロセスに参加し、声を上げるべきときは上げ、自分の一票を有効に使う。

私は自ら行動を起こして人生の目標を達成する。自分が置かれた環境に左右されるのではなく、自分からチャンスをつかみ、状況を良くしていく。

私は破滅に通じる習慣に近づかない。自分の限界を押し広げ、可能性を解き放ち、選択の幅を広げる習慣を身につける。

私はお金に使われず賢く使う、経済的な自立を目指す。欲求のままに購入せず、必要のあるものを家計が許せば購入する。住宅や自動車のローン以外は借金をしない。収入以上のお金は使わず、収入の一部は定期預金や投資にまわす。

自分の持っているお金と才能を使い、奉仕活動や寄付を通して社会に貢献する。

個人のミッション・ステートメントは、その人の憲法と言える。合衆国憲法と同じように、それは基本的に不変である。合衆国憲法の制定からおよそ二〇〇年余の間に、修正・追補はわずか二七箇条（訳注：二〇一三年七月現在）、そのうち修正第一条から第一〇条は制定直後の権利章典である。

合衆国憲法は、国のすべての法律を評価する基準である。大統領は、憲法を守り、支持することの証として、忠誠の誓いをする。合衆国市民の資格審査も憲法が基準となる。南北戦争、ベトナム戦争、あるいはウォーターゲート事件、困難な時期を克服することができたのも、合衆国憲法という土台と中心があったからだ。それは、あらゆるものの価値を判断し、方向を決めるもっとも重要な尺度なのである。

合衆国憲法は、独立宣言に述べられている正しい原則と自明の真理に基づいて制定されているから、今日に至るも、その重要な機能を失わずにいる。独立宣言の原則があるからこそ、米国社会が先行きの見えない変革の時期にあっても、憲法はその強さ失わなかったのである。「わが国の安心は、成文憲法を有していることにある」とトマス・ジェファーソン（訳注：米国第三代大統領）は述べている。

個人のミッション・ステートメントも、正しい原則を土台としていれば、その人にとって揺るぎない基準となる。その人の憲法となり、人生の重要な決断を下すときの基礎となる。変化の渦中にあっても、感情に流されずに日々の生活を営むよりどころとなる。それは、不変の強さを与えてくれるのだ。

内面に変わることのない中心を持っていなければ、人は変化に耐えられない。自分は何者なのか、何を目指しているのか、何を信じているのかを明確に意識し、それが変わらざるものとして内面にあってこそ、どんな変化にも耐えられるのである。

ミッション・ステートメントがあれば、変化に適応しながら生活できる。予断や偏見を持たずに現実を直視できる。周りの人々や出来事を型にはめずに、現実をありのままに受け止めることができるようになる。

私たち一人ひとりを取り巻く環境は常に変化し、しかも変化のスピードはかつてないほど増す一方だ。多くの人は変化の速さに圧倒され、とてもついていけないと感じている。自分の身に良いことが起きるようにとひたすら祈りながら受身の姿勢になっており、適応するのを諦めている。

しかし、そんなふうに簡単に諦める必要はない。ヴィクトール・フランクルは、ナチスの強制収容所での過酷な体験から、人間の主体性に気づき、人生において目的を持つこと、人生の意味を見出すことの大切さを身をもって学んだ。フランクルが後に開発し、教えたロゴセラピー（生きる意味を見出すことによって心の病を癒す心理療法）の本質は、自分の人生は無意味（空虚）だと思うことが心の病の根本にあるとする考え方に成り立った心理療法で、自分にとっての人生の意味、独自のミッション（使命）を発見できるよう手助けし、患者の内面に巣食う虚しさを取り除こうとするものである。

あなたが自分の人生におけるミッションを見出し、意識できれば、あなたの内面に主体性の本質ができる。人生を方向づけるビジョンと価値観ができ、それに従って長期的・短期的な目標を立てることができる。個人のミッション・ステートメントは、正しい原則を土台とした個人の成文憲法である。この憲法に照らして、自分の時間、才能、労力を効果的に活用できているかどうかを判断することができるのだ。

内面の中心にあるもの

個人のミッション・ステートメントを書くときは、まず自分の影響の輪の中心から始めなければならない。影響の輪の中心にあるのはあなたのもっとも基本的なパラダイムである。それは世界を見るときのレンズであり、あなたの世界観を形成しているからだ。

私たちは影響の輪の中心で自分のビジョンと価値観に働きかける。影響の輪の中心で「自覚」を働かせ、自分の内面にある地図を見つめる。正しい原則を大切にしていれば、自分の地図が実際の場所を正確に表しているか、自分の持っているパラダイムが原則と現実に基づいているか、自覚を働かせて確かめることができる。影響の輪の中心では、「良心」をコンパスにして、自分の独自の才能や貢献できる分野を発見できる。ここでは「想像」することもできる。自分が望む終わりを思い描き、どの方向に、どんな目的で第一歩を踏み出せばよいのかを知り、ミッション・ステートメントという自分の成文憲法に息を吹き込むことができる。

影響の輪の中心に自分の努力を傾けることによって、輪は広がっていき、大きな成果を達成できる。影響の輪の中心に努力を集中させることが、PC（成果を生み出す能力）の向上につながり、私たちの生活のあらゆる面の効果性を高める。

自分の人生の中心に置くものが何であれ、それは**安定**、**指針**、**知恵**、**力**の源になる。

安定（security）とは、あなたの存在価値、アイデンティティ、心のよりどころ、自尊心、人格的な強さ、安心感のことである。

指針（guidance）は、人生の方向性を決める根源である。あなたの内面にある地図の中心にあり、目の前で起こっていることを解釈するときの基準である。生活の中でのあらゆる意志決定、行動基準、原則、暗黙の規範である。

知恵（wisdom）は、あなたの人生観、生活を送るうえでのバランス感覚である。原則をどう実践するか、個々の原則がどのように関連しているのかを理解する知力である。

力（power）は、行動する力、物事を成し遂げる強みと潜在的な能力のことである。選択し、決断を下すために不可欠なエネルギーである。深く根づいた習慣を克服し、より良い、より効果的な習慣を身につけるための力も含まれる。

この四つの要素（安定、指針、知恵、力）は、相互に依存し合っている。心の安定と明確な指針は正しい知恵をもたらし、知恵は火花となって、力を正しい方向に解き放つ。この四つが一つにまとまり、調和がとれ、個々の要素が互いを高める状態になっていれば、気高く、バランスがとれ、揺るぎない見事な人格ができる。

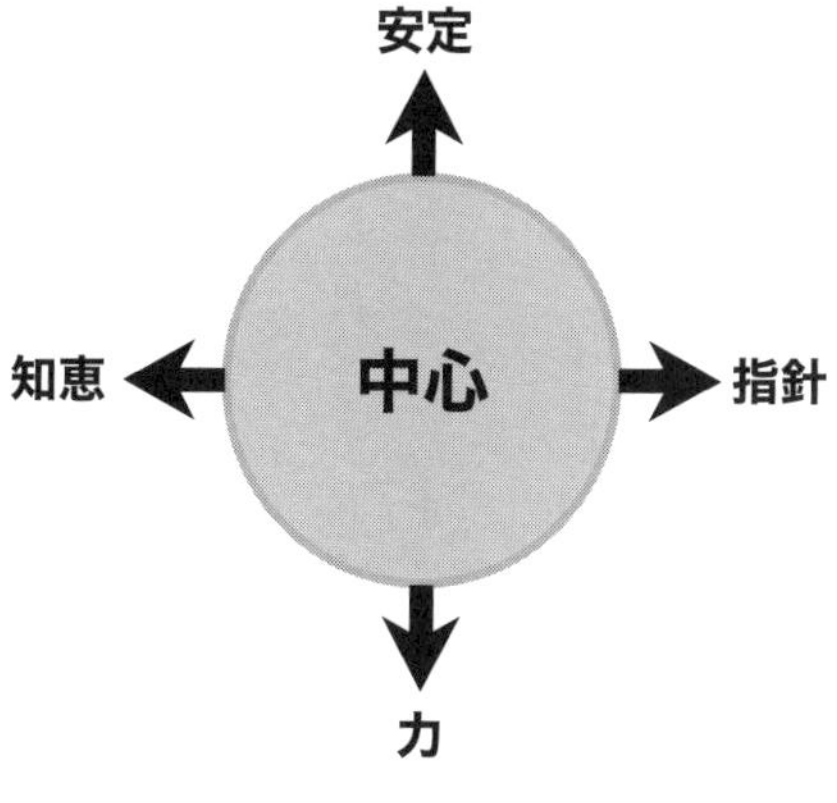

これら人生を支える四つの要素は、生活のあらゆる面を盤石にする。第一部で取り上げた成長の連続体と同じように、どの要素も成長の度合いは〇%〜一〇〇%までの幅がある。四つの要素が一番下のレベルだと、自分では何もコントロールできず、他者や状況に依存している状態だ。レベルが上がっていくにつれ、自分の人生を自分でコントロールできるようになり、自立した強さが生まれ、豊かな相互依存関係の土台が築かれる。

あなたの「安定」は、この連続体のどこかに位置している。一番下にあるとしたら、あなたの人生はあらゆる変化の波に揺り動かされてしまう。一番上にあれば、自分の存在価値を自覚し、心が安定している。「指針」が連続体の一番下にある人は、絶えず変化する社会の鏡を見て、不安定な外的要因に振り回されて生きている。一番上にあれば、自分の内面に確かな方向感覚を持っている。「知恵」が連続体の一番下にあると、内面の地図は間違いだらけで、すべての原則のピースが歪み、どうやってもかみ合わない状態だ。一番上に達すれば、すべての原則のピースが納まるべきところに納まり、正しく機能する。そして「力」もまた、自分からは動かず他者から操られている状態から、他者や状況に左右されず自分の価値観に従って主体的に動ける状態までのどこかに位置している。

この四つの要素が成長の連続体のどこに位置するのか、調和やバランスがどれだけとれているのか、人生のあらゆる場面でポジティブな影響を与えるかは、あなたの内面の中心にある基本のパラダイムの働きによって決まるのだ。

さまざまな中心

人は誰でも自分の中心を持っている。普段はその中心を意識していないし、その中心が人生のすべての側面に大きな影響を及ぼしていることにも気づいていない。

ここで、人が一般的に持つ中心、基本のパラダイムを見てみよう。内面の中心とパラダイムが四つの要素にどう影響するのか、ひいては、それらの要素によって形成される人生全体にどう影響するのか理解できるだろう。

配偶者中心

結婚はもっとも親密で満足感を得られ、永続的で成長をもたらす人間関係である。だから、夫あるいは妻を中心に置くことは自然で当たり前のことに思えるかもしれない。

ところが、経験や観察によると、そうとも言えないようである。私は長年、問題を抱えている多くの夫婦の相談に乗ってきたが、配偶者を人生の中心に置いている人のほぼ全員に織り込まれた課題が見られる。それは強い依存心だ。

感情的な安定のほとんどを夫婦関係から得ているとしたら、夫婦関係に強く依存していることになる。相手の気分や感情、行動、自分に対する態度にひどく敏感になる。あるいは子どもの誕生や親戚との付き合い、経済的な問題、相手の社会的成功など、夫婦関係に入り込んでくる出来事に影響を受けやすくなる。

夫婦としての責任が増し、それに伴ってストレスを感じるようになると、夫も妻も、それぞれの成長過程に持っていた脚本に逆戻りする傾向がある。それぞれが成長の過程で与えられていた脚本は、相容れないことが多い。金銭的な問題、子育て、親戚付き合いなど、何かにつけて相手との違いが見えてくる。深く根づいている自分の性向に加え、感情的な依存心も絡んで、夫婦関係がぎくしゃくしてくるわけである。

配偶者に依存していると、相手と衝突したときに自分の要求が増幅し、対立の度が増す。愛情が憎しみに転じ、対立か逃避かの二者択一しかないと思い込み、自分の殻に閉じこもるか、攻撃的な態度に出たり、相手を恨み、苦々しく思い、家庭内で冷戦が繰り広げられることになる。こうした状態になると、自分がかつて持っていたパラダイムや習慣に逆戻りし、それを根拠に自分の行いを正当化し、相手の行いを責めるのだ。

夫あるいは妻への依存心があまりに強いと、さらなる痛手を負うのを恐れて自分を守ろうとする。だから嫌味を言ったり、相手の弱みをあげつらったり、批判したりする。どれもこれも、自分の内面の弱さを押し隠すためだ。どちらも、相手が先に愛情を示してくれるのを待っている。しかし二人とも頑として譲らなければ、お互いに失望し、相手に対する自分の批判は正しかったのだと納得してしまう。

配偶者中心の関係は、表面的にはうまくいっているように見えても、安定は幻にすぎない。指針はその時どきの感情で右に左に揺れ動き、知恵と力も、依存する相手との関係が悪くなれば消え失せてしまう。

家族中心

家族を人生の中心に置いている人も大勢いる。これもごく自然で妥当なことに思える。家族に自分のエネルギーを集中的に注げば、家族がお互いを思いやって絆が強くなり、価値観を共有し、日々の暮らしが素晴らしいものになる大いなる機会となる。しかし家族を中心にすると、皮肉にも家族の成功に必要な土台そのものが崩れてしまうのだ。

家族中心の人は、家族の伝統や文化、あるいは家族の評判から心の安定や自分の存在価値を得る。だから、家族の伝統や文化に変化があると、あるいは家族の評判に傷がつくようなことが起こると過剰に反応する。

家族中心の親は、子どもの最終的な幸福を考える感情的な余裕と力を持っていない。家族が心の安定のよりどころになっていると、子どもたちの成長を長い目で見ることの大切さよりも、その場その場で子どもに好かれたい欲求を優先してしまうかもしれない。あるいは、子どもの行いに絶えず厳しく目を光らせる親は、子どもが少しでも悪さをすると、たちまち心の安定が崩れる。腹を立て、感情のままに子どもに接する。わが子の長期的な成長よりも目の前の問題に反応し、怒鳴り、叱りつける。虫の居所が悪ければ、些細ないたずらにも大げさに反応し、罰を与えるかもしれない。このような親は、子どもに対する愛情が条件つきになってしまい、するとその子は感情的に親に依存するか、逆に対立し反抗的になってしまうのだ。

お金中心

当然といえば当然だが、お金を稼ぐことを人生の中心にしている人も、もちろん大勢いる。経済的な安定があれば、多くのことができる機会も増える。欲求の階層では、生命維持と経済的安定がくる。この基本的な欲求が最低限でも満たされなければ、他の欲求は生じない。

ほとんどの人は生活していく中で経済的な不安を持つ。さまざまな力が働いて世の中の経済情勢が変動すれば、たとえ意識の表面に出てこなくとも、どこかで不安や心配を覚える。

時に、お金を稼ぐのはもっともらしい理由になる。家族を養うためにお金を稼ぐのは大切なことだし、お金を稼ぐ立派な動機は他にもあるだろう。しかしお金を人生の中心に据えたら、お金そのものに縛られてしまう。

人生を支える四つの要素（安定、指針、知恵、力）を考えてみよう。仮に私が自分の心の安定を雇用や収入、資産から得ているなら、この経済的基盤は多くの外的要因に影響を受けるので、そうした要因がいつも気になり、不安になる。防御的になり、影響を受けないように何とかしようとする。資産の評価額が私の自尊心の源であるなら、資産に影響する事柄にいちいち敏感になる。仕事もお金も、それ自体が知恵を与えてくれるわけではないし、指針にもならないが、限定的な力と安定は与えてくれるかもしれない。お金を中心に据えると、私の生活も、愛する者たちの生活も危機に陥れるおそれがある。

お金中心の人は、家族のことやその他の大事なことを後回しにして経済的なことを優先するが、家族を養うことが先決なのだから、家族の者たちもそれを理解してくれるだろうと思い込んでいる。私の知人の男性が、子どもたちを連れてサーカスに行こうとしていた。そこに職場から呼び出しの電話があった。彼はそれを断った。仕事に行ったほうがいいんじゃないのと言う奥さんに、彼はこう答えた。「仕事はまたある。でも子ども時代はまたとない」小さな出来事かもしれない。しかし彼の子どもたちは一生涯、父親が自分たちを優先してくれたことを覚えているだろう。父親のあり方の手本として記憶に残り、そして親の真の愛情が心に染みたはずだ。

仕事中心

仕事中心の人は、自分の健康や人間関係など人生において大切なことを犠牲にしてまで仕事に向かう。いわゆるワーカホリックだ。私は医者だ、作家だ、俳優だ、というように、基本的なアイデンティティが職業にある。彼らのアイデンティティと存在価値は仕事にすっぽりと包みこまれているから、その包みを剥がされるような事態になると、心の安定はあえなく崩れる。彼らの指針は仕事の有無で変動する。知恵と力は仕事の中でしか発揮されない。仕事以外の場ではほとんど役に立たない。

所有物中心

多くの人にとって、何かを所有することは生きる原動力になる。所有物には、流行の服や住宅、車、ボート、宝飾品などかたちのあるものだけでなく、名声、栄誉、社会的地位など無形のものも含まれる。ほとんどの人は、自分自身の体験を通して、ものを所有することに汲々として生きるのは愚かなことだとわかっている。何かを所有してもすぐに失ってしまうのはよくあることだし、あまりにも多くの外的要因に影響を受けるからである。

仮に私が自分の評判や所有物で心の安定を得ているとしたら、それを失いはしまいか、盗まれはしないか、あるいは価値が下がりはしないかと不安で、心の休まる間もないだろう。私よりも社会的地位の高い人や資産を多く持っている人の前では劣等感を覚え、逆に私よりも社会的地位が低く、資産も持っていない人の前では優越感に浸る。自尊心は揺らぎっぱなしである。しっかりとした自我、確固とした自分というものがない。何よりも自分の資産、地位、評判を守ることに必死だ。株の暴落で全財産を失い、あるいは仕事の失敗で名声を失い、自ら命を絶った人の例は枚挙にいとまがない。

娯楽中心

所有中心から派生するものとして、楽しみや遊び中心の生き方もよく見受けられる。今の世の中はすぐに欲求を満たせるし、そうするように仕向けられてもいる。他人の楽しそうな生活、しゃれた持ち物をテレビや映画でこれでもかというほど見せられ、私たちの期待や欲求は増すばかりである。

しかし、娯楽中心の安楽な日々は目もくらむばかりに描かれても、そのような生活が個人の内面や生産性、人間関係に当然及ぼす影響が正確に描かれることはほとんどない。

適度な娯楽は心身をリラックスさせ、家族で楽しめるし、他の人間関係の潤滑剤にもなる。しかし遊びそのものから長続きする深い満足感や充実感を得られるわけがない。娯楽中心の人は、今味わっている楽しさにすぐ飽きてしまい、もっと楽しみたくなる。欲求はとどまるところを知らないから、次の楽しみはもっと大きく、もっと刺激的にと、より大きな「ハイ」を求める。ほとんど自己陶酔の状態にあり、人生は今この瞬間が楽しいかどうかだけだと考える。

頻繁に長期休暇をとる、映画を見すぎる、テレビの前から動かない、ゲームにふけるなど、無節制に遊びたいだけ遊んでいたら、人生を無駄にするのは目に見えている。このような人の潜在能力はいつまでも眠ったままであり、才能は開発されず、頭も心も鈍り、充実感は得られない。はかなく消える一瞬の楽しさだけを追い求めている人の安定、指針、知恵、力が成長の連続体の一番下にあるのは言うまでもない。マルコム・マゲリッジ（訳注：米国の作家）は著書『A Twentieth-Century Testimony（二〇世紀の証）』の中で次のように書いている。

最近になって人生を振り返ることがよくあるのだが、今は何の価値も置いていないことが以前は有意義に思え、魅力を感じていたことに衝撃を覚える。たとえば、あらゆる見せかけの成功。名を知られ評価されること。金を稼いだり女性を口説いたりして得る快楽。まるで悪魔のように世界のあちこちに出没し、虚栄の市で繰り広げられるような体験をすること。

今から考えれば、これらはすべて自己満足以外の何ものでもなく、単なる幻想にすぎないのではないか。パスカルの言葉を借りれば『土をなめる』ように味気ないものである。

友人・敵中心

若い人は特にそうだと思うが、もちろん若い人だけに限らず、人生の中心に友人を置く人もいる。彼らにとっては仲間に受け入れられ、そこに属していることが何より重要となる。絶えず変化する歪んだ社会の鏡が、自分の安定、指針、知恵、力の源泉になっており、他者の気分、感情、態度、行動に自分のあり方が左右される。

友人中心が一人の相手だけに集中していると、配偶者中心の人間関係と同様の弊害を生むこともある。特定の個人に対する依存心が強いと、相手に対する要求と対立のスパイラルが増し、そして対立を招き、中心に置いていた人間関係そのものが破綻する結果となることもある。

逆に、人生の中心に敵を置いたらどういうことになるだろうか。そんなことは考えたこともないという人がほとんどだろう。おそらく、意識的に敵中心の生き方をしている人はいないはずだ。ところが、これもよくあることなのだ。実際に対立関係にある相手と頻繁に顔を合わせるとなればなおさらである。たとえば気持ちの上でも社会的にも重要な人からひどく不公平に扱われていると感じると、そのことが頭から離れず、彼らが自分の生活の中心になってしまう。敵中心の人は、自分の人生を主体的に生きるのではなく、敵だと思う相手の行動や態度に反応し、対立することによって相手に依存していることになる。

ある大学で教えていた私の友人は、相性の合わない上司の欠点がどうにも我慢できなかった。まるで取り憑かれてでもいるように、明けても暮れてもそのことばかりを考え、ついに家族や教会、同僚との関係にも支障きたすようになり、彼は結局その大学を辞め、他の大学で教鞭をとる決断を下した。

私は彼に「あの上司さえいなければ、この大学に残りたいんじゃないのか?」と尋ねた。

「そりゃそうさ。しかしあの人がこの大学にいる限り、僕の生活はめちゃくちゃだ。もう耐えられない」と彼は答えた。

「なぜ君は上司を生活の中心に置いているんだい?」と私は聞いてみた。

彼は私の質問に驚き、否定した。しかし私は続けて言った。「たった一人の人間とその人の欠点が君の人生の地図を歪め、君が信じていることも、愛する人たちとの大切な人間関係も台無しにしている。君自身がそれを許しているんじゃないのか」

彼は、上司が自分に大きな影響を及ぼしていることは認めたが、自分がそのような選択をしたつもりはない、自分の不幸はすべての上司のせいであって、自分に何ら責任はないと言い張った。

だが私と話しているうちに、彼はようやく、自分には選択する責任があることに気づき、その責任を果たしていない無責任さを自覚した。

離婚した人の多くにも同じパターンが見られる。元妻や元夫への怒り、憎しみに取り憑かれ、自分を正当化することに汲々としている。自分の批判が正しいことを証明するために、元のパートナーの欠点を持ち出す。離婚したとはいえ、精神的にはまだ結婚生活が続いている状態なのだ。

心の中で密かに、あるいはおおぴっらに親を憎んでいる、大人になりきれない人も少なくない。子どもの頃に厳しく育てられた、愛情をかけられなかった、甘やかされたと、親を責める。親に対する憎しみを人生の中心に置き、脚本を正当化し、反応的な生活を受け入れてしまう。

友人中心、敵中心の人は、内面の安定は得られない。自分の価値をしっかりと自覚できず、友人あるいは敵の感情に反応して揺れ動く。指針は相手の顔色次第で変化し、人間関係という社会的なレンズを通した知恵しか生まれず、あるいは被害者意識が知恵の働きを抑えてしまう。自分から力を発揮できず、操り人形のように他者に振り回されるだけなのだ。

教会中心

個人が教会に行くことと精神性の高さとは別問題である。何らかの宗教を信じている人は、そのことを認識すべきだと思う。宗教的な活動や行事に忙しくて周りの人たちの火急のニーズに気づかず、信じている宗教の教えとは矛盾する生活を送っている人もいれば、宗教的な活動はしていなくとも、高い倫理観にかなった生き方をしている人もいる。

私は子どもの頃からずっと教会に通い、地域の奉仕団体に参加しているが、その経験を通してわかったのは、教会に通うことと、教会で教わる原則に従って生きることは必ずしも同じではないということだ。教会の活動に熱心でも教義を実践しているというわけではない。

教会中心の生き方をしている人は、セルフ・イメージや世間体に高い関心を示す。個人と内面の安定の土台を揺るがし、偽善的になりかねない。教会中心の人の指針は社会的な価値観を基盤にしているから、他者を見る目も「積極的」か「消極的」か、「自由主義」か「正統主義」「保守主義」か、というように簡単にレッテルを貼る傾向がある。

どんな教会も、方針やプログラム、さまざまな活動、信者によって成り立っているのだから、教会そのものが、深い内的価値観、揺るぎない心の安定を与えてくれるわけではない。それは教えを実践することからしか得られない。

教会が人に指針を与えるわけではない。教会中心の人の中には、たとえば教会に行く日だけは敬虔な気持ちになり、それ以外の日はそうした気持ちを忘れて生活している人も少なくない。このように一貫性や統一性を欠いた行動をとっていては、心の安定が脅かされ、他人への決めつけと自己正当化が増大する。自分の偽善的な行いを正当化し、周りの人をステレオタイプでしか見られなくなる。

教会を手段ではなく目的ととらえていたら、知恵を発揮できず、生活のバランス感覚を失う。教会は力の根源を教えるかもしれないが、教会が力の根源そのものにはならない。教会は神聖な力を人間の内面に通わせる一つの手段だととらえるべきなのである。

自己中心

現代は自己中心的な生き方が際立っている時代のようである。自己中心の顕著な現れはわがままである。わがままは、ほとんどの人の価値観に反する態度だ。にもかかわらず、個人の成長や自己実現の方法と謳うアプローチには、自己中心的なものが多いことがわかる。

自己という限定された中心からは、安定、指針、知恵、力はほとんど生まれない。イスラエルの死海のように、自己中心は、受け入れるだけで与えることはしない。だから自己中心の生き方は淀み沈滞してしまう。

それとは逆に、他者のためになることをし、有意義なかたちで価値を生み出し、社会に貢献し、自分の能力を高めることに視野を広げれば、安定、指針、知恵、力の四要素を劇的に向上させることができる。

以上は、人々が一般的に人生の中心に置くものである。他の人たちが人生の中心に置いているものはよく見えても、自分の人生の中心は意外と自覚していないことが多い。あなたの知り合いの中にも、お金を優先している人はいるだろう。うまくいかない人間関係で自分の立場を正当化することに必死な人も知っているはずだ。そのような人たちの行動を傍から見ていれば、その行動の裏にある中心は自然とわかるものである。

あなたの中心を明らかにする

しかし、あなた自身の立ち位置はどこにあるのだろう。あなたの人生の中心は何だろう。ときに、自分の中心が見えていないこともあるだろう。

人生を支える四つの要素（安定、指針、知恵、力）を見つめれば、自分の中心をはっきりと認識できる。次の記述を読んで、当てはまるものがあれば、その根源となっている中心があなたの人生の中心となっている可能性が高い。その中心があなたの効果的な生き方を抑えつけていないかどうか、考えてみてほしい。

配偶者中心だったら	
安定	・心の安定は、相手の行動や態度に左右される。 ・相手の気分や感情に過剰に反応する。 ・相手と意見が合わないと、あるいは相手が自分の期待に応えてくれないとひどく失望し、喧嘩になるか、逆に自分の殻に閉じこもってしまう。 ・相手との関係に入ってくることは何でも脅威に感じる。

指針	・自分が進む方向は、相手のニーズや欲求で決まる。 ・結婚生活に最善であるかどうか、あるいは相手の好みや意見を基準にして自分の意志を決める。
知恵	・自分の人生観はポジティブあるいはネガティブなことであっても、相手に関わること、夫婦関係に影響することに限られている。
力	・行動する力は、相手と自分の短所に左右される。

家族中心だったら

安定	・家族に受け入れられ、家族の期待に応えることで心の安定を得る。 ・心の安定は、家庭の状況で変化する。 ・家族の社会的評価が良ければ自分の価値を保てる。
指針	・正しい行動と態度は家族の脚本をベースにしている。 ・意志決定の基準は家族にとって良いこと、家族が望んでいることに制限される。
知恵	・家族のレンズを通してすべての物事を見るので、物事に対する理解が一面的になり、家族が良ければよいという狭い考えを持つ。
力	・行動は、家族のルールや伝統に制限される。

お金中心だったら	
安定	・自分の存在価値は資産の額で決まる。 ・経済的安定を脅かすものに過剰に反応する。
指針	・利益があるかどうかを基準にして自分の意志を決める。
知恵	・金を儲けるというレンズを通して人生を見ているために、判断に偏りがある。
力	・狭い視野の範囲内で、自分が持っているお金でできることしか達成できない。

仕事中心だったら	
安定	・勤めている会社や職業で自分の価値を決めてしまう。 ・仕事をしているとき以外は何となく落ち着かず、不安である。仕事をしているときだけ安心できる。
指針	・仕事に必要かどうか、会社から求められているかどうかを基準にして自分の意志を決める。
知恵	・自分の仕事の役割に制限される。 ・仕事を人生そのものととらえる。
力	・行動は、仕事上のロールモデル、仕事で得られる機会、所属する組織の規模、上司の意見、ある年齢になったら今の仕事はできなくなる制約に縛られている。

所有物中心だったら	
安定	・心の安定は、自分の評価や社会的地位、所有物から得ている。 ・自分の所有物と他者の所有物を比べる傾向がある。
指針	・自分の所有物を守り、増やし、あるいは良く見せられるかどうかが物事を決める基準である。

知恵	・経済力や社会的地位の比較で世の中を見る。
力	・行動する力は、自分の経済力や社会的地位の範囲内に制限される。

娯楽中心だったら

安定	・楽しくて「ハイ」になっている状態のときにしか心の安定は得られない。 ・心の安定は周りの環境に左右され、長く続かず、楽しくないとやる気が起きない。
指針	・どうしたらもっとも楽しい気分になれるかが物事を決める基準である。
知恵	・自分が楽しめるかどうかの観点から世の中を見る。
力	・自分から行動する力はほとんどない。

友人中心だったら

安定	・心の安定は社会通念の鏡に自分がどう映るかで左右される。 ・他者の意見に振り回される。
指針	・「周りの人はどう思うだろうか」と考えて物事を決める。 ・人前で気まずさを感じやすい。
知恵	・社会的なレンズを通して世の中を見る。
力	・気楽な人間関係の範囲内にとどまっている。 ・行動は他者の意見でころころ変わる。

敵中心だったら	
安定	・心の安定は敵対する相手の一挙手一投足に揺れ動く。 ・敵対する相手が何をしているのかいつも気になる。 ・敵対する相手に同じように批判的な人を探し、自分を正当化する。
指針	・敵対する相手の行動に引きずられ、「反依存」の状態になっている。 ・敵対する相手をどうしたら困らせられるかを基準に物事を決める。
知恵	・判断力が狭く、歪んでいる。 ・自己防御の意識が強く、過剰反応し、被害妄想を抱く。
力	・怒りや妬み、恨み、復讐心が力の源泉となっている。こうしたネガティブなエネルギーがポジティブなエネルギーを吸い取ってしまい、他のことをする余裕がなくなる。

教会中心だったら	
安定	・所属する教会の活動、その教会の有力者から自分がどう見られているかによって心の安定を得る。 ・他者の宗教的信条との比較にアイデンティティを見出している。
指針	・自分が信じる宗教の教義の観点から自分が他者からどう見られるかを基準に行動する。
知恵	・「信者」か「非信者」か、自分が所属する教会の一員かどうかで他者を判断する。
力	・所属する教会の社会的立場や役割から力を借りる。

自己中心だったら	
安定	・心は絶えず不安定である。

指針	・自分の気分が良くなるか、自分が欲しいものは何か、自分が必要なものは何か、自分にとって利益があるかを基準に物事を判断する。
知恵	・出来事や周りの状況、決定事項が自分に及ぼす影響の観点から世の中を見る。
力	・相互依存的な人間関係の利点を生かせず、自分の力だけで行動するしかない。

ほとんどの人は、複数の中心が組み合わさっている。私たちはさまざまな要因の影響を受けて生きているから、周りや自分の状況によって、何か一つの中心が前面に出てくることもあるだろう。今の状況が要求する事柄が満たされれば、今度は別の中心が生活の主導権を握る。

中心をころころと変えて生きる人生は、ジェットコースターのようなものだ。ハイな気分でいると思ったら急降下し、短所を短所で補い、その場その場を何とかしのごうとする。これでは指針は常にぶれて方向が定まらず、普遍的な知恵も、確かな力の供給源も、アイデンティティや揺るぎない自尊心も生まれない。

言うまでもなく、明確な中心を一つ持ち、そこから常に高いレベルの安定、指針、知恵、力を得られることが理想である。そうすれば人生のすべての部分がよく調和し、主体性を発揮できる人間になれるのだ。

原則中心

人生の中心に正しい原則を据えれば、人生を支える四つの要素を伸ばしていく堅固な土台ができる。

その事実がわかっていれば人生は**安定**する。ころころと変わる人やものに中心を置いた人生は、ぐらつきやすい。正しい原則は変わらない。私たちは原則に依存しているのだ。

原則はどんなものにも影響されない。突然怒り出すこともなければ、あなたに対する態度が日によって変わることもない。別れてほしいと言い出すこともないし、あなたの親友と逃げるなどということもない。私たちの隙につけいることもない。原則は、近道でも、その場しのぎの応急処置でもない。他者の行動、周りの状況、その時代の流行に頼ることもない。原則は不変だ。ここにあったと思ったらいつの間にかなくなっていた、というようなことはない。火災や地震で壊れることもなければ盗まれることもない。

原則は、人類共通の根本的な真理である。人生という布地に美しく、強く、正確に織り込まれる糸である。

人間や環境が原則を無視しているように見えても、原則はそうした人間や環境よりも大きなものであることをわかっていれば、そして人間の何千年もの歴史を通して原則が何度も勝利を収めていることを知れば、私たちは大きな安定を得られる。もっと大切なのは、原則は私たち自身の人生と経験においても有効に働いていることを知れば、大きな安定を得ることができるのである。

もちろん、誰もがすべてのことを知っているわけではない。本質に対する自覚が欠けていたり、原則と調和しない流行の理論や思想によって、正しい原則の理解が制限されてしまったりする。しかし、原則に基づいていない上辺だけの理論や思想は、一時的に支持されても、多くのことがそうであったようにすぐに消え去る運命にある。間違った土台の上に築かれているから、持続するはずがない。

私たち人間には限界がある。しかし限界を押し広げることはできる。人間の成長をつかさどる原則を理解すれば、他にも正しい原則を自信を持って探し求め、学ぶことができる。そして学べば学ぶほど、世界を見るレンズの焦点を合わせられるようになる。原則は変化しない。私たち自身が変化し、原則を深く理解できるようになるのだ。

原則中心の生き方から生まれる**知恵**と**指針**は、物事の現在、過去、未来を正しくとらえた地図に基づいている。正しい地図があれば、行きたい場所がはっきりと見え、どうすればそこに行けるのかもわかる。正しいデータに基づいて決断し、決めたことを確実に有意義に実行できるのである。

原則中心の生き方をする人の**力**は、個人の自覚の力、知識の力、主体性の力である。この力は他者の態度や行動に制限されない。他の人たちなら力を抑え込まれるような状況であっても、影響を受けはしない。

力が及ばないのは、原則そのものがもたらす自然の結果に対してだけである。正しい原則を知っていれば、誰でもそれに基づいて自分の行動を自由に選べる。しかし、その行動の結果は選べない。覚えておいてほしい「棒の端を持ち上げれば、反対側の端も上がる」のだ。

原則には必ず自然の結果がついてくる。原則と調和して生きていれば、良い結果になる。原則を無視した生き方をしていたら、悪い結果になる。しかし、これらの原則は、本人が意識していようといまいと誰にでも関わるものであるから、この限界も万人に平等に働く。正しい原則を知れば知るほど、賢明に行動する自由の幅が広がるのである。

時代を超えた不変の原則を人生の中心にすると、効果的に生きるための基本的なパラダイムを得ることができる。それは、他のすべての中心を正すことができる原則中心のパラダイムなのだ。

原則中心だったら	
安定	・心の安定は正しい原則から得られるから、周りの状況や環境に揺り動かされることはない。 ・自分の人生において、自分の体験を通して、真の原則を実証できることを知っている。 ・正しい原則は、自分の成長を測る尺度として、正確に、一貫して、確実に機能する。 ・正しい原則を通して、自分の能力の開発プロセスを理解する。その結果、学び続ける自信がつき、知識が増え、物事に対する理解が深まる。 ・心の安定の源から、不変で不動の中心が生まれ、その確固たる中心を持つことで、変化を心躍る冒険ととらえ、有意義な貢献をする機会と考える。
指針	・行きたい場所とそこに到達する方法を指し示すコンパスによって導かれる。 ・正確なデータがあるから、実行可能で有意義なことを決断できる。 ・その時どきの人生の局面、感情、状況から一歩離れて全体をとらえ、バランスのとれたものの見方ができる。長期的、短期的の両方のスパンで物事をとらえ、決断を下すことができる。 ・どんな状況に置かれても、原則に導かれた良心に従って決断を下し、主体的かつ意識的に最善の方法を選ぶ。
知恵	・長期的な影響を幅広く考慮し、適切なバランスと静かな自信を反映した判断力を持つ。 ・反応的な人たちとは違うものの見方をし、彼らとは異なる考え方、行動をとれる。 ・将来を見据え効果的に生きるための基本的なパラダイムを通して世の中を見る。 ・世の人々のために自分が貢献できることを念頭に置いて物事を考える。 ・前向きなライフスタイルを取り入れ、他者の成長を支援する機会を積極的にとらえる。 ・人生で体験することのすべてを、学習し貢献する機会ととらえる。

力

・自然の法則と正しい原則を理解し遵守することで、原則がもたらす自然の結果によってのみ制限される。
・自覚と知識を持つ主体的な個人となり、他者の行動や態度に制限されることはほとんどない。
・他者と相互依存の関係を育てることによって、自分が持っているリソースでできることをはるかに超える成果を出せる。
・現在の経済的制約や周りの状況の制約に左右されずに主体的に決断し、行動する。

パラダイムがあなたの態度と行動の源泉であることを思い出してほしい。パラダイムは眼鏡のようなもので、あなたがどんなパラダイムを持っているかによって、人生の見え方も違ってくる。正しい原則を通して見るのと、原則以外のものを中心にしたパラダイムを通して見るのとでは、目の前に広がる人生はまるで違ったものになる。

この本の付録に、先ほど述べたさまざまな中心が私たちのものの見方にどのように影響するのかを詳しくまとめた表を載せてある。ここでは、人生の中心の違いがどのような結果となって現れるのかを簡単に理解するために、一つの具体的な問題を例にして、それをいろいろなパラダイムを通して見てみよう。読み進みながら、それぞれのパラダイムの眼鏡をかけたつもりになって、それぞれの中心から出てくる世界を感じとって欲しい。

あなたは今夜、奥さんとコンサートに行く約束をしているとしよう。チケットは手に入れてあるし、奥さんもとても楽しみにしている。今は午後四時だ。

ところが突然、あなたは上司に呼ばれた。行ってみると、明朝九時から大切な会議があるから、今日は残業

家族
お金
配偶者
仕事
自己
原則
所有物
教会
娯楽
敵
友人

して準備を手伝ってほしいと言われた。

あなたが**配偶者中心**あるいは**家族中心**の眼鏡で世の中を見ていたら、真っ先に考えるのは奥さんのことだ。奥さんを喜ばせるために、残業を断ってコンサートに行くかもしれない。あるいは、業務命令だから仕方がないとしぶしぶ残業するが、奥さんが怒っているのではないか、家に帰ったら何と言って弁解しようか、奥さんの落胆や怒りをどうやって鎮めようかと気が気ではない。

あなたが**お金中心**の眼鏡をかけているとしたら、残業代はいくらになるだろうかとか、残業したら昇給査定で有利になるかもしれないな、などと考えるだろう。奥さんに電話して、今夜は残業になったと事務的に伝えるだけだ。収入のほうが大事なことぐらい妻もわかっているだろう、そう踏んでいるのだ。

あなたが**仕事中心**だったら、この残業命令をチャンスととらえるにちがいない。仕事のことがもっと学べると思うだろう。上司の受けも良くなって、昇進にプラスになるはずだと張り切る。突然の残業命令を嫌な顔一つせず引き受けるのだから、自分で自分を褒めたいくらいだ、妻だって仕事熱心な私を誇りに思うはずだ、そんなことを考えるかもしれない。

あなたが**所有物中心**の生き方をしていたら、残業代で何を買おうかと考えることだろう。あるいは、残業したら職場での自分の評価が上がるだろうなと、ほくそ笑むかもしれない。明日の朝になったら、崇高な自己犠牲精神が同僚たちの話題になるだろう……と。

娯楽中心なら、残業したほうがいいのではないかと奥さんに言われても、あなたは残業なんかせずにコンサートに行くだろう。夜まで仕事することはない。あなたにとって夜は遊ぶためにあるのだ。

友人中心であれば、コンサートに友人も誘っていたかどうかで対応は違ってくる。あるいは職場の友人も一緒に残業するのかどうかを確かめてから、どうするか決めるだろう。

敵中心であれば、会社では俺が一番のやり手だと言ってはばからない人物に差をつける絶好のチャンスとみるだろう。ライバルが遊んでいる間に、あなたは奴隷のようにせっせと働いて、自分の仕事ばかりか彼の仕事まで片づける。あなたは会社のために楽しみを犠牲にし、ライバルの彼は会社のことなどまるで考えずに楽しんでいる、そんな構図をつくるわけである。

あなたが**教会中心**ならば、他の信者がそのコンサートに行くかどうか、職場に同じ教会の会員がいるかどうか、コンサートの内容に影響を受けるかもしれない。その日のコンサートの演目がヘンデルのメサイアであるならロックよりも高尚だから、残業せずに行ったほうが自分のイメージには良いと判断するかもしれない。あなたが考える良い教会のメンバーが、残業を「奉仕」ととらえるか「物質的な富の追求」ととらえるかによって、判断は異なるだろう。

あなたが**自己中心**の生き方をしているなら、どうするのが自分にとって一番得か考える。残業せずにコンサートに行くのがいいのか、上司の点数を少しでも稼いでおいたほうがいいのか。この二つの選択肢のそれぞれが自分にどう影響するかが、あなたの関心の的になる。

たった一つの出来事でも、視点を変えれば見え方はこんなにも違ってくる。第一章で取り上げた「若い女性と老婆」の絵の認知実験の例からもわかるように、物事に対する見方の違いが他者との関係にさまざまな問題を生む。自分の持っている中心がどれほど大きな影響を及ぼしているか、わかっていただけたと思う。自分の動機、日々の決断、行動（あるいは多くの場合の反応）、出来事のとらえ方まで、すべてにわたって影響している。だから、自分の中心を理解することが重要なのだ。まだあなたの中心が、あなたを主体的な個人にする力を与えていないのであれば、あなたの効果性を引き出して高めるためには、あなたに力を与えるパラダイムシフトが必要なのだ。

あなたが**原則中心**の生き方をしているなら、その場の感情のように、あなたに影響するさまざまな要因から一歩離れ、いくつかの選択肢を客観的に検討するだろう。仕事上のニーズ、家族のニーズ、その状況に関わっている他のニーズ、さまざまな代替案の可能性、すべてを考え合わせ、全体をバランスよく眺めて最善の解決策を見出す努力をする。

コンサートに行くか、残業するかは、効果的な解決策のほんの一部でしかない。もし選択肢がこの二つしかないとしたら、どんなに多くの中心を持っていても、同じ選択をするだろう。しかし、あなたが原則中心のパラダイムに基づいて態度を決めるのであれば、どちらを選んだにしても、その選択の意味合いは大きく違ってくる。

第一に、あなたは他者や状況の影響を受けて決断するのではないということだ。自分が一番良いと思うことを主体的に選択するのである。意識的にさまざまな要素を考慮したうえで、意識的に決断を下すのだ。

第二に、長期的な結果を予測できる原則に従って決めるのだから、自分の決断はもっとも効果的だと確信できる。

第三に、あなたが選択したことは、人生においてあなたがもっとも大切にしている価値観をさらに深める利点もある。職場のライバルに勝ちたいから残業するのと、上司が置かれている状況を考え純粋に会社のためを思って残業するのとでは、天と地ほどの違いがある。自分で考えて下した決断を実行するのだから、その残業で経験することはあなたの人生全体に質と意味をもたらしてくれる。

第四に、相互依存の人間関係の中で培ってきた強いネットワークにおいて、奥さんや上司とコミュニケーションをとることができることだ。あなたは自立した人間なのだから、相互依存の関係も効果的に生かせる。誰かに頼めることは頼み、明日の朝早く出社して残りを仕上げることだってできるだろう。

最後に、あなたは自分の決断に納得している。どちらを選んだとしても、そのことに意識を集中し満足できるはずだ。

原則中心の人は物事を見る目が違うのだ。違った見方ができるから、考え方も違ってくるし、行動も違う。揺るぎない不変の中心から生まれる心の安定、指針、知恵、力を持っているから、主体性にあふれ、きわめて効果的な人生の土台ができるのである。

個人のミッション・ステートメントを記し活用する

自分の内面を深く見つめ、自分が持っている基本のパラダイムを理解し、それを正しい原則に調和させると、力を与えてくれる効果的な中心ができ、そして世界を見る曇り一つないレンズも持つことができる。私たち一人ひとりが唯一無二の個人として世界といかに関わるかによって、世界を見るレンズの焦点をぴったりと合わせることができるのだ。

ヴィクトール・フランクルは、「私たちは人生における使命を**つくる**のではなく**見出す**のである」と言っている。私はこの表現が好きだ。私たち一人ひとりの内面に**良心**というモニターがあるのだと思う。良心があるからこそ、自分がかけがえのない存在であることを自覚し、自分にしかできない貢献を発見できるのだ。フランクルの言葉を続けよう。「すべての人が、人生における独自の類い稀な力と使命を持っている……。その点において、人は誰でもかけがえのない存在であるし、その人生を繰り返すことはできない。したがって、すべての人の使命、そしてその使命を果たす機会は、一人ひとり独自のものなのである」

このようにして独自性というものを言葉で表現してみると、主体性の大切さと自分の「影響の輪」の中で努力することの根本的な重要さを思い起こすことができるだろう。「影響の輪」の外に人生の意味を探し求めるのは、主体的な人間としての責任を放棄し、自分の人生の脚本を書くという第一の創造を自分が置かれた環境や他者に任せてしまうことである。

私たち人間が生きる意味は、自分自身の内面から生まれる。ここでもう一度ヴィクトール・フランクルの言葉を借りよう。「究極的に、我々が人生の意味を問うのではなくて、我々自身が人生に問われているのだと理解すべきである。一言で言えば、すべての人は人生に問われている。自分の人生に答えることで答えを見出し、人生の責任を引き受けることで責任を果たすことしかできない」

個人の責任あるいは主体性は、第一の創造の基礎となる。コンピューターのたとえを再び持ち出すが、第1

の習慣は「あなたがプログラマーであり、自分には責任があるのだということを受け入れない限り、プログラムを書く努力はできないだろう」と言っているのであり、第2の習慣は「あなたがプログラムを書きなさい」と言っているのだ。

私たちは、主体性を持つことによって初めて、どんな人間になりたいのか、人生で何をしたいのかを表現できるようになる。個人のミッション・ステートメント、自分自身の憲法を書くことができるのだ。

ミッション・ステートメントは、一晩で書けるものではない。深く内省し、緻密に分析し、表現を吟味する。そして何度も書き直して、最終的な文面に仕上げる。自分の内面の奥底にある価値観と方向性を簡潔に、かつ余すところなく書き上げ、心から納得できるまでには、数週間、ことによれば数ヵ月かかるかもしれない。完成してからも定期的に見直し、状況の変化によって、物事に対する理解や洞察も深まっていくから、細かな修正を加えたくなるだろう。

しかし基本的には、あなたのミッション・ステートメントはあなたの憲法であり、あなたのビジョンと価値観を明確に表現したものである。あなたの人生におけるあらゆる物事を測る基準となる。

私も自分のミッション・ステートメントを定期的に見直している。最近も見直しをした。自転車で海岸に行き、一人で砂浜に座って、手帳を取り出し、書き直してみた。数時間かかったけれども、明確な意識と内面の統一感、さらなる決意、高揚感、そして自由を感じた。

このプロセスは、書き上がったものと同じくらいに重要だと思う。ミッション・ステートメントを書く、あるいは見直すプロセスの中で、あなたは自分にとっての優先事項を深く、丹念に考え、自分の行動を自分の信念に照らし合わせることになる。それをするに従って、あなたの周りの人たちは、もはや自分の身に起ることに影響されない主体的な人間になっていくあなたを感じとるだろう。あなたは、自分がしようと思うことに熱意を持って取り組める使命感を得るのである。

脳全体を使う

人間には自覚の能力があるから、自分が考えていることを客観的に観察することができる。人生のミッション・ステートメントを書くときには、この能力がとても役立つ。なぜなら、第2の習慣を実践できるようにする、二つの独自の人が持てる能力——想像と良心——は、主に右脳の働きによるものであり、右脳の機能を活用する方法を知っていれば、第一の創造のレベルが格段に上がるからだ。

これまで何十年にもわたる研究によって、脳の左半球と右半球はそれぞれに専門の機能を持っていることがわかってきた。この脳に関する理論によれば、左脳と右脳は異なる情報を処理し、扱う問題も異なる傾向にある。

基本的に、左脳は論理や言語の領域を専門にし、右脳は直観的、創造的な領域に強い。左脳は言葉を、右脳は映像を扱う。左脳は個々の部分や特定の事柄を、右脳は全体や部分と部分の関係を見る。左脳は分析、つまり物事を分解する役割を果たし、右脳は統合、つまりばらばらの部分を組み合わせる役割を果たす。左脳は順を追って思考し、右脳は総括的に思考する。左脳は時間の制限を受け、右脳は時間を超越する。

私たちは左脳と右脳の両方を使って生活しているが、個々人で見ると、どちらか片方の脳が優位に立つ傾向がある。もちろん、左脳と右脳の両方が同じように発達しバランスよく使えれば、それに越したことはない。そうすれば、まずは状況全体を直観でとらえ、それから論理的に考えて対応できる。ところが人は、安心領域から抜けられず、左右どちらかの脳であらゆる状況に対処する傾向が見られる。

心理学者のアブラハム・マズローの言葉を借りれば、「金槌をうまく使える人は、すべてのものを釘と見る」のである。同じ一枚の絵を見て、「若い女性にしか見えない」人と「老婆にしか見えない」人とに分かれるのは、右脳と左脳によるものの見方が異なるのがもう一つの要因である。

私たちは左脳優位の時代に生きている。言葉、数値、論理が幅を利かせ、人間の創造性、直観力、感性、芸術性は二の次にされがちだ。だから多くの人は、右脳の力をうまく活用することが難しくなる。

たしかに、この記述は短絡的すぎるかもしれないし、今後の研究によって脳の機能がもっと解明されていくことだろう。しかしここで言いたいのは、人間は多様な思考プロセスでものを考えられるにもかかわらず、私たちは脳の潜在能力のほんの一部しか使っていないということである。脳に眠っているさまざまな可能性に気づけば、それを意識的に活用し、その時どきのニーズに適した効果的な方法で対応することができるようになるはずだ。

右脳を活用する二つの方法

脳に関する理論に従うなら、創造を得意とする右脳の力を引き出せば、第一の創造（知的創造）の質に対し大きな影響を与えることは明らかだ。右脳の能力をうまく使えば、時間やその時どきの状況を超え、何をしたいのか、どうありたいかという、自分が望む人生の全体像を鮮明に思い描けるようになるからだ。

視野を広げる

思わぬ出来事がきっかけとなり、左脳の状況や思考パターンが停止し、右脳で世の中を見るようになることがある。愛する人を亡くしたり、重い病気にかかったり、莫大な借金を背負ったり、逆境に立たされたりすると、誰しも一歩下がって自分の人生を眺めざるを得なくなる。そして「本当に大事なことは何なのか？　なぜ今これをしているのだろう？」と自分に厳しく問いかける。

しかし主体的な人は、このように視野を広げる経験を他人や周りの人がつくってくれなくても、自分から意識的に視野を広げていくことができるのだ。

そのやり方もいろいろある。この章の冒頭で行ったように、想像力を働かせて、自分の葬儀の場面を思い描くこともその一つだ。自分に捧げる弔辞を本物の弔辞のようにきちんと書いてみるのだ。

夫婦で一緒に、二五回目の結婚記念日、五〇回目の結婚記念日を想像してみるのもいい。これからそのときまでの長い年月、一日一日を積み重ねてつくりあげたい家族の姿の本質が見えてくるだろう。

あるいは、今の仕事を引退する日を想像する。そのときまでに、あなたの分野で、あなたはどんな貢献をしたいのだろう、何を達成したいのだろうか。引退後はどんな計画を立てているのだろう。第二のキャリアを歩むのだろうか。

心の枠を取り払って、豊かに想像してみてほしい。細かいところまで思い描き、五感をフルに働かせて、できる限りの感性を呼び起こしてみよう。

私は、大学の講義でこのようなイメージトレーニングを行ったことがある。「君たちがあと一学期しか生きられないと想像してみてほしい。その間も君たちは良き学生として在学しなくてはいけない。さて、この時間をどう過ごすかね？」

こんな問いを投げかけられた学生たちは、思ってみたこともない視点に立たされる。それまで気づいていなかった価値観が突然、意識の表面に浮かび上がってくるのだ。

さらに、このようにして広がった視野を維持して一週間生活し、その間の経験を日記につける課題を与えた。その結果はとても意義深いものだった。両親に対する愛と感謝の気持ちの手紙を書き始めた学生もいれば、仲たがいしていた兄弟や友人と関係を修復したという学生もいた。

彼らのこのような行動の根底にある原則は、愛である。あともう少ししか生きられないとしたら、人の悪口を言ったり、嫉妬したり、けなしたり、責めたりすることの虚しさがわかる。誰もが正しい原則と深い価値観を実感するのだ。

想像力を働かせ、自分の内面の奥底にある価値観に触れる方法はいろいろある。しかし私の経験では、どんな方法をとっても効果は同じである。自分の人生にとって一番大切なことは何か、どのような人間になりたいのか、本当にやりたいことは何かを真剣に考え、本気で知ろうとした人は皆、必ず敬虔な気持ちになる。今日や明日のことだけでなく、より長期的なことを考え始める。

イメージ化と自己宣誓書

自分で自分の人生を創造することは、単発的に行うものではない。人生のミッション・ステートメントを書くときから始まって、書き上げれば終わりというわけにはいかない。人生に対する自分のビジョンと価値観を常に目の前に掲げ、それにふさわしい生活を送る努力を続けなければならない。ミッション・ステートメントを日々の生活で実践するうえでも、右脳の力がとても助けになる。このような継続的なプロセスも、習慣の一つのあり方である。

前に話した例をもう一度考えてみよう。私が子どもたちを心から深く愛している父親であり、愛情深い父親であることを自分の基本的な価値観としてミッション・ステートメントにも書いているとする。ところが日々の生活では、子どもたちに対し過剰な反応をしてしまう態度を克服できずにいるとしよう。

そこで私は、自分の日々の生活で大切な価値観に沿って行動できるように、右脳のイメージ力を使って「自己宣誓書」を書いてみる。

良い自己宣誓書は五つの条件を満たしている。**個人的**な内容であること、**ポジティブ**な姿勢が表現されていること、**現在形**で書かれていること、**視覚的**であること、**感情**が入っていること、この五つである。私ならこんなふうに書くだろう。「子どもたちが良くない振る舞いをしたとき、私は（個人的）、知恵と愛情、毅然とした態度、そして自制心を持って（ポジティブな姿勢）対応する（現在形）ことに、深い満足感（感情）を覚える」

そして私は、この自己宣誓を頭の中でイメージする。毎日数分間、身体と心を完全にリラックスさせ、子どもたちが良くない振る舞いをするような状況を思い描く。自分が座っている椅子の座り心地、足元の床の材質、着ているセーターの肌触りまで、できるだけ豊かにイメージする。子どもたちの服装や表情も思い浮かべる。ディテールまでありありと想像するほど、傍観者ではなく、実際に体験しているかのような効果が生まれる。

さらに私は、いつもの自分だったら短気を起こしてカッとなるような場面を思い描く。しかし頭の中の想像の世界では、私はいつもの反応はしない。自己宣誓した通りに、愛情と力と自制心を持って、その状況に対処している。このようにして私は、自分の価値観とミッション・ステートメントに従ってプログラムや脚本を書くことができるのである。

毎日これを続けたら、日を追うごとに私の行動は変わっていく。自分の親、社会、遺伝子、環境から与えられた脚本に従って生きるのではなく、自分自身が選んだ価値体系を基にして、自分で書いた脚本どおりに生きることができるのだ。

私は、息子のショーンがアメリカンフットボールの選手をしていたとき、この自己宣誓のプロセスを実践するよう勧めた。息子が高校でクォーターバックになったときに初めて教え、最初は一緒にやっていたが、やがて一人でできるようになった。

まず、深呼吸をして筋肉の緊張をほぐし、気持ちを落ち着かせ、内面を穏やかな状態にする。次に、試合の中でもっとも緊迫する場面を思い浮かべる。たとえば自分に攻撃が仕掛けられそうな瞬間だ。彼はそれを読みとって反応しなければならない。相手のディフェンスを読んで作戦を指示する自分を想像する。第一、第二、第三のレシーバーの動きを瞬時に読み取り、いつもはしないような選択肢を想像するのだ。

息子はあるとき、試合になると必ず緊張するのだと私に相談してきた。よくよく話を聴いてみると、息子は緊張する自分も頭の中でイメージしていたのだった。そこで、一番プレッシャーがかかる局面でリラックスしている自分をイメージするトレーニングを重ねた。私と息子は、イメージの中身が大切であることを学んだ。間違ったことをイメージしたら、間違ったままの結果になるのだ。

チャールズ・ガーフィールド博士は、スポーツやビジネスの世界のトップパフォーマーたちを詳しく調べている。ＮＡＳＡ（米国航空宇宙局）での仕事に携わっていたとき、宇宙飛行士たちが実際に宇宙に行く前に、地球上のシミュレーション装置であらゆる状況を想定して訓練を繰り返しているのを見て、最高度のパフォーマンスを発揮できる能力に関心を持った。博士の専門は数学だったが、このシミュレーションの効果を研究しようと、大学に入り直して心理学の博士号を取り、トップパフォーマーの特徴を研究し始めたのである。

博士の研究の結果、世界のトップアスリート、そしてスポーツ以外の分野のトップパフォーマーのほとんどが、イメージトレーニングをしていることがわかった。実際にやってみる前に、それを頭の中で見て、感じて、経験しているのである。彼らはまさに、「終わりを思い描くことから始める」習慣を身につけていたのだ。

あなたも、この方法を人生のあらゆる場面で使うことができる。舞台に立つ前に、セールス・プレゼンテーションの前に、誰かと厳しい交渉をする前に、あるいは日常生活の中で何か目標を立てて実行に移す前に、その場面をありありと思い描く。それを何度も、しつこいくらいに繰り返す。緊張せず落ち着いていられる「安心領域」を想像の世界の中で広げておく。そうすれば、実際にその場面になったとき、異和感なく平常心でいられる。

人生のミッション・ステートメントを書くとき、そしてそれを毎日実践するうえでも、創造と想像を得意とする右脳がとても役立つ。

イメージ化と自己宣誓のプロセスを扱う本や教材もたくさんある。最近では、サブリミナル・プログラミング、神経言語プログラミング、新しいタイプのリラクゼーション、セルフトークのプロセスなどいろいろな手法が開発されている。どれも第一の創造の基本原則を説明し、発展させ、さまざまに組み合わせている。

私は、膨大な量の成功に関する文献を調べていたとき、このテーマを取り上げている何百冊もの本に目を通した。大げさに書き立てたり、科学的根拠よりも特定の事例に基づく本も中にはあるが、ほとんどの本の内容は基本的には健全であり、その多くは個人的な聖書研究を基にしていると思われる。

個人の効果的なパーソナル・リーダーシップにおいて、イメージ化と宣誓の技術は、人生の中心となる目的と原則を通して熟考された土台から自然に生まれてくる。それは脚本とプログラムを書き直すときに絶大な効果を発揮し、目的と原則を自分の心と頭に深く根づかせることができる。古くから続いている歴史ある宗教はどれも、その中心にあるのは、言葉は違っていても同じ原則だと思う。瞑想、祈り、誓約、儀式、聖典研究、共感、思いやりなど、良心と想像力をさまざまなかたちで用いる原則、あるいは実践である。

だが世に出回っているイメージトレーニングのテクニックが人格と原則を無視した、個性主義の一部であったら、使い方を間違えたり乱用につながり、自己中心など原則以外の中心を助長することになりかねない。

自己宣誓とイメージ化は一種のプログラミングにすぎず、自分の中心と相容れないプログラミングや、金儲けや利己主義など正しい原則とはまるで無縁のプログラミングに身を委ねてしまってはいけない。

物を手に入れることや自分が得することしか考えない人が、想像力を使って束の間の成功を得ることもあるだろう。しかし、想像力は良心を伴ったときにこそ高い次元で効果を生むのであって、自らの目的に適い、相互依存の現実を支配する正しい原則に従うことで、自分を超えて広い社会に貢献できる人生を送れると私は確信する。

役割と目標を特定する

もちろん、論理と言語をつかさどる左脳も大事である。右脳でとらえたイメージや感情、映像を言葉にしてミッション・ステートメントにするのは左脳の仕事だ。呼吸法を身につけると身心の一体感が得られるように、書くという作業は精神・神経・筋肉に作用する活動であり、顕在的な意識と潜在的な意識を結びつける働きをする。書くことによって、自分の考えの無駄な部分が削ぎ落され、明確になる。全体を部分に分けて考えることもできる。

私たちは誰でも、人生でさまざまな役割を持っている。いろいろな分野や立場で責任を担っている。たとえば私なら、個人としての役割の他に、夫、父親、教師、教会のメンバー、ビジネス・パーソンとしての役割もある。これらの役割はどれも同じように大事だ。

人生をもっと効果的に生きる努力をするときに陥りがちな問題の一つは、思考の幅が狭くなってしまうことである。効果的に生きるために必要な平衡感覚やバランス、自然の法則を失ってしまうのだ。たとえば、仕事に打ち込みすぎて健康をないがしろにする。成功を追い求めるあまり、かけがえのない人間関係をないがしろにしてしまうこともあるだろう。

ミッション・ステートメントを書くとき、あなたの人生での役割を明確にし、それぞれの役割で達成したい目標を立てれば、バランスがとれ、実行しやすいものになるだろう。仕事上の役割はどうだろうか。あなたは営業職かもしれないし、管理職かもしれないし、商品開発に携わっているのかもしれない。その役割であなたはどうありたいと思っているのだろうか。あなたを導く価値観は何だろう。次は私生活での役割を考えてみる。夫、妻、父親、母親、隣人、友人などいろいろな立場にあるはずだ。その役割をあなたはどのように果たすのだろうか。あなたにとって大切なことは何だろう。政治活動、公共奉仕、ボランティア活動など、コミュニティの一員としての役割も考えてほしい。

ここで、ある会社経営者が役割と目標を設定して書いたミッション・ステートメントを紹介しよう。

私の人生のミッションは、誠実に生き、人の人生に違いをもたらすことである。

このミッションを果たすために：

私は慈愛を持つ——どのような境遇に置かれている人も愛する。一人ひとりを見出して、愛する。

私は自己犠牲を惜しまない——自分の時間、才能、持てるものすべてを人生のミッションに捧げる。

私は人をインスパイアする——人は皆、慈しみ深い神の子であり、どんな試練でも乗り越えられることを、自ら身をもって示す。

私は影響力を発揮する――自分の行動によって、他者の人生に良い影響を与える。

私は人生のミッションを達成するために、次の役割を優先する：

夫――妻は私の人生においてもっとも大切な人である。妻とともに、調和、勤勉、慈愛、倹約の精神を持ち、実りある家庭を築く。

父親――子どもたちが生きる喜びを深めていけるように手助けする。

息子・兄弟――必要なときにはいつでも支えとなり、愛情を示す。

クリスチャン――神との誓約を守り、他の神の子らに奉仕する。

隣人――キリスト教が説く愛をもって隣人と接する。

変化を起こす人――大きな組織の中で、高い業績を生み出す触媒となる。

学者――毎日新しい大切なことを学ぶ。

自分の人生での大切な役割を念頭に置いてミッションを書くと、生活にバランスと調和が生まれる。それぞれの役割をいつでも明確に意識することができる。ミッション・ステートメントを折に触れて目にすれば、一つの役割だけに注意が向いていないか、同じように大切な役割、あるいはもっと大切な役割をないがしろにしていないか、確かめることができるのだ。

自分の役割を全部書き出したら、次はそれぞれの役割で達成したい長期的な目標を立ててみる。ここでまた右脳の出番だ。想像力と創造力、良心、インスピレーションを働かせよう。正しい原則を土台にしたミッション・ステートメントの延長線上に目標があるのなら、何となく立てる目標とは根本的に違うものになるはずだ。正しい原則や自然の法則と調和しているのだから、それらが目標達成の力を与えてくれる。この目標は誰かから借りてきたのではない。あなただけの目標である。あなたの深い価値観、独自の才能、使命感を反映した目標である。あなたが自分の人生で選んだ役割から芽生えた目標なのである。

効果的な目標は、行為よりも結果に重点を置く。行きたい場所をはっきりと示し、そこにたどり着くまでの間、自分の現在位置を知る基準になる。たどり着くための方法と手段を教えてくれるし、たどり着いたら、そのことを教えてくれる。あなたの努力とエネルギーを一つにまとめる。目標があればこそ、自分のやることに意味と目的ができる。そしてやがて目標に従って日常の生活を送れるようになったら、あなたは主体的な人間であり、自分の人生の責任を引き受け、人生のミッション・ステートメントどおりの生き方が日々できるようになるはずだ。

役割と目標は、人生のミッション・ステートメントに枠組みや指針を与える。あなたがまだミッション・ステートメントを持っていないなら、これを機会に今から取り組んでみよう。あなたの人生で果たすべき役割を明確にし、それぞれの役割で達成したいと思う結果をいくつか書いておくだけでも、人生全体を俯瞰でき、人生の方向性が見えてくるはずだ。

第3の習慣の章に進んだら、短期的な目標について深く掘り下げる。まずは、個人のミッション・ステートメントに照らして、自分の役割と長期的な目標を明確にすることが大切だ。それらは、日常の時間の使い方に関わる第3の習慣を身につけるとき、効果的な目標設定と目標達成の土台となる。

家族のミッション・ステートメント

第2の習慣は正しい原則に基づいているため、応用範囲が広い。個人だけでなく、家庭、奉仕活動のグループ、企業やその他さまざまな組織も、「終わりを思い描くことから始める」習慣によって、効果的に運営できるようになる。

多くの家庭は、緊急の用事に追われ、さまざまな問題をその場その場で片づけ、応急処置で切り抜けるような日々を送っている。揺るぎない原則が土台とはなっていないのだ。そのために、ストレスやプレッシャーがかかるといろいろな症状が出てくる。冷たい態度をとったり、批判したり、口をきかなくなったりする。あるいは怒鳴り散らしたりして過剰な反応を示す。子どもが家族のこうした態度を見て育つと、大人になってから、問題に対する態度は「逃避」か「対立」かのどちらかしかないと思うようになる。

家族の中心にあるべきもの――家族全員が共有するビジョンと価値観――は、不変であり、消えてしまうこともない。それをミッション・ステートメントに書くことによって、家族に真の土台をもたらしてくれる。

このミッション・ステートメントは家族の憲法であり、スタンダードとなる。また、物事を評価するときや意志決定の判断基準となる。家族が進むべき方向を示し、家族を一つにまとめる。一人ひとりの価値観と家族の価値観が調和すれば、家族全員が同じ目的に向かって一致団結できる。

家族のミッション・ステートメントにおいても、つくり上げるプロセスが、できあがった文面と同じように大切である。ミッション・ステートメントを書き、磨いていくプロセスそのものが、家族の絆を強くする鍵となる。全員で取り組むうちに、ミッション・ステートメントを実践するために必要なPCが育つのだ。

家族一人ひとりの意見を聞いてミッション・ステートメントの第一稿を書き、それについて全員で意見を出し、表現のアイデアを取り入れて書き直すプロセスの中で、家族にとって本当に大事なことを話し合い、コミュニケーションを深められる。家族がお互いを尊重し、それぞれの意見を自由に述べ、一人ではなく、全員で力を合わせてつくったより良いものであるなら、最高のミッション・ステートメントになるはずだ。定期的にミッション・ステートメントを見直し、書き足して範囲を広げたり、重点や方向を変えたり、古くなった表現を書き直したり、新たな意味を加えたりしていけば、共通の価値観と目的のもとで家族の結束を保てる。

ミッション・ステートメントは、家族のことを考え、家族を導く枠組みになる。問題や危機に直面したときも、この憲法があれば、家族にとって一番大事なことを思い出すことができる。憲法が指し示す方向を確認して、正しい原則に照らし合わせて問題を解決し、家族の意志をまとめることができるのだ。

わが家では家族のミッション・ステートメントがリビングの壁に貼ってあり、家族全員が毎日それを見て、自分の行動をチェックできる。

家庭の愛情、秩序、責任ある自立、協力、助け合い、ニーズに応える、才能を伸ばす、お互いの才能に興味を示す、人に奉仕する、といったフレーズが書かれている。それを読めば、私たち家族にとって本当に大切なことに対して、自分がどんな行動をとればよいのかを判断する尺度になるのだ。

家族の目標を立てたり、家族で行うことを計画したりするときには、「ここに書いてある原則に照らしたら、どんな目標に取り組んだらいいだろう？　目標を達成し、家族みんなが大切にしていることを実現するためには、どんな活動を計画したらいいだろう？」と話し、皆で相談する。

わが家では、ミッション・ステートメントを頻繁に見直し、年に二回、九月と六月――学年の始めと終わり――に新しい目標と役割を見直す。そうすればミッション・ステートメントに現状を反映できるし、改善を重ねて、さらにしっかりとしたミッション・ステートメントにすることができる。また、その見直しによって、全員が何を信じ、何を標準としているのかを再認識し、決意を新たにすることができるのだ。

組織のミッション・ステートメント

ミッション・ステートメントは、組織の成功にとっても重要なものになる。私はこれまで多くの組織のコンサルティングをしてきたが、どの組織にも、効果的なミッション・ステートメントを作成するよう強く勧めている。組織のミッション・ステートメントが効果的であるためには、その組織の内側から生まれたものでなければならない。経営幹部だけでなく、組織の全員が意味のあるかたちで作成のプロセスに参加する。繰り返すが、組織のミッション・ステートメントもまた、できあがったものと同じようにプロセスが重要であり、全員が参加することが、ミッション・ステートメントを実践できるかどうかの鍵を握っている。

私は、ＩＢＭ社を訪れると必ず研修の様子を興味深く見る。研修を受ける社員たちに幹部は、ＩＢＭは三つのことを大切にしているのだとよく話している。その三つとは、個人の尊重、完全性の追求、最善の顧客サービスである。

これらはＩＢＭの信条を表している。他のすべてが変わっても、この三つだけは変わらない。浸透作用のように組織全体に行きわたり、全社員が共有する価値観と安定の確固とした基盤となっている。

ニューヨークでIBM社員の研修を行っていたときのことである。参加者は二〇名ほどだったが、そのうちの一人が体調を崩した。カリフォルニアにいる奥さんは、電話で連絡を受け、夫の病気は特別な治療が必要だから心配だと言った。IBMの研修担当者は、専門医のいる地元の病院に連れていく手配をしたが、それでも奥さんは不安で、かかりつけの医師に診せたいと思っている様子がうかがえた。

研修担当者は、彼を自宅に帰すことにした。しかし空港まで車で行き、定期便を待つとなると時間がかかりすぎるため、ヘリコプターで空港まで送り、彼一人をカリフォルニアまで運ぶために飛行機をチャーターした。

これにいくらかかったのか知らないが、おそらく何千ドルの単位だろう。だがIBMは個人の尊重を何よりも大切にする会社だ。その信条はIBMを象徴するものである。これは会社の信念が具体的なかたちで現れた出来事であり、研修に参加していた他の社員にとっては驚くことでも何でもなかったという。私は感動した。

別の機会の話だが、ショッピングセンターのマネージャー一七五人の研修を行ったことがある。場所はとあるホテルだったが、そこのサービスの素晴らしさにびっくりした。見せかけだけでとてもあそこまではできない。誰かが監視しているわけでもないのに、誰もが自発的にゲストへのサービスを行っていたのは明らかだ。

私がホテルに着いたのは、夜もかなり遅くなってからだった。チェックインしてから、まだルームサービスが頼めるかどうか聞いてみた。フロント係は、「申し訳ございません。ルームサービスは終了しております。ですが、何か召しあがるのでしたら、厨房にあるものでサンドイッチでもサラダでも、ご希望のものをご用意いたします」と言った。彼の態度からは、私が気持ちよく泊まれるようにする心遣いが感じられた。「明日の研修にご利用になる会議室をご覧になりますか」と彼は続けた。「ご覧になって足りないものがありましたら、どうぞお申しつけください。すぐにうかがいますので」

その場にはフロント係の仕事ぶりをチェックしている上司などいなかった。彼の誠心誠意のサービスだったのだ。

翌日、プレゼンテーションの最中にカラーマーカーペンが揃っていないことに気づいた。休憩時間に廊下に出たとき、他の会議場に走っていくベルボーイを見つけたので、呼び止めて言った。「ちょっと困っていましてね。今、マネージャー研修をやっているのですが、カラーマーカーペンが足りないんですよ。休憩時間もあまりなくて……」

ベルボーイはくるりと振り向いて私に気づき、私のネームタグを見て言った。「コヴィー様、かしこまりました。私がご用意いたします」

彼は「どこにあるかわかりません」とも「すみませんが、フロントで聞いてください」とも言わなかった。私の面倒な頼みを引き受けてくれたのだ。しかも彼の態度からは、用事を言いつけてもらうことが名誉であるかのように感じさせてくれた。

それから少し後、私はサイドロビーに飾ってある絵画を観ていた。するとホテルのスタッフが近づいてきて、「コヴィー様、私どものホテルにある美術作品を解説した本を持ってまいりましょうか」と言った。何という気配りと素晴らしいサービス精神だろう！

次に私の目に留まったのは、高い梯子に登ってロビーの窓を磨いていたスタッフだった。梯子の上からは庭が見渡せる。そこを女性客が歩行器を使って歩いていた。女性は転んだわけではなく、連れの人もいたのだが、うまく歩けないようだった。彼は梯子を降り、庭に出ていき、女性に手を貸してロビーまで連れていき、これでもう大丈夫というところまで見届けてから、何事もなかったように元の梯子に戻り、窓拭きを続けた。

私は、スタッフ一人ひとりがこれほどまでに顧客サービスを徹底できる組織文化がどのようにして築かれたのか、ぜひとも知りたくなった。客室係、ウェイトレス、ベルボーイから話を聞いてみて、顧客サービス重視は、ホテルの全スタッフの頭にも心と態度にも浸透していることがわかった。

私は裏口からホテルの厨房に入ってみた。すると、厨房の壁には『お客様お一人おひとりに妥協なきサービスを』と書かれたポスターが貼ってあった。これこそ、このホテルのもっとも重要な価値観だったのだ。私は支配人のところへ行き、「実は私は、力強い組織文化や際立ったチームカラーを育てるコンサルティングをしているのですが、このホテルには大変感心しました」と言った。

支配人は「秘訣をお知りになりたいですか？」と言って、そのホテルチェーンのミッション・ステートメントを取り出した。

私はそれに目を通してから、「素晴らしいミッション・ステートメントですね。しかし立派なミッション・ステートメントを掲げている企業なら、たくさんありますよね」と言った。

「このホテルのミッション・ステートメントもご覧になりますか？」と支配人。

「このホテルだけのミッション・ステートメントもあるのですか？」

「ええ」

「ホテルチェーン全体のものとは違うのですか？」

「はい。グループ全体と調和をとりながら、こちらのほうは、このホテルの状況や環境、現状などに合わせてつくりました」

支配人はそう言って、私にもう一枚の紙を手渡した。

「これは誰がつくったんです？」私は聞いた。

「全員です」

「全員？ 本当に全員で？」

「そうです」

「客室係も？」

「はい」

「ウェイトレスも？」

「はい」

「フロントの人も？」

「はい。昨晩、コヴィー様をお迎えしたフロントの者たちが書いたミッション・ステートメントをお見せしましょうか？」支配人が取り出したミッション・ステートメントは、フロントのスタッフたちが他の部署のミッション・ステートメントとの整合性を考慮して作成したものだった。支配人の言葉どおり、すべてのスタッフがミッション・ステートメントの作成に関わっていたのである。

このホテル専用のミッション・ステートメントは、たとえるなら大きな車輪の中心軸である。そこから、部署ごとによく練られた具体的なミッション・ステートメントが生まれる。それはあらゆる判断の基準となっていた。顧客の迎え方からスタッフ同士の関係まで、スタッフがどのような価値観を持って行動すべきかを明確に示していた。マネージャーとリーダーのスタイルにも影響を与えていた。給与体系にも、スタッフの採用基準にも、教育や能力開発の方法にも影響を与えていた。このホテルでは、車輪の中心軸、すなわちミッション・ステートメントがすべての面で息づいていたのである。

後日、同じチェーンの別のホテルに泊まった。私はチェックインを済ませると真っ先に、ミッション・ステートメントを見せてほしいと頼んだ。もちろん、すぐに出してくれた。このホテルで私は、例の「お客様お一人おひとりに妥協なきサービスを」というモットーをもう少し深く体験することとなった。

三日間の滞在中、サービスが必要とされる場面をいろいろと観察した。スタッフの対応はどんなときも素晴らしく感動的だった。しかも宿泊客一人ひとりに心のこもったサービスを提供していたのである。たとえばプールで「水飲み場はどこか」と尋ねたとき、スタッフはわざわざ水飲み場まで案内してくれた。

しかし私がもっとも感心したのは、スタッフが自分のミスを上司に報告した一件だった。私がルームサービスを頼んだときのことである。ルームサービス係が部屋まで運ぶ途中にココアをこぼし、厨房に戻ってトレーにリネンを敷き直し、ココアを取りかえるのに数分の時間がとられた。結果的にルームサービスは最初に告げられていた予定時刻から一五分遅れた。私にすれば**まったく**不都合はなかった。にもかかわらず、翌朝、ルームサービスの主任からお詫びの電話があり、昨夜の不始末の埋め合わせとして、ビュッフェの朝食かルームサービスの朝食をご用意したい、と言ってきたのである。些細な失敗、しかも黙っていればわからないミスを自分から上司に報告し、顧客により良いサービスを提供しようとしたのである。これ以上雄弁に組織の文化を物語るものがあるだろうか。

最初に泊まったホテルの支配人にも言ったように、立派なミッション・ステートメントを持っている組織ならいくらでもある。しかしそこで働く人たち全員で作成したミッション・ステートメントと、高級な応接セットに座って数人の幹部が作成したミッション・ステートメントとでは、その効果に雲泥の差がある。

家族も含めて、あらゆる組織に共通する根本的な問題の一つは、自分の働き方、あるいは生き方を他の人から決められるとしたら、本気で取り組むのは無理だということだ。

私は、企業のコンサルティングをするたびに、自分の会社の目標とはまるで異なる個人の目標を立てて働いている人を大勢見かける。企業が掲げている価値体系と給与体系がまったくかみ合っていない例も多い。

ミッション・ステートメントのようなものをすでに持っている企業のコンサルティングをするとき、私はまず「ミッション・ステートメントがあることを知っている社員は何人くらいですか？　内容を知っている人はどのくらいいるのでしょう？ 作成に関わったのは何人ですか？ 心から受け入れて意志決定の基準として**使っている人はどれくらいいますか？**」と尋ねることにしている。

自分が参加していないことに打ち込む決意をする人などいない。**参加なければ決意なし**と紙に書いて、星印をつけ、丸で囲み、アンダーラインを引いてほしい。関わらなければ、決意はできないのだ。

初期の段階にいる人、たとえば入社したばかりの新人や家族の中の幼い子どもが相手なら、目標を与えても素直に受け入れるものである。信頼関係ができ、こちらの指導が適切ならば、しばらくはうまくいくだろう。

しかし、新入社員が会社の仕事に慣れてくれば、あるいは子どもがだんだんと成長し自分なりの生き方ができてくると、言われるだけでなく、自分のほうからも意見を言いたいと思うようになる。その機会が持てなければ、本気で身を入れられるわけがない。問題が生じたときと同じレベルでは解決できない、深刻なやる気の問題を抱えることになる。

だから、組織のミッション・ステートメントをつくるときは、時間、忍耐、参加、能力、共感が必要とされる。これも応急処置で何とかなるものではない。全員が共有するビジョンと価値観に合わせて会社のシステムや組織構造、経営スタイルを整えるには、時間、正直、誠実、勇気、正しい原則が必要とされる。しかし、正しい原則に基づいているミッション・ステートメントなら、必ず効果を発揮する。

組織の全員が本心から共感できるビジョンと価値観を反映したミッション・ステートメントは、組織の結束と決意を生み出す。そのようなミッション・ステートメントを持つ組織では、一人ひとりが自分の役割に打ち込める。一人ひとりの心と頭の中に、自分の行動を導く基準、ガイドラインができているから、他人からの管理、指示も要らなくなる。アメとムチを使わなくとも、全員が自発的に行動する。組織がもっとも大切にする不変の中心を、全員が自分のものとしているからである。

第2の習慣：終わりを思い描くことから始める　実践編

1　この章の初めで自分の葬儀の場面を思い描いたときに感じたこと、考えたことを記録する。下の表にまとめてみよう。

2　少し時間をとって、あなたが果たしている役割を書き出す。そこに映る自分の人生のイメージに満足しているだろうか？

3　日常から完全に離れる時間をつくり、人生のミッション・ステートメントを書いてみる。

4　付録の表を読み、自分に当てはまると思う中心を丸で囲む。それはあなたの行動パターンを表しているだろうか？ 分析の結果に納得できるだろうか？

5　個人のミッション・ステートメントの資料になるアイデアや引用句を集め始める。

6　近い将来に計画しているプロジェクトや仕事を一つ選び、頭の中で思い描く。望んでいる結果とそれを達成するためのステップを書き出す。

7　第2の習慣の原則を家族や職場の同僚と共有し、家族や職場のミッション・ステートメントを一緒に作成してみる。

活動の領域	あなたの人格	あなたが貢献したこと	あなたが達成したこと
家族			
友人			
職場			
コミュニティ／教会など			

新たなインサイト

第2の習慣　終わりを思い描くことから始める

ショーン・コヴィー

第二〇回ハーバード・ビジネス・スクール同窓会に出席したとき、当代のマネジメント論の偉大な権威、クレイトン・クリステンセンが基調講演をした。何千人もの卒業生で埋まった講堂で、人生をどう評価するかをテーマに語った。彼の虚飾のないメッセージをひと言でいえば、「人生を台無しにするな」である。

クリステンセンの学友たちの中には、家族と疎遠になったり、刑務所に入ったり、そこまでいかなくとも満足感のない人生を送っている人が少なくなかった。だれも最初は「子どもたちが口もきいてくれない人生を送りたい」とか「不正を働きたい」とか「充実感などいらない」などと思っていたわけではない。しかし、何が一番大切なのかをよく考えず、長い間に小さな妥協を積み重ねてきた結果、最初に目指していたのとはまるで違う場所にたどり着いてしまったのである。

クレイトンは卒業後にキャリアを歩み出したときのエピソードを話した。有名なコンサルティング会社に就職し、若きコンサルタントとして月曜日から金曜日まで激務をこなし、同僚やクライアントに尽くした。しかし次第に、仕事と私生活のバランスをとるのが難しくなっていった。ある日、マネージャーの一人から、月曜日の重要なクライアントミーティングの準備をするから日曜日を空けておくよう命じられた。クレイトンはしばし考えてから、「すみません。日曜日は仕事をしません。日曜日は信仰のための日なので」と答えた。マネージャーはブツブツ言いながら去っていったが、しばらくして戻ってくると「わかった。予定は全部土曜日に移せたよ。土曜日に準備しよう」と言った。クレイトンはまたも少し間をおいてから答えた。「すみません。土曜日も仕事はしません。ずいぶん前に、土曜日は家族を優先しようと妻と決めたんです。土曜日は家族とすごします」マネージャーは脱兎《だっと》のごとく立ち去ったかと思うと、また戻ってきて言った。「君、ひょっとして金曜日は仕事するかい？」

クレイトンは、どのようにしてその決断に至ったのかを説明した。それは自分の人生をより良くし、キャリアを前進させ、信仰を持ち続け、家族に寄り添うために下した多くの決断の最初のものだった。遅くまで残業したり、週末に出勤したりすることを「今回だけ」と妥協したら、坂道を転げ落ちるように妥協の連続になると直感したのだった。彼は長年の経験から、時間の九八％を原則に忠実であるよりも一〇〇％忠実であるほうが簡単だと学んだ。クレイトンはこう言っている。「自分が何を基準として生きるのかを明確にし、その基準をどんなときも守ることだ」

クレイトンの講演のあと、講堂はこれまで経験したことのないスタンディングオベーションに沸いた。文字どおり全員が立って拍手し、座っている者は一人もいなかった。クレイトンは、ビジネスを築き世界を変えようと思い描いていたA型行動様式（訳注：一九五九年にアメリカの循環器病学者であるフリードマンらが提唱した行動パターン。性格的に攻撃的で競争心が強く、行動的には機敏でせっかち、早口という傾向を持つ）の人たち全員に、これまで以上に深く真の成功とは何かを考え、「終わりを思い描くことから始める」よう、自らの言葉で促したのだった。

この話からもわかるように、成功の梯子を登っているつもりでも、一番上に到達したときにはじめて、梯子が間違った壁に掛かっていたことに気づくなどという経験はだれもしたくはない。

私の父は目的意識とミッションの力を強く感じていた。そのルーツといえるエピソードを紹介しよう。父の祖父であるスティーブン・マック・コヴィーは若い頃、羊飼いをしていて、あるときワイオミングの平原で冬の嵐に立ち往生した。零下三〇度の中、自分はもう死ぬのだと覚悟し、「神よ、今夜この私を救ってくださいましたなら、いつか必ず、私のように疲労困憊《こんぱい》した旅人を保護する避難所をここに建てることを約束します」

と祈った。彼は一晩をなんとか越すことができ、それから何年も経ってから、自分が一命をとりとめたワイオミングの平原にホテルを建て、「コヴィーズ・リトル・アメリカ」と名づけた。ホテル事業は成功し、その後、ソルトレークシティーにもホテルを建設した。その息子、私の祖父が事業を引き継ぎ、そして私の父は若い頃、次にできる予定のホテルの支配人になる訓練を受けた。

しかし父は、ビジネススクール在学中、自分の天職はホテル経営ではなく教鞭《きょうべん》をとることだと確信した。そのことを父親にどうしても話せずにいたが、ついに勇気を振り絞って「家業を継ぐつもりはありません」と告げた。意外にも私の祖父はこう言ったそうだ。「そうか、わかった。私もホテル業なんてそんなに好きではなかったよ。おまえは望みどおり教師になりなさい」父はそのとおりにした。

父は若い頃からミッションを意識して生きていた。簡潔なミッション・ステートメントを書き、生涯を通して見直し推敲《すいこう》していた。そのステートメントの正確な文面を教えてくれたわけではないが、基本的には、人間の可能性を解き放ち、原則中心のリーダーシップを世界に行き渡らせるという考え方だった。父は、先導者、開拓者、パラダイムの破壊者を自任していた。原則中心のリーダーシップを世界中に広め、人間の可能性を解き放つこと、それが父の思い描いた役割だった。

父はまた、だれでもその人にしか成し得ないミッション、果たすべき唯一無二の貢献があると思っていた。そのことをだれにでも伝えていた。「あなたは傑出したビジネスリーダーになれます」とか「家庭内のピースメーカーになって変化を起こせますよ」とか「いつか必ず立派な親になれます」というようなことを話しているのをよく耳にした。あるときふと思いついて、リーダーシップをどう定義しているのかと父に聞いたことがある。父はちょっと考えてから答えた。「リーダーシップというのは、だれかにその人の価値と潜在能力を明確に伝えることだ。その人が自分の価値と潜在能力を自分の目でありありと見えるようにしてあげることだ」父の答えを聞いて、私は泣いてしまった。それはまさに真実であったからだ。父はいつも私の価値と潜在能力を私に伝えていた。私自身にはまったく見えていないときにも。

ミッション・ステートメントの書き方

「終わりを思い描くことから始める」には、自分の人生のミッション・ステートメント、理念あるいは信条、といったものを書いてみるのが一番よい。この章を読み終えた瞬間には、だれでもミッション・ステートメントを書く気にあふれているだろう。しかしその興奮も、日々の忙しさに紛れ、いつしか冷めてしまう。実際のところ、ミッション・

ステートメントを書かないでいられる余裕などだれにもないのである。しかし、書かずにいるのは、あまりにも多くのことを危険にさらすのと同じだ。ミッション・ステートメントは個人の憲法のようなもので、あなたの人生を導き、日々の決断の指標となり、信じられないほど強い力がある。ミッション・ステートメントを書くカギは、考えすぎないこと。パーフェクトである必要はない。まずは手をつける。あとは時間をかけて推敲《すいこう》し、磨き上げていけばいい。参考までに、個人のミッション・ステートメントを書くためのヒントをまとめた。

- **自由に書く。** 机に向かい、一五分ほどペンを動かし続ける。自分が得意なこと（自覚）、やるべきこと（良心）、制限がないなら何をしたいか（想像）、思いつくままに走り書きしていく。五分間書き続けることが大切だ。五分経ったら読み返し、少し手直しすれば、ミッション・ステートメントのおおまかなドラフトができあがる。

- **一人きりになる。** 自分をインスパイアしてくれそうな場所を選んで、そこに一日こもる。ビーチでも、山でも、公園でもいい。自分にとって一番重要なことは何か静かに考える。考えを引き出すために、たとえば次のように自問して、答えを書き留める。それらを文章にまとめる。

・自分の人生にポジティブな変化をもたらした人を思い浮かべる。その人は、あなたが身につけたいどんな資質を持っているだろうか？
・何かに強く鼓舞されたときのことを書く。
・グランドキャニオンに足の幅しかない橋を渡したとする、何のために、あるいはだれのためになら、そこを渡れるか？
・大きな図書館で丸一日すごせるとしたら、何を調べたいか？
・絶対にやってみたい前向きなこと一〇個は何か？
・自分を動物や歌、車、場所にたとえるとしたら？　なぜそれが自分を表しているのか？

●**形式にこだわらない。**一つの言葉、音楽、詩など、好きなものを引用する。これが正しいというやり方はない。私はいつもティーンエイジャーにミッション・ステートメントの書き方を教えているが、彼らは言葉での表現だけにこだわらず、コラージュやビジョンボードなどでミッションをビジュアルに表現するのが大好きだ。

●**テンプレートを使う。**もっと具体的なサポートが必要なら、フランクリン・コヴィー社のウェブサイト（https://msb.franklincovey.com）にあるミッション・ステートメント・

ビルダーを活用する。ミッション・ステートメントの作成を丁寧に手ほどきしてくれる。いくつかの質問に答えて、「印刷」ボタンを押せば、ミッション・ステートメントができあがる仕組みになっている。

私は大学生のときに人生初のミッション・ステートメントを書いた。現時点で二〇稿目くらいだろう。私のミッション・ステートメントはだんだんと短くなり、今やたったの一文だが、私には十分すぎるほどの意味がある。

自分の人生で何が大事なのかをミッション・ステートメントで明確にすると、人生に劇的な変化が起こる。

エリザベス・マークスの子どもの頃の夢は軍隊に入ることだった。そして一七歳で入隊し、夢をかなえた。その後イラクに派遣され、重傷を負った彼女にとって、最大の不安は傷病除隊となることだった。マークス軍曹は、紙片に「任に堪える」とミッションを書き、過酷なリハビリの期間ずっと身につけていた。後年、彼女は記録を塗り替えるパラスイマーとなり、米軍ワールドクラス・アスリート・プログラムに参加し、二〇一二年七月、「任に堪える」というミッションは完遂された*。

＊参照：https://www.espn.com/espnw/culture/feature/story/_/id/15702441/the-things-carries-story-paraswimmer-us-army-sergeant elizabeth-marks.

私が十代のときに、父が家族会議を招集したときのことは、今でもよく覚えている。「よし、子どもたち！　これから家族のミッション・ステートメントを書くぞ！」と父は宣言した。大ブーイングにもめげずに父は続けた。「家族の憲法をつくるんだよ。みんなに意見を出してほしい」

私の番になり、皮肉を込めて言った。「俺んちは最高だ、でいいんじゃないの」私の案で決まりとはならず、それからも何回か家族会議を開き、推敲《すいこう》して、「家族全員が世界に貢献できる人間になるために、楽しみ、くつろぎ、学び、友人が集まり、成長し、秩序ある場所にする」というようなミッション・ステートメントになった。

私はお気楽なティーンエイジャーだったけれども、家族のミッション・ステートメントを書き、壁に掲示するまでのプロセスにとても感動した。自分はこの家の重要な、欠かせない一員だと実感できたし、家族全員が目的を共有していた。皆で一つのことに取り組んでいた。あらゆる家庭の例にもれず、わが家にも問題や揉め事がたくさんあったけれども、このプロセスのおかげで、皆で協力することを楽しみ、快活でへこたれず、間違っていたら素直に謝り、やり直せる家族文化ができたと思う。

それ以来、私はじつに多くの家族のミッション・ステートメントを見てきた。四人の子がいる友人の家のミッション・ステートメントはまるで壮大な憲法で、二〇〇〇語にもなるそれは壁に掲げられ、大声で読み上げているそうだ。そうかと思うと、私の叔母夫婦の家のミッション・ステートメントは「空席なし」、わずか四文字だ。デンマーク人の友人の家にいたってはたった一語、家族の山小屋の名前「ヘルシフォル」をミッション・ステートメントにしている。彼ら家族にとっては、その一語がすべてを語っているのだ。

組織のミッション・ステートメント ―― 壁の飾りではダメ

組織のミッション・ステートメントの評判が芳しくないのは、たいていがだれも守ろうとしない空疎な言葉の羅列だからである。あるいは幹部二〜三人で作成して発表し、組織のだれも賛同しないというようなこともある。だからといって、チームとしてのミッションをつくり、全員が理解し納得することで生まれるパワーを矮小化《わいしょう》してはいけない。なかには本当に立派な組織のミッション・ステートメントもある。その組織で働く人々、製品、サービスからにじみ出たミッションなのだなと感じとれる。すぐに思い浮かぶのはIKEAとアメリカン・ガール（訳注：子ども向けの人形と着せ替えの服やアクセサリーなどを販売するアメリカの企業）のミッション・ステートメントだ。私はIKEAの家具も、アメリカン・ガールの人形もたくさん買っているが、両社のミッション・ステートメントは、私がそれぞれの店で体験したことそのものである。

IKEA： 多くの人の日常生活をより良くします。私たちは、デザインに優れ機能的で幅広い家具製品を多くの人が購入しやすい低価格で提供することによって、このビジョンを実現します。

アメリカン・ガール： 遊ぶ楽しさ、素晴らしい本に出合う驚きを通して、正直や勇気、優しさ、思いやりというような重要な価値観を教える時代を超えた物語、記憶に残るキャラクターによって、女の子たちが自意識を持てるように手助けします。

組織のミッション・ステートメントが大きな変化をもたらした例を挙げるなら、ノースカロライナ州ローリーのＡＢコームズ小学校をおいてほかにはないだろう。この公立学校に通う生徒の半分は貧困家庭の子どもたちである。

ミュリエル・サマーズが校長に就任したばかりの二〇〇〇年当時、このマグネットスクール（訳注：特別なカリキュラムで広範囲の地域から大勢の生徒を集めている学校）は悪戦苦闘していた。出席率は驚くほど低く、定員は八〇〇人であるにもかかわらず、在籍生徒数はわずか三〇〇人。建物は汚れ放題。保護者は無関心。教師はやりがいが持てない。当然、子どもたちはそんな実態を感じとっていた。しびれを切らした学区長から「ミュリエル、その程度しか生徒を集められないなら、マグネットスクールの認定を取り消します」と通告される。絶望的な状況の中、ミュリエルはどうしていいか見当もつかなかった。「もう一年猶予をいただけませんか」と学区長に頼むと、「一週間待ちます。新しい計画を出してください」という答えが返ってきた。

ミュリエルは学校の教職員に「学校の外に出て地域の人たちと話をし、学校への要望を聞き出しましょう」と発破をかけた。ミュリエルは何人かでチームを組み、保護者や地元企業に話を聞いてまわった。返ってきたのは、子どもたちには自発的な人間になってほしい、だれとでも仲良くできる子になってほしい、目標を設定し問題を解決する能力を身につけさせたい、生活のバランスをとり、時間を守れるようになってほしい、喧嘩《けんか》せずに公園で遊んでほしい、というような答えだった。どれもリーダーシップのスキルである。あるいは二一世紀を生きるスキルと言ってもいい。成績のことを挙げた人は一人もいなかった。

この苦境に陥る前、ミュリエルは、私の父がワシントンDCで開催した「7つの習慣」のワークショップに参加していた。ワークショップの間中、ミュリエルはこんなことを考えていた。「すごくパワフルな考え方。大人になるまで待たなくても学べるはず。子どもたちだってきっと理解できる」

休憩時間になって、彼女は思い切って父のところに行き、質問した。「コヴィー先生、

7つの習慣は子どもにも教えられますか？」

「何歳くらいのお子さん？」

「五歳です」

父はじっと考えてから、笑顔で答えた。「できないわけがない。もしやるのであれば、様子を教えてください」

ワークショップでの経験から、ミュリエル・サマーズと教職員たちは、この学校に一番必要なのは「リーダーシップ」なのだと確信するにいたった。学区長もその考えを評価した。そしてABコームズ小学校の新しいミッション・ステートメント「私たちのミッションは一人ひとりの生徒をリーダーに育てることである」が学校の真ん中に掲げられた。なにも生徒たちを将来CEOにしようというのではない。自分自身の人生のリーダー、この学校におけるリーダーになれるように手助けするのである。

教師が「7つの習慣」を授業に取り入れると、生徒はみるみる自信を持つようになり、規律の問題も激減した。保護者も家での子どもたちの態度が変化しはじめたことに気づいた。リーダーシップを喚起する引用句が廊下に掲示され、リーダーシップをテーマにした生徒集会やさまざまなイベントが行われた。「7つの習慣」の言葉が校庭のあちこちで飛び交うようになった。自分で設定した目標とその到達度、テストの成績を記入するデータブックを生徒一人ひとりが持っていた。どの生徒も学校でなにがしかのリーダーの役割を果たした。朝のお知らせの放送のリーダー、来校者を案内するリーダー、校庭の安全を監視するリーダー等々、クラス全員が賛成すればどんなリーダーにもなれた。リーダーの役割は一握りの生徒のものではなくなり、一人ひとりの生徒のものになったのだ。

学力調査のスコアは数年で平均の八四パーセントから九七パーセントまで上がった。生徒たちは見違えるほど意欲的になった。保護者も学校に関心を持つようになった。三〇〇人だった生徒数は定員の八〇〇人まで達し、順番待ちのリストには数えきれないほどの子どもたちが載っていた。学区の住宅価格まで上昇した。生徒の半分が貧困家庭の子どもで、二八言語が飛び交う多言語学校であるABコームズ小学校は、二〇〇五年、そして二〇一四年にも、米国第一位のマグネットスクールに輝いている。

現在、世界五〇カ国の五〇〇〇を超える学校がABコームズ小学校のリーダーシップモデル「リーダー・イン・ミー」を採用し、二〇〇万人以上の生徒とその家族の人生に影響を与えている。ABコームズ小学校が生み出したものを体験しようと、世界中から何千人もの教育者がこの公立学校を訪れている。

ミュリエル・サマーズ、生徒、教職員、保護者、地域社会のリーダーが、パワフルな「終わり」を思い描き、それを表現したミッション・ステートメントのもとで一致団結した結果、彼ら自身にも想像がつかないほど大きな影響を世界に与えたのだ。

読者の皆さんにお願いがある。この章を読んだら、必ず個人のミッション・ステートメントを作成してほしい。長いステートメントでも、短いステートメントでもいい。歌でも、ビジョンボードでもいい。自分がしっくりするものであれば、形式は何だってかまわない。個人のミッション・ステートメントは、あなたの中の最高で最善のものを表現する。家族がいるのなら、自分が大切に思うものを明確にしてみる。職場で影響力のある立場にあるのなら、その立場でミッション・ステートメントを書いてもよいし、すでに書いてあるミッション・ステートメントに磨きをかけてみる。できあがったら、そのミッション・ステートメントがもたらすものを考えてみよう。

THE SEVEN HABITS
OF HIGHLY
EFFECTIVE PEOPLE

第3の習慣

最優先事項を優先する

PUT FIRST THINGS FIRST

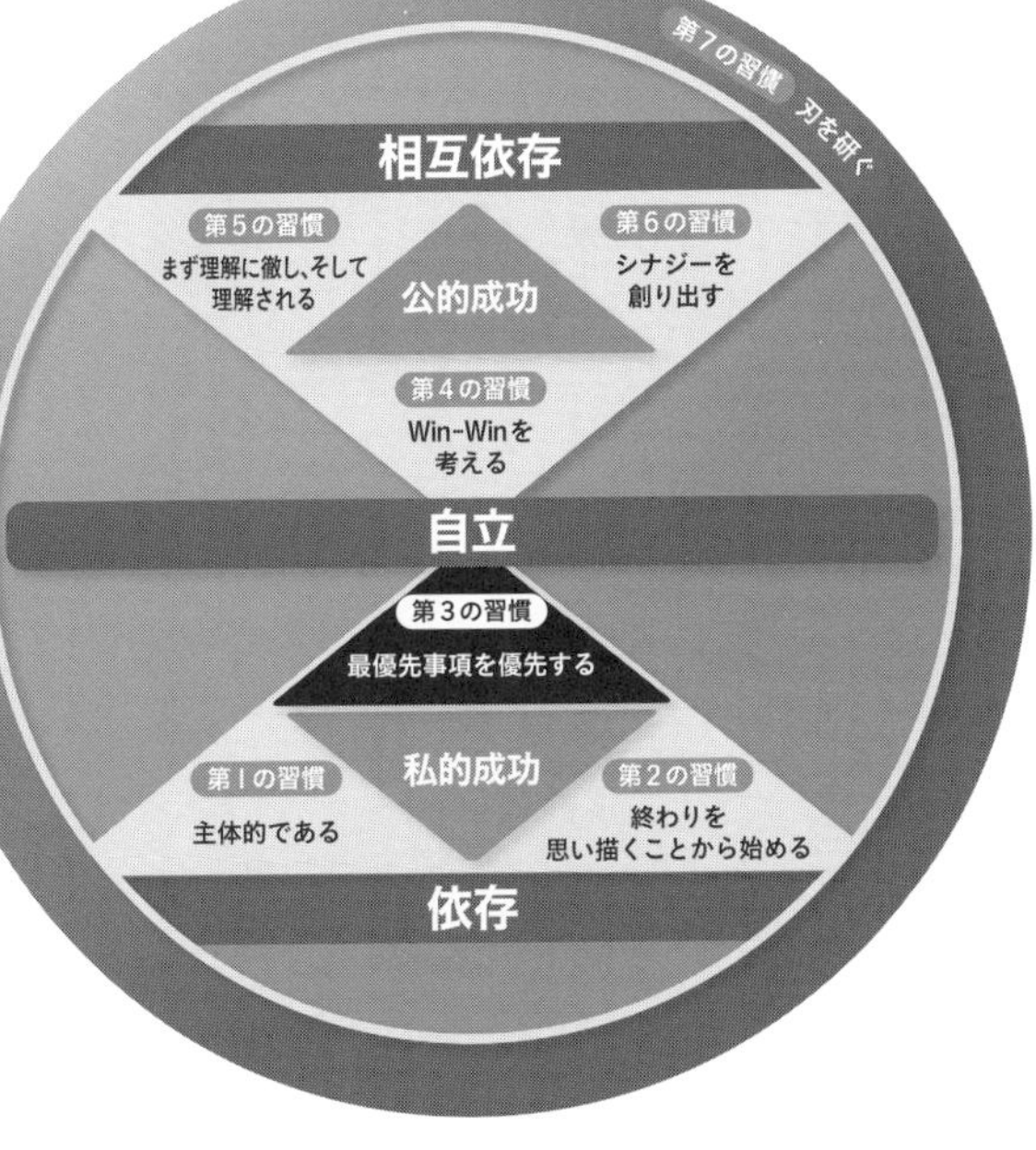

パーソナル・マネジメントの原則

大事を小事の犠牲にしてはならない。

――ゲーテ

ここで少し時間をとって、次の二つの質問を考え、答えを書き留めておいてほしい。あなたの答えは、第3の習慣に取り組むにあたってとても重要である。

質問一　現在はしていないが、もし日頃から行っていれば、あなたの私生活に大きくポジティブな結果をもたらすと思うことを一つ挙げるとしたら、それは何だろうか？

質問二　同様に、あなたの仕事や専門分野で、ポジティブな結果をもたらすと思うことを一つ挙げるとしたら、それは何だろうか？

あなたが書き留めた答えは後で見ることにして、まずは第3の習慣について説明しよう。

第3の習慣は、第1の習慣と第2の習慣で身につけたことを実践し、個人的な結果を得る習慣である。

第1の習慣が言わんとしているのは、人間だけに授けられた四つの能力（想像・良心・意志・自覚）に従って、「あなたは自分の人生の創造主である。あなたには責任がある」ということである。第1の習慣を身につければ、「子どものときに与えられたプログラムは間違っている。社会通念の鏡に映るプログラムも間違っている。このような効果のない脚本は好まない。自分で書き直すことができる」と言えるようになる。

第2の習慣は、第一の創造、すなわち知的創造を行う習慣である。この習慣の土台となっているのは、**想像**と**良心**だ。想像は、頭の中で思い描く能力、あなたの内面に潜在する能力を見抜き、目の前にないものを頭の中に描写する能力である。良心は、自分にしかできないことを発見し、それを自ら喜んで成し遂げるための個人的、道徳的かつ倫理的なガイドラインを定める能力である。第2の習慣は、あなたの内面の奥深くにある基本のパラダイムと価値観を見つめ、自分の将来のビジョンに触れることである。

そして第3の習慣は、第二の創造、すなわち知的創造で思い描いたビジョンをかたちあるものにする物的創造の習慣である。第1の習慣と第2の習慣を日々の生活で実践する習慣であり、この最初の二つの習慣から自然と導き出される結果である。原則中心の生き方をするために**意志**を発揮し、一日の始まりから終わりまで、その瞬間瞬間たゆまず実行していく習慣である。

第3の習慣を身につけるには、第1と第2の習慣の土台が不可欠である。自分の主体性を意識し、それを育てていかなければ、原則中心の生き方はできない。自分のパラダイムを自覚し、それをどのように変えれば原則に合わせられるかを理解して初めて、原則中心の人生を生きられる。あなた独特の貢献をありありと思い描きフォーカスすることができなければ、原則中心の人間にはなれない。

しかし、これらの土台を築けたなら、自分自身を効果的にマネジメントする第3の習慣を実践することによって、あなたは毎日、原則中心の生き方が**できる**ようになる。

マネジメントとリーダーシップはまるで違うものであることを思い出してほしい。リーダーシップは基本的には右脳の精力的な活動である。技術というより芸術であり、哲学を土台としたものである。あなたが自分の人生でリーダーシップを発揮するには、自分の人生はどうあるべきか、自分自身に向かって究極の問いかけをしなければならない。

その問いかけを真正面からとらえ、真剣に考え、答えを見出したなら、次は、その答えにふさわしい生き方ができるように、自分自身を効果的にマネジメントすることが必要なのだ。もちろん、「正しいジャングル」にいなければ、どんなにマネジメントがうまくできても何の意味もない。しかし「正しいジャングル」にいれば、マネジメントの能力の違いで大きな差がつく。マネジメント能力次第で第二の創造の質、現実に生み出されるものの質が決まる。うまくマネジメントできなければ、第二の創造そのものができなくなることもある。マネジメントとは、左脳にある効果的な自己管理の側面を使い、作業を細かい部分に分け、分析し、順序だて、具体的に応用し、時系列で物事を取り扱っていく。私自身の効果性を最大化するために**右脳でリーダーシップ**、**左脳でマネジメント**と考えている。

意志の力

セルフ・マネジメントに真の効果性をもたらすには、人間だけに授けられた四つの能力の四番目、**意志**を活用することだ。意志とは、決断し選択する能力であり、決めたことに従って行動する能力である。他者や周りの状況の影響に動かされるのではなく、自分の考えで行動し、自覚、想像、良心を使って書いたプログラムを実行する能力である。

人の意志の力は驚くべきものである。人間は、信じられない困難も意志の力で乗り越えられる。世界中に大勢いるヘレン・ケラーのような人たちは、意志の力の驚くべき価値を証明している。

しかし、効果的なセルフ・マネジメントを行うということは、一念発起してとてつもない努力をし、生涯に一度だけ何か華やかで大きなことを成し遂げればよいというものではない。そのような成功は長続きしない。日々のあらゆる決断と意志によって、自分をマネジメントする力が徐々についてくるのである。

毎日の生活の中で意志をどのくらい発揮できているかは、誠実さの度合いで測ることができる。誠実さとは、基本的には自分自身にどれだけ価値を置いているかということだ。自分に約束し、それを守る能力、「言行一致」のことである。自分を大切にし、自分を裏切らないことである。誠実さは人格主義の根本をなし、主体的な人間として成長するために欠かせないものである。

効果的なマネジメントとは、**最優先事項を優先する**ことである。リーダーシップの仕事は、「優先すべきこと」は何かを決めることであり、マネジメントは、その大切にすべきことを日々の生活の中で優先して行えるようにすることだ。自分を**律して**実行することがマネジメントである。

規律とは、自分を律することだ。自分を律するというのは、哲学に従い、正しい原則、自分の価値観、もっとも重要な目的、より上位の目標に従って、あるいはその目標を象徴する人物を手本にして行動することだ。

要するに、自分を効果的にマネジメントできている人は、自分の内面にある規律に従い、意志を働かせて行動している。内面の奥深くにある価値観とその源に従い、自分を律している。感情や衝動、気分に流されず、自分の価値観を優先できる意志と誠実さを持っているのである。

E・N・グレーの『The Common Denominator of Success（成功の共通点）』は、私の好きな本の一つである。彼は成功者に共通する要素の探究をライフワークにし、努力や幸運、人間関係のテクニックは重要ではあるが決定的な成功要因ではなく、これらの要因を超越する一つの要因があると結論づけている。それはまさに、この第3の習慣「**最優先事項を優先する**」のエッセンスである。グレーは次のように書いている。

「成功者たちの共通点は、成功していない人たちの嫌がることを実行に移す習慣を身につけているということである。彼らにしてみても、必ずしも好きでそれを行なっているわけではないが、自らの嫌だという感情をその目的意識の強さに服従させているのだ」

感情を抑え、最優先事項を優先するには、目的意識と使命感が要る。第2の習慣で身につけた明確な方向感覚と価値観が要る。そして、優先する必要のない物事に「ノー」とはっきり言えるためには、あなたの中に燃えるような「イエス」がなければならない。何よりも大切にすべきことを自覚していなければならないのだ。さらに、やりたくないと思っても実行する意志の力、その時どきの衝動や欲望ではなく、自分の価値観に従って行動する力も必要だ。それは、あなたが主体的な人間として行う第一の創造を誠実に実行し、かたちにしていく力なのである。

時間管理の四つの世代

第３の習慣では、人生と時間管理に関わる問題を多く取り上げる。私自身これまで長い間時間管理という興味深いテーマを探究してきたが、時間管理の本質を一言で言うなら「**優先順位をつけ、それを実行する**」に尽きると思う。そしてこの一言は、時間管理のこれまで三つの世代の進化過程を言い表している。時間管理には多種多様なアプローチやツールがあるが、そのどれもが、優先すべきことをどのようにして実行するかをポイントにしているのである。

パーソナル・マネジメントの理論も、他の多くの分野と同じようなパターンをたどって進化してきた。画期的な進歩（アルビン・トフラーの言葉を借りれば「波」）は順々に起こり、そのたびに前の進歩に新しい重要な要素が加わるというパターンである。社会の進歩を例にとるなら、まず農業革命があり、その次に産業革命が起こり、そして情報革命が続いた。一つの波が押し寄せるたびに、社会も人間も大きく進歩してきたのである。

時間管理の分野も同じである。一つの世代の上に次の世代が重なり、そのたびに人間が自分の生活を管理できる範囲が広がってきた。

時間管理の第一の波もしくは世代は、メモやチェックリストが特徴だ。私たちの時間と労力を必要とする多くの物事を確認し、忘れずにいるための工夫だ。

第二世代は、予定表やカレンダーが特徴だ。この波は先を見て、将来の出来事や活動の予定を立てようという試みである。

時間管理の第三世代が今の世代である。前の二つの世代に「優先順位づけ」と「価値観の明確化」が加わっている。明確にした自分の価値観に照らして活動の重要度を測り、優先順位を決めようという考え方である。さらにこの第三世代は、目標設定も重要視する。長期、中期、短期の目標を具体的に立て、自分の価値観に照らし合わせ、その目標の達成に時間と労力をかける。もっとも重要であると判断した目標や仕事を達成するために、毎日の具体的なスケジュールを計画することも第三世代の考え方だ。

第三世代の波は時間管理の分野を飛躍的に進歩させた。しかし、効率的なスケジュールを組んで時間を管理する方法が、むしろ非生産的になっていることに私たちは気づき始めている。効率性だけを追求していたら、豊かな人間関係を築いたり、人間本来のニーズを満たしたり、毎日の生活の中で自然と生まれる豊かな時間を素直に楽しんだりする機会が奪われてしまうのだ。

その結果、多くの人は、一分の隙もないスケジュールに縛られるような時間管理のツールやシステムに嫌気がさしてしまった。そして彼らは、人間関係や自分の自然なニーズ、充実感の得られる人生を選ぼうと、第三世代の長所も短所も全部放り出し、第一世代か第二世代の時間管理テクニックに逆戻りしたのである。

しかし今、これまでの三つの世代とは根本的に異なる第四世代が生まれている。この新しい波は、「時間管理」という言葉そのものが間違っているという考え方だ。問題は時間を管理することではなく、自分自身を管理することだからだ。人が満足できるのは、自分が期待したことを、期待どおりに達成できたときである。そして、何を期待するかも満足感を左右する。その期待（満足）は、影響の輪の中にあるのだ。

第四世代は、**モノ**や**時間**には重点を置かない。この新しい波が目指すのは、**人間関係**を維持し、強くしながら、**結果**を出すことである。簡単に言えば、Ｐ／ＰＣバランスを維持することである。

第Ⅱ領域

第四世代の時間管理の中心をなす考え方を、次ページにあるような時間管理のマトリックスで表してみた。私たちは基本的に、これら四つの領域のどれかに時間を使っている。

このマトリックスを見るとわかるように、活動を決める要因は、**緊急度**と**重要度**の二つである。**緊急**の活動とは、今すぐに取りかからなければならない活動である。「早く！」と私たちを急き立てる用事だ。電話が鳴っていれば、電話に出るのは緊急の用事である。鳴っている電話を放っておいて平気でいられる人はまずいないだろう。

何時間もかけて資料を揃え、身だしなみを整え、重要な仕事の話で誰かのもとにわざわざ足を運んだとしよう。話し合いの途中で電話が鳴りだせば、その相手はあなたよりも電話を優先するはずだ。

あなたが誰かに電話して、電話に出た相手が「一五分で戻ってくるから、そのまま切らずに待っていて」などと言って待たせることはまずないだろう。それなのに、大切な来客よりも電話を優先して待たせることはよくある。

時間管理のマトリックス

	緊急	緊急でない
重要	**第Ⅰ領域** 活動： 危機への対応 差し迫った問題 期限のある仕事	**第Ⅱ領域** 活動： 予防、PCを高める活動 人間関係づくり 新しい機会を見つけること 準備や計画 心身をリラックスさせること
重要でない	**第Ⅲ領域** 活動： 飛び込みの用事、多くの電話 多くのメールや報告書 多くの会議 無意味な接待や付き合い 期限のある催し物	**第Ⅳ領域** 活動： 取るに足らない仕事、雑用 多くのメール 多くの電話 暇つぶし 快楽だけを追求する遊び

緊急の用事は、たいていは目に見える。早くやれ、と私たちを急き立てて、何としても私たちを引き込もうとする。緊急の用事はいつも、私たちの目の前に現れる。緊急の用事ができると俄然張り切る人も少なくない。緊急の用事の中には、楽しいこと、簡単にできること、面白いこともたくさんあるからだ。しかしほとんどは重要な用事ではない。

一方、**重要**度は結果に関係する。重要な用事は、あなたのミッション、価値観、優先度の高い目標の実現につながるものである。

私たちは、緊急の用事には**受動的に反応**（react）する。だが、緊急ではないが重要なことをするには、率先力と主体性が要る。機会をとらえたり、物事を実現させたりするには、**能動的に動く**（act）ことが必要なのだ。第２の習慣が身についておらず、何が重要なのか、人生において追求する結果をはっきりと思い描けていない人は、緊急の用事ばかりに簡単に反応し、人生の目的からそれていってしまう。

ここで、時間管理のマトリックスの四つの領域を見てほしい。第Ⅰ領域は、緊急で重要な領域である。この領域に入る活動は、緊急に対応する必要があり、なおかつ重大な結果につながるものである。私たちは一般的に、第Ⅰ領域を「危機」とか「問題」と言う。誰でも、日々の生活の中で第Ⅰ領域に入る問題に直面することはある。ところが多くの人が、第Ⅰ領域に一日中浸かっている。それは、まるで危機的状況にあるマネージャーであり、問題ばかりを考える人であり、常に締め切りに追われている人のようになる。

第Ⅰ領域ばかりを意識していると、第Ⅰ領域だけがどんどん大きくなり、やがてあなたを支配してしまう。それは浜辺に打ち寄せる波のようなものだ。大きな問題が打ち寄せてきてあなたを押し倒しては、引いてゆく。何とか起き上がったと思ったら、すぐに次の波が押し寄せてきて、あなたはまたも倒れる。その繰り返しである。

このように毎日、次から次へと押し寄せる問題に打ちのめされている人たちがいる。彼らが唯一逃げ込める場所は、緊急でも重要でもない第Ⅳ領域である。だから、彼らのマトリックスを見ると、時間の九〇％が第Ⅰ領域に費やされ、残りの一〇％は第Ⅳ領域に入ってしまう。第Ⅱ領域と第Ⅲ領域はほとんど見向きもされていない。危機に追われる人たちはこういう生き方をしているのである。

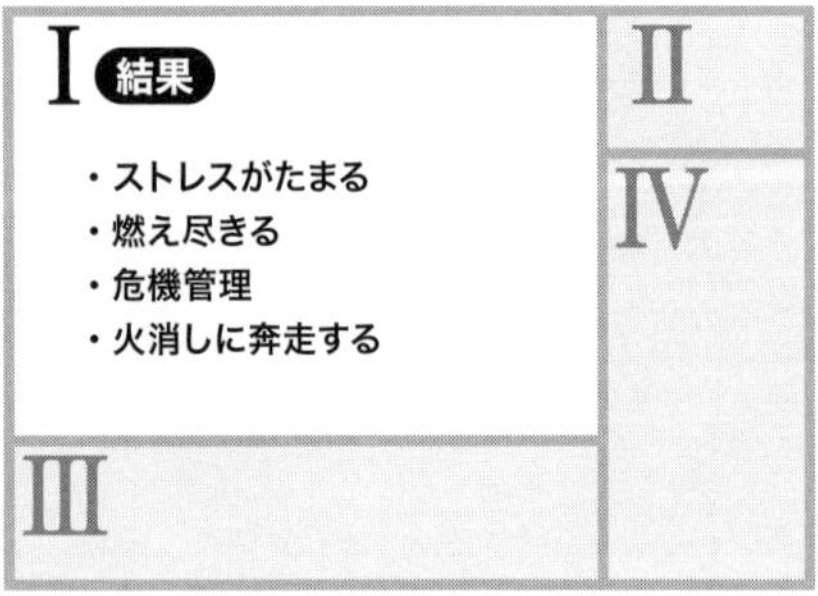

緊急だが重要ではない第Ⅲ領域の用事を第Ⅰ領域の用事と思い込み、それに多くの時間を費やす人もいる。緊急だから重要なのだと思い込み、緊急の用事のすべてに反応し、ほとんどの時間を使ってしまうのだ。だが、それらの用事は自分にとって緊急なのではなく、ほとんどは他者の仕事の優先順位からきているのであり、早く対応してほしいと期待されていることなのである。

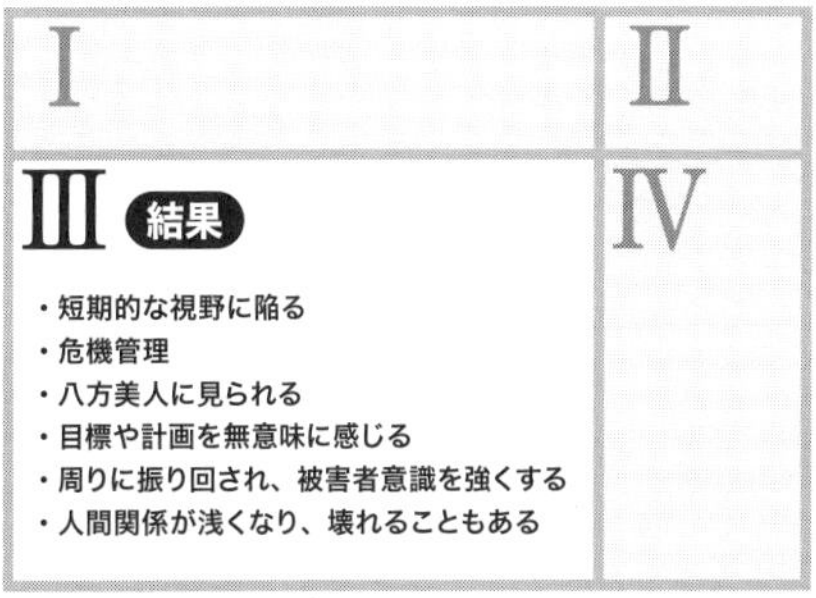

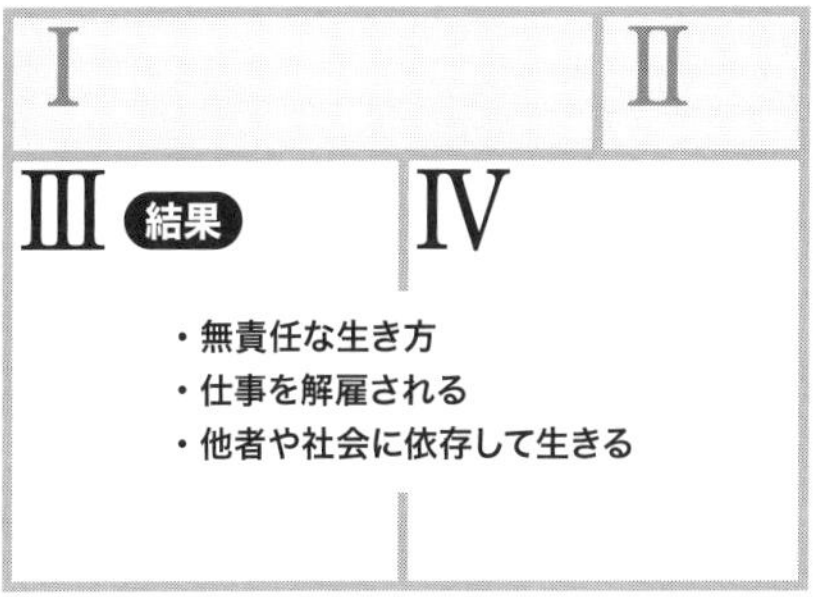

第Ⅲ領域と第Ⅳ領域だけに時間を使っている人は、根本的に無責任な生き方をしている。

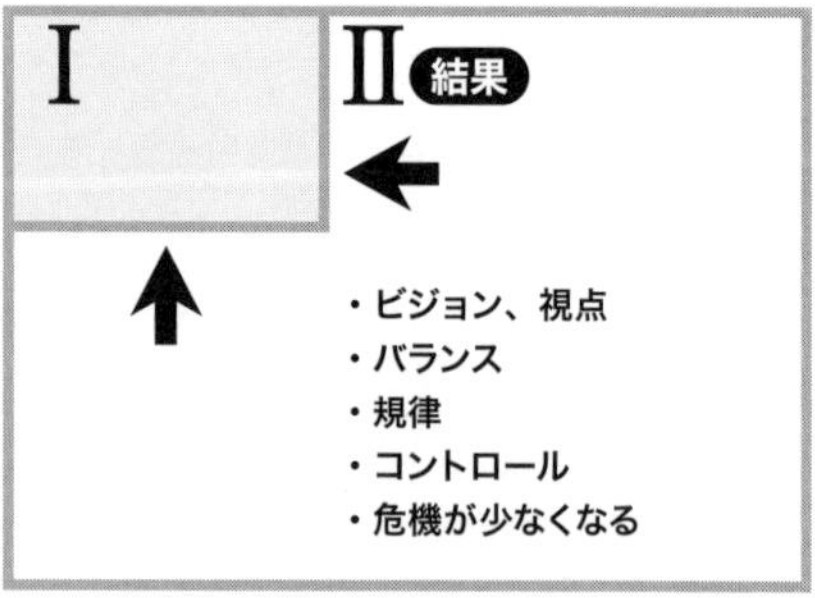

効果的な人々は、第III領域と第IV領域を避けようとする。この二つの領域に入る用件は、緊急であろうがなかろうが、重要ではないからだ。彼らはまた、できるだけ第II領域の活動に時間をかけ、生活の中で第I領域が占める割合を小さくしていく。

第II領域は、効果的なパーソナル・マネジメントの鍵を握る領域である。この領域に入るのは、緊急ではないが重要な活動である。人間関係を育てる、自分のミッション・ステートメントを書く、長期的な計画を立てる、身体を鍛える、予防メンテナンスを怠らない、準備する。こうした活動はやらなければいけないとはわかっていても、緊急ではないから、ついつい後回しにしてしまうことばかりだ。効果的な生き方のできる人は、これらの活動に時間をかけているのである。

ピーター・ドラッカーの言葉を借りれば、効果的な人々は「問題ではなく機会に着目する」のである。機会に餌を与え、問題を飢えさせるのだ。先を見て対策を講じる。彼らとて第Ⅰ領域の危機や緊急事態に直面することはある。もちろん、そのときはすぐに対応しなければならないが、そうした状況になることが他の人たちに比べると少ない。彼らは緊急ではないが重要なこと、自分の能力を大きく伸ばす第Ⅱ領域の活動に時間を使い、P／PCバランスをうまくとっているのだ。

この章の冒頭であなたに二つの質問を出し、答えてもらっていた。時間管理のマトリックスを念頭に置き、あなたの答えを考えてみよう。あなたの答えはどの領域に入るだろうか。重要な活動だろうか、緊急の活動だろうか。

おそらく、第Ⅱ領域に入るはずだ。とても重要なことではあるのは明らかだが、急を要することではない。急を要さないから、まだ手がついていないのではないだろうか。

もう一度質問を見てみよう。

質問一　現在はしていないが、もし日頃から行っていれば、あなたの私生活に大きくポジティブな結果をもたらすと思うことを一つ挙げるとしたら、それは何だろうか？

質問二　同様に、あなたの仕事や専門分野で、ポジティブな結果をもたらすと思うことを一つ挙げるとしたら、それは何だろうか？

このような効果をもたらす活動は、どれも第Ⅱ領域に入る。それを実行すれば、私たちの生き方ははるかに効果的になるのである。

あるショッピングセンターのマネージャーに同じ質問をしてみた。「日頃から行えば、あなたの仕事に大きくポジティブな結果をもたらすと思うことを一つ挙げるとすれば何ですか？」するとほとんどのマネージャーから同じ答えが返ってきた。ショッピングセンターに入っている店の店長たちと有益な人間関係を築くこと、である。これは第Ⅱ領域に入る活動だ。

次に、彼らがその活動に割いている時間を分析してみた。結果はどうかというと、勤務時間の五％にも満たなかった。むろん、それにはそれなりの理由がある。次から次へと問題が起こるのだから、どうしようもないと皆口々に話す。報告書を書かなければならないし、会議もある。問い合わせに対応しなければならないし、電話をかけなければならない用事や中断に次ぐ中断もある。彼らは第Ⅰ領域の用事に朝から晩まで追われていたのである。

テナントの店長たちとコミュニケーションをとる時間がないも同然だった。かろうじて話す機会といえば、テナント料の集金とか、広告の打ち合わせとか、ショッピングセンターの規則違反を注意するとか、契約に関することばかりで、ネガティブなエネルギーに満ちていた。人間関係を築くコミュニケーションとはほど遠いものだ。

一方、テナントの店長たちは、成長どころか、日々生き延びることに四苦八苦していた。店員の雇用、コスト、在庫等々、頭を悩ます問題を山ほど抱えていた。ほとんどの店長は経営の教育を受けたことはなく、何人かはビジネスでは優秀な人もいたが、助けが必要だった。だから、ショッピングセンターのマネージャーとはできれば顔を合わせたくなかったのである。彼らにしてみれば、マネージャーとのコミュニケーションは問題が一つ増えるだけだった。

そこで、マネージャーたちは主体的に行動することにした。自分たちの目的、価値観、優先すべきことを決め、それに従って勤務時間の三分の一をテナントの店長たちとの関係づくりに使うことにしたのである。

私がこのショッピングセンターのマネージャー研修に関わった一年半の間に、テナントとの関係改善に費やされる時間は二〇%くらいに増えた。以前の四倍以上である。それだけでなく、彼らは自分の役割も見直した。店長たちの聴き役に回り、トレーナーとなり、コンサルタントになったのである。店長たちとの交流の時間は、ポジティブなエネルギーに満ちあふれるようになった。

それは絶大な効果を発揮した。時間やテクニックよりも、人間関係や目的の達成に目を向けることによって、ショッピングセンターは売上を伸ばし始めた。新しい経営手法を学んだテナントは経営を軌道に乗せ、マネージャーたちはより効果的になり、充実感を感じられるようになり、新規のテナント希望者が増え、現在のテナントの売上増に伴って賃貸料収入も増えた。マネージャーたちは警察官のようにテナントを見張る立場ではなく、問題を解決する協力者になったのである。

大学生、組立ラインの労働者、主婦、ファッションデザイナー、会社の社長、誰であれ、第Ⅱ領域に何があるのか自分に問いかけ、それらの活動に主体的に取り組めば、このショッピングセンターと同じような結果が得られる。あなたの効果性は飛躍的に向上するだろう。先を見て考え、問題の根っこに働きかけ、危機に発展する前に対処するのだから、第Ⅰ領域の危機や問題は管理できる範囲まで減っていき、たとえ問題が発生してもすぐに解決できるようになる。時間管理の世界では、これをパレートの法則という。つまり、活動の二〇％が結果の八〇％を生むのである。

「ノー」と言うためには

第Ⅱ領域に使える時間をつくるには、第Ⅲ領域と第Ⅳ領域の時間を削るしかない。第Ⅱ領域の予防や準備の活動に力を入れていれば、緊急で重要な活動の第Ⅰ領域は徐々に小さくなっていくが、最初からこの領域を無視するわけにはいかない。とりあえずは、第Ⅲ領域と第Ⅳ領域から第Ⅱ領域の時間を捻出するしかない。

第Ⅱ領域の活動には自分から主体的に取り組まなくてはならない。さもないと、第Ⅰ領域や第Ⅲ領域にすぐに飲み込まれてしまう。第Ⅱ領域の重要な最優先事項に「イエス」と言うためには、他の用事がいくら緊急に見えても、「ノー」と言うことを学ばなければならないのだ。

しばらく前、妻が地域活動の委員会から委員長になってほしいと頼まれた。その頃、妻はそれこそ重要な仕事をたくさん抱えていたから、本当は引き受けたくはなかった。しかし再三の依頼にどうしても断りきれず、とうとう承諾してしまった。

それから妻は親友に電話し、この委員会の委員になってくれるよう頼んだ。友人はしばらく話を聴いてから言った。「サンドラ、本当に素晴らしいプロジェクトだと思うわ。きっとやりがいがあるでしょうね。声をかけてくれてうれしいわ。光栄よ。でもね、いろいろと事情があって、どうしても都合がつかないの。今回は遠慮させていただくわ。でも、あなたが声をかけてくださって、本当にうれしいのよ。ありがとう」

妻は説得する手だてをいろいろ考えていたが、こんなふうに明るくはっきりと「ノー」と言われては、さすがになすすべがなかった。彼女は私のほうを振り向き、ため息まじりに言った。「私もあんなふうに言えばよかったわ」

私はなにも、意義ある奉仕活動には関わらないほうがいいと言っているわけではない。このような活動は大切だ。だが、自分にとって一番重要なこと、もっとも大切にするべきことを決めたら、それ以外のことには勇気を持って、明るくにこやかに、弁解がましくなく「ノー」と言えなければならない。ためらわずに「ノー」と言うためには、それよりも強い「イエス」、もっと大事なことが、あなたの内面で燃えていなくてはならない。多くの場合、「最良」の敵は「良い」である。

あなたは何かに対しては必ず「ノー」と言ってきたことを思い起こしてほしい。目の前に現れた用事が緊急に見えなかったとしても、それははるかにもっと重要で、あなたの人生そのものに関わる事柄だったのかもしれない。緊急な用事が「良い」ものであっても、それを端から受け入れていたら、あなたにとって「最良」のものに手が回らなくなる。あなたにしかできない貢献ができなくなるのである。

ある総合大学で広報ディレクターを務めていたとき、実に主体的でクリエイティブで才能豊かなライターを採用した。採用から数ヵ月経ったある日、私に回ってきた緊急の仕事を彼に頼みに行った。

彼の返事はこうだった。

「先生からのご依頼でしたら何でもしますが、その前に私の状況を説明させていただけませんでしょうか」

そして彼はホワイトボードがある所に私を連れて行った。そこには、彼が取り組んでいる二十数件の仕事、それぞれの締切りと評価基準が書いてあった。どれもすでに話し合いで決まっていた仕事ばかりである。彼はきちんと自己管理ができる人物だった。だからこの緊急の仕事も、頼むなら彼しかいないと思ったのである。「ものを頼むなら、忙しい人に頼め」と昔から言うではないか。

次に彼はこう言った。

「先生が今おっしゃっている仕事は数日かかります。それを入れるとなると、このボードにある仕事のどれを遅らせるか、キャンセルすればいいでしょうか?」

私はいずれにしても責任を取りたくなかった。私は単にそのとき緊急事態に対応しようとしていただけだった。そんな理由で有能なスタッフの仕事を邪魔したくはなかった。彼に頼もうとしていたのは緊急の仕事だったが、重要ではなかった。だから緊急対応を行う別のマネージャーに頼むことにした。

誰でも毎日、多くの物事に対して「イエス」か「ノー」を選択している。正しい原則を生活の中心に置き、人生のミッションを自覚していれば、そのつど効果的に判断をする知恵を持てるようになる。

私は、いろいろな組織やグループにコンサルティングの仕事をするとき、自分の時間と人生を効果的にマネジメントする方法は、バランスよく優先順位をつけ、それを実行することだと教えている。それから次のような質問をする。「次の三つのうち、あなたの一番の弱点はどれだろう？　①**優先順位**を決められない　②優先順位に従って**計画**を立てられない、または計画しようという意欲がない　③計画に従って行動するように自分を**律する**ことができない」

するとほとんどの人は、一番の弱点は三番目だと答える。しかしよく考えてみれば、そうではないと私は思う。根本的な問題は、彼らの言っている「優先順位」が頭と心に深く根づいていないことだ。要するに、第2の習慣がしっかりと身についていないのである。

第Ⅱ領域という言葉を認識していようがいまいが、そこに入る活動が大切であることは誰もがわかっている。だから、それらの活動に高い優先順位をつけ、何とか自分を律して生活に取り入れ、実践しようと努力する。しかし、ミッション・ステートメントを定め、原則を生活の中心に置いていなければ、その努力を続けていくための土台がないのである。自分が自然にとる態度や行動、いわば表に出ている「葉っぱ」だけに働きかけて、その基となっている「根っこ」――自分の基本のパラダイム――を見つめ、それが正しいかどうか考えてみようともしないからだ。

第Ⅱ領域を重視するパラダイムは、原則中心の考え方から生まれる。仮にあなたが配偶者を人生の中心に据えていたら、あるいはお金、友人、娯楽、その他の外的要因に中心を置いていたら、それらの影響力に反応し、第Ⅰ領域と第Ⅲ領域に簡単に逆戻りしてしまうだろう。自分自身に中心を置いていても、その時どきの衝動に負けて、やはり第Ⅰ領域と第Ⅲ領域に押し戻される。意志の力だけでは、自分中心の生き方を効果的に律することはできないのである。

建築の世界には、「**形態は機能に従う**」という言葉がある。これと同じで、マネジメントはリーダーシップに従う。あなたの時間の使い方は、あなたが自分の時間や優先すべきことをどうとらえているかで決まる。原則中心の生き方と個人的なミッションに基づいて物事の優先順位を決め、それがあなたの心と頭に深く根づいているなら、あなたにとって第Ⅱ領域は、自然と喜んで時間をかけたい場所になるはずだ。

自分の中で大きな「イエス」が赤々と燃えていなければ、忙しくしているだけでそれなりの満足を得られる第Ⅲ領域の仕事や、気楽に時間をやり過ごせる第Ⅳ領域に逃げ込む誘惑にきっぱりと「ノー」と言うことはまずできない。自分が持っているプログラムを見つめる自覚があれば、想像力を働かせ、良心に従って、原則中心の新しい、自分だけのプログラムを書くことができる。そのプログラムこそが、あなたにとっての「イエス」となり、それ以外の大切ではない用件に心から微笑んで「ノー」と言える意志の力を持つことになるのだ。

第Ⅱ領域に入るためには

第Ⅱ領域に時間を使うことが、明らかに効果的なパーソナル・マネジメントの要であるならば、「最優先事項を優先する」ためには、優先すべきことをどのように計画し、実行すればよいのだろうか。

時間管理の第一世代には、そもそも優先順位という概念がない。メモやｔｏ ｄｏ（すべきこと）リストがあるだけで、やったことを一つずつ線で消していけば、その瞬間は達成感を味わえる。しかしリストに書いてある用事に優先順位はついていないし、自分の人生においてもっとも重要な目的と価値観に結びついているわけでもない。単に自分の意識に引っかかり、やらなくてはと思ったことに端から反応しているだけなのである。

多くの人は、この第一世代のパラダイムで自分をマネジメントしている。これが一番抵抗の少ない方法であり、進みやすい道だからだ。痛みもストレスも感じないし、「流れに乗っていく」のは楽だ。外から押しつけられた規律とスケジュールに従っていれば、結果がどうあれ自分には責任がないと感じるだけだ。

しかし、第一世代のマネジメント・テクニックに従う人は、当然のことながら効果的な人ではない。実りある結果はほとんど生み出せないし、成果を生み出す能力（ＰＣ）を育てるライフスタイルとはほど遠い。外の力に振り回されるだけで、周りからは頼りなく無責任な人間だと見られ、自分自身を律するほんのわずかな感覚や自尊心しか持てなくなってくる。

第二世代のマネジメント・テクニックに従う人は、これよりも少しは時間を管理できるようだ。前もって計画し、予定を立てる。約束の時間には必ず姿を見せるから、責任ある人間と見られる。

ところが、彼らがスケジュールに組み込む活動にも優先順位はついていないし、深い価値観や目標を意識して計画を立てているわけでもない。だから意味のある結果はほとんど出せず、ひたすらスケジュールを守ることだけが目的になってしまう。

第三世代になると、大きく進化する。第三世代に従っている人たちは、価値観を明確にし、目標を設定する。毎日予定を立て、活動の優先順位を決める。

先ほど述べたように、現在の時間管理テクニックのほとんどはこの第三世代である。ところが、第三世代にも決定的な限界がいくつかある。第一に、視野が限られる。一日単位で計画を立てていたら、高い視点から広く見渡さなければ見えない重要なことが計画から抜け落ちる。「日々の計画」という言い方自体、緊急の用事だけに目がいきすぎている。とにかく「今」が重要だとなる。第三世代になれば活動に優先順位をつけるが、それらの活動が本当に重要なのかどうかを問うことはない。原則、自分のミッション、役割、目標に照らし合わせてみることもしない。たとえ価値観に従って計画を立てるにしても、基本的には第Ⅰ領域と第Ⅲ領域に入る問題や、その日に起こった危機的状況の処理に優先順位をつけているアプローチにすぎない。

それに加えて、第三世代の時間管理テクニックには、人生における個々人のさまざまな役割をバランスよく管理する視点が欠けている。現実を無視してスケジュールを詰めこみすぎるから、どうしてもストレスがたまり、計画を放り出して第Ⅳ領域に逃げ込みたい欲求も頻繁に湧き起こる。効率だけを追求する時間管理のせいで、人間関係を育てるどころか、関係が殺伐としてくるのだ。

第一、第二、第三世代はどれも、何らかの管理ツールの価値を認めているが、残念ながらどのツールも、原則中心の生き方、第Ⅱ領域の生活をサポートするツールにはなっていない。第一世代のメモ帳やｔｏ ｄｏリストは、ふと気づいたことを忘れないように書き留めることしかできない。第二世代の予定表やカレンダーは、約束を書き込んでおくだけのものであって、約束した時間に約束の場所に行けるだけのことである。

第三世代には多種多様なツールがあるが、基本的には第Ⅰ領域や第Ⅲ領域の活動に優先順位をつけて計画を立てるのを手助けするだけで終わっている。多くのトレーナーやコンサルタントは第Ⅱ領域に含まれる活動の重要性を承知しているが、第三世代のプランニング・ツールやマネジメント・ツールは結局、第Ⅱ領域を中心にした計画と実行をサポートするものにはなっていない。

前の世代を土台にして第三世代まで積み上がってきたのだから、それぞれの世代の長所やツールの一部が第四世代の考え方に生かされているのは確かである。しかし第四世代はまったく新しい次元であり、原則中心の生き方ができ、第Ⅱ領域に入って、自分にとってもっとも重要なことを自分自身で管理するパラダイムと実行を与えてくれる。

第Ⅱ領域ツール

第Ⅱ領域の時間管理は、人生を効果的に生きることを目的としている。正しい原則の中心に従い個人的なミッションを認識し、緊急の用事だけでなく、自分にとって重要なことにも目を向けて生活し、P（成果）とPC（成果を生み出す能力）のバランスをとりながら、PとPCの両方を高めていくことである。

第Ⅲ領域や第Ⅳ領域という些細な事柄に埋もれ、毎日の時間を費やしている人にとっては、安易な覚悟で取り組めるものではない。しかし、達成しようと日々努力しているうちに、やがて個人の効果性に驚くべきインパクトをもたらす。

第Ⅱ領域活動のための時間管理ツールは、次の六つの基準を満たしていなければならない。

● **一貫性**――一貫性とは、あなたのビジョンとミッション、役割と目標、優先順位と計画、そして、自分の望みと自制心に食い違いがなく、調和と結束、誠実さがあることだ。したがって、時間管理のツールには個人のミッション・ステートメントを書き込む欄を設けて、折に触れて確認できるようにしておくとよい。また、自分の役割、それぞれの役割の短期目標と長期目標も書き込めるようにしておく。

● **バランス**――時間管理ツールは、あなたの人生全体のバランスがとれるように手助けしてくれるものでなくてはならない。自分のさまざまな役割を明確にし、ツールに書き込んでおけば、健康、家族、仕事、自己啓発など重要な事柄をおろそかにすることなく生活を送れる。

私たちは心のどこかで、一つの分野で成功すれば別の分野で失敗しても補えるはずだと思っている。しかし、本当にそうだろうか。場合によっては、少しの間ならばそれもあるかもしれない。しかしいくら仕事で成功しても、破綻した夫婦関係を補えるだろうか。病気になってしまったら元も子もないし、仕事ができても人格の弱点をカバーできるものではない。本当に効果的な人生を生きるには、バランスが不可欠である。だから第Ⅱ領域の時間管理ツールも、生活のバランスを確立し、維持するための工夫が必要である。

● **第Ⅱ領域へのフォーカス**――第Ⅱ領域に意識を向けさせ、動機づけ、第Ⅱ領域にかけるべき時間を実際にとれるように促してくれるツールが必要であり、それによって危機的な事柄を優先するのではなく、そうした状況を予知・予防することができるようになる。私は、**一週間**単位で計画を立てるのが一番よいと思う。必要なら一日単位で修正し、優先順位を入れ替えることもできるが、あくまでも週全体の計画を立てることがポイントである。

週単位で計画を立てると、一日単位で計画するよりもはるかにバランスがよくなり、流れもスムーズになる。人間の社会はおおむね、一週間は一まとまりの完結した時間として認識されているようである。会社や学校など社会の多くの活動が一週間を単位にしており、一週間の何日か集中して活動したら休むというリズムで社会は動いている。ユダヤ・キリスト教文化では七日のうち一日を安息日とし、自分を高めるための日と理解している。

ほとんどの人は週単位でものを考えている。だが第三世代のツールはたいてい一日単位で区切られている。これでは毎日の活動の優先順位はつけられるかもしれないが、基本的には緊急の用事と雑事の処理のスケジュールを立てているにすぎない。**大切なことは、スケジュールに優先順位をつけることではなく、優先すべきことをスケジュールにすることなのである。**そのためには一週間単位で計画するやり方が最適である。

● **人間関係重視**——時間管理のツールは、スケジュールだけでなく人間関係にも配慮できるものでなくてはならない。時間の使い方だけなら**効率**で考えてもかまわないが、人間関係はそうはいかない。原則中心の生き方をしている人は、人間関係を**効果**の観点からとらえる。第Ⅱ領域に時間をかけ、原則中心の生活を送ろうとするなら、スケジュールを曲げても人間関係を優先しなければならないことがある。ツールには、このような価値観も含まれていなければならず、スケジュールどおりに進まなかったとしても自己嫌悪を感じずに重要なことを優先できることを手助けするものでなければならない。

● **柔軟性**——あなたがツールを使うのであって、ツールに使われてはいけない。あなたが使いやすいように、自分のライフスタイル、ニーズ、やり方に合わせたツールにすることが大切である。

● **携帯性**——ツールは持ち運びできるものにする。いつも身近にあれば、電車やバスの中で自分のミッション・ステートメントを読み直すこともできる。何か新しいチャンスに巡り合ったとき、すでに入っている予定と比べて、どちらをとるかその場で判断することもできる。持ち運びできるツールなら、大切なデータをいつでも手の届くところに置いておける。

第Ⅱ領域は効果的なセルフ・マネジメントの鍵を握っている。だから、第Ⅱ領域にあなたの意識を向けさせるツールが必要だ。私は第四世代の時間管理について考え、ここに挙げた六つの基準を満たすツールを開発した。しかし第三世代のツールでも、少し手を加えれば第四世代として使えるものもある。原則さえ理解できていれば、実践の方法やツールは人それぞれでかまわない。

第Ⅱ領域をセルフ・マネジメントする

私がこの本に書きたいことは、効果的な人生を生きるための原則であり、それを実践する方法ではない。しかし、時間管理の第四世代の考え方や効果をよく理解してほしいので、原則中心の第Ⅱ領域に基づいて一週間の計画をここで実際に立ててみたい。

第Ⅱ領域を中心にして計画を立てるときは、次の四つのステップを踏む。

一．役割を明確にする――第一段階では、あなたの重要な役割を紙に書いてみよう。もし人生における自分の役割を真剣に考えたことがないのなら、思いついたものから書いていってかまわない。まず、個人としての役割がある。家族の一員としての役割なら一つ以上書いてほしい。夫・妻、母親・父親、息子・娘、あるいは家族の範囲をもっと広げれば、祖父母、おば、おじ、いとこなどの役割もあるかもしれない。仕事上の役割に関しては、定期的に時間と労力をかけたい分野が複数あればそれも書き出しておくとよいだろう。教会やコミュニティ活動に参加しているなら、その役割もある。

これから生涯変わらない役割でなければいけない、などと大げさに考える必要はない。次の一週間だけを考え、その七日間に時間をかけたい分野を書けばそれでいい。

ここで、二人の人が書いた役割の例を挙げておこう。

（例1）
1 個人
2 配偶者／親
3 マネージャー（新製品開発）
4 マネージャー（リサーチ）
5 マネージャー（人材開発）
6 マネージャー（経営管理）
7 ユナイテッド・ウェイ会長

（例2）
1 自己啓発
2 配偶者
3 親
4 不動産セールス・パーソン
5 コミュニティ奉仕活動
6 交響楽団理事会メンバー

二．目標設定――次は、それぞれの役割について、これからの一週間で達成したい重要な成果を、一つか二つ考え、それを目標として書き込む（次ページ参照）。

これらの目標のいくつかは、第Ⅱ領域の活動に関係するものにする。できれば、ミッション・ステートメントを書いたときに明確にした長期的目標に結びついているとよい。まだミッション・ステートメントを書いていなくても、一つひとつの役割に目標を決めていくうちに、何が大事なのかわかってくるはずだ。

三．スケジューリング――ここでいよいよ、ステップ二．で決めた目標を念頭に置いて、それらを達成するために必要な時間を一週間のスケジュールに組み込んでいく。仮にあなたの目標がミッション・ステートメント

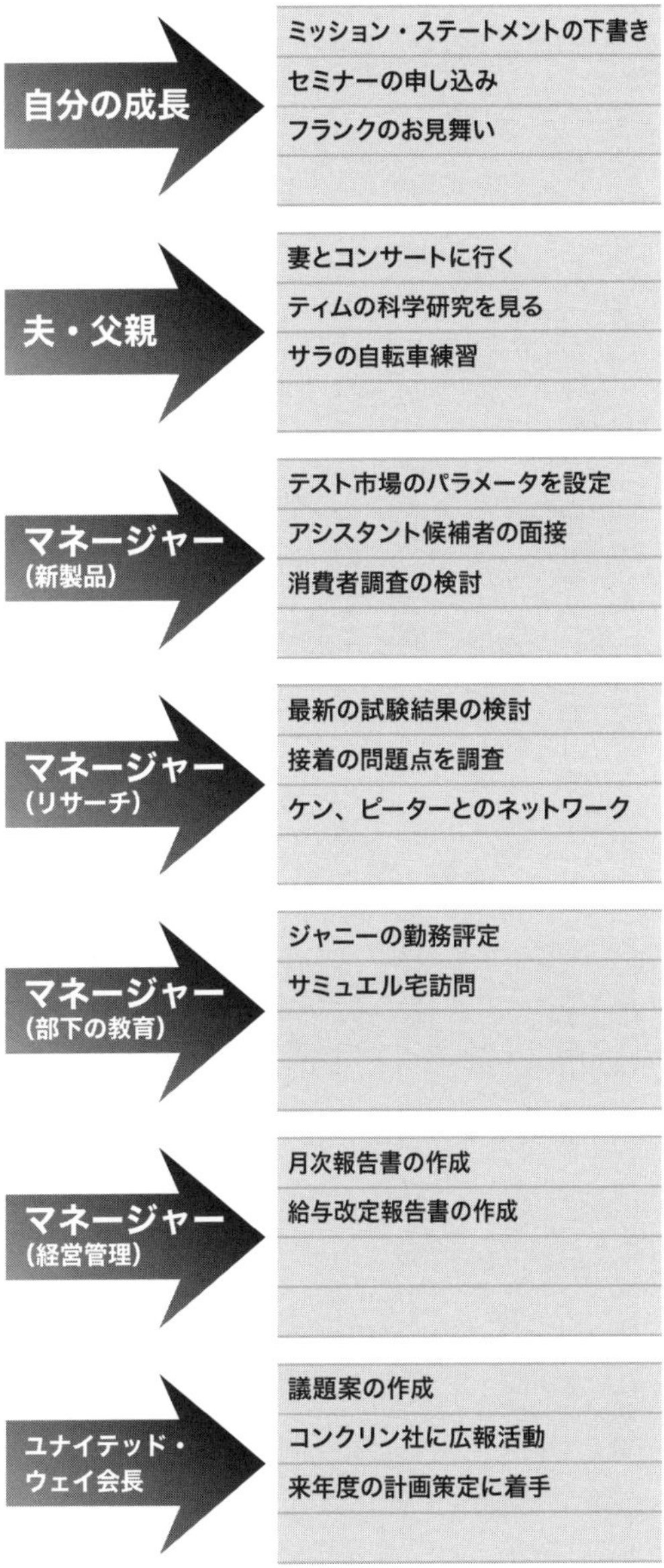

自分の成長	ミッション・ステートメントの下書き
	セミナーの申し込み
	フランクのお見舞い

夫・父親	妻とコンサートに行く
	ティムの科学研究を見る
	サラの自転車練習

マネージャー（新製品）	テスト市場のパラメータを設定
	アシスタント候補者の面接
	消費者調査の検討

マネージャー（リサーチ）	最新の試験結果の検討
	接着の問題点を調査
	ケン、ピーターとのネットワーク

| マネージャー（部下の教育） | ジャニーの勤務評定 |
| | サミュエル宅訪問 |

| マネージャー（経営管理） | 月次報告書の作成 |
| | 給与改定報告書の作成 |

ユナイテッド・ウェイ会長	議題案の作成
	コンクリン社に広報活動
	来年度の計画策定に着手

メントの第一稿を書くことなら、日曜日に二時間はあけたいと思うだろう。日曜日なら自己啓発の活動には最適だし、次の週の計画を立てるにしても区切りがいい。平日の現実から一歩離れ、自分の内面でインスピレーションを探り、原則と価値観に照らし合わせて自分の人生を見渡すよい機会になる（もちろん日曜日でなくとも、あなたの事情に合わせて何曜日でもかまわない）。

運動で身体を鍛えることを目標にしているなら、一週間のうち三、四日、あるいは毎日一時間ずつ充てるかもしれない。目標によっては会社にいる時間にしかできないこともあるだろうし、子どもたちが家にいる土曜日にしか時間をとれない場合もあるだろう。ここまでくれば、一日単位でなく一週間単位でスケジュールを組むメリットが見えてきただろうか。

役割を明確にして目標を設定したら、それぞれの目標を優先事項として、決まった日に割り当てることができる。その目標の活動を約束事として決めてしまえばなおよい。ここで、年間や月間のカレンダーを見て、すでに入っている約束をチェックする。自分の目標に照らしてそれらが本当に重要な活動かどうか判断し、重要であれば一週間のスケジュールに組み込み、そうでなければ別の日に移すか、キャンセルする。

二二六ページに一週間のスケジュール表を載せてあるので、一九のタスクの中に第Ⅱ領域活動がどのように配分され、具体的な活動計画として組み立てられているか確かめてみてほしい。さらに、ページの左上に「刃を研ぐ」という見出しのついた囲みがある。ここには、人間だけに授けられた四つの側面(肉体、社会・情緒、知性、精神)のそれぞれを再生させる活動を書き込む。「刃を研ぐ」は第7の習慣であり、後ほど詳しく説明するが、これも第Ⅱ領域に入る重要な活動である。

一週間に一九個もの目標に取り組む時間をとっても、スケジュール表にはまだ余白がたくさん残っている! 第Ⅱ領域の活動を中心に一週間のスケジュールを立てれば、最優先事項を優先するだけでなく、予期していなかったことが起こっても対応でき、必要ならばスケジュールを変更できる。もちろん、人間関係を大切にし、人付き合いをおろそかにすることもなくなり、自発的な生活を心から楽しむことができる。それもこれも、自分の人生のあらゆる役割で重要な目標を達成するために、主体的に一週間の計画を立てたのだと自覚できているからなのだ。

四．一日単位の調整――第Ⅱ領域を中心にした一週間の計画を立てていれば、毎日の計画は、その日の用事の優先順位を決めるだけで、予定外の出来事への対応や人との約束、有意義な経験に対応できるようになる。

毎朝、数分程度スケジュール表を見直せば、一週間の計画を立てたときに価値観に基づいて決めた目標を再確認できるし、予定外のことが起きていればスケジュールを調整できる。その日の予定を見渡すと、あなたの内面にある本来のバランス感覚が、あなたの役割と目標に自然なかたちで優先順位をつけていることがわかるはずだ。個人のミッションを意識できているからこそ、右脳の働きで優先順位が無理なくすんなりと決まるのである。

それでも、毎日の活動は第三世代のテクニックを使ってA、B、Cや1、2、3といった優先順位をつけ、整理したほうがよい場合もあるだろう。ある用事を重要か重要でないかと判断するのは誤った二者択一だ。重要度というのは相対的なものだから、この用事はあれと比べれば重要だくらいの差しかない。一週間単位の計画を活用して、日々第三世代の優先順位づけの手法を使えば、日々フォーカスすることに秩序をもたらす。

しかし、自分の人生のミッションや生活のバランスにどのように影響を与えるのか考えずに、ただやみくもに優先順位をつけていては、効果性を期待できない。やりたくはないことや、まったくやる必要のないことに優先順位をつけて実行する、などということにもなりかねない。

原則を中心にし、第Ⅱ領域に焦点を合わせて一週間の計画を立てる場合と、原則以外を中心にして一日ごとに計画を立てる場合との違いが見えてきただろうか。第Ⅱ領域に目を向けることによって、あなたの現在の効果性にもたらされる大きな変化を感じ始めているだろうか。

原則中心の生き方、第Ⅱ領域を重視して生活することによる劇的な効果は、私自身、身をもって体験している。私と同じようにして人生を大きく変えた人も何百人と見てきた。だから、本当に人生が変わる、そう自信を持って断言できる。ポジティブな方向へ飛躍的に変わるのだ。一週間の目標が正しい原則という大きな枠組みの中に入っていて、個人のミッション・ステートメントに一致している人ほど、効果的な人生に近づいていくのである。

第Ⅱ領域に生きる

ここでもう一度、コンピューターのたとえ話を思い出してほしい。第1の習慣が「あなたがプログラマーである」、第2の習慣が「あなたがプログラムを書く」ことだとすれば、第3の習慣は「あなたがプログラムを実行する」あるいは「プログラムどおりに生きる」ことである。プログラムの通りに生きるには、意志、自制心、誠実さ、決意が要る。さらに、短期的な目標とスケジュールだけでなく、あなたの目標やスケジュール、生き方そのものに意味とつながりを与える正しい原則、あなたのもっとも深い価値観に従って生きる覚悟も要るのである。

一週間の計画を立て、それを実行していく間には必ず、あなたの誠実さが試される場面が訪れるだろう。緊急だが重要ではない第Ⅲ領域の仕事を誰かから頼まれ引き受けたり、その人を喜ばせたいと思ったり、第Ⅳ領域という楽しみに逃げ込んでしまいたい誘惑にかられたりすると、計画していた第Ⅱ領域の大事な活動が圧迫され、押しやられてしまうおそれがある。しかし、原則中心の生き方ができていれば、自覚と良心に従い、このような場面でも心の安定は崩れず、自分の指針と知恵を働かせて、本当に優先すべきことを意志によって優先できるのである。

とはいえ、人間は全能ではないのだから、本当に優先すべきことがすべて事前にわかるとは限らない。どんなに吟味して一週間の計画を立てていても、正しい原則に照らしてみて、スケジュールを曲げてでも優先しなければならないさらに価値あることが発生することはある。原則中心の生き方をしていれば、そのような突発的な事態になっても、心穏や

長期的な計画

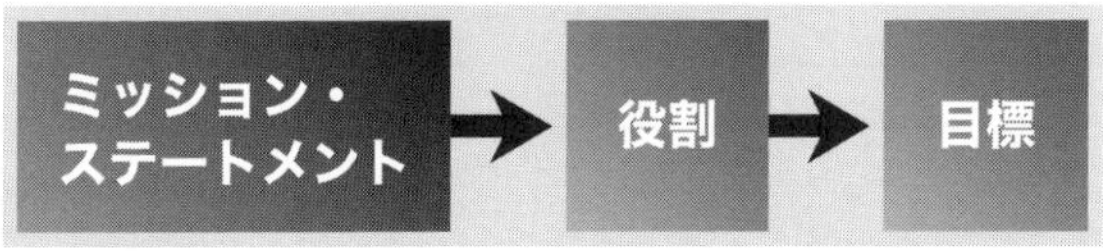

一週間の計画

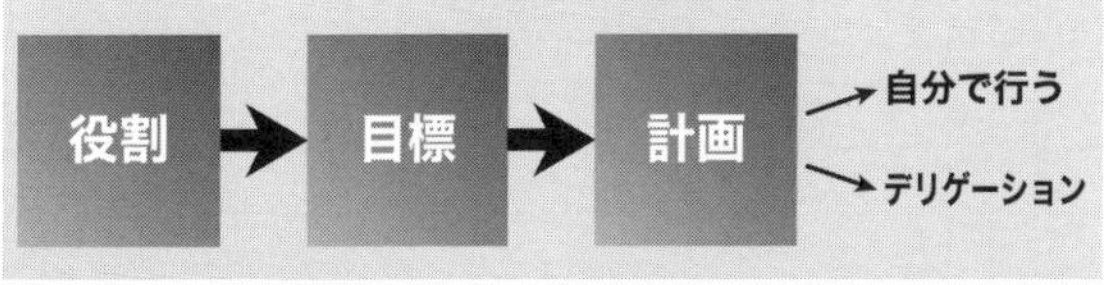

	日 Thursday	日 Friday	日 Saturday	日 Sunday
8				①ミッション・ステートメントの下書き
9	⑪接着の問題点を調査	⑩最新の試験結果の検討		
10				
11				
12		⑱コンクリン社に広報活動		
1				
2				
3	⑬ジャニーの勤務評定	⑮月次報告書の作成		
4				
5				
6	⑰議題案の作成			
7			④妻とコンサートに行く	
8	⑲来年度の計画策定に着手			

Daily Tasks	Daily Tasks	Daily Tasks	Daily Tasks
	⑭サミュエル宅訪問		

役割と目標
役割　刃を研ぐ
肉体
社会・情緒
知性
精神
役割　自分の成長
目標　①ミッション・ステートメントの下書き
②セミナーの申し込み
③フランクのお見舞い
役割　夫・父親
目標　④妻とコンサートに行く
⑤ティムの科学研究を見る
⑥サラの自転車練習
役割　マネージャー（新製品）
目標　⑦テスト市場のパラメータを設定
⑧アシスタント候補者の面接
⑨消費者調査の検討
役割　マネージャー（リサーチ）
目標　⑩最新の試験結果の検討
⑪接着の問題点を調査
⑫ケン、ピーターとのネットワーク
役割　マネージャー（部下の教育）
目標　⑬ジャニーの勤務評定
⑭サミュエル宅訪問
役割　マネージャー（経営管理）
目標　⑮月次報告書の作成
⑯給与改定報告書の作成
役割　ユナイテッド・ウェイ会長
目標　⑰議題案の作成
⑱コンクリン社に広報活動
⑲来年度の計画策定に着手

	日 Monday	日 Tuesday	日 Wednesday
8			
9			⑦テスト市場のパラメータを設定
10			
11	⑧アシスタント候補者の面接		
12			
1		⑨消費者調査の検討	
2			
3			
4	③フランクのお見舞い		
5			
6		⑤ティムの科学研究	
7	⑥サラの自転車練習		
8			

Daily Tasks	Daily Tasks	Daily Tasks
⑯給与改定報告書の作成	②セミナーの申し込み	⑫ケン、ピーターとのネットワーク

かに、スケジュールを変更できるのである。

私の息子の一人は一時期、スケジューリングや効率性の追求に首までどっぷりと浸っていた。ある日の予定は、それこそ分刻みで決まっていた。本を受け取りに行く、車を洗う、そしてことあろうに、ガールフレンドのキャロルと「別れ話をする」ことまでスケジュール表に書き込まれていた。

その日、すべては予定どおりに進んだ。キャロルとの別れ話のところまでは。二人は長い間交際していたが、息子は、このまま付き合っていてもいずれうまくいかなくなるという結論に達していた。そこで自分の効率的スケジューリングに従い、彼女にその結論を電話で伝える時間として一〇分か一五分を予定したわけである。

当然、この別れ話はキャロルにとっては大きなショックだった。一時間半経っても、息子は彼女と真剣な話し合いを続けていた。一回会って話をしても十分ではなかった。別れ話というのは、どちらにとっても精神的につらい体験である。

繰り返して言うが、人との関係を**効率**で考えることはできない。モノは**効率**で考えられるが、人に対しては**効果**の観点から考えなければならない。私自身のこれまでの経験からしても、自分と違う意見の人に**効率的**に意見の違いを説明しようとしてうまくいったためしはない。わが子や会社の社員が何か問題を抱えたとき、一〇分間の「質の高い時間」を使って解決しようとしたこともあったが、そのような効率優先の態度は新たな問題を生むだけで、根本的な問題の解決にはならないことも思い知らされた。

多くの親は、とりわけ小さな子どものいる母親は、やりたいことがいろいろとあるのに、一日中子どもに手がかかり、何もできないと感じてイライラを募らせることがよくある。だが思い出してほしい。イライラするのは、期待どおりにいかないからであり、そして期待というのはたいてい社会通念の鏡に映っていることであって、自分自身の価値観や優先するべきことから生まれるものではない。

しかし、第2の習慣があなたの頭と心に深く根づいていれば、自分の中にあるより高い価値観に従って行動できる。あなたは、その価値観に基づいて誠実にスケジュールを立てることができる。そして、柔軟に適応することができる。スケジュールを守れないことがあっても、変更を強いられたときも、罪悪感を感じることはない。

第四世代の利点

第三世代の時間管理ツールに多くの人が抵抗感を覚えるのは、一つには自主性が奪われるからである。融通がきかず、身動きがとれなくなるからだ。人間よりもスケジュールが優先されるという、本末転倒の状態である。それは、時間管理の第三世代のパラダイムは「効率重視」であり、**人はモノよりも大切である**という原則に反しているからだ。

第四世代のツールは、この原則を取り入れている。そして、自分自身を効率よく動かすのではなく、自分自身が効果的に生きることが何よりも重要であるという認識に立っている。第四世代のツールは、第Ⅱ領域の活動に自然と時間を使えるように働きかける。それは原則を理解し、原則を中心に置いて生活できるようになり、目的と価値観が明確なかたちで示され、それに従って日々の決断を下せるようになる。バランスのとれた人生を生きられる。一日単位で計画を立てる限界を超え、視野を広げて一週間を見渡し、スケジュールを組むことができる。すでに計画してあることよりも価値の高い重要な用件が発生したときも、自覚と良心を働かせれば、あなたにとってもっとも重要な目的と正しい原則に従い、自分を裏切らない選択ができる。第四世代のツールは、ロードマップではなく、コンパスなのである。

第四世代のセルフ・マネジメントは、次の五つの点で第三世代よりも優れている。

一．**原則中心**であること。第Ⅱ領域の活動が大事だと口で言うだけでなく、本当に重要で効果的なことは何かという視点に立って時間を使う考え方、パラダイムを、自分の中に植えつけられる。

二．**良心に導かれている**こと。自分の内面の奥深くにある価値観との調和を保ちながら、自分の能力を最大限に発揮できる計画を立てることができる。その一方で、もっと価値の高い重要な用事が発生したら、心穏やかにスケジュールを変更できる自由も得られる。

三．**価値観や長期的な目標を含めて、自分だけに与えられたミッションを明確にできる**こと。これによって、進むべき方向をはっきりと見て、目的意識を持って毎日を生きることができる。

四．**人生における自分の役割が明確になることで、バランスのとれた生き方ができるようになる。**そして毎週、それぞれの役割の目標を定め、活動の予定を組む。

五．一週間単位のスケジューリングによって視野が広がること（必要に応じて一日単位で変更や調整を加えられる）。一日単位の狭い視野から解放され、一週間単位で大局的に物事をとらえ、広い視野で自分の重要な役割を再認識し、内面のもっとも奥深くにある価値観を見つめることができる。

これら五つの**利点**に共通しているのは、あくまでも時間は二番目であり、人間関係と結果を第一に重視しているということだ。

デリゲーション：PとPCを高めるために

すべてのことを達成するには、自分の時間を使って実行するか、人に任せるか、どちらかしかない。ここで大事なのは、自分の時間を使うときは**効率性**を考え、人に任せるときは**効果性**を考えることである。

人に頼むとかえって時間がかかるし労力も使うからと、デリゲーションを嫌がる人は多い。自分でやったほうがうまくできるからと思うかもしれないが、人に効果的に任せることができれば、自分の能力を何倍にも生かせるのである。

確かな技術や知識を持っている人に仕事を任せれば、その間にあなたは自分にとってもっと重要な活動にエネルギーを注ぐことができる。個人であれ組織であれ、デリゲーションこそが成長をもたらすと言っていい。故J・C・ペニー（訳注：アメリカの実業家）は、「生涯で最良の英断は、自分一人の力ではもうすべてを切り盛りすることはできないと悟ったときに、手放したことだ」と言っている。彼のこの決断があったからこそ、J・C・ペニーは何百もの店舗と何千人ものスタッフを擁して展開する大手デパートチェーンに成長したのである。

デリゲーションは他者が関わることだから、「公的成功」の分野に入る。だから第4の習慣で取り上げるべきテーマだが、この章ではパーソナル・マネジメントの原則に焦点を当てているので、パーソナル・マネジメントのスキルという観点から、ここで取り上げようと思う。デリゲーションできる能力の有無が、マネージャーとして働くか、もしくは一スタッフとして働くかを区別する決定的な違いなのである。

一スタッフは、望む結果（黄金の卵）を得るために必要なことは何でも自分の手で行う。皿を洗う親も、図面を引く建築家も、手紙を書く秘書も皆、一スタッフとして仕事しているわけである。

しかし、人やシステムを使って生産体制をつくり黄金の卵を生産する人は、相互依存の意味でマネージャーということになる。親が皿洗いを子どもに任せれば、親はマネージャーであり、何人もの建築士のチームをとりまとめてプロジェクトを進める建築家はマネージャーである。他の秘書や事務職員を監督する立場の秘書もマネージャーである。

スタッフは、効率を落とさずに仕事を続けられると仮定して、一時間働いて一単位の結果を生産する。

デリゲーションの支点

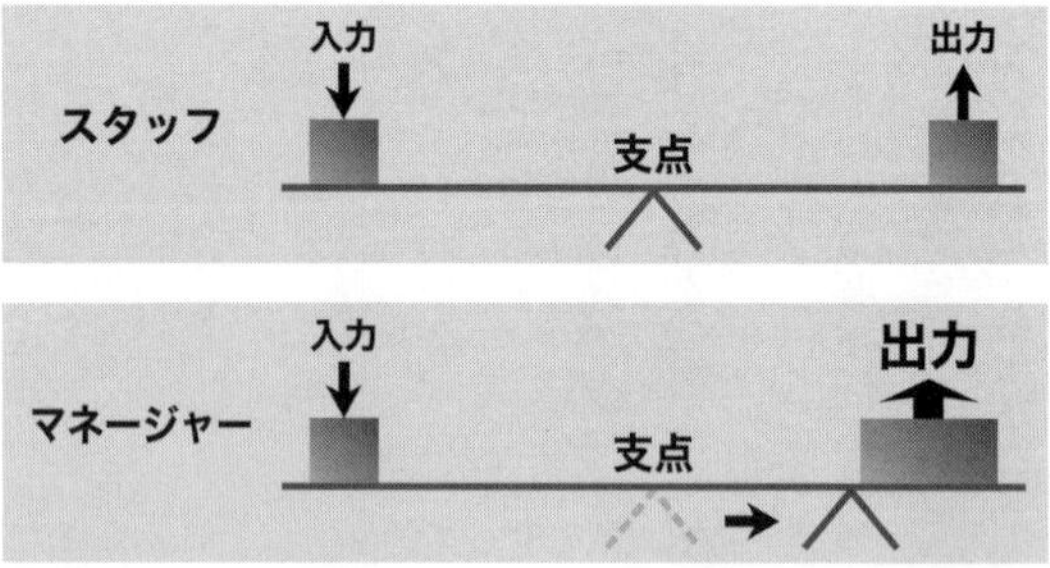

それに対してマネージャーは、うまくデリゲーションできれば、同じ一時間の労力で一〇単位、五〇単位、あるいは一〇〇単位の結果を生産できる。

マネジメントとは基本的に、テコの支点をずらすことだ。つまり、効果的なマネジメントの鍵を握っているのは、デリゲーションなのである。

使い走りのデリゲーション

デリゲーションには基本的に二種類ある。使い走りのデリゲーションと全面的なデリゲーションである。使い走りのデリゲーションは、「これを取ってこい、あれを取ってこい、これをやれ、あれもしろ、終わったら私を呼べ」というやり方だ。スタッフのほとんどは、使い走りのデリゲーションのパラダイムで仕事をしている。ジャングルで手斧を使い、下草を刈っていた男たちのたとえ話を思い出してほしい。彼らはスタッフである。袖をまくりあげ、せっせと作業を進める。彼らのようなタイプは、たとえマネージャーに昇進しても、スタッフのパラダイムから抜け出せず、使い走りのデリゲーションしかできない。他者が結果に対して決意できるような全面的なデリゲーションの仕方を知らないからだ。仕事のやり方をいちいち指定して管理しようとするから、結果に対する責任も自分で全部背負うことになる。

家族と湖に遊びに行ったとき、私自身も使い走りのデリゲーションをしてしまった。息子が水上スキーをしていたときのことである。息子は水上スキーが上手で、私は彼の雄姿を写真に撮りたかった。しかし私はボートを操縦していたので、カメラを妻のサンドラに渡し、撮影を任せた。

フィルムが残り少なくなっていたので、タイミングを見計らって撮るように指示した。しかし妻がカメラを使い慣れていないことに気づき、もう少し具体的に指示することにした。「太陽がボートの前に来るのを待って、あいつがジャンプするか、ターンして肘が湖面に接触する瞬間を撮るんだ」

しかし、フィルムは少ない、妻はカメラをうまく使えない、そう思えば思うほど、私の不安は募った。私はついに、「サンドラ、僕がボタンを押せと言ったら押すんだ。わかったね」と言った。それからの数分間、私は叫び続けた。「撮れ！ 今だ、撮れ！ 撮るな！ 撮れ！ 撮るな！」妻にいちいち指示しなければきちんと撮れないのではないかと、心配でたまらなかったのだ。

これは典型的な使い走りのデリゲーションである。私は妻に一対一でやり方を指示し、監督していた。多くの人が普段やっているのは、このようなデリゲーションである。しかし、任せた人間の行動にいちいち目を光らせるとなれば、そう何人もマネジメントできるものではない。だから、使い走りのデリゲーションで出せる結果はたかが知れているのである。

他者にデリゲーションするなら、より良い方法、より効果的な方法がある。相手の自覚、想像、良心、意志を尊重してデリゲーションするのである。

全面的なデリゲーション

全面的なデリゲーションは、手段ではなく結果を重視する。手段は自由に選ばせ、結果に責任を持たせる。初めは時間がかかるが、その時間は決して無駄にはならない。全面的なデリゲーションを続けていれば、テコの支点が向こうにずれていく。テコの作用が増し、大きな力になる。

全面的なデリゲーションを行うには、次の五つを明確にし、何が期待されているのかをお互いに理解し、納得しなければならない。

- **望む成果**——何を達成しなければならないのかをお互いにはっきりと理解する。**何を達成するか**であって、**どうやって達成するか**ではない。**手段**ではなく結果について、時間をかけて納得するまで話し合う。望む結果をお互いに思い描く。相手がその成果をイメージし、明確にできるように、成果がどのように見えるか具体的な文章で表現し、いつまでに成し遂げる必要があるのか期限も決めておく。
- **ガイドライン**——守るべき基準やルールがあれば、明確にしておく。手段を細かく指示することにならないように、ガイドラインはできるだけ少ないほうがよいが、絶対に守らなければならない制約があるならば伝える。目的を達成できれば何をしてもいいのだと誤解させてしまったら、長年の決まりごとまで破ってしまうことにもなりかねない。そうなってしまったら、相手は率先力を失い、「どうしたらいいのか指示してください。そのとおりにやりますから」と使い走りのマインドに戻ってしまう。

失敗する可能性の高いところがわかっているなら、最初に教えておく。どこでつまずきやすいか、どこに落とし穴があるか、率直に全部話す。車輪を毎日ゼロからつくり直すようなことは避けたい。これまで自分や他の人間がした失敗を無駄にせず、学習できるようにすることが大事だ。失敗しそうなところ、**してはいけないこと**を指摘するのであって、**すべきこと**を指示するのは控える。任せる相手に責任を持って最後までやらせたいなら、ガイドラインの範囲内で必要なことを自由にやらせることが大切だ。

- **リソース**——望む結果を達成するために使える人員、資金、技術、組織、リソースを明確にしておく。
- **アカウンタビリティ**——成果を評価する基準を定め、仕事の進捗の報告を求める時期、評価を行う時期を具体的に決めておく。
- **評価の結果**——評価の結果として、良いことも悪いことも具体的に話しておく。金銭的、精神的報酬が期待できるのか、仕事が拡大するチャンスがあるのか、組織全体のミッションに影響する結果なのかどうかを明確にする。

息子にデリゲーションしたときの経験を話そう。

何年か前のある日、わが家の価値観に照らして家族の役割分担をするために、壁に貼ったミッション・ステートメントの前で家族会議を開いた。

私は大きな黒板を出し、家族の目標とそれを達成するための作業を書き出した。次に、それぞれの作業を担当する希望者を募った。

「家のローンを払いたい人は？」と聞いてみた。手を挙げたのは私だけだった。

「保険料、食費、自動車のローンを払いたい人は？」これも私。私の独占状態が続いた。

「赤ちゃんに食事をあげたい人は？」ここにきてようやく皆も興味を示し始めたが、この仕事にしかるべき資格を持つのは妻だけだった。

リストを一つずつ追っていくと、私と妻の仕事は週六〇時間以上にもなることがわかった。子どもたちはこの事実を知ると、家の手伝いに対する見方が変わったようだった。

当時七歳だった息子のスティーブンは、庭の手入れをすると申し出た。その仕事を実際に任せる前に、私は息子に庭仕事の仕方を徹底的に教えることにした。まず、手入れの行き届いた庭がどういうものか、はっきり見せておこうと、隣の家の庭に連れていった。

「見てごらん。ここのお宅の芝生は緑色できれい《グリーン・アンド・クリーン》だろう？　うちの芝生を見てごらん。いろいろな色が混じっているのが見えるだろう。これじゃだめだ。全部緑色じゃないからな。うちの庭も**緑色できれい**《グリーン・アンド・クリーン》な芝生にしたいんだ。どうやって緑色《グリーン》にするかはおまえの自由だ。どんなふうにやってもいいけれど、緑色のペンキを塗るのだけはやめてくれよ。父さんだったらどうするか、教えてあげようか？」

「うん、教えて」

「父さんだったらスプリンクラーのスイッチを入れるね。でもおまえはバケツで水を運んでもいいし、ホースを使ってもいい。おまえの好きにしていい。芝生が緑色になればいいんだから」

「うん、わかった」

「じゃあ、次は『きれい《クリーン》』のほうだ。きれいというのは、散らかっていないという意味だ。紙くずや紐、犬が噛む骨、小枝とか、いろんなものが芝生の上に散らかっていないことだ。どうだ、少しやってみるか。庭の半分だけ片づけて、どんなふうに違うか見てみよう」

私たちはゴミ袋を持ってきて、庭の半分だけゴミを拾った。

「こっち側を見てごらん。あっちと比べてごらん。全然違うだろう？これが『きれい』だ」

「待って！」息子が言った。「あそこのやぶの後ろに紙くずがある！」

「ほんとうだ。父さんはあの新聞紙には気がつかなかった。スティーブンはいい目をしているな」

私は続けた。

「おまえがこの仕事を引き受けるかどうか決める前に、あと少し言っておきたいことがある。おまえがこの仕事を引き受けるなら、父さんはもう何もしないよ。これはおまえの仕事だ。おまえに任せるんだ。任せるというのは、スティーブンを信頼して、この仕事をやってもらうということだ。父さんはおまえがこの仕事をやれると信じて任せるんだよ。さて、おまえのボスは誰かな？」

「父さんでしょう？」

「違う。父さんじゃない。おまえだよ。おまえが自分のボスになる。父さんや母さんにいつもガミガミ言われたらどう思う？」

「いやだよ」

「父さんと母さんも同じだ。ガミガミ言っている自分がいやになる。だから、おまえが自分のボスになるんだ。じゃあ、ボスの部下は誰かな？」

「誰？」

「父さんさ。おまえは父さんのボスなんだ」

「ぼくが父さんのボス？」

「そうだよ。でも父さんが手伝える時間はそんなに多くない。出張することもあるからね。でも家にいるときは、何を手伝ってほしいか言ってくれれば、手伝うよ」

「わかった」

「それでは、おまえの仕事ぶりを検査するのは誰だろう？」

「誰？」

「おまえさ」

「ぼく？」

「そうだよ。週に二回、一緒に庭を見てまわろう。庭がどんなふうになっているか、おまえが父さんに報告するんだ。どうなっていればいいんだっけ？」

「緑色できれい《グリーン・アンド・クリーン》」

「そのとおり！」

息子はこの仕事を引き受ける準備ができたと思えるまで、私は「緑」と「きれい」の二つの言葉を教え続けた。そして二週間後、仕事を任せる日がやってきた。

「もう決めたかい？」

「うん」

「仕事は何かな？」

「緑色できれいな庭にする」

「緑というのは？」

息子は、わが家の庭を眺めた。次に隣家の庭を指さして言った。

「お隣の庭の色だよ」

「じゃあ、きれいというのは？」

「散らかっていないこと」

「ボスは？」

「ぼく」

「手伝うのは？」

「父さん。時間があるとき」

「評価するのは？」

「ぼく。週に二回、いっしょに庭を見てまわって、どうなっているのか父さんに報告する」

「何を見るのかな？」

「緑《グリーン・アンド・クリーン》できれい」

そのときは小遣いの話は特にしなかったが、このような責任の遂行に報酬をつけることに、私としては何ら異存がなかった。

二週間かけて二つの言葉を教えた。息子はきちんとできると思った。

約束したのは土曜日だった。その日、息子は何もしなかった。日曜日も、何もしない。月曜日もさっぱり。火曜日、仕事に行こうと車庫から車を出すと、庭が目に入った。黄ばんだ芝生、ゴタゴタと散らかった庭に七月の太陽が照りつけている。「今日はきっとやるだろう」と私は思った。土曜日は約束した日だったから、すぐにやらなくとも仕方がないだろう。日曜日は他にもいろいろ大切なことがあったから、まあ仕方がないといえば仕方がない。だが月曜日に何もしなかった説明はつかない……そして今日はもう火曜日だ。今日こそはやるだろう。夏休みにも入ったし、他にとり立ててすることはないはずだ……私はそう考えながら仕事に出かけた。

どうなっていることかと、家に帰りたくて仕方なかった。夕方、職場を出て家に向かい、角を曲がって私が目にしたのは、朝とまったく同じ状態の庭だった。しかも息子は道路の向こう側にある公園で遊んでいるではないか。

受け入れられる状況ではなかった。二週間も訓練し、約束したというのに、このありさまだ。私は腹が立ち、息子にがっかりした。労力もお金も注ぎ込んできた自慢の庭だった。それがすべて水の泡になるのは目に見えていた。それにひきかえ隣の庭は丹精され、美しかった。私はいたたまれない気分だった。

もう我慢できない。いっそのこと使い走りのデリゲーションに戻ろうか。「スティーブン、ここに来てすぐにゴミを拾いなさい」と命じれば、黄金の卵を手に入れられることはわかっていた。だがガチョウはどうなるだろう。息子の本心からの決意はどうなるだろうか。

私はつくり笑いをして声をかけた。「おーい、元気かい?」

「うん!」と息子は答えた。

「芝生はどうだい?」そう言った瞬間、息子との合意に違反したことに気づいた。報告は息子のほうからすることになっていた。私が報告を求める約束にはなっていなかった。

父さんが合意を破ったのだからぼくだって、と思ったのか、息子はしらじらしくも「うまくいっているよ!」と答えた。

私は何も言わずにぐっとこらえ、夕食の後まで待ってから、切り出した。「約束したように一緒に庭を見てみよう。おまえの仕事ぶりを父さんに見せてくれないか」

外に出ると、息子の唇が震え始めた。目に涙をためている。庭の中ほどまで進んだときには、めそめそ泣いていた。

「だって、大変なんだもん!」

私は内心思っていた——**大変? いったい何が? おまえは何一つやっていないのに!** しかし私にはよくわかっていた。自分を管理し、自分を監督することが大変なのだ。私は言った。「手伝えることはあるかな?」

「手伝ってくれるの?」と泣き声で言う。

「父さんは何と約束していた？」

「時間があれば手伝ってくれるって」

「今は時間があるよ」

息子は家に走っていき、ゴミ袋を二枚持ってきた。その一枚を私に手渡し、土曜の夜のバーベキューで出たゴミを指さして、言った。「あれ、拾ってくれる？　気持ち悪くて、触れなかったんだ」

私は言われたとおりにした。そのときになって初めて、息子は心の中で合意書にサインしたのである。そこは彼の庭になった。彼が責任を持つ庭となったのだ。

その年の夏、息子が私に助けを求めたのは二〜三回ほどだった。ほとんど自分の力だけで庭を手入れした。私が手入れしていた頃よりも緑濃く、きれいに片づいていた。兄弟たちがチューインガムの包み紙でも落とそうものなら、厳しく叱ったりしていた。


信頼ほど人にやる気を起こさせるものはない。信頼されていると思えば、人は自分の最高の力を発揮する。だが、それには時間と忍耐が要る。信頼に応えられるレベルまで能力を引き上げる訓練も必要だ。

全面的なデリゲーションが正しくできれば、任せたほうにも任されたほうにも収穫があるし、はるかに少ない時間ではるかに多くのことができる。家族の中でも、まずは一対一で仕事を教え、うまく分担して任せることができれば、一人一日一時間くらいの労力ですべての家事を片づけられるはずだ。しかしそうするには、自分で行うだけでなく、マネジメントとして内面の能力を身につけなければならない。デリゲーションにおいては、効率ではなく効果を考えなくてはならないのだ。

たしかに、部屋の掃除はあなたのほうが子どもよりもうまいし、早くできる。しかし大切なのは、子どもが自分から部屋を掃除するようになることだ。その力を引き出すには時間が要る。掃除の仕方を教えなければならない。しかしここでどんなに時間がかかっても、先々ではどれほど価値あることだろう！ 長い目でみれば、非常に大きな助けになることだろう。

このようなアプローチは、デリゲーションの完全に新しいパラダイムとなる。人間関係の本質を変えるほどのパラダイムシフトになる。任された人は自分が自分のボスになり、お互いに合意した「望む成果」を達成することを決意し、良心に従って行動する。それだけでなく、正しい原則に調和しながら、成果を出すために必要なことをいろいろと工夫する創造力も引き出される。

全面的なデリゲーションの根底には原則が存在する。だから、誰にでも、どんな状況にも応用できる。任せる相手の能力が未熟なら、望む結果のレベルを下げ、ガイドラインを増やし、リソースを多めに用意し、進捗の報告を受ける機会を頻繁に設け、結果がすぐにわかるようにする。能力の高い者であれば、より高い能力が試されるレベルにし、ガイドラインを少なくし、報告の頻度も減らしてなるべく干渉しないようにし、数値の基準よりも出来栄えの基準を増やせばよい。

効果的なデリゲーションは、恐らく効果的なマネジメントのもっとも適切な先行指標となる。それは、個人および組織の成長に欠かすことのできない基礎となるものである。

第Ⅱ領域のパラダイム

自分を律するにしても、デリゲーションによって人をマネジメントするにしても、効果的なマネジメントの鍵は、テクニックやツール、外部要因にはない。マネジメントの能力はあなたの中に育つものだ。第Ⅱ領域のパラダイムを理解し、自分の内面に根づかせれば、緊急度ではなく重要度のレンズを通して物事を見られるようになる。それがマネジメントの鍵である。

付録Bに「職場で実践する第Ⅱ領域の一日」という実践例があるので、ぜひ読んでほしい。このパラダイムがあなたの効果性に、どれほど大きなインパクトを与えるのかわかるだろう。

第Ⅱ領域のパラダイムを理解し、実践していくうちに、あなたの内面の奥深くから生まれる優先順位に従って毎週の計画を立て、実行できるようになり、言行が一致するようになる。あなたはもう、自分の外にあるものの力に頼らずとも、自分の力で自分の人生を効果的にマネジメントできるようになる。

興味深いことに、「7つの習慣」はどれも第Ⅱ領域に入る。どの習慣も人間にとって根本的に重要なことを教えている。これらの習慣を日頃から実践すれば、私たちの人生は大きく変わる。驚くほど実用的な違いを人生にもたらすのだ。

第3の習慣：最優先事項を優先する　実践編

1 あなたが今まで取り組んでこなかった第Ⅱ領域の活動を一つ挙げる。きちんと実行すれば、あなたの私生活あるいは仕事に大きな影響を与えると思う活動を挙げ、紙に書いて、決意して実行する。

2 時間管理のマトリックスを紙に書き、それぞれの領域にどのくらいの割合で時間を配分しているか推測する。次に、三日間、実際に何に時間を使ったか一五分単位で記録する。最初に推測した割合と同じだっただろうか。時間の使い方に満足しているだろうか。何を変えればよいだろうか。

3 人に任せられそうな仕事をリストアップし、それぞれの仕事を任せる相手の名前も書く。デリゲーションあるいは訓練をするにあたって必要なことを考えておく。

4 来週の計画を立てる。まず、来週の自分の役割と目標を書き、それらの目標の具体的な行動計画を定める。一週間が終わったところで、計画を実践してみて、自分の価値観と目的を日常生活に反映できていたか、価値観と目的に対して自分が誠実であったかどうか評価する。

5 一週間単位の計画を立てることを決意し、計画を立てる時間をスケジュールに組み込む。

6 現在使っている時間管理ツールを第四世代に改良するか、または新しく第四世代のツールを手に入れる。

7 「職場で実践する第Ⅱ領域の一日」（付録B）を読み、第Ⅱ領域のパラダイムのインパクトを深く理解する。

日 Thursday	日 Friday	日 Saturday	日 Sunday
8			
9			
10			
11			
12			
1			
2			
3			
4			
5			
6			
7			
8			

Daily Tasks	Daily Tasks	Daily Tasks	Daily Tasks

役割と目標
役割　刃を研ぐ
肉体
社会・情緒
知性
精神
役割
目標
役割
目標
役割
目標
役割
目標
役割
目標
役割
目標
役割
目標

	日 Monday	日 Tuesday	日 Wednesday
8			
9			
10			
11			
12			
1			
2			
3			
4			
5			
6			
7			
8			

Daily Tasks	Daily Tasks	Daily Tasks

新たなインサイト

第3の習慣 最優先事項を優先する

ショーン・コヴィー

もう何年も前、家族を集めて父が言った。「すごい旅行を計画した。いいか、みんなでドイツに行くぞ！」きょうだい全員が歓声をあげ、「いつ？」と聞いた。父は「三年後！」と答えた。私たちはそれぞれ自分の手帳を取り出したけれども（まだスマホはなかった時代だ）、わざわざ調べるまでもなく三年も先に予定の入っている者などいなかった。

父はいつも凄まじいスケジュールに追われていたが、私たち家族は本当に多くのことを一緒にやったものだ。父は最優先事項を優先し、あらかじめ時間をとっておく名人だったからだ。「家族が一緒にすごせないのは、最初に計画を立てないからだ」とよく言っていた。父は、何週間、何カ月、何年、なんなら何十年も前に計画を立てておく。私たちきょうだいが今も身近につきあっていられるのも、これを実践しているおかげだと言っていいと思う。

とはいえ、この習慣は自然と身についたわけではない。私の兄のスティーブンは『スピード・オブ・トラスト』の著者で、講演者としても世界的に知られている。兄は日頃から準備を怠らない。講演するときは、出向く組織のことを事前に入念に調べる。だが子どもの頃は、きょうだいの中で一番の先延ばし屋だった。レポートも重要な試験もほとんど一夜漬けで、明け方までやり、一時間か二時間だけ寝るというようなことしていた。たいていは電気をつけっぱなしにして台所のテーブルで寝ていた。そうすれば家族のだれかが朝ごはんのトーストを焼くときに起こしてくれるからだ。寝坊して授業に遅刻するわけにはいかないから、目を覚ます方法はそれしかなかったのだ。しかし、兄のこのようなライフスタイルもついに破局の日を迎えた。数学の宿題を一学期分丸々放っておいたのである。試験の前の晩、兄は初めて教科書を開き、一睡もせず夜通し勉強した。翌日、試験を受けているとき、兄が言うには「頭が真っ白」になり、何一つ思い出せなかったそうだ。言うまでもなく、試験は不合格。私は大いに愉快だった。

緊急依存症

「最優先事項を優先する」習慣を身につけるのは難しい。実際、だれもが一番苦労する習慣と言っていい。だから『７つの習慣』を上梓《じょうし》してからすぐ、父は急き《せ》立てられるように『７つの習慣 最優先事項』を書いたのだ。

第3の習慣を身につけるのが難しいのはなぜだろう？ 一言でいえば、重要でもなんでもない緊急の用事のせいである。ほとんどの人は緊急の用事に依存してしまっている。これが現実だ。あなたはどうだろう。この「緊急インデックス」をやってみてほしい。

緊急インデックス

各文を読んで、自分に最も近い回答の数字を丸で囲む（0＝違う、2＝時々はそうだ、4＝いつもそうだ）。

		0	1	2	3	4
1	プレッシャーを受けるとベストを尽くす。					
2	深く内省する時間をとれないのは、次々と起こる用事に急《せ》かされるせいだ。					
3	周囲の人たちや物事の動きが遅いことに始終イラついている。待たされたり、列に並んだりするのは嫌だ。					
4	仕事を休むと申し訳ないと感じる。					

5	いつもいろいろな場所やイベントをまわっているような気がする。	0	1	2	3	4
6	プロジェクトを完了させるために部下を急《せ》き立てることが多い。	0	1	2	3	4
7	数分以上オフィスを離れていると不安だ。	0	1	2	3	4
8	何かをしながら頭が別のことでいっぱいになっていることが多い。	0	1	2	3	4
9	危機的な状況に対応するときはベストを尽くす。	0	1	2	3	4
10	新しい危機に直面するとアドレナリンが出て、長期的な成果を着実に積み重ねる仕事よりも満足感を得られる。	0	1	2	3	4
11	危機に対応するために、私生活で大切な人たちと充実した時間をすごすのを諦めることが多い。	0	1	2	3	4

12	だれかをがっかりさせたり、何かを先延ばしにしたりしても、危機に対応するためだからと自然に理解してくれるものと思っている。	0 1 2 3 4
13	意義や目的意識に満ちた一日にするために、何かの危機を解決する。	0 1 2 3 4
14	仕事しながら食事をすることがよくある。	0 1 2 3 4
15	本当にやりたいことはいつかできると思い続けている。	0 1 2 3 4
16	たくさんの仕事をこなすと生産的な人間になったような気がする。	0 1 2 3 4

インデックスを終えたらスコアを合計し、どこに当てはまるか確かめる。

0－25　緊急マインドセットは低い
26－45　緊急マインドセットは強い
46以上　緊急依存症

どうでした？　あなたが平均的な人なら、緊急依存症か依存症になりつつあるかのどちらかだ。これは自己破滅的な行動なのである。

シルビア・ベレッツァ教授（コロンビア・ビジネス・スクール）、ネエル・パハリア教授（ジョージタウン大学）、アナト・ケイナン教授（クエストロム・ビジネス・スクール）のリサーチによれば、忙しさはステータスシンボルになってしまっている。これまでの歴史では、余暇の時間が多いほど社会的なステータスは高かった*。しかしもはやそうではない。

著作家のブリジット・シュルトは『ハーバード・ビジネス・レビュー』（二〇一九年四月）で次のように書いている。「一〇〇年前、アメリカ人は余暇の時間の多寡で社会的地位を測っていた。しかし現在は忙しさが新たな勲章になっている。全員が忙しくしているにもかかわらず生産的な人がいない職場に不満であっても、忙しさは仕事に打ち込んでいることやリーダーとしての潜在能力を周囲に見せる手段になっている。その理由の一つは、工場や農場なら生産性は比較的測定しやすいのに対して、知識労働者の生産性を測る適切な指標はまだ開発されていないことにある。だから現状は、働いた時間やオフィスに顔を出している時間を努力の指標にしているのであり、テクノロジーによってリモートワークの登場によって、常時接続され応答可能であることが新たな勤務時間指標になっている」*

＊ Silvia Bellezza, Neeru Paharia, Anat Keinan, “Conspicuous Consumption of Time: When Busyness and Lack of Leisure Time Become a Status Symbol,” Journal of Consumer Research, Volume 44, Issue 1, June 2017, Pages 118–138, https://doi.org/10.1093/jcr/ucw076.

＊ Schulte, B. (2019, April 15). “Preventing Busyness from Becoming Burnout.”(https://hbr.org/2019/04/preventing-busyness-from-becoming-burnout.)

パラダイムを変える

緊急依存症を克服するには、パラダイムを緊急から重要性に変える必要がある。

これはすでに学んだ時間管理のマトリックスである。スマートフォンやソーシャルメディアなどの登場で、近年は第Ⅰ領域と第Ⅲ領域から離れにくくなっている。当社のデータでも、時間の五一・二パーセントが緊急の用事への対応に費やされていることがわかる（「どの領域で時間を使っているか」を参照）。

	緊急	緊急でない
重要	**第Ⅰ領域** **先延ばしタイプ** 危機 緊急の会議 締め切り間際 差し迫った問題 不測の出来事	**第Ⅱ領域** **優先順位付けタイプ** 主体的な仕事 インパクトの高い目標 創造的な思索 計画と予防 人間関係づくり 学習と再新再生
重要でない	**第Ⅲ領域** **イエスマン** 無意味な中断 不要なレポート 無駄な会議 他人の些細な用事 重要ではないメール、作業、電話、事後報告など	**第Ⅳ領域** **無気力タイプ** 取るに足らない仕事 仕事から逃げるための活動 過剰なリラックス、テレビ、ゲーム、インターネット 暇つぶし 噂話

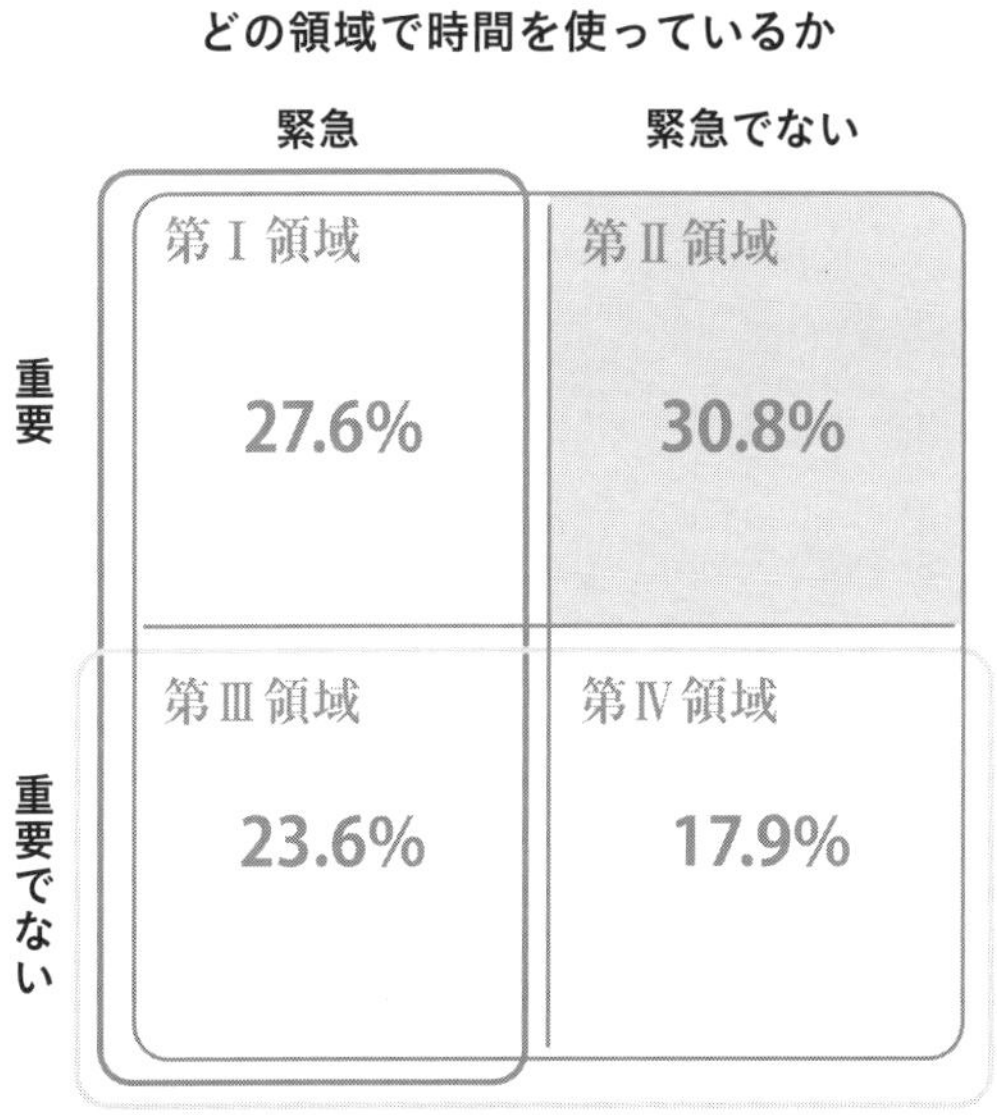
どの領域で時間を使っているか
緊急
緊急でない
重要
重要でない
第Ⅰ領域
27.6%
第Ⅱ領域
30.8%
第Ⅲ領域
23.6%
第Ⅳ領域
17.9%

私は各領域の特徴を示す名前をつけた。第Ⅰ領域で生活している人は「先延ばしタイプ」である。ここに時間を使いすぎると、ストレスや不安感、燃え尽き感にむしばまれ、凡庸な成果しかあげられない。

第Ⅲ領域にばかりいる人には「イエスマン」と名づけた。緊急の用事や話題のイベントなどに「ノー」と言えないために、いつも忙しくしていて、重要なことは何も成し遂げられない人である。

第Ⅳ領域は無気力タイプだ。ここには大勢いる。あまりに何もせずにいると第Ⅳ領域に陥る。もちろん、ストリーミング配信の良い映画をくつろぎながら観るのは健全なライフスタイルの部類に入る。しかし映画を一本観るはずが二本、三本と立て続けになってしまったら、時間の無駄使いになり、罪悪感と無気力にさいなまれることになる。

第Ⅱ領域は質の高い領域である。ここにいるのは最優先事項を優先する人だ。しかし、この領域に使う時間が平均して時間全体の三〇・八パーセントだけというのはまずい。第Ⅱ領域に費やす時間は、人間関係の改善、高いパフォーマンス、バランスのとれた生活につながる。この領域で行うのは、せっせとハエを叩き落すことではなく、網戸を修理することだ（ハエは入ってこず、叩き落す作業がなくなる）。三年後のドイツへの家族旅行を計画すること、エクササイズ、車のオイル交換、一週間の計画を立てること、同僚と食事に行くこと、そして先を見すえた仕事―重要だが緊急ではない仕事―をすること、これらは全部、第Ⅱ領域の活動である。

第Ⅱ領域にかけた時間と労力に対する見返りは桁外れに大きくなるが、第Ⅰ領域の見返りは投じた時間と労力と同じだけだし、第Ⅲ領域と第Ⅳ領域にいたっては見返りなどほとんどない。

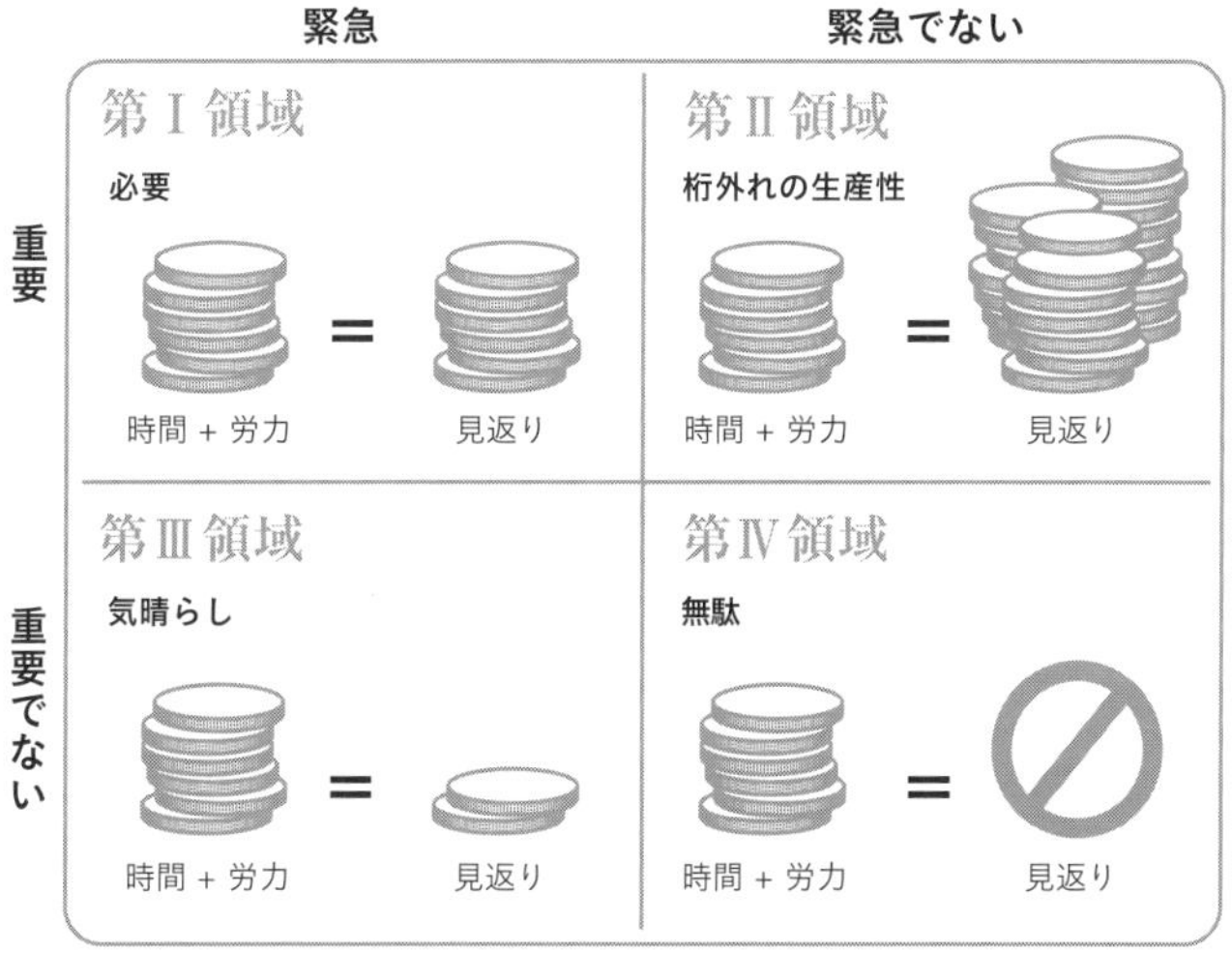

第Ⅱ領域ですごす時間を増やすカギは、第Ⅲ領域の時間を減らすことである。第Ⅲ領域は偽りの領域である。緊急だから重要に思ってしまい、つい騙されてしまうのだ。時間が足りなくなると、心理学用語の「トンネリング」状態になる。トンネルの中にいると外が見えなくなるように、目の前の仕事、たいていは価値の低い仕事だけに集中してしまうのである。この緊急モードになるとIQが一三ポイント失われてしまう*。あなたはどうかわからないが、私にはこれ以上IQを失う余裕はない！

第Ⅲ領域から抜け出るには、「ノー」と言って拒絶できるようにならなければいけない。割り込んでくるメールやテキストにその場で応答するのを拒絶する。家族をないがしろにし、あるいは自分の健康を犠牲にしてまで地域の委員会の仕事はしない。だれも読まないレポートは提出しない。ノーと言えるようになるには、あなたの内面の奥深くに赤々と燃えるイエスがなければならない。ノーと言えそうなことをいくつかピックアップしてそこから始めれば、やがてほかのことにもノーと言えるようになる。「最良」の敵は「良」であることを覚えておいてほしい。エマーソンはこう言っている。「人や国家を破滅させる犯罪は、重要な目的を脇におき、目先の仕事をすることである」

『7つの習慣 ティーンズ』を書くことを決めたときのことを思い出す。当時、私はフルタイムの仕事をしていて、家には五人の子がいた。本を書けるかどうか不安だった。だ

＊ Schulte, B. (2019, April 15). “Preventing Busyness from Becoming Burnout.”(https://hbr.org/2019/04/preventing-busyness-from-becoming-burnout.)

が、「7つの習慣」をティーンエイジャーにも身につけてほしいという強い使命感があったから、どうにかするしかなかった。私は、家族と仕事と本の執筆以外のものにはすべて「ノー」と言えばいいと考えた。ところが、ことはそう簡単ではなかった。決意してから数週間後、地域の重要なリーダーの役割を頼まれた。以前からやってみたいと思っていた仕事だった。しかも私に声をかけてくれた人は尊敬する先輩だったから、快く引き受けたかった。私は悩みに悩んだ。どうすればいい？　しかし自分の内面の奥深くにある「イエス」のことを考えると、答えははっきりしていた。私はなんとも申し訳ない気持ちで電話をかけ、先輩に「ノー」と告げた。この本をどうしても書きたいという気持ちを伝えたが、たぶん理解してはもらえなかったと思う。

それから三年間、私は土曜日の朝に寝坊することに「ノー」と言い、家族ですごす休暇のいくつかに「ノー」と言い、ほかにもたくさんの楽しみや良いことに「ノー」と言わなければならなかった。だが、私の計画はうまくいき、仕事と家庭を両立させながら本を書き上げることができた。最良の敵は良、まさにそのとおりなのだ。

先に時間をとっておく

フランクリン・コヴィー社はこれまで世界中で多くのリサーチを行い、研修・ワークショップを行い、何百万人もの人の相談も受けてきた。その結果、時間管理について多くの知見を得たが、それらは一つの考え方に集約できる。「毎週三〇分を次の週の計画に充て、生活の変化を観察すること」である。父はよく「毎日その日の計画しか立てないなら、危機を管理しているにすぎない」と言っていた。「一週間の計画に三〇分とるだけで、一六八時間を存分に活用できるんだ。なぜそうしない？」とも。私は一週間の計画を立てている父の姿をよく目にした。たいていは日曜の夜だった。机に向かい、自分のいろいろな役割を書き出し、その週にそれぞれの役割で実行したいことを考える。父は良心の声に耳を傾けることを旨としていたから、一週間の計画を立てるときも「今週、この役割で私にできるもっとも重要なことは何か？」と良心に問いかけていた。

父はまた、人間関係は人生の原料のようなものであって、効果性の高い人はモノよりも人を、スケジュールよりも人との関係を優先すると確信していた。まさにこれを実践している人物がいる。私の同僚スー・デス・ダグラスの素晴らしい友人、ユナイテッド・エアラインズのデニー・フラナガン機長である。スーが語るエピソードを読んでほしい。

「最優先事項を優先する」とはどういうことか、よくわかっている人を挙げるとすれば、それはデニー・フラナガンです。彼にとって最優先すべきは乗客です。だれでも気軽に空の旅ができるようになった世界で、彼のように乗客に接することのできる人はいないでしょう。私はよく知っています。シカゴ空港のおそろしく混雑したゲートでイライラしながら二〇時間も待たされた夜のことです。その晩、空港が閉まる前にロサンゼルスに到着できるかどうかは、操縦桿《かん》を握る機長にかかっていました。時間はもうずいぶん押していて、余裕はまったくなかった。彼がマイクをとり、全乗客にアナウンスしたとき、私は感動しました。「遅延続きでお客様には大変ご迷惑をおかけしました。当航空会社がお約束したとおりにカリフォルニアまで皆さまをお連れいたします。しかしそれには皆さまの協力が必要です」彼はこう言ったのです。

するとと乗客たちはきちんと列をつくり、子どもやベビーカーを押している人、歩行器を使っている人に手を貸しながら、これまで経験したことのないほどスムーズに一人ずつ順番に、みんな機嫌よく搭乗しました。フライトアテンダントは、機長が乗客の赤ん坊をだっこし、手荷物を運び入れるのを手伝っているのを見ると、すぐに同じようにしていました。離陸してから二時間ほど経ったとき、機長からメモをもらいました。「ご協力に感謝します」と書いてありました。そのメモは今でも持っています。これまで数えきれないほど飛行機に乗りましたが、あの晩に彼のようなことをしたパイロットはほかにいません。

その後、デニー・フラナガンは普段からそうなのだということを知りました。航路変更や遅延があると、乗客分のピザやハンバーガーを注文するのです。乗客が食べている間に、遅れの理由を詳しく説明し、乗客とジョークを交わしたりもします。「じつはこれが私の初フライトなんですよ」と言い、乗客が不安そうにざわつき始めると、「今日の、です」とオチを加え、笑いを誘うのです。

フラナガン機長は、乗客にくじ引きの景品を用意することもあります。一人で乗っている子どもの親には、「お子さんは無事に到着しました」と電話で伝えます。スマホを持って貨物室に行き、ペットの写真を撮って飼い主に見せ、安心させます。車いすの乗客が搭乗するときは自分から率先して手を貸します。頻繁に利用する顧客には、「いつもご利用ありがとうございます」と手書きのメモを添えた名刺を渡しています。だれかに言われてやっているわけではありません。主体的に、自分から率先してやっているのです。彼はこう言っています。「毎日真心を込めて仕事をしています。私は自分の態度を自分で選択しているのです」

旅客機の機長はペットの写真を撮るよりもっと重要な仕事があるだろう、と思うかもしれない。しかしフラナガン機長にとって、これが「最優先事項を優先する」ことの本質なのだ。緊急事態を防止する、事前に計画する、人間関係を築くなど第Ⅱ領域の活動に自分の時間を最大限使うことが顧客とのフレンドリーな関係、カスタマーロイヤリティにつながり、自分自身も楽しく仕事ができるのだと確信しているのである。

本当に重要だと思うことを行うには、些細《ささい》なことには「ノー」と言う必要がある。第Ⅱ領域の活動は、自分で決めなければならないのだ。そうすることで、あなたにとって最も大切な人たちや物事に「イエス」と言えるようになるだろう。

THE SEVEN HABITS
OF HIGHLY
EFFECTIVE PEOPLE

第三部
公的成功

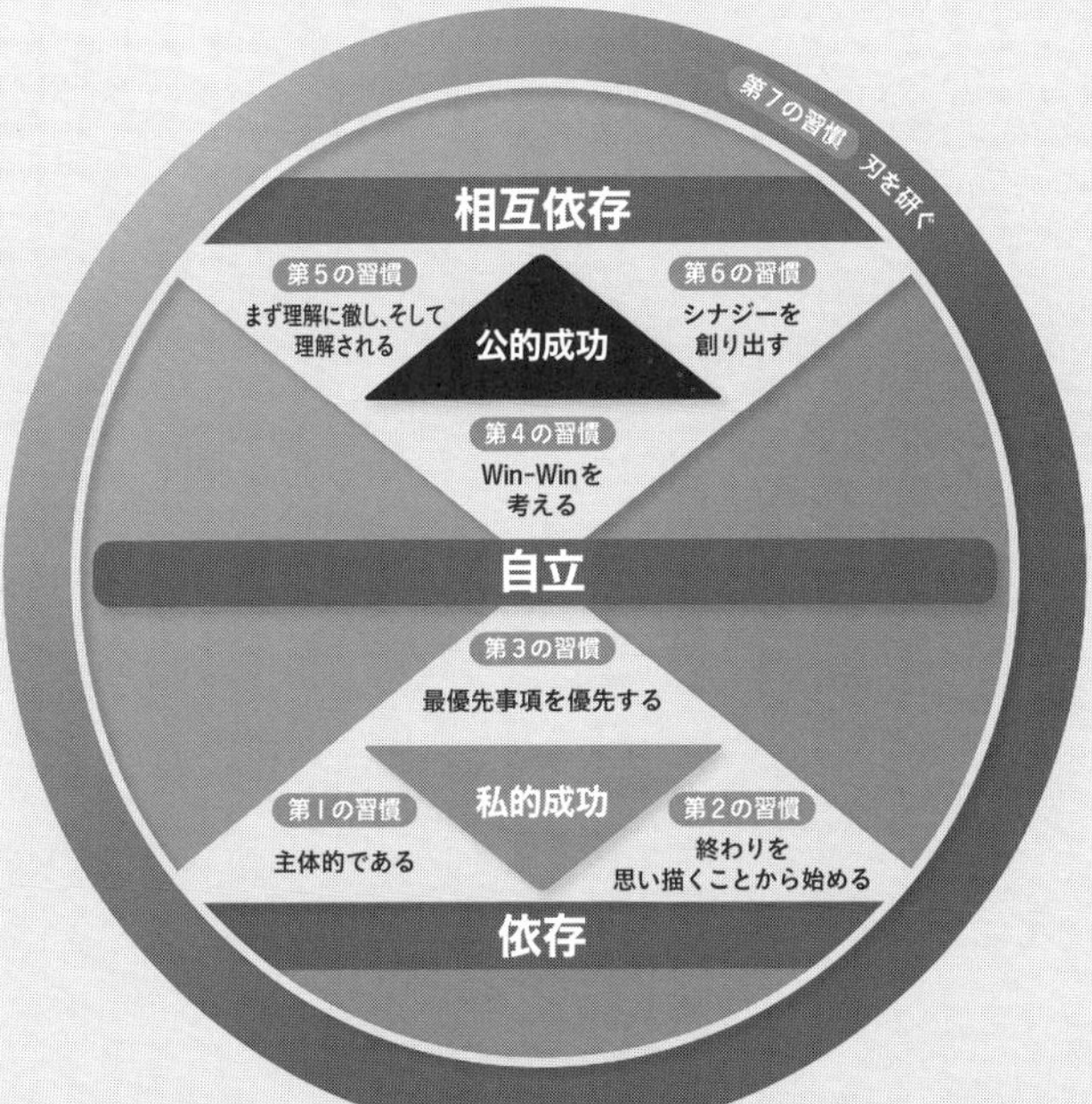

相互依存のパラダイム

信頼なくして友情はない。誠実さなくして信頼はない。

——サミュエル・ジョンソン

ここからは公的成功の領域に入っていく。だがその前に、本当の意味での「自立」という土台があって初めて効果的な「相互依存」が築けるということを、心に留めておいてほしい。私的成功は、公的成功に先立つ。代数を学んでからでなければ、微積分は理解できないのと同じである。

ここまでの道を振り返り、最後に到達したい場所に続く道のりのどこまで進んだのか、どのあたりにいるのかを確かめてみれば、今ここに来るまでは、この道しかなかったことがはっきりとわかるだろう。これ以外の道はないし、近道もない。今のこの地点にパラシュートで舞い降りることもできないのだ。前方に広がる風景を見れば、近道をしようとして無残にも壊れた人間関係の破片が散乱している。自分の内面を成熟させる努力をせず、人格を磨かず、手っ取り早く人間関係を築こうとした人たちの失敗の跡である。

実りある人間関係をそんなに安易に築けるわけがない。一歩一歩進んでいく以外に方法はないのだ。まずは自分に打ち克って成功していなければ、他者との関係において、公的成功を収めることはできない。

数年前、オレゴン州の海沿いにあるホテルでセミナーを行っていたとき、一人の男性参加者が私のところに来て、こう言った。「先生、私はこういうセミナーに来るのが大嫌いなんですよ」

私は彼の言葉に注意を向けざるを得なかった。彼は話を続けた。

「美しい海岸線、青々とした海。皆さんすべてを楽しんでいますよね。でも私はそうじゃない。今晩も妻から電話がかかってきて、質問攻めにされるのかと思うと、憂鬱ですよ。

出張のたびに厳しい取調べを受けるんです。朝ごはんはどこで食べたの、誰と一緒だったの、午前中はずっと会議だったの、何時に誰と昼食をとったの、午後はどうしてたの、夜はどこに行ったの、誰と一緒だったの、何を話したの……こんな調子ですよ。

私が話したことはどこで裏がとれるのか、妻は本当はそう聞きたいんです。絶対口にはしませんがね。私が出張のときは必ず、そうやって質問攻めにする。せっかく素晴らしいセミナーなのに、気分が台無しです。全然楽しめませんよ」

彼は見るからに憂鬱そうだった。しばらく話を続けていると、彼は実に興味深いことを言った。

「でもまあ、彼女がそんなに疑心暗鬼なのもわかりますよ」少し恥ずかしそうに、彼は続けた。

「今の妻と知り合ったのもこういうセミナーだったんです……前の妻と結婚していたときに！」

私は彼の言葉の意味をしばらく考えてから、「あなたは応急処置をしたいんじゃないですか？」と尋ねた。

「は？どういう意味ですか？」

「奥さんの頭をドライバーでこじ開けて、配線を変え、奥さんの態度を手っ取り早く変えたい、そう思っているのでしょう？」

「もちろん変わってほしいですよ」と声を張り上げた。

「私だって、彼女がいつも質問攻めにすることに辟易していますから」

「いいですか、自分の行動で招いた問題を言葉でごまかすことはできないのですよ」と私は言った。

私たちがこれから取り組むのは、これまでの考え方を根底からくつがえすパラダイムシフトである。自分自身をさておいて個性主義のテクニックやスキルで人間関係を円滑にすることだけに汲々としていたら、もっとも大切な人格という土台を崩してしまいかねない。根のない木に実はつかない。これは原則であり、ものには順序がある。私的成功は、公的成功に先立つ。自分を律し、自制することが、他者との良好な関係を築く土台になる。

自分を好きにならなくては他者を好きにはなれない、と言う人もいる。たしかに一理あると思う。しかしまず自分自身を知り、自分を律し、コントロールできなければ、自分を好きになることはとても難しい。好きになれたとしても、短期間で消えてしまう上辺だけの思い込みにすぎない。

自分をコントロールできている人、本当の意味で自立している人だけが、真の自尊心を持つことができる。それは、第1、第2、第3の習慣の領域である。相互依存は、自立を達成した人間にしかできない選択である。本当の意味で自立した人間になる努力をせずに、人間関係のスキルだけを磨くのは愚かなことだ。そういったスキルを使い試してみることはできるだろう。環境や条件が良ければ、ある程度はうまくいくかもしれない。しかし、困難なことは必ず起こる。そうしたとき、すべての土台が崩れてしまい、保つことができなくなるだろう。

人間関係を築くときにもっとも大切なのは、あなたが何を言うか、どう行動するかではない。あなたがどういう人間かということだ。言葉や行動が、あなたの内面の中心(人格主義)からではなく、表面だけの人間関係のテクニック(個性主義)から生まれていたら、相手はすぐにその二面性を感じとる。安易なテクニックでは、効果的な相互依存に必要な土台を築き維持することなど絶対にできないのである。

人間関係を深めるテクニックやスキルがあるとすれば、それは真に自立した人間から自然と出てくるものである。だから、どんな人間関係でも、まずは自分の内面に土台を築かなければならない。影響の輪の中心を揺るぎないものにし、自分の人格を磨かなくてはならない。人は自立するにつれて、主体的になり、原則を中心に置き、自分の価値観に従って行動し、人生において最優先事項を誠実に計画し実行できる。自立した人間になって初めて、相互依存の人間関係を選択できる。そして豊かで、永続的な実り多い人間関係を築くことができるのである。

これから入っていく相互依存の世界は、まったく新しい次元の領域である。深く豊かで、意味のある人間関係を築き、私たちの生産性を飛躍的に伸ばす機会に満ち、奉仕し、貢献し、学び、成長する喜びを与えてくれる世界である。しかし同時に、とてつもなく強い痛みやフラストレーションを感じ、幸福と成功を阻む大きな障害にぶつかる世界でもある。それは急性の痛みであり、誰でもすでに経験している痛みだ。

ビジョンもなく、自分を導くことも律することもなく日々を送っていると、誰でも慢性の痛みを感じる。何となく不安や不満を覚え、少しの間だけでも、そんな痛みを和らげようと何がしかの処置を講じることもあるだろう。しかし、痛みといっても慢性であるため、知らず知らずのうちに慣れてしまい、その痛みを受け入れて生きていくすべを身につけてしまう。

ところが人間関係で問題が生じると、慢性の痛みは急性の痛みに転じる。強烈な痛みだから、一刻も早く鎮めたくなる。

そういうとき、私たちは応急処置で治療しようとする。個性主義という名のテクニックを絆創膏のように患部に貼りつけるのだ。しかし、急性の痛みの根源は慢性的な問題にあるのだ。表に出てきた症状だけを治療するのではなく病根を取り除かなければ、応急処置はむしろ逆効果になる。慢性の痛みにますます慣れていくだけなのである。

ここでは効果的な人間関係について考えていくが、その前にもう一度、効果性の定義を確認しておこう。ガチョウと黄金の卵の話を思い出してほしい。あの物語から引き出せるように、効果性とは、P（黄金の卵＝成果）とPC（ガチョウ＝成果を生み出す能力）のバランスである。

相互依存の関係で言えば、黄金の卵は、人と人が心を開き、前向きに力を合わせたときに発揮される素晴らしいシナジーのことである。この黄金の卵を毎日手に入れたいと思うなら、ガチョウの面倒をよくみなければならない。実りある人生を生きようとするなら、人間関係を大切に育てていく努力を惜しんではいけない。

これまでの洞察から離れ、第4、第5、第6の習慣に入る前に、相互依存で成り立つ世の中の人間関係とP／PCバランスを具体的に考えるうえでぴったりのたとえ話を紹介したい。

信頼口座

銀行の預金口座がどのようなものかは、誰でも知っている。お金を入れれば残高が増え、必要なときにお金を引き出せる。それと同じように、人と人の関係で生まれる信頼を貯えておくことを銀行の口座にたとえて、信頼口座と呼ぶことにしよう。それは、人間関係における安心感でもある。

たとえば私があなたに対して礼儀正しく接し、親切にし、約束を守れば信頼口座の残高が増える。残高が多くなるほど、あなたは私を信頼してくれるから、私は必要なときにいつでも、あなたの信頼を頼ることができる。何か失敗をしても、私に対するあなたの信頼のレベルが高ければ、つまり信頼残高が多ければ、それを引き出して補うことができる。私の言葉に足らないところがあっても、あなたは私の言いたいことを察してくれるだろう。たった一言で仲たがいする心配はない。信頼口座の貯えが多ければ、コミュニケーションは簡単に、すぐに効果的になる。

しかし、私があなたに日頃から無礼をはたらいたり、見下したり、あなたの話の途中で口を挟んだり、あなたの行動に過剰反応して騒ぎ立てたり、無視したり、気まぐれな態度をとったり、あなたの信頼を裏切ったり、おどしたり、あなたの生活を私の意のままにしようとしたりすれば、信頼のレベルは下がる一方であり、そのうち私の信頼口座は残高不足になってしまう。そしてあなたとの関係に融通がきかなくなる。

信頼口座がからっぽの状態は、まるで地雷原を歩くようなものだ。言葉一つに気を遣い、相手の顔色をうかがいながら言葉を選ばなければならない。緊張の連続だ。わが身を守るために裏工作に奔走する。実際、多くの組織が、多くの家族が、多くの夫婦が、こんな状態に陥っているのである。

日頃から信頼を預け入れて残高を維持しておかないと、結婚生活はいずれ綻び始める。お互いのことが自然にわかり合える愛情豊かなコミュニケーションはいつの間にかなくなり、家庭は単に寝泊まりする場所と化し、お互いに干渉せず、それぞれが勝手に自分の生活を営むことになる。夫婦の関係がさらに悪くなれば、敵意と自己防御に満ち、「対立」か「逃避」の二つしか選択肢はなくなる。お互いに喧嘩腰になり、ドアをぴしゃりと閉める。あるいは、だんまりを決め込んで殻に閉じこもり、自分をひたすら憐れむ。しまいには冷戦に発展し、子どもやセックスや社会的圧力、世間体のためだけにかろうじて夫婦を続けている状態になる。あるいはついに火ぶたが切られ、対立が裁判所に持ち込まれることもある。かつては夫婦だった二人が何年も法廷で罵り合い、相手の罪を延々と並べたて、お互いの心を傷つけ合う。

この世の中でもっとも親密で、豊かで、楽しく、充実し、満ち足りた人間関係になるはずの夫婦でさえ、このような破綻に陥る可能性がある。P／PCバランスの灯台は、夫婦関係にも存在する。その灯りを無視して座礁するのも、灯りを頼りにして無事に進んでいくのも、あなた次第なのである。

結婚生活のように長く続く人間関係であればなおさら、継続的な預け入れをしておかなければならない。お互い期待感を持ち続けるため、古い預け入れ残高はどんどん減っていくからだ。長年会っていなかった学生時代の友人にばったり出会ったりすると、昔と変わりなく話ができる。それは以前の貯えがそっくりそのまま残っているからだ。しかし、しょっちゅう顔を合わせる人とは、まめに残高をチェックして預け入れをしなければならない。毎日の生活の中ではしばしば自動引き落としが起きているからだ。自分でも知らないうちに口座の貯えを使っていることがあるのだ。これは特に思春期の子どもがいる家庭に当てはまる。

あなたにティーンエイジャーの息子がいるとしよう。「部屋を片づけなさい。シャツのボタンはきちんとかけなきゃ駄目でしょう。ちょっと、ラジオの音うるさいわよ。床屋に行きなさいって言ったでしょう。ゴミを出すの、忘れないでよ」息子との会話がいつもこんな調子だったら、引き出しが預け入れを上回ってしまう。

この息子が今、一生を左右する重大な決断を迫られているとしよう。信頼のレベルが低く、これまであなたと機械的で満足する会話をしたことがないのだから、心を開いてあなたに相談しようと思うわけがない。あなたは大人で知恵も分別もあるのだから、息子の力になれるはずだ。だが残高がマイナスだったら、息子はあなたに相談せず、自分の感情的な狭い視野で短絡的に決断してしまうだろう。そして、その決断が息子の人生に影を落とすことにもなりかねない。

難しい問題を親子の間で話し合うには、口座にたっぷりと残高がなくてはならない。では、そのためにはどうしたらいいのだろうか。

人間関係に預け入れをし始めたら、何が起きるだろう。機会を見つけて息子にちょっとした気遣いをする。たとえば息子がスケートボードに興味があるなら、その手の雑誌を買って帰るとか、宿題か何かに苦労しているようなら、「手伝ってあげようか」と声をかけてやるとか、映画に誘って、その後で一緒にアイスクリームを食べるのもいいだろう。しかし一番の預け入れは、口を挟まず黙って話を聴いてやることだ。説教したり、自分の若い頃の経験を得意がって話して聞かせたりせず、息子の話にひたすら耳を傾け、理解しようとすることだ。おまえのことを大切に思っている、おまえを一人の人間として認めているのだと、態度で伝えるのである。

最初のうちは何の反応もないかもしれない。あるいは「いったい父さんは何をたくらんでいるんだ？ 母さんは今度はどんな手を使おうとしているんだ？」と疑り深くなるかもしれない。しかし、あなたが偽りのない本心からの預け入れを続けていれば、残高が増えていく。

人間関係において応急処置は幻想にすぎないことを肝に銘じてほしい。人間関係は、築くにも修復するにも、時間がかかる。息子がまるで反応をみせず、感謝の気持ちを微塵も示さないからといって忍耐をなくしたりしたら、それまでに積み立てた信頼を一気に取り崩すことになり、せっかくの努力も水の泡になってしまう。「こんなにしてあげているのに、おまえのためにこんなに犠牲を払ってやっているのに、ありがとうの一言も言えないなんて。親の心子知らずとはこのことね。信じられない」。

辛抱強く待つのは簡単なことではない。主体的になり、自分の影響の輪の中で努力するには高い人格が要る。根が土中にしっかりついているかどうか見たいからといって花を引っこ抜くようなまねをせず、相手が成長するのをじっと待たなくてはならないのだ。

くどいようだが、人間関係に応急処置は効かない。関係を築くこと、修復することは、長い時間をかけて人間関係に投資することなのだ。

主な六つの預け入れ

ここで、信頼口座の残高を増やす六つの預け入れを紹介しよう。

相手を理解する

相手を本当に理解しようとする姿勢は、もっとも重要な預け入れであり、また他のすべての預け入れの鍵となる。相手を理解できなければ、その人にどのような預け入れをすればよいかわからないからだ。散歩に誘って語り合うとか、一緒にアイスクリームを食べるとか、仕事を手伝ってあげるといったようなことが、あなたにすれば預け入れのつもりでも、相手にとっては預け入れにならないかもしれない。相手の本当の関心やニーズと合っていなければ、預け入れどころか引き出しになるかもしれない。

ある人にとっては人生をかけた一大事であっても、他の人には取るに足らないこともある。相手を思って預け入れをするのなら、相手が大切に思っていることをあなたも同じように大切にしなければならないのである。重要な仕事をしている最中に、どうでもいいようなことで六歳の子どもが邪魔をしたとしよう。しかし、その子にしてみればとても重要なことかもしれないのだ。相手が自分に対しどのような価値を持つのかを知り、再認識するには第2の習慣が必要となる。そして第3の習慣で学んだように、場合によってはスケジュールを曲げてでも、その人のニーズを優先しなければならない。仕事中に子どもが何か言ってきたら、子どもと同じ立場になってそれを大切に扱えば、子どものほうは「わかってもらえた」と感じる。するとその瞬間、預け入れが増えるのである。

友人の息子は熱烈な野球ファンだった。しかし父親のほうは野球にはまったく興味がない。ところがある年の夏、この友人は息子を連れて、メジャーリーグの試合を一つずつ見てまわった。その旅行には六週間という時間と相当なお金を費やした。しかしそれは息子との強い絆をつくる貴重な経験となった。

旅行から帰ってきて、彼はある人から「君はそんなに野球好きだったのか?」と聞かれ、こう答えた。「いや。でも、それくらい息子のことが好きなんだ」

大学教授をしている別の友人は、一〇代の息子との関係がうまくいっていなかった。彼は研究に明け暮れる日々を送っていたが、息子は頭を使うよりも手仕事のほうが好きなタイプだった。父親にしてみれば、息子は人生を無駄にしているとしか見えなかったのだ。そのために、しょっちゅう嫌味を言っては後悔することの繰り返しで、何とか信頼を取り戻そうとするものの、空回りするばかりだった。彼が預け入れをしようとするたび、息子はそんな父親の態度を見て、父親は別のやり方で自分を拒絶し、他の人たちと比較し、評価されたと受け止めるのだった。こうして息子に対する大きな引き出しになった。親子関係は殺伐としたものになり、私の友人は心を痛めていた。

私はある日、「相手を大切に思うなら、相手が大切に思っていることを自分も同じように大切にしなければならない」という原則を彼に教えた。この言葉を真剣に受け止めた彼は、息子と一緒に、家の周りに万里の長城に似た塀をつくることにした。時間も労力もかかる一大プロジェクトである。彼は息子と肩を並べ、一年半以上かけて塀を完成させた。

この経験が親子の絆を強くし、彼の息子は人間的に成長した。そのうえ勉強して能力を伸ばしたいという意欲も出てきた。しかしこのプロジェクトがもたらした本当の価値は、父と子の関係が以前とはまるで違うものとなったことだ。親子関係に溝をつくっていたお互いの違いが、今は喜びを与え、二人を強く結びつけているのである。

私たちは、自分の体験や考え方から、相手はこういうことを望んでいるのだと勝手に判断する傾向にある。相手の態度から解釈してしまうのだ。だから、今現在、あるいは相手と同じくらいの年齢だった頃の自分のニーズや欲求に照らし合わせて、相手もこういう預け入れを望むだろうと思い込む。そうした努力が受け入れられないと、せっかくの善意が拒絶されたと感じて、預け入れをやめてしまうのである。

「何事でも人々からしてほしいと望むことは、人々にもそのとおりにせよ」(『マタイによる福音書』七章一二節)という黄金律がある。文言をそのまま解釈すれば、自分が他の人からしてもらいたいと思うことを他の人にしてあげる、という意味だが、もっと掘り下げて考えてみると、この黄金律の本質が見えてくる。自分はこう理解してほしいと思うように相手を一人の人間として深く理解し、その理解に従って相手に接する、ということではないだろうか。素晴らしい親子関係を築いているある人物が、「一人ひとりの子どもに対してそれぞれ違う接し方をしてこそ、公平に接していることになる」と話していた。

小さなことを気遣う

ちょっとした親切や気配りはとても大切だ。ほんの少し思いやりが足りなかったり礼儀を欠いたりしただけで、大きな引き出しとなってしまう。人間関係では、小さなことが大きな意味を持つのである。

もう何年も前、私は二人の息子を連れて出かけた夜のことを今でも覚えている。前々から計画していた「男たちだけの外出」である。まずジムで汗をかき、それからレスリングの観戦、ホットドッグとオレンジジュース、映画までそろった盛りだくさんの夜だった。

当時四歳だったショーンは、映画の途中で椅子に座ったまま眠ってしまった。六歳になる兄のスティーブンは起きていたから、私たち二人は映画を最後まで観た。映画が終わると、私はショーンを抱きかかえて車まで運び、後ろの座席に寝かせた。寒い夜だったので、私のコートを脱いでショーンにかけ、そっとくるんでやった。

家に着くと、私はまずショーンをベッドまで運んだ。スティーブンがパジャマに着替えて歯を磨き終え、ベッドに入ると、私も彼の隣に横になり、その夜のことを話し始めた。

「今夜はどうだった?」

「よかったよ」

「楽しかったかい?」

「うん」

「何が一番よかった?」

「わかんない。トランポリン、かな」

「あれはすごかったなあ。宙返りとかいろいろやっちゃってさ」

スティーブンはちっとも話に乗ってこない。私だけが話していて、まるで会話になっていなかった。スティーブン、いったいどうしたんだろう。いつもなら、楽しいことがあると自分からどんどん話すのに……私は少しがっかりした。そこで私は気づいた。そういえば、帰りの車の中でも、寝る支度をしているときも、やけにおとなしかった、おかしいな……

するとと突然、スティーブンは寝返りを打って壁のほうを向いた。どうしたのだろうと思い、彼の顔をそっとのぞき込むと、目に涙があふれていた。

「どうした?」

スティーブンは私のほうに向き直った。涙を浮かべて口をふるわせ、きまり悪そうにしている様子がうかがえた。

「父さん、ぼくが寒いとき、ぼくにも父さんのコートかけてくれる?」

三人で出かけたあの特別な夜、たくさんの出来事の中でスティーブンの心に残ったもっとも大切なことは、自分の弟に対して父親が見せたほんの一瞬の小さな思いやり、親の愛情だったのだ。

あの夜の経験は、今も私にとって重要な教訓として残っている。人の内面は脆く傷つきやすい。年齢や経験を重ねても同じだと思う。外側はどんなに固い殻で覆われていても、内側には痛みを感じやすい柔らかな心があるのだ。

約束を守る

約束を守ることは、大きな預け入れになる。逆に約束を破れば、大きな引き出しになる。相手にとって大切なことを約束しておきながら、それを守らないことほど信頼を裏切る行為はない。次の機会に約束をしても、信じてもらえなくなる。一つ何かを約束すれば、相手はその約束にいろいろな期待を抱くものである。自分の生活に直接関わる問題の約束となれば、期待はなおさら強くなるだろう。

私は親として、守れない約束はしないという方針を貫いてきた。約束は注意深く慎重にする。事情が変わって約束を守れないことになっては信頼に関わるから、不測の事態をできる限り想定する。

とはいえ、これほど慎重にしていても、予期していなかったことが起こり、どうしても約束を守れなくなることがある。状況によっては約束を守るほうが賢明ではない場合もある。それでも、約束は約束である。だから、事情がどうあれ約束を果たすか、相手によく説明して、約束を撤回させてほしいと頼む。

親と子の意見が食い違い、溝ができているなら、約束を守る習慣を身につけることによって、その溝に信頼という橋を架けられる。子どもがやろうとしていることが親からすれば好ましくなく、必ず悪い結果になることは大人の目には明らかなのに、子どもには見えていないとき、「それをしたらこういう結果になるんだよ。約束してもいい」とはっきり言える。子どもが親の言葉と約束に深い信頼を置いているなら、親の忠告に必ず従うはずだ。

期待を明確にする

たとえば、あなたとあなたの上司の間で職務記述書をどちらが作成する**役割**だったか誤解があったという面倒なことになったとしよう。

「私の職務記述はいついただけるのでしょうか」とあなたは尋ねる。

「私のほうは君が原案を持ってくるのを待っていた。一緒に検討するつもりだったんだよ」と上司は答える。

「あなたが私の仕事を明確にしてくださるものと思っていました……」

「それは私の役目じゃない。どういうふうに仕事を進めるかは君に任せると、最初に話していたはずだ。忘れたのかね？」

「仕事の出来不出来は私の努力次第という意味でおっしゃっていたのかと思っていました。ですが、まだ自分の仕事の内容もわかっておりません……」

目標があっても、その目標で期待されることが明確になっていないと、誤解が生まれて信頼を損なう結果になる。

「言われたとおりにやりました。これが報告書です」

「報告書？　私は問題を解決してくれと言ったのだ。問題の分析や報告書の作成を頼んだ覚えはない」

「私が問題点を整理して、後は別の誰かに任せるものだとばかり……」

このようなちぐはぐな会話は誰でも一度ならず経験したことがあるはずだ。

「あなたはそうおっしゃいました」

「いや、言ってないよ。私はこう言ったんだ……」

「いいえ、そのようなことはおっしゃっていません。それをしろという指示はうかがっておりません…」

「いや言ったとも。はっきりと言ったはずだ」

「それについては一言も触れていませんでした」

「だが、君も私も了解したじゃないか」

役割や目標に対して期待することが曖昧だったり、認識が食い違っていたりすると、たいていは人間関係に支障をきたすものである。職場で誰が何を担当するのかを決めるときでも、娘に部屋を掃除しなさいと言うときでも、金魚の餌やりやゴミ出しの係を決めるときでも、何を期待するのかを明確にしておかないと、必ず誤解を生み、相手を失望させ、信頼を引き出してしまうことになる。

しかし多くの場合、期待がはっきりと語られることはない。そして、明確な言葉で説明していないにもかかわらず、具体的な期待を胸に抱いているものだ。たとえば夫婦なら、口には出さなくても、結婚生活における男女それぞれの役割をお互いに期待している。そのことを二人できちんと話し合うわけでもないし、そもそも自分が相手に何を期待しているのかはっきりと意識していないこともある。しかし夫であれ妻であれ、相手の期待に応えれば大きな預け入れになり、期待を裏切れば引き出しになる。

だから、新しい状況になったときには、最初に当事者全員の期待を洗いざらい出すことが重要なのだ。知らない者同士がお互いに相手がどういう人間か判断しようとするときには、まず自分が抱いている期待を判断基準にする。そして、自分の期待が裏切られたと感じた瞬間、引き出しになる。こちらが期待していることは相手にもよくわかっているはずだ、相手もそれを受け入れているはずだと勝手に思い込んでいることで、多くのネガティブな状況をつくり出している。

だから、最初に期待を明確にすれば、預け入れになる。これができるようになるまでには時間と労力がかかる。しかし、長い目で見れば時間も労力も大幅に節約できる。期待の内容をお互いにはっきりと了解していないと、人は感情的になり、ほんの小さな誤解が積もり積もって激しい対立に発展し、コミュニケーションが決裂してしまうこともある。

期待の内容をはっきりと伝えるのは、勇気が要ることもある。意見の違いを目の前に出して、お互いに納得のいく期待事項を話し合って決めるよりも、あたかも意見の違いなどないかのように振る舞い、きっとうまくいくだろうと思っているほうがよっぽど気楽だからである。

誠実さを示す

誠実な人は信頼される。誠実さは、さまざまな預け入れの基礎になる。

信頼残高を増やすためにいくら努力しても、誠実さがなければ残高はたちまちゼロになりかねない。相手を理解しようとし、小さな気配りも怠らず、約束を守り、期待することを明確に伝え、期待に応えたとしても、心に二面性を持っていたら、信頼残高を増やすことはできない。

正直は誠実さの一部であって、誠実であることは正直以上のものである。正直とは真実を語ることであり、言い換えれば、**現実に自分の言葉を合わせる**ことだ。これに対して誠実さとは、**自分の言葉に現実を合わせる**ことである。約束を守ること、相手の期待に応えることが、誠実な態度である。誠実であるためには、裏表のない統一された人格がなくてはならない。自分自身のあり方にも、自分の生き方にも。

誠実な人間となるもっとも大切なことは、**その場にいない人に対して忠実になる**ことである。その場にいない人に誠実な態度をとれば、その場にいる人たちの信頼を得られる。いない人を擁護して守ろうとするあなたの態度を見れば、居合わせた人たちは、あなたを信頼する。

あなたと私が二人きりで話をしているときに、私が上司の悪口を言ったとしよう。本人がいたらとても面と向かっては言えない調子で批判するのである。それからしばらくして、あなたと私が仲たがいしたらどうなるだろうか。あなたは、私があなたの欠点を誰かに話しているのではないかと思うはずだ。以前、私が上司の陰口を言っているのをあなたは知っているからだ。あなたは私という人間の本性を知っている。本人と面と向かっているときは調子よく話を合わせ、陰で悪口を言う。あなたはそれを実際に目にしているのである。

二面性、裏表があるというのはこういうことである。このような人が信頼口座の残高を増やすことができるだろうか。

反対に、あなたが上司批判を始めたとき、私が「君の批判はもっともだ。これから上司のところに行って、こういうふうに改善してはどうかと提案しよう」と持ちかけたらどうだろう。誰かが陰であなたの悪口を言うようなことがあっても、その場に私がいたらどうするか、あなたにはわかるはずだ。

あるいはこういう例はどうだろう。私はあなたと良い関係を築きたいと思っている。だからあなたの気を引こうと、誰かの秘密をあなたに漏らすのだ。「本当は言っちゃいけないんだけど、君とぼくの間だから……」というように、人を裏切る私の行為を見て、あなたは私を信頼するだろうか。ひょっとしたら、自分がいつか打ち明けた秘密もこんな調子で話してまわっているのではないかと、逆に不信感が生まれるのではないだろうか。

二面性は、相手への預け入れに見えるかもしれない。しかし、自分の不誠実さをさらけ出しているのだから、実際は引き出しになってしまう。その場にいない人を見下したり、秘密を漏らしたりして、いっときの楽しみという黄金の卵を手にするのと引き換えに、ガチョウの首を絞めることになる。信頼関係に傷がつき、長く続く人間関係から得られるはずの喜びを犠牲にすることになるのだ。

現実社会において相互依存をもたらす誠実さとは、一言で言えば誰に対しても同じ原則を基準にして接することである。そうすれば、周りの人たちから信頼されるようになる。誠実であろうとすれば、相手の考えと相容れないことでも率直に言わなければならない場面がある。だから最初のうちは誠実な態度が快く受け入れられないかもしれない。面と向かって正直にものを言うのは、相当な勇気の要ることだ。たいていの人は、なるべくなら摩擦を避けたいから、その場にいない人の噂話になれば自分も加わり一緒になって陰口を言い、秘密を漏らす。しかし長い目で見れば、裏表なく正直で、親切な人こそが信頼され、尊敬される。相手を大切に思っているからこそ、その人の耳に痛いこともあえて率直に話すのだ。信頼されるのは愛されるよりも素晴らしいことである。そして信頼されることは、ゆくゆくは愛されることにもつながるのだと、私は思う。

息子のジョシュアがまだ小さい頃、私によく投げかける質問があった。そのたびに私は心を揺さぶられたものだ。私が誰かの言動に過剰に反応したり、イライラしたり、機嫌が悪くなったりすると、ジョシュアはそんな私の様子を感じとり、不安になるようだった。そしてすぐに私の目を覗きこんで、「お父さん、ぼくのこと愛してる?」と聞くのである。息子は、私が誰かに対して人生の基本原則に反する態度をとっていると感じると、自分も同じような態度をとられるのではないかと思ったのである。

私は、教師として、また親として確信していることがある。それは、「九九人の心をつかむ鍵を握っているのは、一人に対する接し方だ」ということだ。多くのにこやかな人たちの中で、一人忍耐を強いられている場合は特にそうだ。一人の子どもに示す愛情や態度が、他の生徒や子どもたち対する愛情や態度となる。あなたが一人の人間にどう接しているかを見れば、他の人たちも一人の人間として、自分に対するあなたの態度を感じとるのである。

誠実さとはまた、人をだましたり、裏をかいたり、人の尊厳を踏みにじるような言動をつつしむことでもある。ある人の定義に従えば、「嘘とは人をあざむく意図のある言動のすべて」である。誠実な人間であれば、言葉にも行動にも人をあざむく意図は微塵もないのである。

引き出してしまったときには心から謝る

信頼口座から引き出してしまったときには、心から謝らなければならない。誠心誠意の謝罪は、大きな預け入れになる。

「ぼくが悪かった」

「私の思いやりが足りなかったわ」

「失礼をお詫びします」

「あなたに対する配慮が欠けていました。本当に申し訳ありません」

「みんなの前で恥をかかせてごめん。あんなふうに言うべきじゃなかった。自分の考えをはっきりしたかっただけだったんだけれど、あんな言い方をして、ぼくが悪かった。許してほしい」

相手が気の毒だから謝るのではなく、誠意を持って、すぐに謝る。よほど強い人格でなければ、そうそうできるものではない。本心から謝るには、自分をしっかりと持ち、基本の原則と自分の価値観からくる深い内的な安定性がなければならない。

自分に自信がなく、内面が安定していない人にはとてもできないことだ。謝るのが怖いのである。謝ったりしたら自分が弱腰に見え、弱みにつけこまれるかもしれないと心配になる。彼らは周りの人たちの評価が心の安定のよりどころとなっているから、どう思われるかが気になって仕方がないのである。しかもこういう人たちに限って、自分の過ちを他者のせいにし、自分の言動を正当化する。たとえ謝ったとしても口先だけでしかない。

「こうべを垂れるならば、深く垂れよ」という東洋の格言がある。キリスト教には「最後の一文まで払え」という言葉がある。失った信頼を埋め合わせる預け入れにするには、本気で謝らなければならないし、相手にもこちらの誠意が伝わらなければならない。

レオ・ロスキンはこう教えた。「弱き人こそ薄情である。優しさは強き人にしか望めない」

ある日の午後、私は自宅の書斎で原稿を書いていた。こともあろうにテーマは「忍耐」だった。しばらくして、廊下から息子たちの騒ぐ声が聞こえてきた。しだいに私自身の忍耐が限界に近づき、イライラし始めた。

突然、息子のデビッドがバスルームのドアを叩きながら、「入れてよ、入れてよ」と叫びだした。

私はとうとう我慢できなくなり、書斎から廊下に走り出て、息子を大声で叱った。

「デビッド、おまえがそうやって騒ぐと、お父さんがどれだけ迷惑するかわからないのか。気が散って原稿が書けないじゃないか。自分の部屋に行きなさい。おとなしくできるまで部屋から出てくるんじゃないぞ」

デビッドはうなだれ、すっかりしょげて部屋に入り、ドアを閉めた。

振り返って見ると、別の問題が発生していることに気づいた。息子たちは狭い廊下でアメリカン・フットボールをしていたらしく、誰かの肘でもぶつかったのか、デビッドの弟が口から血を流して廊下に倒れていた。デビッドは、彼のためにタオルを取りに行こうとしていたのだった。ところが姉のマリアがちょうどシャワーを浴びていて、ドアを開けてくれなかったのである。

私はすっかり勘違いし、過剰反応していたのだった。すぐにデビッドの部屋に謝りに行った。

私が部屋のドアを開けると、デビッドは開口一番、「お父さんをぜったいに許さないからね」と言った。

「どうしてだい？　おまえが弟を助けようとしていたことに気づかなかったんだ。どうして許してくれないんだい？」

私は尋ねた。

するとデビッドは、「だって、お父さんは先週も同じことしたもん」と答えた。お父さんは残高不足だ、行動でつくった問題を言葉でごまかすことはできないよ、と言いたかったのだ。

心からの謝罪は預け入れになるが、懲りずに同じ過ちを繰り返していたら、いくら謝っても預け入れにはならない。預け入れは人間関係の質に反映される。

間違いを犯すのは問題だが、間違いを認めないのはそれ以上の問題である。間違いは許してもらえる。たいていの間違いは判断ミスが原因であり、いわば頭で起こした間違いだからだ。しかし、悪意や不純な動機、最初の間違いをごまかして正当化しようとする傲慢さは心で起こした間違いだ。心の間違いは、簡単には許してもらえない。

愛の法則と人生の法則

私たちは、無条件の愛という預け入れをするとき、人生のもっとも基本的な法則に従って生きることを相手に促している。別の言い方をすれば、何の見返りも求めず本心から無条件で愛することによって、相手は安心感を得、心が安定する。自分自身の本質的な価値、アイデンティティ、誠実さが肯定され、認められたと感じるのだ。無条件の愛を受けることによって自然な成長が促され、人生の法則（協力・貢献・自制・誠実）に従って生き、自分の中に潜在する大きな可能性を発見し、それを発揮できるようになる。人を無条件で愛するというのは、相手がこちらの状況や制限に反応するのではなく、自分の内面から沸き起こる意欲に従って行動する自由を相手に与えることだ。しかしここで勘違いしてはいけない。無条件の愛は、すべきではない行動を大目に見たり、甘やかしたりすることではない。そのような態度はかえって引き出しとなる。私たちがすべきことは、相談役になり、弁護し、相手を守り、期待値を明確にする。そして何より相手を無条件に愛することである。

あなたが愛の法則にそむき、愛することに条件をつけたら、人生の基本的な法則にそむいて生きることを相手に勧めていることになる。すると相手は反応的、防衛的な立場に追い込まれ、「自分が自立した価値ある人間であること」を証明しなければならないと感じるのだ。このようにして証明しようとする「自立」は、自立ではない。「反依存」の状態である。依存の違った形であり、成長の連続体で言えば一番低いところにある状態であり、他者に反抗する態度そのものが他者に依存している状態に他ならないのである。まるで敵中心の生き方になる。人の話を主体的に聴き、自分の内面の価値観に従うことよりも、自己主張と自分の「権利」を守ることだけを考えて生きるようになる。

反抗は、頭で起こした問題ではなく心で起こした問題である。心の問題を解決する鍵は、無条件の愛を預け入れ続けることである。

私の友人に、名門大学の学部長を務めていた人物がいる。彼は息子がその大学に入れるようにと、長年貯金し、計画も立てていた。ところが、いよいよ入試というとき、息子は受験を拒んだ。

父親はひどく落胆した。その大学を卒業すれば息子にとっては大きなキャリアになるはずだった。そもそも、その友人の家は三代にわたってその大学を卒業していた。いわば彼の家の伝統だったのである。彼は、何とか息子を受験させようと説得に説得を重ねた。考えを変えることを内心期待しながら、息子の話に耳を傾け、理解しようともした。

しかし、彼の対応の裏側に潜んでいたのは「条件つきの愛」だった。一人の人間として息子を思う気持ちよりも、その大学に入ってほしいという欲求のほうが大きかった。息子は、父親のそんなメッセージを感じとり、父親が自分の存在価値を脅かしていると思った。だから自分のアイデンティティを守ろうとし、父親の態度に反発して大学に行かない決意をいっそう固めた。父親のせいで自分の存在価値が脅かされているのだから、大学に行かない決断を下すのは正しい、そう思ったのである。

父親は自分の心の奥底を見つめ、反省し、犠牲を払う決心をした。条件つきの愛を捨てることにしたのである。息子は私が望む道とは違う道を選ぶかもしれないが、それでもかまわないと覚悟を決めたのだ。彼と奥さんは、息子がどの道に進もうとも、無条件で愛することにした。彼ら夫婦は、その大学で学ぶことがどれほど価値あることかわかっていたし、息子が生まれたときから計画してきたのだから、苦しい決断だった。

二人は、脚本を書き直すという難しいプロセスに乗り出し、無条件の愛の本当の意味を理解するために努力した。自分たちが何をしているのか、なぜそれをしているのか、息子にも説明した。そして、「おまえがどんな選択をしようとも、おまえに対する無条件の愛はいささかも揺らがない。そう正直に言えるようになった」と息子に話すことができた。二人には、息子をうまく操ろうとか、行いを正そうというような意図は微塵もなかった。それは彼ら自身の成長と人格の延長線上にある当然の行動だった。

両親の話を聴いても、息子はあまり反応を示さなかった。しかし二人はそのときにはもう、無条件の愛というパラダイムを深く心に刻んでいたから、息子に対する気持ちは揺らがなかった。一週間ほど経って、息子は両親に、やはりその大学には行かないと告げた。両親はその答えを受け入れる用意ができていた。だからその後も無条件の愛を息子に与え続けた。すべてが落ち着き、普段の生活が戻ってきた。

それからしばらくして、事態は意外な展開をみせる。自分の立場を守る必要がなくなったと感じた息子は、内面のもっと奥深くを見つめ始めた。そして自分の中に、その大学で学びたい気持ちがあることを発見した。彼は入学願書を出し、父親にそのことを話した。父親はこのときも無条件の愛で息子の決断を受け止めた。

私の友人は喜んだと思う。しかしその喜びをとりたてて表すことはしなかった。なぜなら彼はもう、真に無条件で愛することを身につけていた。

国連事務総長だった故ダグ・ハマーショルドは、とても意味深い言葉を残している。

「大勢の人を救おうと一生懸命に働くよりも、一人の人のために自分のすべてを捧げるほうが尊い」

ハマーショルド氏が言わんとしているのは、たとえば私が一日八時間、一〇時間ことによると一二時間、一週間に五日、六日、もしくはまる一週間ろくに休みもとらずに働いたとしても、妻や難しい年頃の息子、あるいは職場の親しい同僚との間に血のかよった関係が築けなければ、何の意味もないということだろう。仕事に身を入れるあまり、身近な人たちとの関係がぎくしゃくしてしまい、その関係を元に戻そうと思ったら、謙虚さ、勇気、精神力に満ちた高潔な人格が要る。世の中の人たちや大義のために働くよりもずっと難しいことなのである。

私はコンサルタントとして二五年間働いてきて、多くの組織と関わったが、その間、この言葉の重みを何度かみしめたことだろうか。組織が抱える問題の多くは、二人の共同経営者、オーナーと社長、社長と副社長の対立など人間関係に端を発している。人間関係の問題に正面から取り組み、解決するには、まずは自分の内面を見つめなくてはならない。だから、自分の「外」にあるプロジェクトや人々に労力をかけるよりも、はるかに人格の強さが求められるのである。

初めてハマーショルドの言葉に出会ったころ、私はある組織で働いていたのだが、私の右腕だった人物とどうもうまくいっていなかった。お互いに相手に何を期待していいのかはっきりせず、経営管理に関して、相手に期待する役割、目標、価値観、どれをとっても食い違っていた。しかし私は、そうした違いに正面から向き合う勇気がなかった。とげとげしい敵対関係に発展するのを恐れて、自分をだましだまし何ヵ月もそのまま働いていた。その間、私も彼も、気まずい思いを溜め込んでいったのである。

そんなとき、「大勢の人を救おうと一生懸命に働くよりも、**一人**の人のために自分のすべてを捧げるほうが尊い」という一文を読み、私は深く感動し、同僚との関係を修復する決心をした。

私は、厳しい話し合いの場面を想像して怯みそうになる自分に発破をかけ、意志を強く固める必要があった。問題点をはっきりさせ、お互いの考えを深く理解し、納得し合うのは、生半可なことでできるわけがないとわかっていたからだ。いよいよ話し合いの日が近づくと、本当に身ぶるいしたことを今でも覚えている。私はこの同僚を、どんなときもわが道を行くタイプで、自分の考えが正しいと信じて疑わない頑固な人物だと思っていた。しかしたしかに仕事のできる人物でもあり、私には彼の強みと能力がどうしても必要だった。だから全面対決となって関係が壊れ、彼の能力を失ってしまうのではないかと恐れていたのである。

来たるべき日に備えて頭の中で最終リハーサルを終えると、原則を中心に据えて話せば、話し方のテクニックなどどうでもよいのだと気づき、安心し落ち着いてきて、話し合う勇気も湧いてきた。

いざ話し合ってみると、驚いたことに彼もまさに私と同じように悩み続け、話し合いの機会を切に望んでいたという。彼は私が思っていたような頑固な人物ではなく、身構えたところなど少しもなかった。

そうはいっても、私と彼の経営管理のスタイルがまるで異なっていたのは事実であり、組織全体がそれに振り回されていた。それぞれが勝手なやり方で仕事を進めているために何かと問題が起きていることをお互いに認め、何とかしようということになった。何度か話し合いを重ねるうちに、もっと根深い問題も直視できるようになり、お互いの立場を尊重して一つずつ解決していった。このプロセスのおかげで、私たちの間には深い敬愛の情が生まれ、そればかりかお互いの弱点を補える強いチームとなり、仕事の能率が飛躍的に上がったのである。

企業であれ、あるいは家庭や結婚生活であれ、効果的に運営するためには人と人とが結束しなければならない。そしてその結束を生むためには、一人ひとりの人格の強さと勇気が要る。大勢の人々のためになる仕事をどれほど効率的にできたとしても、一人の人間との関係を築けるしっかりした人格が育っていなければ、何の意味もない。個人対個人の関係、人間関係のもっとも基本的なレベルにおいてこそ、愛と人生の法則を実践しなければならないのである。

Pの問題はPCを高める機会

私はこの経験から、相互依存という重要なパラダイムも学んだ。この考え方は、問題が発生したときにそれをどうとらえるか、どう受け止めるかに関係するものである。私は同僚との問題を何ヵ月も避けて通っていた。私にとってそれは障害物であり、イライラの原因でしかなく、何とかして消えてくれないものかと思いながら過ごしていた。だが結果を見れば、その問題がきっかけとなって同僚との間に絆ができ、お互いの弱点を補い長所を高める強力な相互補完チームとなれたのである。

私が自分の経験から学んだのは、相互依存関係で成り立っている社会にあっては、**Pに何か問題があるときこそ、PCを高めるチャンス**だということである。信頼口座の残高を増やし、相互依存関係の生産力を大きく伸ばすチャンスなのである。

子どもが問題を抱えているとき、重荷に感じたり面倒だと思ったりせずに、親子関係を深めるチャンスととらえれば、親と子の交流はまるで違ってくる。親は進んで子どもを理解し、子どもの力になれるチャンスを喜ぶようになる。子どもが問題を持ってきても、「ああ、またか！ まったく面倒ばかり増やして！」ではなく、「子どもの力になってやり、親子の絆を強くするチャンスだ」と考えてみる。すると、親子の交流は単なるやりとりではなく、親も子も変える力を持ってくる。親が子どもの問題を真剣にとらえ、子どもを一人の人間として尊重する態度が子どもに伝わり、愛と信頼で強く結ばれた関係ができていく。

このパラダイムはビジネスでも大きな力を発揮する。ある百貨店では、このパラダイムを取り入れ、買い物客の心をつかんで固定客を大幅に増やした。顧客がクレームを言ってきたら、どんなに些細な問題でも、店員は客と店の信頼関係を深めるチャンスととらえる。ほがらかに、前向きな態度で接客し、顧客が満足できるように問題を解決しようとする。店員は礼儀正しく、行き届いたサービスを提供してくれるから、他の百貨店に行ってみようとは思わなくなる。

現実社会において相互依存をもたらす人生を生きるためには、黄金の卵（P）とガチョウ（PC）のバランスが不可欠だということを頭に入れておけば、問題が起きても、もっとPCを増やすチャンスととらえ、むしろ問題を歓迎できるようになるはずだ。

相互依存の習慣

信頼口座のパラダイムを理解すれば、人と人とが力を合わせて結果を出す「公的成功」の領域に入っていくことができる。これから公的成功のための習慣を一つずつ見ていくが、これらの習慣が身につくと、相互依存の関係を効果的に築いていけることがわかるだろう。私たちがどれだけ強烈に他のパターンの考えや行動に脚本づけされているかもわかるだろう。

さらに、本当の意味で自立した人間でなければ、他者との効果的な相互依存関係は築けないことを、もっと深いレベルで理解できるようになるはずだ。世間一般で言う「Ｗｉｎ－Ｗｉｎの交渉術」や「傾聴法」「クリエイティブな問題解決テクニック」をいくら学んでも、しっかりした人格の土台がなければ、公的成功はありえないのである。
それでは、公的成功に至る習慣を一つずつ詳しく見ていくことにしよう。

THE SEVEN HABITS
OF HIGHLY
EFFECTIVE PEOPLE

第4の習慣

Win-Winを考える

THINK WIN/WIN

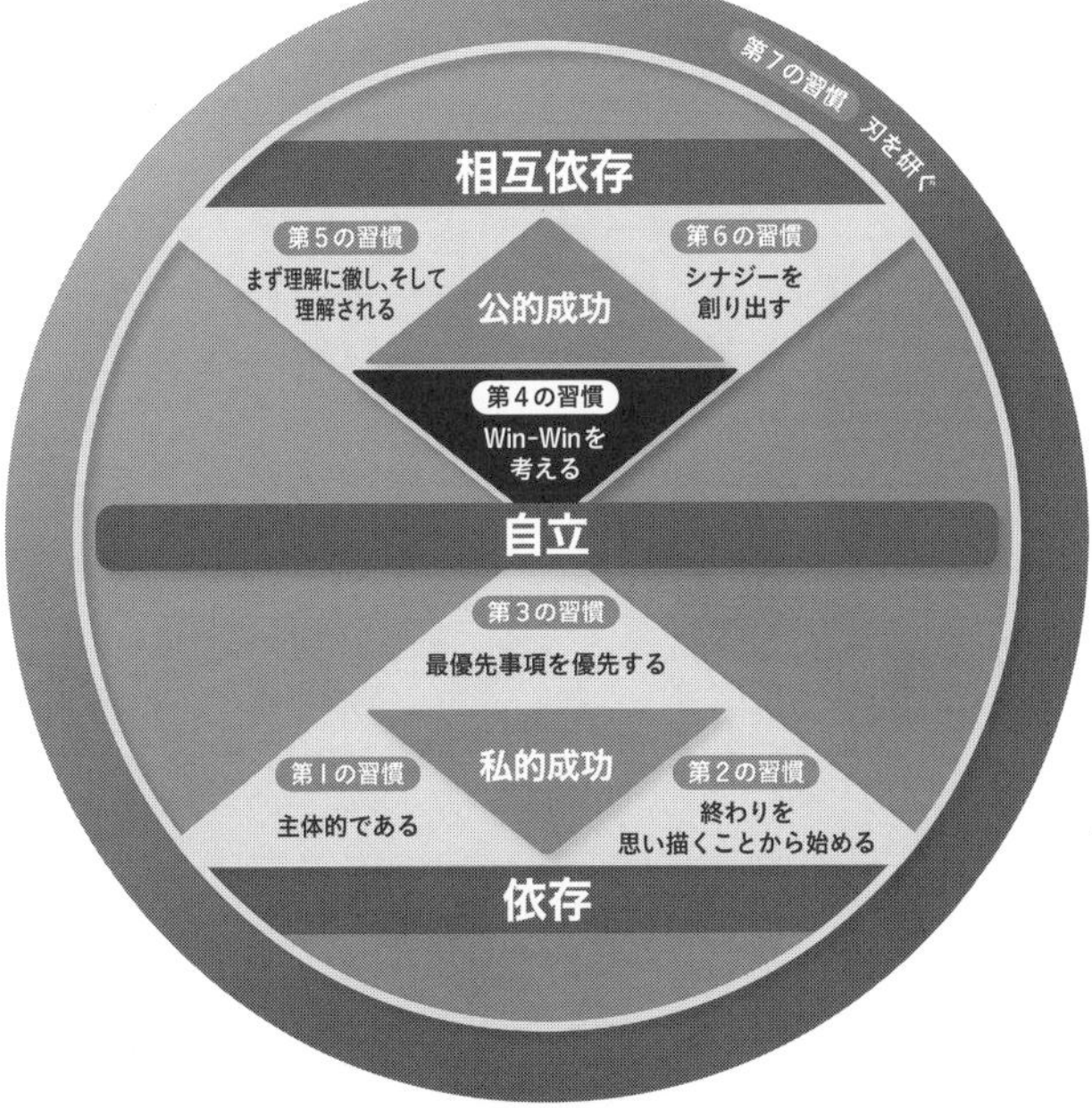

人間関係におけるリーダーシップの原則

黄金律は暗記した。さあ、実行しよう。

――エドウィン・マーカム

以前、ある会社の社長から、社員同士が協力せず困っているので相談に乗ってほしいと頼まれたことがある。

「先生、一番の問題はですね、社員が自分のことしか考えていないことなんですよ。協力ということをしない。社員同士で力を合わせれば、もっと生産性が上がるのですがね。対人関係の研修プログラムを取り入れてこの問題を解決したいのですが、先生、力になっていただけるでしょうか」

「御社の問題は社員にあるのでしょうか、それともパラダイム、ものの見方にあるのでしょうか？」と私は聞いた。

「ご自分で確かめてみてください」

そこで、確かめてみた。なるほど社員は本当に身勝手で、力を合わせようなどという気はなさそうだ。上司には反抗的だし、わが身大事で、防衛的なコミュニケーションをとっている。信頼口座は見るからに赤字で、不信感に満ちた職場であることは間違いない。しかし私は重ねて聞いてみた。

「もっとよく調べてみましょう。なぜ社員の皆さんは協力しないのです？　協力しないと、社員にとって何か良いことがあるのでしょうか?」

「何もいいことはないですよ。協力したほうが良いにきまってるではないですか」

「本当にそうですか?」

私は念を押すように尋ねた。それというのも、社長室の壁にかかっているカーテンの向こう側に貼ってあるグラフが気になったからだ。グラフの線が競馬場の走路に見立てられ、競走馬の写真がいくつも貼りつけられている。それぞれの馬の頭の部分は、なんとマネージャーの顔写真になっているではないか。きわめつけは、グラフ右端のゴールのところに貼ってあるバミューダの美しい観光ポスターだ。青い空にふんわりと浮かぶ雲、真っ白な砂浜、手をつないで歩く恋人同士……

週に一度、社長は部下たちをこの部屋に集め、協力して仕事しろと訓示するらしい。「皆で力を合わせようじゃないか。そうすればもっと売上が伸びるぞ」と言い、おもむろにカーテンを引き、このグラフを見せるわけである。

「さて、バミューダ行きの切符を手にするのは誰かな?」

これでは、一つの花に大きく育ってくれよと言いながら、別の花に水をやっているようなものである。あるいは「士気が上がるまで解雇を続ける」と脅しているのと同じだ。社員同士が協力し、アイデアを出し合い、全員の努力で売上を伸ばしていくことを望んでいながら、実際には社員同士が競うように仕向けていたのである。一人のマネージャーが成功すれば、他のマネージャーたちは失敗する仕組みになっていたのだ。

職場や家庭、他の人間関係に見られる実に多くの問題と同じように、この会社の場合も、問題の原因はパラダイムの違いにある。社長は競争のパラダイムから協力という成果を得ようとしていた。そしてそれがうまくいかないとみるや、新しいテクニックや研修プログラム、応急処置で協力させようと考えたわけである。

しかし、根を変えずに、その木になる果実を変えることはできない。表に出る態度や行動だけに働きかけるのは、枝葉にハサミを入れる程度の効果しかない。そこで私は、協力することの価値が社員に伝わるようにし、社員同士の協力が報われる報酬制度を整えることによって組織を根本から変革し、個人と組織の優れた力を最大限に引き出すよう提案した。

たとえあなたの社会的立場が社長やマネージャーではなくとも、自立から相互依存の領域に足を踏み入れた瞬間に、リーダーシップの役割を引き受けたことになる。あなた自身が他者に影響を与える立場になるからである。そして、効果的な人間関係におけるリーダーシップの習慣は、「Ｗｉｎ－Ｗｉｎを考える」である。

人間関係の六つのパラダイム

Ｗｉｎ－Ｗｉｎとは、決してテクニックではない。人間関係の総合的な哲学である。人間関係の六つのパラダイムの一つである。そしてＷｉｎ－Ｗｉｎの他に、「Ｗｉｎ－Ｌｏｓｅ」「Ｌｏｓｅ－Ｗｉｎ」「Ｌｏｓｅ－Ｌｏｓｅ」「Ｗｉｎ」「Ｗｉｎ－Ｗｉｎ ｏｒ Ｎｏ Ｄｅａｌ」のパラダイムがある。

- Ｗｉｎ－Ｗｉｎ　自分も勝ち、相手も勝つ

- Win－Lose　自分が勝ち、相手は負ける
- Lose－Win　自分が負けて、相手が勝つ
- Lose－Lose　自分も負けて、相手も負ける
- Win　自分が勝つ
- Win－Win or No Deal　自分も勝ち相手も勝つ、それが無理なら取引しないことに合意する

Win－Win

Win－Winは、すべての人間関係において、必ずお互いの利益になる結果を見つけようとする考え方と姿勢である。何かを決めるときも、問題を解決するときも、お互いの利益になり、お互いに満足できる結果を目指すことである。Win－Winの姿勢で到達したソリューション、当事者全員が納得し満足し、合意した行動計画には必ず実行する決心をするものである。Win－Winのパラダイムは、人生を競争の場ではなく協力の場ととらえる。私たちはえてして、強いか弱いか、厳しいか甘いか、勝つか負けるか、物事を「二者択一」で考えがちだ。しかし、このような考え方には根本的な欠陥がある。原則に基づいておらず、自分の権力や地位にものを言わせる態度だからだ。Win－Winの根本には、全員が満足できる方法は十分にあるという考え方がある。誰かが勝者になったからといって、そのために他者が犠牲になって敗者になる必要などない、全員が勝者になれると考えるのである。

Win－Winは、第3の案の存在を信じることである。あなたのやり方でもなければ、私のやり方でもな

い、もっとよい方法、もっとレベルの高い方法だ。

Win－Lose

Win－Winの別の選択肢としてWin－Loseがある。例の「バミューダ行きレース」のパラダイムだ。私が勝てば、あなたが負ける。

リーダーシップのスタイルで言えば、Win－Loseは「私のやり方を通す。君の意見は聞くまでもない」という権威主義的なアプローチになる。Win－Loseの考え方の人は、自分の地位、権力、学歴、所有物、あるいは個性の力を借りて、自分のやり方を押し通そうとする。

ほとんどの人は生まれたときからずっと、勝ち負けの脚本で育っているから、Win－Loseのメンタリティが深く染みついている。親が子どもたちを比較していたら、たとえば兄ばかりに理解や愛情を注いでいたら、弟は「自分が勝ち、相手が負ける」というWin－Loseを考えるようになる。条件つきの愛を受け入れた子は、愛は努力しなければ得られないものだと考えるようになり、その裏返しとして、自分はもともと価値のない人間だ、愛されるに値する人間ではないのだと思ってしまう。だから自分の価値を内面ではなく外側に求めるようになり、人と比べて勝っていること、誰かの期待に応えられることが自分の価値になる。

親を頼らなければ生きられず、無条件の愛を受けてしかるべき幼い時分に、条件つきの愛で育てられる子どもはどうなるだろうか。弱く傷つきやすい子どもの心は、Win－Loseの型にはめられ脚本づけされてしまう。

「ぼくがお兄ちゃんよりいい子になれば、お父さんもお母さんももっとぼくを愛してくれる」「パパとママが私よりお姉ちゃんを好きなのは、私が駄目な人間だからなんだ」と思うようになるのだ。

親子関係の他に、仲間同士の関係も強い影響力を持つ脚本になる。子どもは、まず親に受け入れられ、認めてもらおうとする。そして次に、友人などの「仲間」に受け入れられたいと思う。そして誰もが知っているとおり、仲間というのはときに極端なことになる。仲間うちのルールに従って行動できるかどうか、グループの期待に応えられるかどうかで、全面的に受け入れるか、徹底的に排除するかの二つに一つなのである。こうして子どもはますます、Ｗｉｎ－Ｌｏｓｅの脚本に染まっていく。

学校に上がれば、そこにもＷｉｎ－Ｌｏｓｅの脚本が待ち受けている。学業成績の指標である偏差値は相対的なものであり、誰かがＡをとれば誰かがＣになる仕組みである。個人の価値を人との比較で測っているのである。学校という世界では内面の価値はまったく考慮されず、外に表れる点数だけで全員の価値が判定されてしまうのだ。

「本日はＰＴＡ総会にお越しいただきましてありがとうございます。今回の試験、お嬢さんはすごいですよ。上位一〇％に入りました」

「ありがとうございます」

「ところが、弟のジョニー君のほうはちょっと問題ですね。下から四分の一のところです」

「本当ですか？　困ったわ。どうしたらいいでしょう？」

しかし本当のところは、弟は下から四分の一とはいえ全力で頑張ったのであり、姉は好成績でも能力の半分しか出していないのかもしれない。相対評価では、このような事実は少しもわからないのである。生徒は潜在能力で評価されるわけではないし、本来持っている能力を存分に発揮したかどうかで評価されるのでもない。他の生徒との比較で成績が決まるのである。しかも学校の成績は社会に出るときも価値を持ち、チャンスの扉が開くか閉じられるかは成績次第だ。協力ではなく競争が教育の根幹をなしているのである。実際、生徒同士の協力といってすぐに思い浮かぶのは、試験の不正ぐらいではないだろうか。

もう一つの強烈なＷｉｎ－Ｌｏｓｅの脚本で動いているのがスポーツである。特に高校や大学のスポーツはそうである。試合で「勝つ」というのは「相手を負かす」ことだ。だから多くの若者は、人生は勝者と敗者しかいないゼロサム・ゲームという考え方を内面に根づかせてしまうことになる。

法律もＷｉｎ－Ｌｏｓｅのパラダイムだ。現代は訴訟社会である。何かトラブルが起きると裁判に持ち込んで白黒はっきりさせ、相手を負かして自分が勝とうとする。しかし、裁判沙汰になれば、当事者はどちらも自分の立場を守ることしか考えられなくなる。人が防衛的になれば、創造的にも、協力的にもならないのだ。

たしかに法律は必要だし、法律がなければ社会の秩序は保てない。しかし秩序は保てても、法律にシナジーを創り出す力はない。よくて妥協点が見つかる程度である。そもそも法律は敵対という概念に基づいている。最近になってようやく、法律家もロースクールも裁判所に頼らず話し合いで解決するＷｉｎ－Ｗｉｎのテクニックに目を向け始めている。これですべてが解決できるわけではないが、Ｗｉｎ－Ｗｉｎを考えた調停や交渉に対する関心は高まっている。

もちろん、本当に食うか食われるかの事態だったら、お互いの立場を尊重してＷｉｎ－Ｗｉｎを目指そう、などと呑気なことは言っていられない。しかし人生の大半は競争ではない。あなたは毎日、パートナーと競争して暮らしているわけではないし、子ども、同僚、隣人、友人たちといつも競争しているわけではない。「お宅では夫婦のどちらが勝ってます？」などという質問は馬鹿げている。夫婦が二人とも勝者でなければ、二人とも敗者なのである。

人生のほとんどは、一人で自立して生きるのではない。他者とともに、お互いに依存しながら生きていく。それが現実である。あなたが望む事柄のほとんどは、周りの人たちと協力できるかどうかにかかっている。Ｗｉｎ－Ｌｏｓｅの考え方でいたら、人と力を合わせて結果を出すことはできない。

Ｌｏｓｅ－Ｗｉｎ

Ｗｉｎ－Ｌｏｓｅとは反対のプログラムが組み込まれている人もいる。Ｌｏｓｅ－Ｗｉｎである。

「ぼくの負けだ。君の勝ちだよ」

「私のことなんか気にしなくていいわよ。あなたの好きなようにすればいい」

「あなたも私を踏みつけにしたらいい。みんなそうするから」

「俺は負け犬。いつだってそうなんだ」

「私は平和主義者よ。波風を立てずにすむなら何でもするわ」

Ｌｏｓｅ－ＷｉｎはＷｉｎ－Ｌｏｓｅよりもたちが悪い。Ｌｏｓｅ－Ｗｉｎには基準というものがないからだ。Ｌｏｓｅ－Ｗｉｎを考える人は、相手に対して何も主張せず、何も期待せず、何の見通しも持たずに、ただ相手を喜ばせたり、なだめたりすることしか考えない。人に受け入れられ、好かれることに自分の強みを求める。自分の気持ちや信念をはっきりと言う勇気がなく、相手の我の強さにすぐ萎縮してしまう。

交渉の場でＬｏｓｅ－Ｗｉｎの態度をとることは降参であり、譲歩するか、諦めるかしかない。リーダーシップのスタイルなら、放任主義か部下の意のままになることだ。要するに、Ｌｏｓｅ－Ｗｉｎのパラダイムを持つことで「いい人」と思われたいのである。たとえ「いい人」が最後は負けるとわかっていても、「いい人」と思われたいのだ。

Ｗｉｎ－Ｌｏｓｅの人は、Ｌｏｓｅ－Ｗｉｎ思考の人が好きである。弱さにつけこみ、餌食にして、自分の思いどおりにできるからだ。Ｗｉｎ－Ｌｏｓｅの強気がＬｏｓｅ－Ｗｉｎの弱気とぴったりとかみ合うわけである。

しかし問題は、Ｌｏｓｅ－Ｗｉｎタイプの人はさまざまな感情を胸の奥底に押し隠していることである。口に出さないからといって、負けて悔しい感情が消えてなくなるわけではない。ずっとくすぶり続け、時間が経ってからもっとひどいかたちで表に出てくる。特に呼吸器系や神経系、循環器系に症状の出る心身症の多くは、Ｌｏｓｅ－Ｗｉｎの生き方を続けたことによって抑圧され、積もり積もった恨み、深い失望、幻滅が病気に姿を変えて表に噴出したのである。過度な怒り、些細な挑発への過剰反応、あるいは世をすねるような態度も、感情を押し殺してきたせいなのである。

より高い目的に到達するために自分の気持ちを乗り越えようとせず、ひたすら感情を抑えることだけを考えていたら、自尊心を失い、しまいには人間関係にも影響が及んでしまう。

Ｗｉｎ－Ｌｏｓｅタイプの人もＬｏｓｅ－Ｗｉｎタイプの人も、内面が安定していないから、自分の立場がぐらぐらと揺らぐのである。短いスパンで見れば、Win－Loseのほうが結果は出せるだろう。Win－Loseタイプは地位があり、力や才能に恵まれた人が多いから、そういう自分の強みを力にして、相手を負かすことができる。一方のLose－Winタイプの人は、初めから弱気だから、自分が何を手にしたいのかもわからなくなる。

多くの経営者や管理職、親はWin－LoseとLose－Winの間を振り子のように行ったり来たりしている。秩序が乱れ、方向がずれて期待どおりに進まず、規律のない混乱した状態に耐えられなくなるとWin－Loseになり、そのうち自分の高飛車な態度に良心が痛んでくると、Lose－Winになって、怒りやイライラが募ってWin－Loseに逆戻りするわけである。

Lose－Lose

Win－Loseタイプの人間が、角を突き合わせることもある。気が強く頑固で、我を通そうとする者同士がぶつかると、結果はLose－Loseになる。二人とも負けるのだ。そして二人とも「仕返ししてやる」「この借りは絶対に返すぞ」と復讐心に燃えることになる。相手を憎むあまり、相手を殺すことは自分も殺すこと、復讐は両刃の剣であることが見えなくなる。

ある夫婦が離婚したとき、裁判所は夫側に、資産を売却して半額を前妻に渡すよう命じた。前夫はその命令に従い、一万ドルの価値のある車を五〇ドルで売り飛ばし、前妻に二五ドル渡した。妻側の申し立てを受けて裁判所が調べてみると、前夫はすべての財産を同じように二束三文で売却していた。

敵を自分の人生の中心に置き、敵とみなす人物の一挙手一投足が気に障ってどうしようもなくなると、その人が失敗すればいい、たとえ自らを見失ってもとひたすら念じ、他には何も見えなくなる。Ｌｏｓｅ－Ｌｏｓｅは敵対の思想、戦争の思想なのである。

Ｌｏｓｅ－Ｌｏｓｅタイプの人は、自分の目指すべき方向がまったく見えず、他者に極度に依存して生きている自分が惨めでならず、いっそのことみんな惨めになればいいと思ったりもする。早い話、「勝者がいなければ、自分が敗者であることが悪いことではないと思う」わけである。

Win

他者は関係なくただ自分が勝つことだけを考えるパラダイムもある。Ｗｉｎタイプの人は、他の誰かが負けることを望んでいるわけではない。他人の勝ち負けはどうでもよく、自分の欲しいものを手に入れることだけが大切なのである。

競争や争いの意識がない日々のやりとりの中では、Ｗｉｎはもっとも一般的なアプローチだろう。Ｗｉｎタイプの人は、自分の目標が達成できるかどうかしか頭にないから、他人の目標がどうなろうと自分には関係ないと考える。

どのパラダイムがベストか？

　ここまで紹介した五つのパラダイム――Win－Win、Win－Lose、Lose－Win、Lose－Lose、Win――のうち、一番効果的なパラダイムはどれだろうか。答えは「ケース・バイ・ケース」である。サッカーの試合なら、どちらかのチームが勝ち、もう一方のチームは負ける。あるいは、あなたが勤める支店が他の支店と遠く離れていて、支店間の連携がなく、支店同士で業績を競う刺激が足りないなら、業績を上げるためにWin－Loseのパラダイムで他社の支店と競うかもしれない。しかし、会社の中で他のグループと協力して最大限の成果を出さなければならない状況では、例の「バミューダ行きレース」のようなWin－Loseを持ち込むことはしたくはないだろう。

　あなたと誰かとの間に問題が起き、その問題が些細なことで、お互いの関係のほうがよっぽど大切なら、あなたが譲歩して相手の要求を丸ごと受け入れ、Lose－Winで対処するほうがよい場合もある。「私が欲しいものより、あなたとの関係のほうが大切です。今回はあなたの言うとおりにしましょう」という態度である。あるいは、今あるWinを選択することで、さらに大きな価値を損ねてしまうのであれば、Lose－Winを選択するだろう。そこに時間と労力をかけてまで選択する価値はない。

　どうしても勝たなくてはならない、そのWinを自分が手にすることで、他人にどんな影響が及ぼうとかまわない、そんな状況もあるだろう。たとえばあなたの子どもの命が危険にさらされていたら、他人のことや周囲の状況など露ほども考えず、あなたの頭の中はわが子を救うことだけでいっぱいなはずだ。

だから、状況次第でどのパラダイムも一番になりうるのである。肝心なのは、状況を正しく読みとって使い分けることである。Win‐Loseであれ、それ以外のパラダイムであれ、一つのパラダイムをどんな状況にも当てはめてはいけない。

そうはいっても、現実の人間社会においては、ほとんどが相互依存関係なのであり、五つのパラダイムの中でWin‐Winが唯一の実行可能な選択肢になるのだ。

Win‐Loseでは、その場では自分が勝ったように見えても、相手の感情や自分に対する態度が相手の心にわだかまりを残し、お互いの関係に悪影響を与えないとも限らない。たとえば、私があなたの会社に商品を卸すとしよう。あるときの商談で私が自分の条件を通したとしたら、とりあえず私は自分の目的を達したことになる。しかしあなたは次も私と取引してくれるだろうか。一回限りの取引で終わってしまったら、今回は勝ちでも長い目で見れば負けである。だから相互依存の現実社会におけるWin‐Loseは、実はどちらも負けるLose‐Loseなのである。

逆に私がLose‐Winの結果で妥協したとしたら、その場はあなたの希望どおりになるだろう。しかし今後、あなたに対する私の態度、契約を履行するときの私の態度にどんな影響があるだろうか。あなたに喜んでもらいたいから契約をしっかり履行しようという気持ちは薄れるだろうし、次回からの商談の席でも、このときに受けた心の傷を引きずっているかもしれない。同じ業界の他の会社と商談するときに、あなた個人とあなたの会社に対する反感をつい口にするかもしれない。これまた結局は双方敗者のLose‐Loseである。どんな場合でもLose‐Loseが望ましい選択肢になりえないのは言うまでもないことだ。

あるいは私が自分の勝ちしか考えないＷｉｎの態度で商談を進め、あなたの立場をまったく考えなかったら、この場合もやはり、生産的な関係を築く土台はできない。

先々のことを考えれば、どちらも勝者になれなければ、結局はどちらも負けなのである。だから、相互依存の現実社会の中で採れる案はＷｉｎ－Ｗｉｎだけなのである。

ある大手の小売チェーンの社長にコンサルティングをしたときのことである。社長は私にこう言った。

「博士、Ｗｉｎ－Ｗｉｎというのは聞こえはいいですが、理想的すぎやしませんか。商売の現実は厳しくて、とてもそんなものじゃありません。どこでもＷｉｎ－Ｌｏｓｅ、勝つか負けるかでやっているんです。そのつもりでやらないと、ゲームに負けるのですよ」

「それじゃ、お客さんとＷｉｎ－Ｌｏｓｅでやってごらんなさい。それなら現実的でしょう？」

「それはだめですよ」と彼は答えた。

「なぜです？」

「お客さんを失くしてしまいます」

「それならＬｏｓｅ－Ｗｉｎでやったらどうでしょう。商品をタダで提供するんです。これなら現実的ですか？」

「それもだめです。ノーマージン・ノーミッションですよ」

私たちはさまざまな代替案を出したが、Ｗｉｎ－Ｗｉｎ以外に現実的な方法はないように思われた。

「お客様にはＷｉｎ－Ｗｉｎが正しいと思いますが……」と彼は認めたが、「仕入れ先は違うんじゃないですか」

と続けた。

「しかし仕入れ先からすれば、お宅は顧客でしょう。同じようにWin-Winでやるべきじゃないですか?」と私は言った。

「実は、ショッピングセンターのオーナーと賃貸契約を交渉したばかりなんです」と彼は話し始めた。「こちらはWin-Winの態度で交渉に臨みました。オープンに、無理を言わず、相手の立場を考えて交渉したんです。ところが向こうは、こちらの態度を弱腰とみて、つけいってきました。私たちは完全にやられてしまったんです」

「なぜあなたはLose-Winをやったんです?」と私は尋ねた。

「違います。私たちはWin-Winにしたかったんです」

「今、完全にやられたとおっしゃいましたよね?」

「言いましたよ」

「つまり、負けたわけですね」

「そうです」

「そして相手が勝った」

「そうです」

「それを何と言うんです?」

今まで自分がWin-Winと思っていたことが、実はLose-Winだったことに気づいて、彼はショックを受けたようだった。そしてそのＬｏｓｅ－Ｗｉｎは、自分の感情を抑えつけ、価値観を踏みにじる。恨みがくすぶり、お互いの関係に影を落とすのであるから、結局のところＬｏｓｅ－Ｌｏｓｅになることを彼も悟ったのである。

この小売チェーンの社長が本当の意味でＷｉｎ－Ｗｉｎのパラダイムを持っていたなら、コミュニケーションの時間をもっととり、オーナーの話をもっとよく聴いてから、勇気を出して自分の立場を説明していただろう。お互いに満足できる解決策を見つけるまで、Ｗｉｎ－Ｗｉｎの精神で話し合いを続けたはずだ。双方が満足できる解決策となる第3の案は、お互いに一人では考えつかない素晴らしい解決策になっていたはずだ。

Ｗｉｎ－Ｗｉｎ or Ｎｏ Ｄｅａｌ

お互いに満足でき、合意できる解決策を見つけられなかったら、Ｗｉｎ－Ｗｉｎをさらに一歩進めたパラダイム、「Ｗｉｎ－Ｗｉｎ or Ｎｏ Ｄｅａｌ」という選択肢がある。

Ｎｏ Ｄｅａｌ（取引しない）とは、簡単に言えば、双方にメリットのある解決策が見つからなければ、お互いの意見の違いを認めて、「合意しないことに合意する」ことである。お互いに相手に何の期待も持たせず、何の契約も交わさない。私とあなたとでは、価値観も目的も明らかに正反対だから、私はあなたを雇わない、あるいは今回の仕事は一緒にはしないということだ。双方が勝手な期待を抱き、後々になって幻滅するよりは、最初からお互いの違いをはっきりさせ、認め合うほうがよっぽどいい。

Ｎｏ Ｄｅａｌを選択肢の一つとして持っていれば、余裕を持つことができる。相手を操ったり、こちらの思惑どおりに話を進めたりする必要はないのだし、何がなんでも目的を達しなければならないと必死にならずともすむ。心を開いて話せるし、感情の裏に潜む根本的な問題をわかろうとする余裕も生まれる。

Ｎｏ Ｄｅａｌの選択肢があれば、正直にこう話せる。「お互いに満足できるＷｉｎ－Ｗｉｎ以外の結論は出したくないんです。私も勝って、あなたにも勝ってほしい。だから、私のやり方を通しても、あなたに不満が残るのは嫌なんです。後々不満が噴き出さないとも限りません。それでは信頼関係が崩れます。逆に、私が我慢して、あなたの思いどおりになったとしても、あなたはあなたで後味が悪いでしょう。だからＷｉｎ－Ｗｉｎの道を探しましょう。一緒に本気で考えましょう。それでも見つからなければ、この話はなしということでどうでしょうか。お互いに納得のいかない決定で我慢するよりは、今回は取引しないほうがいいと思います。また別の機会もあるでしょうから」

ある小さなコンピューターソフトウェア会社の社長に、「Ｗｉｎ－Ｗｉｎ ｏｒ Ｎｏ Ｄｅａｌ」の考え方を教えたところ、次のような経験を話してくれた。

「うちで開発した新しいソフトをある銀行に五年契約で販売したんです。頭取はそのソフトを高く評価してくれたのですが、他の役員はあまり乗り気ではなかったようです。契約から一ヵ月ほどたって、頭取が交代しましてね。新しい頭取からこう告げられたんです。『今回のシステム変更はちょっと厄介なことになっていまして、困っているのですよ。下の者たちはみんな口を揃えて、新しいソフトにはついていけないと言ってまして、私としても、今の時点で変更を無理には進められないと思います』と。

その頃、うちの会社は深刻な財政難に陥っていました。契約の履行を銀行に強要しても、法的には何の問題もないことはわかっていました。しかし私はＷｉｎ－Ｗｉｎの原則を信じていました。そこで頭取にこう言ったんです。『この件はもう契約を交わしています。貴行は、システムの変更のために私どもの商品とサービスを購入する約束をしています。ですが、今回の変更に銀行の皆さんが満足していないということでしたら、契約は白紙に戻して、手付金はお返ししましょう。もし今後、何かソフトが必要になりましたら、どうぞよろしくお願いいたします』

八万四〇〇〇ドルの契約を自分から捨てたようなものです。会社の財政を考えれば、まるで自殺行為ですよ。しかし正しい原則に従ったのだから、いつか報われる、プラスになって返ってくる、そう信じていました。

それから三ヵ月後、あの頭取から電話がありまして、『データ処理システムを変える計画を進めている。御社にお願いしたい』ということでした。これがなんと、二四万ドルの契約になったのです」

相互依存で成り立つ社会で人間関係を長く続けようと思ったら、Ｗｉｎ－Ｗｉｎ以外のパラダイムは次善の策にするにしても問題がある。必ずネガティブな影響を残すからだ。どのくらいの代償を払うことになるのか、よくよく考えてみなければならない。本当のＷｉｎ－Ｗｉｎに達しないのであれば、ほとんどの場合はＮｏ Ｄｅａｌ、「今回は取引しない」としたほうが得策である。

Ｗｉｎ－Ｗｉｎ ｏｒ Ｎｏ Ｄｅａｌは、家族同士の関係においても精神的に大きな自由をもたらす。家族でビデオを観ようというとき、全員が楽しめるビデオがどうしても決まらなければ、誰かが我慢してまでビデオを観るよりは、その夜はビデオ鑑賞はせずに（Ｎｏ Ｄｅａｌ）、全員で他のことをすればいいのである。

私のある友人は、何年も前から家族でコーラスグループを組んでいる。子どもたちがまだ小さい頃は、母親が曲を決め、衣装をつくり、ピアノの伴奏をやり、歌い方の指導もしていた。ところが子どもたちが成長するにつれて音楽の趣味が変わっていくと、曲目はもちろん衣装にも口を挟み、母親の指導に素直に従わなくなった。

母親自身、舞台に立つ経験は積んでいたし、慰問活動を計画していた老人ホームの人たちの好みの曲は知っているつもりだったから、子どもたちのアイデアには賛成しかねた。しかし、その一方で子どもたちが意見を言いたい気持ちも理解できたから、曲目を決めるプロセスに子どもたちも参加させたいとも思っていた。

そこで彼女は、Ｗｉｎ－Ｗｉｎ ｏｒ Ｎｏ Ｄｅａｌでいくことにした。全員が満足する案を相談し、もし全員が合意できなければ、別のみんなの才能を楽しむ方法を探してはどうかと持ちかけた。合意に達しても達しなくても、わだかまりが残る心配がないことがわかり、子どもたちは自由にアイデアを出し合い、お互いのアイデアに意見を述べ、最終的にＷｉｎ－Ｗｉｎの合意に達することができたのである。

Ｗｉｎ－Ｗｉｎ ｏｒ Ｎｏ Ｄｅａｌのアプローチが特に効果を発揮するのは、新しく事業を興したり、新しい取引先と契約を結んだりするときである。すでに続いている取引関係では、Ｎｏ Ｄｅａｌ（取引しない）が現実的な選択肢にはならない場合もある。家族経営の会社や友人同士で始めたビジネスなら特に、深刻な問題に発展しないとも限らない。

関係が壊れるのを恐れ、何年もだらだらと妥協に妥協を重ねる場合もある。口ではWin-Winと言いながらも、Win-LoseやLose-Winを考えている。これではライバル会社がWin-Winの考え方でシナジーの力を発揮している場合には、なおさら人間関係にもビジネスにも深刻な問題を生む。

No Dealというオプションを使わないばっかりに、業績を悪化させ、ついには倒産に追い込まれるか、外部の経営者に実権を委ねざるを得ない事態に陥る企業は少なくない。過去の例を見ても、家族や友人同士で会社を興す場合は、将来何かの案件を巡って意見が割れ、それについてはNo Dealとなる可能性があることを最初から考慮に入れ、その場合の処理の仕方を決めておくほうが賢明である。そうしておけば、人間関係に亀裂が入らずにビジネスを続けて成功することができる。

もちろん、No Dealのオプションを使えない場合もある。たとえば自分の子どもや妻・夫との関係にNo Dealを選び、なかったことにするわけにはいかない。必要ならば妥協を選んだほうがよいこともある。この場合の妥協は、低いレベルでのWin-Winになる。しかしたいていの場合は、Win-Win or No Dealの姿勢で交渉を進めることができる。そうすれば、お互いに腹の探り合いをせずに、自由に最善の案を探すことができるのである。

Win-Winの五つの側面

「Win-Winを考える」は、人間関係におけるリーダーシップの習慣である。人間だけに授けられた四つの能力（自覚・想像・良心・意志）すべて発揮して、お互いに学び合い、お互いに影響し合い、お互いに得るところのある人間関係を育てていくための習慣である。

お互いのためになる関係を築くには、大きな思いやりと勇気が必要である。特にWin-Loseのパラダイムに脚本づけられた相手ならばなおさらだ。

この習慣は人間関係におけるリーダーシップの原則が重要になる。人間関係でリーダーシップを発揮するには、ビジョンと主体的な率先力、そして原則中心の主体的な生き方から得られる四つの要素（安定・指針・知恵・力）が必要である。

Win-Winの原則は、あらゆる人間関係の成功を築くための基礎であり、互いに関連し合う五つの側面でできている。まず**人格**があって、それによって**人間関係**が築かれ、そこで**協定**ができる。合意に至るまでの流れを円滑に進めるためには、Win-Winに基づく**構造**と**システム**が要る。さらに、**プロセス**も重要だ。Win-LoseやLose-Winのプロセスでは、Win-Winの結果に到達することはできない。

五つの側面の相関関係を図に表すと、このようになる。

1　Win-Win　人格

2　Win－Win　人間関係
3　Win－Win　協定
4　Win－Win　システム
5　Win－Win　プロセス

では、五つの側面を順番に見ていこう。

人格

人格はWin－Winの土台である。すべてがこの土台の上に築かれる。そしてWin－Winのパラダイムを身につけるには、人格の三つの特徴を育てなければならない。

●**誠実**――前に定義したように、誠実さとは「自分自身に価値を置くこと」である。第1、第2、第3の習慣を身につけることで、誠実さを開発し維持する。自分の価値観を明確にし、その価値観に従って主体的に計画を実行するにつれて私たちは自覚を持って意義ある約束を決意し、守り続ける意志を育てていくことができるのだ。

そもそも、本当の意味で自分にとってのWinは何なのか、自分の内面の奥底にある価値観と一致するWinが何かを知らずにいたら、日々の生活でWinを求めるといっても無理な話である。そして、自分と約束したことも他者と約束したことも守れなければ、私たちの約束は無意味になる。そのような自分の本性は自分でもわかっているし、他の人たちも見抜いている。裏表のある人だな、と思う相手には、誰でも身構えるものである。それでは信頼関係ができるわけがない。Win－Winと口では言っても、非効果的な表面上のテクニックにしかならない。誠実さは、人格という基礎の要石なのである。

●**成熟**——成熟とは、**勇気と思いやりのバランスがとれている**ことである。私は一九五五年の秋、ハーバード・ビジネス・スクールのフランド・サクセニアン教授からこの成熟の定義を教わった。教授は、「相手の考え方や感情に配慮しながら、自分の気持ちや信念を言えること」が成熟だと教えていた。これ以上にシンプルで、しかも奥深く、本質をついた成熟の定義が他にあるだろうか。サクセニアン教授は、自身の研究を進める中で長年にわたり実地調査を積み重ね、歴史を紐解いて、この定義に到達し、後に研究の成果をハーバード・ビジネス・レビュー誌（一九五八年一、二月号）に掲載した。裏づけとなる資料、実践のアドバイスも含めた詳細な論文になっている。サクセニアン教授の言う「成熟」は人格を補完するものであり、段階的に発達していくものとされているが、「7つの習慣」は人間的な成長と発達に重点を置いており、成熟についても、依存から自立、そして相互依存へと至る「成長の連続体」の中でとらえている。

採用試験や昇進審査、あるいは能力開発の研修などで行われる心理テストも、基本的には成熟の度合いを測るようにつくられている。「自我／共感バランス」や「自信／他者尊重バランス」「人間志向／仕事志向バランス」、交流分析で言う「I'm OK, You're OK（私はＯＫ、あなたもＯＫ）」（訳注：米国の精神科医トマス・アンソニー・ハリスによる交流分析の考え方）、あるいはマネジリアル・グリッド論（訳注：一九六四年にブレイクとムートンによって提唱された行動理論。リーダーシップの行動スタイルを「人への関心」と「業績への関心」という二つの側面からとらえた九つの類型に分類した）の９・１型、１・９型、５・５型、９・９型など、呼び名はいろいろあるが、煎じ詰めれば、どのテストでも勇気と思いやりのバランスを問題にしている。

人間関係論やマネジメント論、リーダーシップ論のどれをとっても、根底には勇気と思いやりのバランスをとる大切さがある。それはＰ／ＰＣバランスの具体的なかたちである。結果（黄金の卵）を出すには勇気が要るが、その一方で、自分以外の関係者（ガチョウ）の幸福を長い目で見て思いやる気持ちもなくてはならない。すべての関係者が充実した人生を生きられるようにすることが、リーダーの基本的な役割なのである。

人は物事を「あれかこれか」の二者択一でとらえがちである。答えは二つに一つしかないと思ってしまう。たとえば、優しい人なら厳しくはないはずだと決め込む。しかし、Ｗｉｎ−Ｗｉｎを目指す人は、優しさと同時に厳しさを持ち合わせている。Ｗｉｎ−Ｌｏｓｅタイプの人よりも二倍も厳しいのである。優しさだけでＷｉｎ−Ｗｉｎの結果に到達することはできない。勇気も必要だ。相手の身になって考えるだけでなく、自信を持って自分の考えを述べなくてはならないのだ。思いやりを持ち、相手の気持ちを敏感に察することも大事だが、勇敢であることも求められるのである。勇気と思いやりのバランスをとることが本当の意味での成熟であり、Ｗｉｎ−Ｗｉｎの前提条件なのである。

もし私が、勇気はあるけれども思いやりに欠ける人間だったら、どのような考え方をするだろうか。Win－Loseである。我が強く、相手を負かそうとする。自分の信念を貫く勇気はあるが、相手の信念を思いやることはできない。

このような内面的な未熟さや精神的な脆さを補うために、私はおそらく、自分の社会的地位や権力、学歴、年齢を笠に着て、相手を圧倒しようとするだろう。

逆に、思いやりは深いけれども、勇気がない人間だったら、Lose－Winを考えてしまう。相手の立場や要望に気を遣うあまり、自分の立場を一言も口に出さずに終わってしまう。

高いレベルの勇気と思いやりの両方が、Win－Winに不可欠なものである。勇気と思いやりのバランスこそが、成熟した人間かどうかを測る基準になる。バランスがとれていれば、相手の身になって話を聴き、理解することもできるし、勇気を持って自分の立場を主張することもできるのである。

●豊かさマインド――Win－Winに不可欠な人格の三番目の特徴は、豊かさマインドというものである。この世にはすべての人に行きわたるだけのものがたっぷりあるという考え方だ。

ほとんどの人は、欠乏マインドに深く脚本づけられている。パイはたった一個しかなく、誰かがひと切れ食べてしまったら、自分の取り分が減ってしまうと考える。物事はすべて限りがあると思い、人生をゼロサム・ゲームととらえる考え方である。

欠乏マインドのままでは、手柄を独り占めし、名誉や評判、権力もしくは、利益をサポートしてくれた人と

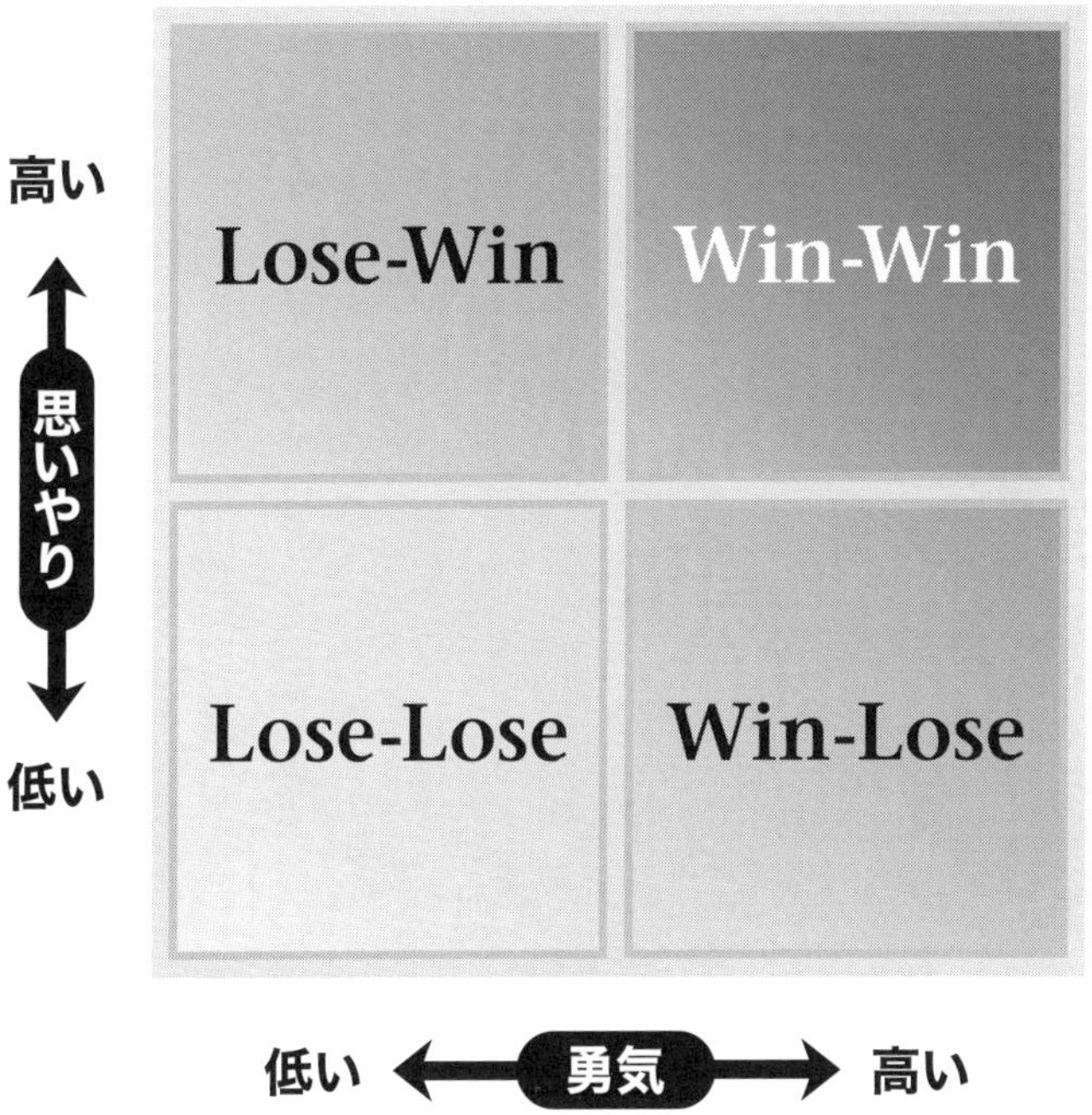
高い
思いやり
低い
Lose-Win
Win-Win
Lose-Lose
Win-Lose
低い
勇気
高い

さえ分かち合おうとしない。だから、自分以外の人間の成功は喜べない。同僚や親しい友人、家族の成功さえも素直に祝福できない。誰かが褒められたり、思いがけない利益を得たり、大きな成果を出したりすると、まるで自分が損をしたような気分になるのだ。

他者の成功に口では「おめでとう」と言いながら、胸の内は嫉妬に食い尽くされている。周りの人間と比較して自分はどうなのかといつも気にしているから、程度の差こそあれ、人の成功は自分の失敗を意味するのである。成績表に「A」がつく生徒はたくさんいても、「一番」になれるのは一人しかいないと考えてしまうのだ。欠乏マインドの人にとって、勝つことは、人を負かすことに他ならない。

欠乏マインドに染まっている人はえてして、他人の不幸をひそかに望んでいる。もちろん、そんなにひどい不幸を望んでいるわけではないが、自分に影響が及ばない範囲で不幸に遭えばいいと思っている。他人が成功せずにいてくれれば、それでいいのである。彼らは、いつも誰かと自分を比較し、競争している。自尊心を持ちたいがために、モノを所有したり、他者を抑えつけたりすることにひたすら労力を費やしているのである。

こういう人は、他人を自分の思いどおりにしたがる。自分のクローンをつくりたがり、イエスマンやご機嫌とりで自分の周りを固め、自分よりも強い人間は遠ざける。

欠乏マインドの人が、相互を補完するチームの一員になることは難しい。彼らは自分との違いを不服従や反抗ととらえてしまうからだ。

それに対して豊かさマインドは、内面の奥深くにある自尊心と心の安定から湧き出るものである。この世にはすべてのものが全員に行きわたってもなお余りあるほどたっぷりとある、と考えるパラダイムである。だから、名誉も評判も、利益も、何かを決定するプロセスも、人と分かち合うことができる。こうして可能性、選択、創造力の扉が開かれるのだ。

豊かさマインドを持つには、まずは第1、第2、第3の習慣を身につけ、個人としての喜び、満足感、充足感を得ていなければならない。それがあって初めて、他者の個性、望み、主体性を認めることができる。前向きに人と接することが自分の成長にとって無限の可能性をもたらすとわかっているから、それまで考えてもいなかった新しい第3の案を生み出せるのだ。

公的成功は、他者を打ち負かして手にする勝利のことではない。関わった全員のためになる結果に達するように効果的な人間関係を築くこと、それが公的成功である。協力し、コミュニケーションをとりながら、一緒にことを成し遂げることである。各自がばらばらにやっていたらできないことを、力を合わせて成し遂げる関係を築くことが公的成功なのだ。公的成功とはつまり、豊かさマインドのパラダイムから自然と生まれる結果なのである。

「誠実」「成熟」「豊かさマインド」を高いレベルで備えた人格は、あらゆる人間関係において、個性主義のテクニックにはとうてい及ばない本物の力を発揮する。

Win－Loseタイプの人がWin－Winの人格を備えようとするときに、私が見出したことの一つは、Win－Winタイプの人と接してモデルやメンターにするのが一番効果的だということである。深くWin－Loseのパラダイムに脚本づけられた人々が、同じようなWin－Loseタイプの人とばかり付き合っていたら、Win－Winの態度を実際に見て学ぶ機会はそうない。それゆえ、私は文学を読むことを勧めたい。たとえば、アンワル・サダトの自伝『**エジプトの夜明けを**』を読んだり、映画『**炎のランナー**』や演劇『**レ・ミゼラブル**』を観たりすることも、Win－Winを知るきっかけになるだろう。

しかし覚えておいてほしい。誰でも自分の内面の奥深くを見つめれば、これまで従っていた脚本、これまでに身につけた態度や行動を乗り越え、他のすべての原則と同じように、Win－Winの本当の価値を自分の生き方で証明できるのである。

人間関係

人格の土台ができたら、その上にWin－Winの人間関係を築いていくことができる。Win－Winの人間関係の本質は信頼である。信頼がなければ、できるのは妥協だ。心を開いてお互いに学ぶことも、気持ちを理解し合うことも、本当の創造力を発揮することもできない。

しかし、信頼口座にたっぷり預け入れしてあれば、お互いに相手を信頼し、尊重しているから、相手がどんな人間か探る必要もないし、相手の性格や立場にとらわれず、すぐに目の前の問題そのものに意識を向けることができる。

信頼し合っていれば、心を開ける。お互いに手の内をさらけ出せる。たとえ私とあなたが一枚の絵を違った見方をしていても、お互いに信頼していれば、あれは若い女性の絵だという私の意見にあなたが耳を傾けてくれることを私は知っているし、あなたが、いや違う、あれは老婆だと主張すれば、私が真剣に取り合うことをわかっている。私たちは、お互いの見方をきちんと理解し、力を合わせて別の答えを探そうとする。どちらも満足でき、どちらにとってもより良い第3の案を見つけようという意志がある。

お互いに信頼口座の残高がたっぷりあり、お互いに本気でＷｉｎ－Ｗｉｎを目指せる関係は、大きなシナジーを創り出す（第6の習慣）跳躍板になる。信頼し合っている関係であれば、問題の重要度が小さくなるとか、ものの見方の違いがなくなると言っているのではない。そうではなくて、相手の性格や立場の違いを遠ざけようとするネガティブなエネルギーが消え、それに代わって協力的なポジティブなエネルギーが生まれ、問題点を徹底的に理解し、お互いのためになる解決策を一緒に見つけることに集中できるようになるのだ。

しかし、あなたと相手にこのような信頼関係がなかったら、どうなるだろうか。Ｗｉｎ－Ｗｉｎなど聞いたこともなく、Ｗｉｎ－Ｌｏｓｅに深く脚本づけられた人と何かを決めなくてはならないとしたら、どうすればいいのだろうか。

Ｗｉｎ－Ｌｏｓｅタイプの人とぶつかったときこそ、Ｗｉｎ－Ｗｉｎの本領が試される。どんな状況のときでもＷｉｎ－Ｗｉｎを達成するのはそう簡単なことではない。深く根づいた問題やお互いの根本的な違いを乗り越えなければならないのだから、簡単にすむ話でないのは当然だ。しかし、しっかりとした信頼関係が育っていて、それに取り組もうという意志があれば、ずっとやりやすくなる。

だから、Ｗｉｎ－Ｌｏｓｅのパラダイムで物事を考える人が相手でも、鍵となるのは人間関係である。そのためにはまず、フォーカスするところは影響の輪の中である。その人に礼を尽くし、敬意を払い、その人の意見を尊重することによって、信頼口座に預け入れをする。コミュニケーションの時間も長くとる。相手の話をよく聴き、深く理解しようと努める。そして自分の意見は勇気を持って述べる。相手の出方に反応してはいけない。自分の内面の奥底から、主体的であるための人格の強さを引き出すように努める。お互いに満足できる解決策を真剣に探そうとしていることが相手に伝わるまで、信頼関係を築く努力を続ける。このプロセスそのものが、信頼口座への大きな預け入れになるのだ。

あなたの誠意、主体性、Ｗｉｎ－Ｗｉｎを目指す決意が強くなるほど、相手に与える影響力も大きくなる。人間関係で発揮されるリーダーシップの強さは、これで測ることができる。取引型リーダーシップを超えて、変革型リーダーシップとなり、自分も相手も、そして関係そのものを変える力を持つのである。

Ｗｉｎ－Ｗｉｎが原則であることは、誰もが毎日の生活の中で実証することができる。だから、お互いに満足できる結果を求めるのであれば、それぞれが望んでいるものよりも良いものを得られることを説明すれば、ほとんどの人はわかってくれるはずだ。そうはいっても、Ｗｉｎ－Ｌｏｓｅの考え方が深く根を張っていて、Ｗｉｎ－Ｗｉｎの考え方をどうしても理解できない人も中にはいる。そういう人に出会ったら、Ｎｏ Ｄｅａｌ（取引きしない）という選択肢を思い出してほしい。あるいは、低いレベルのＷｉｎ－Ｗｉｎ、妥協の道を探したほうがいい場合もあるだろう。

ここで注意してほしいのだが、信頼口座の残高の多い間柄だからといって、何もかもＷｉｎ－Ｗｉｎで決めなければならないというわけではない。ここでも、鍵を握るのは人間関係である。仮にあなたと私が職場の同僚だとしよう。あなたが私のところに来て、「スティーブン、君が今回の決定に納得がいかないのはわかっている。しかし、君に説明する時間も参加してもらう時間もなかったんだ。君からすればぼくの決定は間違っているかもしれないが、今回だけは賛成してくれないだろうか？」と言ったとする。

あなたが私の信頼口座に多くの残高を持っているならば、もちろん私はあなたの言うとおりにするだろう。私の意見が間違っていて、あなたの判断が正しいと望み、あなたが決めたことがうまくいくように協力するはずだ。

しかし、信頼口座の残高がゼロだったら、そのうえ私が反応的な人間だったら、あなたを心から支援することはないだろう。口では賛成するよと言いながら、内心はまったく無関心で、どうなってもいいと思うだろう。うまくいくようにできる限りのことをしてあげようとはしないだろう。そして失敗したら、「だめだったのか、私にどうしてほしいと言うんだ」と言うのである。

もし私が過剰に反応してしまう人間なら、すっかり逆上して、あなたの決定に猛反対し、他の同僚たちにも妨害するよう仕向けるかもしれない。あるいは、悪意ある従順さを持ってあなたに言われたことだけをやって、失敗したら責任は引き受けようとしない。

私はイギリスに五年間住んでいたことがあるが、その間、国中の電車が停まって大混乱に陥った事態を二度ほど経験した。電車の車掌たちが、規則に従順なあまり融通がきかず、現実の状況に臨機応変に対応せず、紙に書かれた規則や手順を守っていればいいという態度で仕事をしていたことが原因だった。

いくら協定を結んで書面にしたところで、人格と信頼関係の土台がなければ、ただの紙切れになってしまう。Ｗｉｎ－Ｗｉｎの結果を求めるなら、それを実現できる人間関係を誠心誠意築くことが先決なのである。

協定

人間関係を築ければ、Ｗｉｎ－Ｗｉｎの中身を明確にし、そこに至るまでの道筋を示した協定を結ぶことができる。**業務契約**や**パートナーシップ協定**などと呼ばれ、人間関係のパラダイムは、上下関係から対等な立場で成功を目指すパートナーシップの関係に変わる。監督が歩きまわって目を光らせるのではなく、自分が自分のボスになり、自分を管理して行動するのである。

Ｗｉｎ－Ｗｉｎ実行協定は、相互依存の人間関係に幅広く応用できる。第3の習慣のところでデリゲーションの例として「グリーン・アンド・クリーン（緑色できれい）」のエピソード（二三七ページ）を紹介したが、これもＷｉｎ－Ｗｉｎ実行協定の例である。そこで取り上げた全面的なデリゲーションのための五つの要素は、Ｗｉｎ－Ｗｉｎ実行協定においても基本の枠組みになる。労使間の協定でも、会社と仕入れ先の協定でも、プロジェクトチーム内の協定でも、共通の目的に向かって協力するグループ同士の協定でも、いずれにせよ、何かを成し遂げようとする人々の間では五つの要素が満たされれば、お互いに期待することが明確になり、相互依存への努力に向けて、効果的な方法を見出すことができる。

Ｗｉｎ－Ｗｉｎ実行協定では、次の五つの要素をはっきりと決めることが大切である。

- **望む成果**――いつまでに、何を達成するのか（手段を決めるのではない）
- **ガイドライン**――望む結果を達成するときに守るべき基準（規則、方針など）
- **リソース**――望む結果を達成するために使える人員、資金、技術、組織のサポート

- **アカウンタビリティ**（報告義務）――結果を評価する基準、評価する時期
- **評価の結果**――達成度合い、貢献度合い、評価の結果としてどうなるのか

この五つの要素が満たされれば、Ｗｉｎ－Ｗｉｎの協定は現実のものとなり、正式な「実行協定」となる。これらの基準を明確にし、関係者全員が了解して同意していれば、自分の仕事の結果が成功かどうなのかを一人ひとりが自分で判断できる。

典型的な管理者は、Ｗｉｎ－Ｌｏｓｅのパラダイムである。信頼口座がマイナスになっている証拠でもある。相手を信頼していないから、あるいは望む成果をはっきりと伝えていないから、細かく監視してチェックし、指図したくなる。信頼関係ができていないと、いつも見張って管理しなくてはならないと思ってしまうのである。

しかし信頼口座の残高がたくさんあったらどうするだろうか。相手を信頼して、あなたはなるべく手出ししないだろう。Ｗｉｎ－Ｗｉｎ実行協定ができており、相手も何を期待されているかはっきりとわかっていれば、あなたの役割は、必要なときに手助けしてやり、仕事の進捗の報告を聞くだけである。

本人が本人を評価するほうが、他人が本人を評価するよりもずっと人間性を尊重しているし、本人も精神的に成長する。信頼関係さえできていれば、自分で評価するほうがはるかに正確でもある。多くの場合、仕事がどんなふうに進んでいるかは、報告書に書かれている記録などより、本人が強く実感している。外から観察したり、測定したりするよりも、自分自身の認識のほうがはるかに正確なのである。

Win-Winのマネジメント・トレーニング

何年か前のことになるが、多くの支店を持つある大手銀行のコンサルティングに間接的に関わったことがある。銀行が望んでいたのは、年間七五万ドルもの予算を投じている管理職研修を見直し、改善することだった。研修プログラムは、大卒社員の中から管理職候補を選抜し、商業融資、産業融資、マーケティング、オペレーションなど一二の部門にそれぞれで二週間ずつ、六ヵ月にわたって銀行業務全般の経験を積ませるというものだった。半年の研修を終えた者は、支店長代理として各支店に配属されることになっていた。

私たちコンサルタントは、まず六ヵ月の研修期間が妥当かどうか評価することにしたが、評価作業に取りかかってみて一番困ったのは、銀行が研修の成果として望んでいることがいま一つはっきりしないことだった。そこで、銀行の経営陣一人ひとりに「研修を終えた時点で、どのような能力が身についていればよいのですか？」と単刀直入に質問した。返ってきた答えは曖昧で、矛盾も多かった。

この研修プログラムは結果ではなく手段を重視していた。そこで私たちは、「セルフ・コントロール型研修」という違うパラダイムに基づいた試験的なプログラムをやってみてはどうかと提案した。これはWin-Win実行協定である。目標を明確にし、達成度合いを測る基準を設定し、ガイドライン、リソース、アカウンタビリティ、目標が達成できたときの結果に対する評価を決めておくのである。この場合の評価は支店長代理への昇進である。支店長代理になれば、現場でOJTが受けられるし、給料も大幅にアップする。

しかし研修の目標をはっきりさせるには、経営陣に繰り返し質問しなければならなかった。「経理部門では何を学ばせたいのですか？ マーケティングでは？ 不動産融資では？」こうしてリストにしていったら、項目は一〇〇をゆうに超えた。これらを整理し、不要なものは削り、似たような項目はまとめるなどして、最終的に三九の具体的な目標にし、それぞれの目標の達成基準も決めた。

昇進と昇給の基準がはっきりしたので、研修生たちは少しでも早く目標を達成しようと意欲的になった。目標を達成することは、管理職候補者の彼らだけでなく、銀行にとっても大きなＷｉｎになる。単に一二の部門での研修に顔を出せば合格とみなされるのではなく、結果重視の基準をきちんと満たした支店長代理ができるからだ。

私たちはセルフ・コントロール型研修と従来のシステム・コントロール型研修の違いを管理職候補たちに説明した。「目標と達成基準はこうなっています。リソースはこれだけです。お互いに教え合うのはかまいません。早速始めてください。基準を満たしたら、すぐに支店長代理に昇進できます」

すると研修は三週間半で終わってしまった。研修のパラダイムを転換したら、彼らは信じられないような意欲と創造力を発揮したのである。

組織の中でパラダイムを変えようとすると、必ず抵抗がある。経営陣のほぼ全員が、この結果をまったく信じなかったのである。すべての達成基準が間違いなく満たされている証拠を見せても、「これではまだ経験が足りない。もっと経験を積まなければ、支店長代理にふさわしい判断力が身につくわけがない」などと言う。

後で話を詳しく聴いてみると、要するに、「我々はもっと苦労したものだ。この若造たちがラクをするのは許せない」ということなのだ。しかしそうあからさまにも言えないから、「もっと経験を積ませたほうがいい」と遠回しの表現を使っただけなのだ。

さらに人事部の機嫌も損ねたようだった。六ヵ月の研修プログラムに七五万ドルもの予算をかけているのだから、こんなにあっさりと終わってしまっては困るのである。

そこで私たちは、銀行側の不満にこのように対応した。「わかりました。それでは目標を増やして、その基準も設定しましょう。ただし、セルフ・コントロール型研修の枠組みは変えません」私たちはさらに八つの目標を加え、厳しい達成基準を設定した。経営陣も、これらの基準を満たせば管理職候補が支店長代理に昇進し、各店舗でOJTを受ける段階に進んでかまわないと納得したようだった。実際、追加目標の策定会議に参加した幹部は、これだけ厳しい基準をクリアすれば、これまでの六ヵ月の研修プログラムを修了した者よりも有能な支店長代理になるだろうと話していた。

研修生たちには、経営陣からこのような不満が出てくるだろうから覚悟しておくようにと、前もって話していた。追加した目標と達成基準を彼らに見せ、「予想していたとおりでしたね。上層部は目標を追加し、さらに厳しい基準を設定しました。しかし今回の基準を達成できたら、支店長代理に昇進させる約束をとりつけました」と説明した。

彼らは驚くべき方法で取り組み始めた。その行動たるや驚くべきものだった。たとえば、ある研修生は経理部長のところに行ってこう言った。「部長、私はセルフ・マネジメント型研修という新しいパイロット・プログラムに参加しています。部長はこのプログラムの目標と基準の策定に関わったと伺っています。

私がここの部門で達成しなければならない基準は六つです。このうち三つは大学で勉強しましたので、すでに達成できています。一つは本を読んで勉強しました。五番目の基準は、先週、部長が指導なさったトムから教わりました。ですからあと一つだけです。この基準について、部長かこの部門のどなたかに時間を割いて教えていただけないでしょうか?」彼らはこんなふうにして、各部門の研修を二週間どころか半日で終わらせていたのだ。

研修生たちはお互いに協力し合い、ブレーンストーミングし、追加の目標を一〇日足らずでクリアした。六ヵ月の研修プログラムは五週間に短縮され、そのうえ結果は目覚ましく向上した。

パラダイムを見直し、Win-Winを真剣に目指す勇気があれば、このような考え方を組織のあらゆる活動に応用できる。責任感があり主体的で、自己管理のできる人が自由裁量を与えられて仕事に取り組むとき、個人と組織にもたらされる結果に私は常に驚きを覚える。

Win-Win実行協定

Win-Win実行協定を作成するには、根本的なパラダイムシフトが求められる。まず、手段ではなく結果に目を向けなければならない。私たちはとかく手段に目が行きがちだ。第3の習慣のところで話した使い走りのデリゲーションをやってしまうのである。水上スキーをする息子の写真を撮るとき、私も妻のサンドラにいちいち手段を指示していた。しかし、Win-Win実行協定が重視するのは手段ではなく結果である。手段は本人の選択に任せることで、個々人の大きな潜在能力が解き放たれ、シナジーを創り出せる。このようなプロセスを踏めば、Pだけにとらわれず、PCを育てていくこともできるのである。

Win-Win実行協定では、各自が自分で仕事の評価をする。これがアカウンタビリティである。自分で評価し、報告する義務を負うのである。これまでの一方的な評価のやり方では関係もぎくしゃくし、精神的な疲労も大きい。Win-Winのパラダイムでは、当事者全員で相談して決めおいた基準に従って自己評価する。基準を正しく設定しておきさえすれば、自己評価も正確にできる。Ｗｉｎ－Ｗｉｎの考え方で仕事を任せる取り決めをすれば、七歳の少年でも、庭を「グリーン・アンド・クリーン（緑色できれい）」の状態に手入れできているかどうか、自分で評価できる。

大学で教鞭をとっていたときに実際に経験したのだが、クラスで最初にＷｉｎ－Ｗｉｎの目標を明確にしておくと充実した授業になったものである。「この授業で学ぶことはこれだ。A、B、Cの評定基準はこうなっている。私自身の目標は全員がAをとれるようにサポートすることだ。ここで話し合ったことをもとに、自分は何を達成したいのか考え、自分なりの目標をはっきり決めたら、私のところに来てほしい。面談のうえ、君たちが目標とする評定、そのためにどう計画するか最終的に合意しよう」

経営学者のピーター・ドラッカーは、管理職と部下との間で業務の合意事項を明確にするために「マネジメント・レター」というものを活用するとよいと勧めている。組織の目標に沿って、望む成果、ガイドライン、リソースを具体的に話し合って決めたら、部下はその内容を手紙にまとめ、次回の業務計画の話し合い、あるいは評価面談の時期も明記して上司に出す。

このようなＷｉｎ－Ｗｉｎ実行協定を確立することがマネージャーのもっとも重要な仕事である。実行協定ができていれば、スタッフはその取り決めの範囲内で自分の仕事を自分で管理できる。マネージャーはカーレースのペースカーのようなもので、レースが動き出したら、自分はコースから外れる。その後は、路面に漏れ落ちたオイルをふき取るだけでいいのである。

上司が部下一人ひとりの第一アシスタントになれば、管理職としてコントロールできる範囲を大きく広げることができる。管理部門をそっくりなくして経費を削ることも可能だ。六人とか八人どころではなく、二〇人、三〇人、五〇人、場合によってはもっと多くの部下を管理できるようになるだろう。

Win－Win実行協定でいう「評価の結果」とは、協定を履行した場合に得られるもの、履行できなかった場合に得られないもの、あるいは失うものを意味する。それは必然的な結果であり、上司の独断と偏見で与える報酬や懲罰ではない。

上司であれ親であれ、Win－Win実行協定でコントロールできる結果に対する評価は、基本的に四種類ある。金銭的な結果、心理的な結果、機会、責任である。**金銭的**な結果は、昇給やストックオプション、手当て、罰金などであり、**心理的**な結果は、評価、承認、尊重、信頼などを得る、あるいは逆に失うことである。生命が脅かされるような追い詰められた状態にない限り、金銭的な結果よりも心理的な結果のほうが意欲を引き出すことが多い。機会に関わる結果には、研修や特別なトレーニングへの参加、権限、その他の恩恵がある。責任に関わる結果は、職務範囲や権限が拡大するか、逆に縮小することである。Win－Win実行協定では、こうした結果を前もって決めるから、関係者全員が了解して仕事に入れる。先の見えないゲームをするわけではない。すべてが最初からはっきりと決まっているのである。

対象者本人に関係する必然的な結果の他に、自分の行動が組織にもたらす結果もはっきりさせておかなくてはならない。たとえば、自分が遅刻してきたらどうなるか、同僚と協力することを拒んだらどうなるか、部下ときちんとした実行協定を結ばなかったらどうなるか、望む結果に対する仕事の進捗を報告させずにいたらどうなるか、部下の能力を伸ばし昇進させる道を閉ざしたらどうなるかなど、組織に及ぼす影響を明確につかんでおく必要もある。

娘が一六歳になったとき、自家用車の使い方についてＷｉｎ－Ｗｉｎ実行協定を結ぶことにした。娘は交通ルールを守り、定期的に洗車し整備することに合意した。そのうえで適切な目的のために自家用車を使用し、無理のない程度に母親と私の運転手を務めることを決めた。また、それまで担当していた他の家事も言われる前に行うことにも同意した。これらは私たち両親にとってのＷｉｎである。

私のほうからは、ある程度のリソースを提供することにした。車、ガソリン、自動車保険などだ。報告義務については、基本的に毎週日曜日の午後、協定に従って娘本人が評価したうえで、私と話し合うことになった。結果に対する評価もはっきり決めた。協定を守る限り、娘は自家用車を使える。協定を守らなかったら、きちんと守れると決意できるまで使う権利を失う。

このＷｉｎ－Ｗｉｎ実行協定は、娘と私の双方に期待されることを最初からはっきりさせていた。娘にとってのＷｉｎは、もちろん自家用車を使えることだ。私と妻にとっては、娘を送り迎えする必要がなくなったし、逆に娘が私たちの運転手になってくれる。洗車や整備の面倒からも解放された。報告義務も決めたから、娘を見張って手段をあれこれ指示する必要はない。娘自身の誠実さ、良心、決意、そして信頼口座の高い残高のほうがはるかに高い原動力となる。娘の行動を細かくチェックし、私の思いどおりにしていない証拠を見つけたときにどうするか考えるのは気が重いものだが、Ｗｉｎ－Ｗｉｎ実行協定のおかげで、そうした精神的負担からも解放されたのである。

Win－Win実行協定は、それを結んだ当事者を解放し、自由にする力を持っている。しかし単なるテクニックとしてWin－Win実行協定を使ったら、長続きはしないだろう。最初に明確な取り決めをしても、誠実さに問題があったり、信頼関係ができていなかったりしたら、協定を維持することはできない。

本物のWin－Win実行協定は、パラダイム、人格、信頼関係の土台があって初めて生まれるものである。その意味からすれば、当事者同士の相互依存の関係を明確にし、方向づけるものとも言えるだろう。

システム

組織の中にWin－Winを支えるシステムがなければ、Win－Winの精神を定着させることはできない。いくらWin－Winと口では言っても、給与や報奨の仕組みがWin－Loseになっていたら、うまく機能しない。

社員にしてみたら、会社が報いようとする行動をとるのは当然のことである。会社のミッション・ステートメントに書いてある目標と価値観を実現し、組織に根づかせたいなら、報奨などのシステムもその目標と価値観に合うものにしなければならない。システムと食い違っていたら、言動不一致になってしまう。社員一丸となって頑張ろうと言いながら、「バミューダ行きレース」で競争をあおる例の社長と同じになってしまう。

アメリカ中西部の大手不動産会社のコンサルティングを何年かやったことがある。この会社で私が最初に見たのは、成績優秀なセールス・パーソンを表彰する年一回の大会だった。八〇〇人以上のセールス・パーソンが一堂に会する大規模なイベントである。高校のブラスバンドの演奏に合わせてチアリーディングがパフォーマンスを見せると、会場は熱狂的な歓声に包まれた。

会場にいた八〇〇人のうち四〇人ほどが、販売金額、販売件数、販売手数料、顧客登録件数などの成績で表彰された。賞が授与されるたびに、拍手と歓声が湧き起こり、会場は興奮の渦と化す。彼ら四〇人が**勝者**であることは確かだ。しかし残る七六〇人が**敗者**であることも、歴然とした事実として誰もが意識していた。

私たちは、この会社のシステムと構造をWin－Winのパラダイムに沿ったかたちに改善するために、早速社員教育と組織改革に取りかかった。一般社員を改革のプロセスに参加させ、彼らのやる気を引き出すようなシステムを整えると同時に、できるだけ多くの社員がそれぞれの上司と相談して決めた実行協定の「望む成果」を達成できるように、社員同士が協力する環境をつくり、シナジーを創り出せるように促した。

翌年の大会には一〇〇〇人以上のセールス・パーソンが参加し、そのうち約八〇〇人が賞をもらった。他のセールス・パーソンと比べて成績のよかった者に贈られる賞も少しはあったが、ほとんどは自分で決めた営業目標を達成できたセールス・パーソンや営業チームが表彰された。高校のブラスバンド部を呼んでわざとらしいファンファーレを鳴らしてもらう必要はなかったし、チアリーディングで盛り上げてもらう必要もなかった。会場に集まったセールス・パーソンたちは表彰式に自然と関心を向け、皆がわくわくしていた。お互いに喜びを分かち合い、すべてのセールス・パーソンで受賞を祝うことができたからだ。中には休暇旅行を獲得した営業オフィスもあった。

驚くべきことに、その年に賞をもらった八〇〇人のほぼ全員が、販売額でも利益でも前年の成績優秀者四〇人に匹敵する業績を上げていた。Win－Winの精神が黄金の卵の数を一気に増やしたばかりか、ガチョウも太らせ、セールス・パーソンたちから計り知れないエネルギーと才能を解き放ったのである。その結果生み出されたシナジーの大きさに、彼ら自身も驚いていた。

むろん、市場では競争原理が働いているし、売上の前年比も前年との競争である。特別な相互依存関係がなく、協力する必要のない別の会社や個人だったら、競い合ってもいいだろう。しかし企業にとって、社内の協力は市場での競争と同じように大切である。Win－Winの精神は、勝ち負けの環境では絶対に育たない。Win－Winが機能するには、それを支えるシステムが必要である。社員教育、事業計画策定、コミュニケーション、予算、情報管理、給与体系——すべてのシステムがWin－Winの原則に基づいていなければならない。

別の会社から、社員の能力開発研修を頼まれたことがある。この会社は、問題は人にあると思っていたようだった。社長は次のような話をした。「どの店でもいいですから、行ってみて販売員の接客態度を実際に体験していただきたいのです。うちの店員はただ注文を聞くだけで、親身になってサービスを提供するなんてことはしやしません。商品知識もないし、お客様のニーズに商品を結びつけるセールスの知識もテクニックもないんですから」

そこで私はいくつかの店舗をまわってみた。社長の言うとおりだった。しかし、どうしてここの店員はこのような態度なのだろう、という疑問に対する答えは見つからなかった。

「ほらね、問題は明らかでしょう」と社長は言った。「あそこにいるのは売場主任です。彼らは販売員の鏡ですよ。売場主任には、売場に立つのは勤務時間の三分の二、残りの三分の一は管理業務に充てるようにと指示しています。それでも主任の売上が一番多いのですよ。だから先生には店員の教育をやってもらえればいいんです」

社長の話に私は釈然としないものを感じた。どこかおかしい。「もっとデータを集めましょう」と私は言った。

社長は気分を害したようだった。問題点はもうわかっているのだから、すぐにも研修を始めてほしい、ということらしい。しかし私は折れなかった。二日ほど調べてみて、本当の問題を突きとめた。主任たちが立場上の権限と給与制度をうまく利用して、甘い汁を吸っていたのである。彼らは一日中売り場に出て、自分の売上実績を稼いでいた。小売店は、おそろしく忙しい時間帯と比較的暇な時間帯が半々である。客の少ない時間帯は、本来なら主任は管理業務を処理すべきであるのに、面倒な裏方の仕事は店員に押しつけ、自分はその間も売り場に残り、少しでも自分の売上を伸ばそうとしていた。主任たちの売上が一番多いのも当たり前である。

そこで私たちは、この会社の給与のシステムを変えた。すると一夜にして問題は解消した。売場主任の給与を部下の販売員の売上に連動させたのである。主任と部下のニーズと目標を一致させたのだ。これで能力開発研修の必要はなくなった。問題を解決する鍵はＷｉｎ－Ｗｉｎの報酬システムをつくることにあったのである。

次の例は、正式な人事考課制度を導入しようとしていた企業である。

その会社の人事部長は、あるマネージャーへの評価点に不満を持っていた。「このマネージャーの評定は三が妥当なのですが、五をつけなくちゃいけない」と彼は言った。五は最高の評定であり、昇進の資格がある優秀な社員ということだ。

「なぜなんです？」私は聞いた。

「好成績をあげているからですよ」

「それなら五をつけてもよいのでは？」

「彼のやり方が問題なんです。人のことはお構いなしで成績をあげようというタイプでしてね。人間関係で何かと問題を起こしている。トラブルメーカーなんですよ」

「どうやらＰ（成果）しか眼中にない人物のようですね。そういう態度に最高評定をつけるというのは、たしかに納得はいきませんよね。どうです、彼と話し合ってみては？　ＰだけでなくＰＣ（成果を生み出す能力）の大切さも教えてあげたらどうでしょう」

人事部長が言うには、とっくに話しはしてみたものの、効果はなかったという。

「それなら、Ｗｉｎ－Ｗｉｎ実行協定を結んでみるのはどうでしょうか。給与の三分の二はＰ、つまり営業成績を基準にする。残りの三分の一はＰＣ、部下や同僚からどう見られているかを基準にする。リーダーシップ、人材育成、チームづくりの観点から評価すればいい」

「そうか、それなら彼も聞く耳を持つだろう」

多くの場合、問題があるのは人ではなくシステムのほうである。いくら優秀な人材でも、悪いシステムに入れたら悪い結果しか出てこない。育ってほしい花には水をやらなくてはならないのだ。

Ｗｉｎ－Ｗｉｎの考え方をしっかりと身につければ、それを支えるシステムをつくり、組織に定着させることができる。無意味な競争を排除して協力的な環境を育むことで、ＰとＰＣの両方を高めることができ、大きな効果を組織全体に波及させることができる。

企業の場合なら、経営陣がＷｉｎ－Ｗｉｎの精神を持てば、有能な社員たちが一丸となって同業他社と競えるようにシステムを整えることができる。学校なら、生徒一人ひとりが教師と相談して決めた個人目標の達成度合いで成績をつけるシステムにすれば、生徒同士が助け合って勉強し、皆で目標達成に向かって頑張る環境ができる。家庭の場合であれば、親は子ども同士が競争するのではなく、協力するような環境をつくることができる。たとえば家族でボウリングに行くこと一つをとっても、家族全員のスコアの合計が前回を超えることを目標にして楽しめるだろう。Ｗｉｎ－Ｗｉｎ実行協定で家事を分担すれば、親は子どもにいちいち指図する精神的ストレスから解放されるし、自分にしかできないことをする時間もできる。

あるとき、友人からマンガを見せられた。マンガの中では、二人の子どもが「お母さんが早く起こしてくれなかったせいで学校に遅れそうだ」と言っていた。私の友人は、この台詞に気づかされたのだった。責任感を持たせるＷｉｎ－Ｗｉｎの考え方に従って家庭を営まなければ、いろいろな問題が起こるのである。

Ｗｉｎ－Ｗｉｎとは、ガイドラインと使えるリソースをはっきり決め、その範囲内で具体的な結果を達成する責任を個人に持たせる考え方である。任せられた人は、自分で仕事を進め、成果を自分で評価し、報告する。最初に決めたとおりにできた場合に得られるもの、できなかった場合に失うものは、自分自身の行動の当然の結果なのである。Ｗｉｎ－Ｗｉｎのシステムは、Ｗｉｎ－Ｗｉｎ実行協定を結び、定着させる環境をつくり出す。

プロセス

Ｗｉｎ－ＬｏｓｅやＬｏｓｅ－Ｗｉｎの姿勢のままで、Ｗｉｎ－Ｗｉｎの結果に到達することはできない。「なんだっていいからＷｉｎ－Ｗｉｎでやってくれよ」と丸投げできるわけがない。どうすればＷｉｎ－Ｗｉｎの解決策までたどりつけるのだろうか。

ハーバード・ロー・スクールのロジャー・フィッシャー教授とウィリアム・ユーリー教授は、『ハーバード流交渉術』という洞察にあふれた本を著している。同書の中で両教授は、彼らのいう「原則立脚型」と「立場駆け引き型」のアプローチを対比させ、鋭い指摘をしている。Ｗｉｎ－Ｗｉｎという言葉こそ使われていないが、この本の根底にある考え方はまさにＷｉｎ－Ｗｉｎのアプローチである。

両教授は、人と問題を切り離して考え、相手の立場ではなく課題に焦点を絞り、お互いの利益になる選択肢を考え出し、双方とも納得できる客観的な基準や原則を強調することが原則立脚型の本質だと言っている。

私の場合、Ｗｉｎ－Ｗｉｎの解決策を求める人や組織にアドバイスするときは、次の四つのステップを踏むプロセスを勧めている。

一．問題を相手の視点に立って眺めてみる。相手のニーズや関心事を当の本人と同程度に、あるいはそれ以上に理解しようとし、言葉にしてみる。

二．対処すべき本当の問題点や関心事（立場ではなく）を見極める。

三．どんな結果であれば双方が完全に受け入れられるのかを明確にする。

四．その結果に到達するための方法として新しい選択肢を見つける。

このプロセスの二つのステップについては第5の習慣と第6の習慣の章でそれぞれ詳しく取り上げるが、ここで理解しておいてほしいのは、Ｗｉｎ－Ｗｉｎの本質はそのプロセスと強い相関関係にあるということだ。つまり、Ｗｉｎ－Ｗｉｎのプロセスを踏まなければ、Ｗｉｎ－Ｗｉｎの結果に到達することはできないのである。目標がＷｉｎ－Ｗｉｎならば、手段もＷｉｎ－Ｗｉｎでなければならない。

Ｗｉｎ－Ｗｉｎは個性主義の表面的なテクニックではない。人と人との関係を総合的にとらえるパラダイムである。このパラダイムは、誠実で成熟し、豊かさマインドを持った人格から生まれ、信頼に満ちた人間関係の中で育っていく。それは、期待することを明確にし、効果的に管理する実行協定になり、Ｗｉｎ－Ｗｉｎを支えるシステムによってさらに力強いパラダイムになっていく。そしてこのパラダイムは、次の第5と第6の習慣で詳しく説明するプロセスを経て完成するのである。

第４の習慣：Ｗｉｎ－Ｗｉｎを考える　実践編

１　近い将来に誰かと何かを決めなければならない状況、あるいは何かの解決のために交渉することになりそうな状況を一つ思い浮かべる。そして、勇気と思いやりのバランスをとることを心に決める。

２　あなたの生活の中でＷｉｎ－Ｗｉｎのパラダイムをもっと実践するために取り除くべき障害をリストアップする。それらの障害を取り除くために、自分の影響の輪の中でできることを考えてみる。

３　あなたの人間関係の中でＷｉｎ－Ｗｉｎの協定を結びたいと思う人を一人選ぶ。その人の立場に身を置いてみて、どんな結果を望んでいるのかを考え、具体的に書き留める。次はあなたの立場から考えてみて、自分にとってＷｉｎとなるような結果をリストアップする。そうしたら、相手の人に、お互いのためになる解決策が見つかるまで話し合うつもりがあるかどうか聞いてみる。

４　人生において大切な人間関係を三つ選ぶ。彼らとの信頼口座にどのくらいの残高があるだろうか。残高を増やすにはどのような預け入れをすればいいか、具体的なアイデアを書き出してみよう。

５　あなたがこれまで持っていた脚本がどのようなものか、深く考えてみる。それはＷｉｎ－Ｌｏｓｅの脚本ではないだろうか。それはあなたの人間関係にどのような影響を与えているだろうか。なぜその脚本を持つに至ったのか。あなたが現在置かれている状況にふさわしい脚本かどうか考えてみよう。

６　困難な状況にあっても、お互いのためになる結果を本気で探そうとしている人を手本にする。その人を見習うことで、Ｗｉｎ－Ｗｉｎの考え方を身につけられるようにしよう。

新たなインサイト

第4の習慣 Win-Winを考える

ショーン・コヴィー

何年も前、フランクリン・コヴィー社はある小規模なテクノロジー企業に知的財産（IP）のライセンスを付与した。Win-Winのパートナーシップに思えたからだ。そのテクノロジー企業は当社のIPを使用でき、当社には金銭的な報酬がある。最初はうまくいった。ところが数年後、このテクノロジー企業が当初の合意内容に反して、フランクリン・コヴィーのブランドを毀損するような広告を展開していたのだ。

そこで、広告を変更するか、それができなければライセンスを打ち切るとパートナーに告げた。彼は同意するどころか、「広告はどこも変えません。間違ったことはしていませんから。そもそも契約に違反しているのは御社でしょう」と言ってきた。なんという厚かましさ。私は当社の経営チームと相談した。チームもパートナーシップを続けるのは危ないと判断し、IPを引き揚げることで意見が一致した。私はテクノロジー企業との交渉に臨んだが、話し合いはすぐに決裂し、信頼関係は崩れた。訴訟は極力避けたかったし、それまでもビジネスのトラブルを法廷に持ち込むことはほとんどしていなかったが、もはやそれしか手はないように思えた。フランクリン・コヴィー社の法務チームは、こちらに非はないのだから勝訴できると太鼓判を押した。

最後の話し合いの場で、テクノロジー企業のオーナーの一人は私にこう言った。「何年も前からあなたのご家族を存じあげており、尊敬しています。あなたの叔父さんは私の良き友人だと思っています。ご家族は皆さん良識ある方だと思っていました。今までは」

彼の言葉が深く突き刺さり、「訴訟は両社に莫大な費用がかかる。もっといい方法があるはずだ」と思い始めた。私の話を聞いてくれるかどうかもわからなかったが、数日後に彼を訪ね、思い切って「訴訟になればお互い大金がかかります。別の方法を見つけられるかどうか、個人的に話し合いませんか。弁護士抜きで、あなたと私、二人だけで」と持ちかけた。彼は気乗りしないようだったが、私の提案に応じた。（じつはこれについては会社の法務顧問から反対されていた。相手方との話し合いは訴訟で不利になる可能性があるからという理由だったが、私としてはリスクを冒す価値があると思ったのだ）。

翌日、彼が私のオフィスにやってきた。私は言った。「お互いに納得できるWin-Winの解決策を見つけたいのです。ここで取引できないなら、法廷で争うことになります。私はなんとか解決策を見つけたい。いかがでしょう？」

「どうなるかわかりませんが、いいですよ、やってみましょう」

「この事態をどう見ていらっしゃるか、教えていただけると助かります」私はそう言って、ホワイトボードのところに行き、彼が話したことを箇条書きにして書き出した。一五個になったところで「ほかにありますか？」と聞き、さらに二個加えた。「では、一つずつ見ていきましょう。私があなたのお考えをきちんと理解できているかどうか確かめさせてください」私は彼の懸念を最初から一つずつ自分の言葉に置き換えて話した。全部見直してから、聞いた。「このような理解で間違いないでしょうか？」

「ええ」

その瞬間、室内の雰囲気が変わった。彼は初めて、自分が理解されたと感じたのだった。私のほうも心を動かされた。彼がなぜあんなふうに思っていたのか、契約に違反しているのはフランクリン・コヴィー社のほうだと言っていた理由がはっきりと理解できた。

「では次に、この状況を当社がどう見ているか説明させていただいてよろしいでしょうか」と言い、ホワイトボードの半分にこちらの考えを書き出した。彼は真剣に耳を傾けていた。こちらの立場を理解し、彼もまた心を動かされたようだった。突然、その場のエネルギーがポジティブなものに変わり、期待感が生まれた。お互いが相手に抱いていた印象も変わった。完璧な相互理解ができた瞬間だった。

「お互いに理解できたところで、この問題について、あなたはどうしたいとお考えですか？」と質問した。私たちはブレーンストーミングを開始し、とてもクリエイティブに話し合い、三〇分ほどして二人とも満足できる解決策が生まれた。長期の移行期間を設け、公正な価格で買収するというものだった。ブレーンストーミングでは、まずは相手の立場になって話した。それはとても楽しいことだった。二時間足らずで変化を体験でき、訴訟は不要になり、大金を節約できたのだ。私たちは握手して別れた。当社の法務チームも喜んだ。

一週間後、彼から電話があり、ランチに誘われ、本当に楽しい時間をすごした。彼は私に言った。「あなたはとても良いご家族をお持ちだとずっとわかっていましたよ」

豊かさマインド――人間の幸福に欠かせないもの

ペンシルベニア大学心理学教授のマーティン・セリグマンは、法曹の仕事について、弁護士はおしなべて高給とりで医者さえも上回る報酬を得ているが、弁護士ほど悲しい職業はない、と指摘している。セリグマンによれば、弁護士の五二パーセントが自分のキャリアに満足していないのだ。

何より興味深いのは、この慢性的な病の主因としてセリグマンが挙げているものである。「弁護士を不幸にしている心理学的要因の中で最たるものは、米国の法律がますます勝ち負けのゲームになっていることである」とし、さらにこう続ける。「弁護士は本来、公平・公正に関して適切な助言をすることが第一の責務とされていたが、支払請求可能な時間数を稼ぎ、情け容赦なく相手を打ち負かし、最終的な利益を増やすことを主たる目的とするビッグビジネスに変化した」

健全で幸せそうな弁護士も、Ｗｉｎ－Ｗｉｎのパラダイムで仕事をしている弁護士も大勢知っているので、彼らを責めようとは思わない。私が言いたいのは、敵対的な世界観、つまりＷｉｎ－Ｌｏｓｅのパラダイムにとらわれると、ネガティブなエネルギーが生まれて大きな被害をもたらしかねない、ということだ。

「Ｗｉｎ－Ｗｉｎを考える」は、人生に対する態度である。「私は勝てる、あなたも勝てる」と言えることだ。私かあなたではなく、二人とも、である。「Ｗｉｎ－Ｗｉｎを考える」は、他者との関係を築くための土台である。その土台を築くにはまず、人は皆平等であり、だれかが優れているわけでも劣っているわけでもないし、優劣をつける必要もない、という考えを持たなくてはならない。

父はよく、豊かさマインドを育てることの大切さを話していた。豊かさマインドとは、全員に行き渡って余りあるほどの成功がある、あなたが成功したからといって私の成功がなくなるわけではない、と考えるマインドだ。父の考えでは、このマインドは私的成功に必要な資質であり、土台となるものだ。大学教授をしていたとき、父の講義はバスケットボール場で行わなければならないほど人気があり、同僚の教員たちから妬まれたらしい。心の狭い欠乏マインドだ。だが、父が同僚を悪く言うことはなかった。ひときわ嫉妬心の強い同僚のことも決して悪くは言わなかった。父はいつも欠乏マインドには豊かさマインドで対応していた。コヴィー・リーダーシップ・センターという会社を立ち上げたばかりの頃、創設パートナーの一人がクーデターを起こし、父が興した会社から父を追い出そうとした。この企ては失敗に終わった。だれもがそんなやつは地球から追放してしまえと思ったが、驚いたことに当の父は、自分を追い落とそうとした人物をあっさりと許したのだ。父はネガティブなエネルギーを嫌っていて、「そんなものは頭の中に入れたくないんだ」と言い、まるで疫病か何かのように避け、人に対しても状況に対してもポジティブに考える道を探していた。

また、父と叔父のジョンの仲の良さを見ていて、私は豊かさマインドが何よりも大切なのだと学んだ。父と叔父はお互いをとても尊重し、子どもの頃から兄弟というよりも親友同士のようだった。大学生のとき、父は大学のボクシングクラブに入っていた。ある試合で強いパンチをくらい、肩が外れた。それでも相手は殴り続けた。叔父はリングに飛び込んで、「もうやめろ！　肩の骨が折れているのがわかるだろう！」と叫びながら、相手を父から引き離した。

二人が家庭を持ち、子育てをしていた時期、私には父親が二人いるような感じだった。実の父親と叔父さん。いとこたちも私の父に同じ感情を抱いていた。二人がお互いの悪口を言うのを聞いたことは一度もない。父は世界的な名声を得たから、叔父は多少なりとも思うところはあっただろう。しかし、嫉妬したり脅威と感じたりせず、叔父は本当にうれしそうで、父の成功を自分のことのように喜んでいた。父と叔父の豊かな関係から湧き出ていたポジティブなエネルギーは、彼らの子どもたち、孫たちに受け継がれ、やがて市内全体を満たすことだろう。

Win-Winが唯一の道

Win-Loseは生産性をそぎ、競争心をあおり、高慢の塊である。C・S・ルイスはこう言っている。「高慢な人は何かを所有することに喜びは感じない。隣人よりも多く所有することに喜びを感じるのである……人と比較することで高慢さが生まれ、自分はほかの人よりも上であることを喜ぶのである」

Lose-Winもうまくいかない。これはドアマット症候群である。「どうぞあなたの靴を私で拭いてください。みなさんそうしていますから」という具合だ。

うまくいく道はWin－Winしかない。

それでも、「Win－Winなんて甘いよ。厳しい取引交渉をやってごらん。そんな態度だとやられてしまう」と言う人もいるだろう。しかし当社の知的財産をめぐるエピソードでもわかるように、私はそんな経験はしたことがない。フランクリン・コヴィー社は数年前、米国各地の都市にケーブルを敷設していた通信会社と仕事した。工事で一時的な不便はあってもケーブルの敷設を強く望む都市がほとんどだった。

ところが、ある大都市が難色を示した。ケーブル会社一社に工事許可を出せばほかのケーブル会社も同じように許可しなければならず、市内で何度も工事があるのは避けたい、という言い分だった。

交渉は行き詰まった。市側は、会社が市に手数料を支払わないかぎり話を進めようとはしなかった。その結果、市民はケーブルを利用できず（市のLose）、会社は何千人もの顧客にアクセスできなくなる（会社のLose）。双方ともLose－Loseに突き進んでいた。

通信会社の交渉担当者の中に「7つの習慣」のトレーニングを受けたばかりの人がいた。彼は「この状況をWin－Winに変えられないだろうか？」と考え始めた。

彼のリーダーシップのもと、会社は市に戻り、こう言った。「当社がケーブル工事を承れば、ほかのプロバイダー二〜三社のためにもケーブルを敷きますが、いかがでしょう。ほかのプロバイダーには通常よりも安いコストでケーブルを提供しますし、市としても一回の工事ですみます」

市はこのアイデアを気に入り、ケーブルは無事に敷設された。あとからやってきた競合他社は、ケーブルがすでに敷設されているのに加え、格段に安いコストで利用できることを知って喜んだ。工事で通りが何度も掘り返されることなくケーブルを手にした市と市民にとっても、安い料金でケーブルを使えるほかの通信会社にとっても、Ｗｉｎの結果になった。しかし最大のＷｉｎを手にしたのは、最初の通信会社だった。競合他社二社の支払った金額が敷設費用を上回ったのである。結果的にケーブルはコストゼロで敷設できただけでなく、いくらかの儲けまで出たのである。

たった一人でもＷｉｎ－Ｗｉｎを考える人がいれば、全員が勝てるのである。「Ｗｉｎ－Ｗｉｎを考える」というのは、より良い選択をすることにほかならない。スタンフォード大学のニル・ハレヴィとＬ・Ｔ・フィリップスはゲームのシナリオをＭＢＡの学生に一二〇万回以上試し、協力的な戦略のほうが競争的な戦略よりもはるかに利益を生み出すと証明した＊。これと同じ結論にいたったリサーチはいくつも引用できるが、その必要はないと思う。そうなるのは当然だとだれもが直感的にわかっているからだ。

＊参照：https://www.gsb.stanford.edu/insights/negotiating-big-deal-cooperation-can-beat-confrontation.Lee, L. (2015, March 26). “Negotiating the Big Deal: Cooperation Can Beat Confrontation.”

だから、Win－Winを考えよう。自分が望むものと人が望むもののバランスをとる。勇気を出す。相手を思いやる。家庭では、配偶者、パートナー、あるいはティーンエイジャーの子どもとWin－Winを考える。職場では、上司、直属の部下、同僚とWin－Winを考える。サプライヤー、ビジネスパートナー、ベンダー、顧客との関係にもWin－Winを取り入れる。思うようにできないようなら、第1の習慣、第2の習慣、第3の習慣に立ち戻ってほしい。自分の動機を明確にし、まずは私的成功を成し遂げる。そうすればWin－Winを考える強さが得られる。

THE SEVEN HABITS
OF HIGHLY
EFFECTIVE PEOPLE

第5の習慣
まず理解に徹し、そして理解される
SEEK FIRST TO UNDERSTAND, THEN TO BE UNDERSTOOD

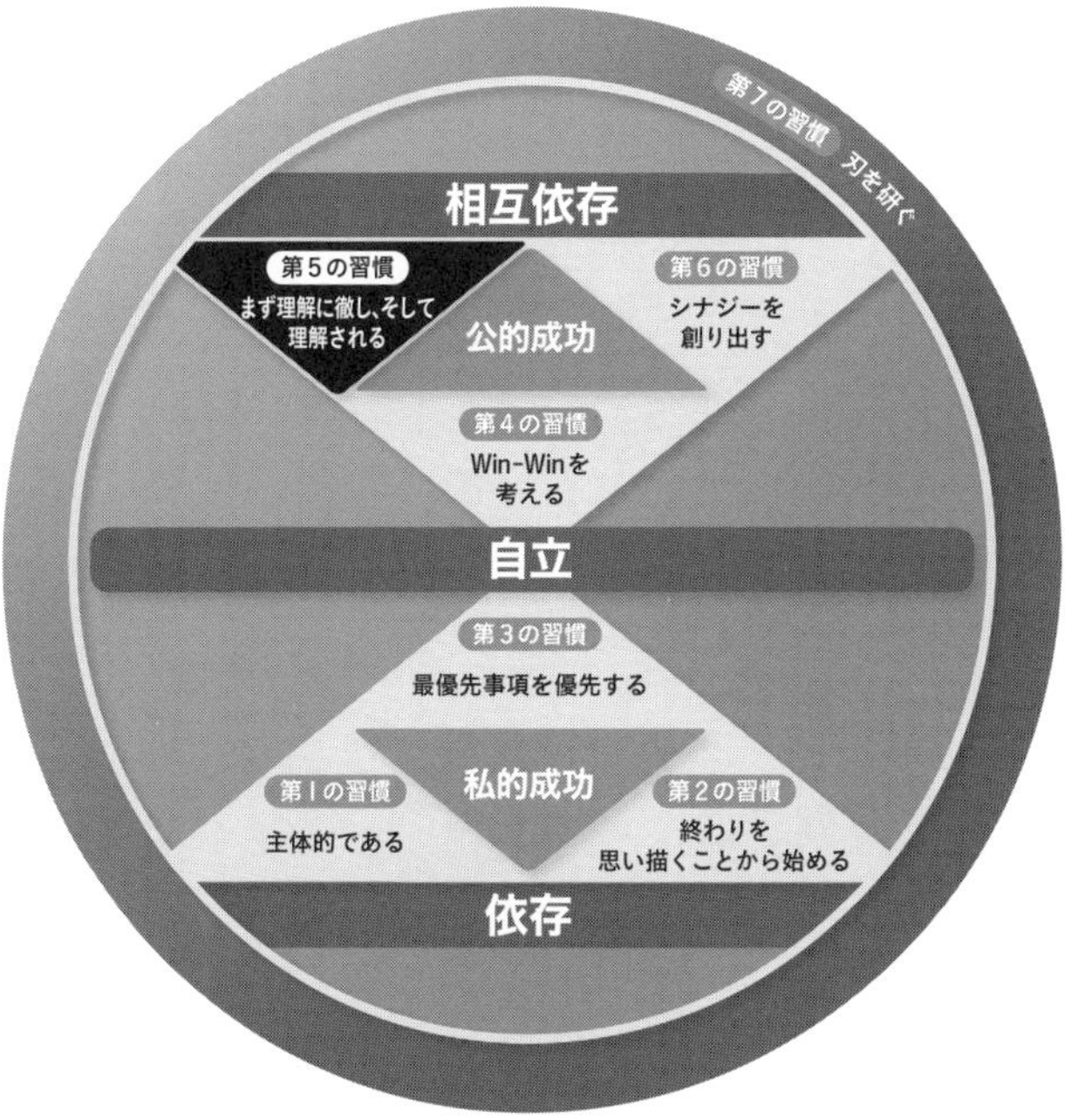

共感によるコミュニケーションの原則

心には理性ではわからない理屈がある。

――パスカル

視力が落ちてきたので眼科に行ったとしよう。医者は、あなたの話をしばらく聞いてから、自分の眼鏡を外し、あなたに手渡してこう言う。

「かけてごらんなさい。かれこれ一〇年もこの眼鏡をかけていますが、本当にいい眼鏡ですよ。自宅に同じものがもう一つありますから、これはあなたに差し上げましょう」

あなたはその眼鏡をかけるが、ますます見えない。

「だめですよ。全然見えません！」とあなたは訴える。

「おかしいなあ。私はその眼鏡でよく見えるのだから、もっと頑張ってごらんなさい」と医者は言う。

「頑張ってますよ。でも何もかもぼやけて見えるんです」

「困った患者さんだ。前向きに考えてみなさい」

「前向きに考えても何も見えません」

「まったく、何という人だ！　私がこんなにもあなたの力になろうとしているのに」と医者はあなたを責める。

あなたは、もうこの医者に診てもらう気にはならないだろう。診断もせずに処方箋を出す医者など信頼できるわけがない。

ところが、私たちのコミュニケーションはどうだろう。診断せずに処方箋を出すようなまねをどれだけしているだろうか。

「ねえ、どうしたの。悩み事があるのならお母さんに話してごらんなさい。話しにくいかもしれないけど、お母さんね、あなたのことをわかってあげたいのよ」

「どうかな。お母さんは、きっと馬鹿みたいな話だって言うに決まってる」

「そんなことないわよ。話してちょうだいよ。お母さんほどあなたのことを大切に思っている人はいないんだから。本当にあなたのことを心配しているのよ。なぜそんなに落ち込んでいるの？」

「別に」

「いいから、お母さんに話してごらんなさい」

「本当のこと言うと、もう学校がいやになったんだ」

「何ですって⁈」

そこで母親は急に声を荒げる。「学校がいやって、どういうことなの？ あなたの教育のためにどれだけ犠牲を払ってきたかわかってるの？ 教育はあなたの将来の土台を築くのよ。前にも身を入れなさいと言ったでしょ。お姉ちゃんのように勉強すれば成績も上がるし、そうすれば学校だって好きになるわ。何回言えばわかるの、あなたはね、やればできる子なの。やらないだけなの。もっと頑張りなさい。前向きにならなくちゃ」

少し間をおいて、母親がまた言う。「さあ、お母さんに話してごらんなさい」

私たちはえてして、問題が起きると慌ててしまい、その場で何か良いアドバイスをしてすぐに解決しようとする。しかし、その際私たちはしばしば診断するのを怠ってしまう。まず、問題をきちんと理解せずに解決しようとするのである。

私がこれまでに人間関係について学んだもっとも重要な原則を一言で言うなら、**「まず理解に徹し、そして理解される」**ということだ。この原則が効果的な人間関係におけるコミュニケーションの鍵なのである。

人格とコミュニケーション

あなたは今、私が書いた本を読んでいる。読むことも書くこともコミュニケーションの手段である。話すことも聴くこともそうである。読む、書く、話す、聴く、これらはコミュニケーションの四つの基本である。あなたはこれら四つのうち、どれにどのくらいの時間を費やしているだろうか。効果的な人生を生きるためには、コミュニケーションの四つの基本をうまく行える能力が不可欠なのである。

コミュニケーションは人生においてもっとも重要なスキルである。私たちは、起きている時間のほとんどをコミュニケーションに使っている。しかし、ここで考えてみてほしい。あなたは学校で何年も読み書きを習い、話し方を学んできたはずだ。だが聴くことはどうだろう。あなたは相手の立場になって、その人を深く理解できる聴き方を身につけるために、これまでにどのような訓練や教育を受けただろうか。

聴き方のトレーニングを受けたことのある人は、そう多くはいないはずだ。たとえ訓練を受けたことがあっても、ほとんどは個性主義のテクニックであり、それらのテクニックは相手を本当に理解するために不可欠な人格と人間関係を土台としているものではない。

あなたが、配偶者、子ども、隣人、上司、同僚、友人、誰とでも他者とうまく付き合い、影響を与えたいと思うなら、まずその人を理解しなければならない。しかし、それはテクニックだけでは絶対にできない。あなたがテクニックを使っていると感じたら、相手はあなたの二面性、操ろうとする気持ちをかぎとるだろう。「何でそんなことをするのだろう、動機は何だろう」と詮索するだろう。そして、あなたには心を開いて話をしないほうがいい、と身構えることになる。

相手に自分をわかってもらえるかどうかは、あなたの日頃の行い次第である。あなた自身が模範になっているかどうかだ。常日頃の行いは、あなたが本当はどのような人間なのか、つまりあなたの人格から自然と流れ出てくるものである。他の人たちがあなたをこういう人間だと言っているとか、あなたが人にこう見られたいと思っているといったものではない。実際にあなたと接して相手がどう感じるか、それがすべてである。

あなたの人格は、たえず周囲に放たれ、あなたがどのような人間であるかを伝えている。それをある程度感じていれば、長期的にあなたが信頼できる人間かどうか、その人に対する態度が本心からなのかどうか、相手は直観的にわかるようになる。

あなたが熱しやすく冷めやすい人だったら、激怒したかと思うと優しくなるような人だったら、とりわけ人が見ているときと見ていないときとではまるで態度の違う人だったら、相手はあなたに心を開いて話をする気にはなれないだろう。どんなにあなたの愛情が欲しくとも、あなたの助けが必要でも、自分の意見や体験したこと、心の機微を安心して打ち明けることはできない。その後どんなことになるか、わからないからだ。

私があなたに心を開かない限り、あなたが私という人間のことも、私が置かれた状況や私の気持ちも理解できない限り、私の相談に乗ることもアドバイスしようにも無理だということである。あなたの言うことがいくら立派でも、私の悩みとは関係ないアドバイスになってしまう。

あなたは私のことを大切に思っていると言うかもしれない。私のことを気にかけ、価値を認めていると言うかもしれない。私だってその言葉をぜひ信じたい。でも、私のことがわかってもいないのに、どうしてそんなことが言えるのだろうか。それは単に言葉だけにすぎないのだから、信じるわけにはいかない。

私はあなたの影響を受けることに対し怒りを覚え身構える。もしかすると罪悪感や恐怖感かもしれない。たとえ心の中ではあなたに力になってほしいと思っていてもだ。

私の独自性をあなたが深く理解し、心を動かされない限り、私があなたのアドバイスに心を動かされ、素直に受け止めて従うことはないだろう。だから、人と人とのコミュニケーションの習慣を本当の意味で身につけたいなら、テクニックだけではだめなのだ。相手が心を開き信頼してくれるような人格を土台にして、相手に共感して話を聴くスキルを積み上げていかなくてはならない。心と心の交流を始めるために、まずは信頼口座を開き、そこにたっぷりと預け入れをしなければならないのである。

共感による傾聴

「まず理解に徹する」ためには、大きなパラダイムシフトが必要である。私たちはたいていまず自分を理解してもらおうとする。ほとんどの人は、相手の話を聴くときも、理解しようとして聴いているわけではない。次に自分が何を話そうか考えながら聞いている。話しているか、話す準備をしているかのどちらかなのである。すべての物事を自分のパラダイムのフィルターに通し、自分のそれまでの経験、いわば自叙伝（自分の経験に照らし合わせ）を相手の経験に重ね合わせて理解したつもりになっている。

「そうそう、その気持ち、よくわかるわ！」とか「ぼくも同じ経験をしたんだ、それはね……」

これでは、自分のホームビデオを相手の行動に投影しているだけである。自分がかけている眼鏡を誰にでもかけさせようとするのと同じだ。

こういう人たちは、息子や娘、配偶者、同僚など身近な人との関係に問題が起きると必ず、「向こうが理解していない」と思うものである。

ある父親が私にこう言った。「息子のことが理解できない。私の言うことをまったく聴こうとしないんですよ」

「今あなたがおっしゃったことを繰り返すと、あなたは息子さんを理解していない、**息子**さんが**あなた**の話を聴かないからだ、ということですね？」と私は尋ねた。

「そのとおりです」

「もう一度言いますよ。**息子**さんが**あなた**の話を聴かないから、あなたは息子さんを理解できないのですね？」

「そう言ったはずですが」と彼は苛立たしげに答えた。

「誰かを理解するには、その人の話を聴かなければならないものだと思っていましたが」「**あなた**は**息子**さんの話を聴く必要があるのです」と私は示唆してみた。

「そうか」と彼は言った。しばらく間をおいてから、「そうか」とまた言った。霧が晴れたようだった。「そうですよね。でも私は息子を理解してはいるんです。息子の今の状況をよくわかっているんです。私も昔同じような経験をしましたから。理解できないのは、なぜ彼が私の話を聴こうとしないのかということなんです」

この父親は息子の頭の中で何が起きているのかまったく見ていなかった。彼は自分の頭の中を見て、そこに息子の世界も見えているものだと思い込んでいたのである。

ほとんどの人がこれと同じようなことをしている。自分が正しいのだと思い、自分の自叙伝を押しつけようとする。まず自分が理解されたいのである。会話しているようで実は独り言を言っているだけなのである。だから、相手の内面で起きていることを理解できずに終わってしまう。

相手が話しているとき、私たちの「聞く」姿勢はたいてい次の四つのレベルのどれかである。一番低いレベルは、相手を**無視**して話をまったく聞かない。次のレベルは、**聞くふり**をすること。「うん、うん」とあいづちは打つが、話の中身はまったく耳に入っていない。三番目のレベルは、**選択的に聞く**態度である。話の部分部分だけを耳に入れる。三～四歳くらいの子どものとりとめもなく続くおしゃべりには、大人はたいていこんなふうにして付き合う。四番目のレベルは、**注意して聞く**。神経を集中して、相手が話すことに注意を払う。ほとんどの人は四番目のレベルが最高なのだが、実はもう一段上、五番目のレベルがある。これができる人はそういないのだが、相手の身になって聴く、**共感による傾聴**である。

ここでいう共感による傾聴とは、「積極的傾聴」とか「振り返りの傾聴」といったテクニックではない。これらのテクニックは、単に相手の言葉をオウム返しにするだけで、人格や人間関係の土台から切り離された小手先のテクニックにすぎない。テクニックを駆使して人の話を聞くのは、相手を侮辱することにもなる。それに、テクニックを使ったところで、相手の立場ではなく自分の立場で聞き、自分の自叙伝を押しつけようとすることに変わりはない。実際に自分の経験は話さないまでも、話を聞こうとする動機がどうしても自叙伝になってしまうからである。神経を集中して熱心に聞いているかもしれないが、頭の中は、次はどう返事しようか、どう言えば相手をコントロールできるかと考えを巡らせているのである。

共感による傾聴とは、まず**相手を理解しよう**と聴くことであり、相手の身になって聴くことである。相手を理解しよう、本当に理解したいという気持ちで聴くことである。パラダイムがまったく違うのだ。

共感とは、相手の視点に立ってみることである。相手の目で物事を眺め、相手の見ている世界を見ることである。それによって、相手のパラダイム、相手の気持ちを理解することである。

共感は同情とは違う。同情は一種の同意であり、価値判断である。たしかに、共感よりも同情してあげるほうが適切な場合もある。しかし同情されてばかりいたら、人は同情を当てにするようになり、依存心が強くなってしまう。共感の本質は、誰かに同情することではない。感情的にも知的にも、相手を深く理解することなのである。

共感による傾聴は、記憶し、反映し、理解する以上のものだ。コミュニケーションの専門家によれば、口から出る言葉は人間のコミュニケーションの一〇％足らずで、三〇％は音や声のトーンによるコミュニケーション、残りの六〇％がボディランゲージである。共感して聴くには、耳だけではなく、もっと大切なのは、目と心も使うことである。相手の気持ちを聴きとる。言葉の裏にある本当の意味を聴きとる。行動を聴きとる。左脳だけでなく右脳も使って、察し、読みとり、感じとるのである。

共感による傾聴の大きな強みは、正確なデータを得られることである。相手の考え、感情、動機を自分の自叙伝に沿って勝手に解釈するのではなく、相手の頭と心の中にある現実そのものに対応できるのである。相手を理解しようと思って聴く。自分ではない人間の魂が発する声をしっかりと受け止めるために、集中して聴くのである。

共感して聴くことは、信頼口座に預け入れできるかどうかの鍵も握っている。預け入れになるためには、あなたがすることを相手が預け入れだと思わなければならない。どんなに身を粉にしても、その人にとって本当に大切なことを理解していなければ、あなたの努力はただの自己満足ととられるかもしれないし、操ろうとしている、脅している、見下している、そんなふうに受け止められるかもしれない。これでは預け入れどころか残高を減らすことになってしまう。

だから、共感して聴くことができれば、それ自体が大きな預け入れになるのだ。相手に心理的な空気を送り込んで、心を深く癒す力を持つのである。

あなたが今いる部屋の空気が突然どんどん吸い出されていったら、この本への興味を持ち続けられるだろうか。本のことなどどうでもよくなるだろう。どうにかして空気を取り込もうと、生き延びることがあなたの最大の動機になる。

しかし今、空気はある。だから、あなたにとって空気は少しの動機づけにもならない。**満たされている欲求は動機づけにはならない**のだ。これは人間の動機づけに関するもっとも的確な洞察の一つである。人の動機になるのは、満たされていない欲求だけなのである。人間にとって肉体の生存の次に大きな欲求は、心理的な生存である。理解され、認められ、必要とされ、感謝されることである。

共感して話を聴いているとき、あなたは相手に心理的な空気を送り込んでいる。心理的な生存のための欲求を満たしてあげることによって初めて、相手に影響を与え、問題の解決へと向かえるのである。

誰しも心理的な空気を必要としている。この大きな欲求こそが、人と人とのあらゆるコミュニケーションで大きな鍵を握っているのである。


あるとき、シカゴで開かれたセミナーでこの考え方を教えたことがあった。セミナーの参加者に、「今晩、共感して話を聴く練習をしてみてください」と宿題を出した。翌朝、ある男性が私のところにやってきた。一刻も早く報告したくてたまらないようすだった。

「昨晩起きたことを聞いてください」と彼は言った。「実はですね、シカゴにいる間にどうしてもまとめたい大きな不動産の取引がありましてね。夕べ、取引相手とその弁護士に会いに行きましたら、他の不動産業者も来ていたんですよ。別の条件を出してきたらしくて。

どうも私のほうが分が悪く、その業者に持っていかれそうでした。この案件は半年以上も前から取り組んでいましたし、はっきり言って、すべてをこの取引に賭けていました。すべてです。だからもうパニックでしたよ。できる限りのことをしました。思いつく限りの手を打って、セールステクニックも駆使しました。そして、最後の手段で『結論を出すのはもう少し先に延ばしてもらえませんか』と頼みました。しかし話はどんどん進んでいましたし、これ以上交渉を続けるのはうんざりだっていう感じでした。ここで話をまとめてしまいたい、という様子がありありで。

そこで私は自分に言い聞かせたんです。『あれを試してみよう。今日教わったことをここでやってみようじゃないか。まず理解に徹する、それから自分を理解してもらう。そう教わったんだ。もう失うものは何もないんだし』とね。

お客さんにこう言ったんです。『お客様のお考えを私がきちんと理解できているか、確認させてくださいませんか。私の案のどこに引っかかっておられるのか、もう一度教えてください。私がちゃんと理解できているとお客様が思われたら、私の案が適当かどうか改めてご検討いただければ……』

私は本気でお客さんの身になって考えようとしました。お客さんのニーズや関心を言葉にしようと努力しました。すると、お客さんのほうもだんだんと打ち解けてくれましてね。お客さんがどんなことを心配しているのか、どんな結果を予測しているのかを察して言葉にすると、向こうも心を開いてくれたんです。

そのうち会話の途中でお客さんは立ち上がって、奥さんに電話をかけたんです。しばらくして受話器を手で覆い、私の方を見て、『君にお願いすることにしたよ』と言ったんです。

それはもう、びっくりですよ。今でも信じられないですよ」

この男性は、相手に心理的な空気を送り込むことができたから、信頼口座に大きな預け入れができたのである。結局のところ、このような商取引では、他の条件がだいたい同じならば、テクニックよりも人間性のほうが決め手になるのである。

まず理解に徹すること、処方箋を書く前に診断をすることは、実はとても難しい。自分が何年も具合よく使ってきた眼鏡を押しつけるほうがはるかに簡単なのだ。

しかし、そんなことを長く続けていたら、PとPCの両方をひどく消耗させる。相手の内面にあるものを本当に理解できなければ、その人と相互依存の関係は築かれず、したがって大きな成果も生まれない。そして相手が本当に理解されたと感じない限り、高い信頼残高という人間関係のPCを育てることはできないのだ。

しかし同時に、共感による傾聴にはリスクもある。相手の話を深く聴くには、強い安定性が必要になる。自分自身が心を開くことによって、相手から影響を受けるからだ。傷つくこともあるだろう。それでも相手に影響を与えようと思ったら、自分もその人から影響を受けなければならない。それが本当に相手を理解することなのである。

だからこそ第1、第2、第3の習慣が基礎となるのである。それによって自分の中に変わらざる核、原則の中心が根づき、傷つきやすい部分を外にさらけ出しても、気持ちは少しも揺らがず、深く安心していられるのである。

処方する前に診断する

まず理解に徹すること、つまり処方する前に診断することは、難しいことだし、リスクもある。しかしこれが正しい原則であることは、人生のあらゆる場面に表れている。プロと呼ばれる人たちは、この原則を必ず守っている。医者が患者に処方する前に必ず診断するのと同じである。医者の診断を信用できなければ、その処方も信用できないだろう。

娘のジェニーが生後二ヵ月目に病気になった。具合が悪くなったのは土曜日で、その日はちょうど、私たちが住んでいる地域でアメリカンフットボールの大きな試合が行われており、ほぼすべての住民の頭の中は試合のことでいっぱいだった。大一番を観ようと六万人もの人々がスタジアムに足を運んだ。私も妻も行きたかったが、幼いジェニーを置いていくわけにはいかなかった。そのうち、吐いたり下痢をしたりしているジェニーの容態が心配になり、医者に診せようと電話した。

ところが医者も試合を観に行っていた。その医者はわが家の主治医ではなかったが、彼を呼び出すしかなかった。ジェニーの容態が悪化し、ぜひとも医療的なアドバイスが必要となったのだ。

妻はスタジアムに電話し、医者を呼び出してもらった。試合が山場を迎えたところで、医者は迷惑そうな声で応じた。「はい？　どうしました？」とそっけない。

「コヴィーと申します。実は娘のジェニーの具合がひどくて……」

「どんな様子ですか？」

妻がジェニーの症状を説明すると、医者は「わかりました。薬局に処方を伝えましょう」と言った。

妻は受話器を置くと、「慌てていたからちゃんと説明できたか不安だわ。でも、たぶん大丈夫」と言った。

「ジェニーが生まれたばかりだということは言ったのか？」と私は聞いた。

「わかっていると思うけど……」

「でもいつもの医者じゃない。この子を診たことはないんだろ？」

「でも、きっと知っていると思うわ」

「はっきり確信が持てないのに、その医者が処方した薬を飲ませるつもりなのか？」

妻は黙りこみ、少し間をおいてから「どうしよう？」と言った。

「もう一度電話したほうがいい」と私は言った。

「今度はあなたが電話してちょうだい」と妻が言うので、私が電話した。試合の途中にまたも医者を呼び出すことになった。「先生、先ほど妻が娘の件でお電話しましたが、娘が生後二ヵ月の赤ん坊だということはご存じでしたか？」

「なんですって」と医者は叫んだ。「知りませんでした。電話してくれてよかった。すぐに処方を変えます」

診断を信用できなければ、処方も信用できないのである。

この原則はセールスにも当てはまる。有能なセールス・パーソンは、まず顧客のニーズと関心事を突きとめ、顧客の立場を理解しようとする。素人のセールス・パーソンは商品を売り、プロはニーズを満たし問題点を解決する方法を売るのである。アプローチの仕方がまったく異なるのだ。プロは、どうすれば診断できるか、どうすれば理解できるかを知っている。顧客のニーズを商品とサービスに結びつける方法も研究している。しかしそれに加えて本物のプロなら、ニーズに合わなければ「私どもの商品（サービス）は、お客様のご要望にはそぐわないのではないでしょうか」と正直に言う誠実さも持っている。

処方する前に診断を下す原則は、法律の基礎でもある。プロの弁護士は、まず事実を集めて状況を理解する。関係する法律と判例を確認してから、裁判をどう進めるか準備する。腕の良い弁護士は、自分の陳述書を書く前に相手方の陳述書が書けるくらいまで、綿密な準備をするものである。

商品開発も同じである。開発担当の社員が「ユーザーのニーズ調査なんかどうだっていいよ。さっさと開発にとりかかろう」などと言うだろうか。消費者の購買習慣や購買動機を理解せずに商品を開発しても、うまくいくわけがない。

優秀なエンジニアなら、橋を設計する前に、どれくらいの力がどのようにかかるかを理解するはずだ。良い教師は、教える前にクラスの生徒の学力を把握しておくだろう。真面目な生徒なら、応用する前に基礎を理解するだろう。賢い親なら、子どもを評価したり判断したりする前に、まず子どもを理解しようとするだろう。正しい判断をするための鍵は、まず理解することである。最初に判断してしまうと、その人をきちんと理解することは決してできない。

まず理解に徹する。これが正しい原則であることは、人生のあらゆる場面で証明されている。それはすべての物事に当てはまる普遍的な原則だが、もっとも力を発揮する分野は、やはり人間関係だろう。

四つの自叙伝的反応

私たちはえてして、自分の過去の経験、いわば「自叙伝」を相手の話に重ね合わせてしまうため、人の話を聞く際に次の四つの反応をしがちになる。

- **評価する**——同意するか反対する
- **探る**——自分の視点から質問する
- **助言する**——自分の経験から助言する
- **解釈する**——自分の動機や行動を基にして相手の動機や行動を説明する

これら四つの反応は、自然に出てくるものである。ほとんどの人はこれらの反応にすっかり脚本づけされている。周りを見ても、その実例だらけだ。しかし、こうした反応で相手を本当に理解できるだろうか。

私が息子と話をするとき、息子が話し終らないうちに息子の話を評価しだしたら、心を開いて自分の本当の気持ちを話そうとするだろうか。私は息子に心理的な空気を送っているだろうか。

あるいは、私が根ほり葉ほり質問して詮索したらどうだろう。探るというのは、自分が求める答えを引き出すまで何度でも質問することだ。子どもをコントロールし、自分の経験、自叙伝を押しつけ、子どもの心の中に入り込んでいく。たとえ言葉のうえで論理的であったとしても、相手の気持ちや感情に届かないこともある。一日中質問攻めにしたところで、相手にとって本当に大切なものはわからないだろう。多くの親が子どもとの距離を感じ、子どもが考えていることを理解できずにいるのは、いつもこうして探っていることも大きな原因なのである。


「最近、調子はどうだ?」

「いいよ」

「最近、何か変わったことは?」

「何も」

「学校で面白いことは?」

「別に」

「週末はどうするんだい?」

「さあ」


友だちとは長電話するのに、親の質問には一言で片づけてしまう。子どもにとって家は寝泊りするだけのホテルと変わりない。決して心を開かず悩みを打ち明けることはないのだ。

しかしよく考えてみれば、正直なところそれも当然といえば当然なのである。子どもは傷つきやすい柔らかな内面を見せるたびに、親から一方的に自叙伝を聞かせられ、「だから言っただろう」などと頭ごなしの言葉で踏みにじられてきたのだ。親には絶対に心を開くまいと思うのも無理はない。

私たちはこうした反応の脚本にすっかり染まっているから、意識せずにその脚本を使っている。私はこれまで共感による傾聴の概念をセミナーなどで大勢の人たちに教えてきたが、参加者に実際にロールプレーイングさせると、全員が必ず衝撃を受ける。いつもの自分が自叙伝的な反応をしていることに気づくからだ。しかし自分が普段どのような聞き方をしているかがわかり、相手に共感して聴くことを学ぶと、コミュニケーションに劇的な変化が生まれることに気づくのである。多くの人にとって、**「まず理解に徹し、そして理解される」**習慣は「7つの習慣」の中でもっともエキサイティングな習慣であり、すぐに実生活で応用できるものである。

ここで、父親とティーンエイジャーの息子の典型的な会話をのぞいてみよう。父親の言葉が四つの反応のどれに当てはまるか考えながら読んでほしい。

「父さん、学校なんてもういやだよ。くだらないよ」

「何かあったのか？」（探る）

「全然現実的じゃない。何の役にも立たないよ」

「まだ学校の大切さがわかっていないだけなんだ。父さんもおまえの年頃にはそんなふうに思っていたものさ。こんなのは時間の無駄だと決めつけていた授業もあった。だがな、その授業が今一番役に立っているんだ。だから頑張れよ。もう少し時間をかけてみないと」（助言する）

「もう一〇年も学校に行ってるんだ。XプラスYなんかやったって、自動車の整備士になるのに何の役に立つわけ？」

「自動車整備士になるだって？　冗談だろ」（評価する）

「冗談なんかじゃない。ジョーだってそうだよ。学校をやめて整備士になったんだ。結構稼いでるんだぜ。そのほうが現実的だと思うけどね」

「今はそう思えるかもしれないが、あと何年か経てば、ジョーだって学校に行っていればよかったと後悔するに決まっている。おまえだって本気で自動車整備士になりたいと思っているわけじゃないだろう。ちゃんと勉強してもっといい仕事を探さなくちゃだめだろう」（助言する）

「そうかなあ。ジョーはちゃんと将来のことを考えて決めたみたいだけど」

「おまえ、学校で本当に努力したのか？」（探る、評価する）

「高校に入ってもう二年だよ。努力はしてきたさ。でも高校なんて無駄だね」

「立派な高校じゃないか。もっと学校を信用しなさい」（助言する、評価する）

「他のやつだってぼくと同じ気持ちだよ」

「おまえを今の高校に行かせるために、父さんも母さんもどれだけ大変な思いをしたかわかってるのか。せっかくここまで来て、やめるなんて絶対に許さないぞ」（評価する）

「いろいろ大変だったのはわかってる。だけど、ほんとに無駄なんだ」

「テレビばかり見ていないでもっと宿題をしたらどうなんだ」（助言する、評価する）

「もういいよ、父さん。これ以上話したくない」

もちろん、父親は息子によかれと思って言っている。息子の力になってやりたいと思って言っているのである。しかし、この父親は息子のことを少しでも理解しようとしただろうか。

今度は息子のほうに注目してみよう。彼の言葉だけでなく、考えや気持ち、自叙伝的な父親の反応が息子にどんな影響を与えているか、（　）に書いていることに注意しながら読んでほしい。

「父さん、学校なんてもういやだよ。くだらないよ」**（父さんと話がしたい。ぼくの話を聴いてほしいんだ）**

「何かあったのか？」**（関心を持ってくれた。いいぞ！）**

「全然現実的じゃない。何の役にも立たないよ」**（学校のことで悩んでいる。落ち込んでるんだ）**

「まだ学校の大切さがわかっていないだけなんだ。父さんもおまえの年頃にはそんなふうに思っていたものさ」**（あーあ、また父さんの自叙伝第三章だ。ぼくはそんな話をしたいんじゃない。長靴も買ってもらえずに雪の日に何マイルも学校まで歩いたって話、ぼくには関係ないんだ。ぼくの問題を話したいんだ）**

「こんなのは時間の無駄だと決めつけていた授業もあった。だがな、その授業が今一番役に立っているんだ。だから頑張れよ。もう少し時間をかけてみないと」**（時間で解決する問題じゃないんだ。父さんに話せたらなあ。洗いざらい話してしまいたいのに）**

「もう一〇年も学校に行ってるんだ。XプラスYなんかやったって、自動車の整備士になるのに何の役に立つわけ？」

「自動車整備士になるだって？ 冗談だろ」**（ぼくが自動車整備士になるのは、父さんは気に入らないんだ。高校を中退するのも気に入らないんだ。今言ったことを何としても認めさせないと）**

「冗談なんかじゃない。ジョーだってそうだよ。学校をやめて整備士になったんだ。結構稼いでるんだぜ。そのほうが現実的だと思うけどね」

「今はそう思えるかもしれないが、あと何年か経てば、ジョーだって学校に行っていればよかったと後悔するに決まっている」**（『教育の価値を巡る考察』の第一六回講義を聞かされる）**

「おまえだって本気で自動車整備士になりたいと思っているわけじゃないだろう」**（何で父さんにわかるわけ？ ぼくの本当の気持ちなんかわからないくせに）**

「ちゃんと勉強してもっといい仕事を探さなくちゃだめだろう」

「そうかなあ。ジョーはちゃんと将来のことを考えて決めたみたいだけど」**（ジョーは落ちこぼれじゃない。学校は中退したけど、落ちこぼれなんかじゃない）**

「おまえ、学校で本当に努力したのか？」**（これじゃ堂々巡りじゃないか。父さんがちゃんと聴いてくれさえすれば、本当に大切なことを話せるのに）**

「高校に入ってもう二年だよ。努力はしてきたさ。でも高校なんて無駄だね」

「立派な高校じゃないか。有名校だぞ。もっと学校を信用しなさい」**（これはこれは、今度は信用の話か。何でぼくが話したいことを話させてくれないんだ！）**

「他のやつだってぼくと同じ気持ちだよ」**（ぼくの言うことだって信じろよ。低能じゃないんだから）**

「おまえを今の高校に行かせるために、父さんも母さんもどれだけ大変な思いをしたかわかってるのか」**（おやおや、今度は罪悪感で責める気か。はいはい、ぼくは馬鹿なんでしょう。学校は立派、父さんも母さんも立派。そしてぼくは馬鹿息子ですよ）**

「せっかくここまで来て、やめるなんて絶対に許さないぞ」

「いろいろ大変だったのはわかってる。だけど、ほんとに無駄なんだ」**（父さんにはわからないだろうね）**

「おい、テレビばかり見ていないでもっと宿題をしたらどうなんだ。そんなふうだから……」**（父さん、そういう問題じゃないんだよ！ そんなんじゃないんだ！ もう父さんには何も話さない。父さんなんかに相談しようとしたぼくが馬鹿だった）**

「もういいよ、父さん。これ以上話したくない」

言葉だけで人を理解しようとしてもうまくいかないことがわかっただろうか。自分の眼鏡を通して相手を見ていたら、なおさらである。何とか自分のことをわかってもらおうとしている人にとって、相手の自叙伝的な反応がどれだけコミュニケーションを妨げているだろうか。

相手と同じ視点に立って、相手が見ているのと同じ世界を見られるようになるには、人格を磨き、本当に理解したいという純粋な気持ちになり、相手との高い信頼残高、共感による傾聴のスキルを育てることが必要である。

共感による傾聴の全体を氷山にたとえるなら、スキルは海面に突き出た一角、いわば表に出る部分である。

このスキルには四つの段階がある。

一番効果の低い第一段階は、**相手の言葉をそのまま繰り返す**ことである。これは「積極的傾聴」とか「振り返りの傾聴」などと言われる。人格ができておらず、相手との信頼関係がないと、こういう聴き方は失礼になり、相手はかえって心を閉ざしてしまう。しかし、相手の話を注意して真剣に聴こうとする姿勢を持つという意味で、これが第一段階になる。

言葉をそのまま繰り返すのは簡単である。相手の口から出る言葉をよく聴いて、オウム返しにすればいい。頭を使う必要もないくらいだ。

「父さん、学校なんてもういやだよ」

「学校がいやなんだね」

父親は息子の言葉を繰り返しているだけである。何の評価もしていないし、質問して探っているわけでも、助言しているわけでも、自分勝手な解釈もしていない。オウム返しにするだけでも、息子の言葉に注意を向けている姿勢は伝わる。しかし本当に理解しようとするなら、これでは不十分だ。

共感して聴くスキルの第二段階は、相手の言葉を**自分の言葉に置き換える**ことである。ただオウム返しにするよりも少しは効果的になるが、まだ言葉だけのコミュニケーションの域を出ていない。

「父さん、学校なんてもういやだよ」

「そうか、学校に行きたくないんだ」

今度は、父親は息子の話したことを自分の言葉で言い直している。息子はどういう意味で今の言葉を口にしたのだろうと考えている。ここではほとんど、理性と論理をつかさどる左脳だけを働かせている。

第三段階に入ると、右脳を使い始める。**相手の気持ちを言葉にする**のである。

「父さん、学校なんてもういやだよ。くだらないよ」

「なんだかイライラしているようだね」

父親は、息子の言葉よりも、その言葉を口にした息子の気持ちに関心を向けている。

最後の第四段階は、二番目と三番目を組み合わせたものになる。相手の言葉を自分の言葉に置き換えると同時に、相手の気持ちも言葉にするのである。

「父さん、学校なんてもういやだよ。くだらないよ」

「学校に行きたくなくて、なんだかイライラしているようだね」

「学校に行きたくなくて」の部分が話の内容、「イライラしているようだね」の部分が気持ちである。ここでは左脳と右脳の両方を使って、相手が伝えようとしている言葉と気持ちの両方を理解しようとしている。

共感して聴くスキルの第四段階まで身につければ、信じられないような効果がある。本心から理解したいと思って相手の言葉を自分の言葉に置き換え、相手の気持ちも言葉にできれば、その人の心に心理的な空気を送り込むことができる。相手が自分の考えや感情を整理する手助けもできる。あなたが話を真剣に聴こうとしている誠意が伝われば、相手の心の中で思っていることと、実際に口から出てくる言葉の間の壁が消えていく。こうして、魂と魂の交流が始まる。考え、感じていることとコミュニケーションしていることが一致するのだ。相手はあなたを信頼し、胸の奥底の傷つきやすい感情や考えをあなたに見せても大丈夫だと思うようになる。

「父さん、学校なんてもういやだよ。くだらないよ」（父さんと話がしたい。ぼくの話を聴いてほしいんだ）

「学校のことでずいぶん不満があるみたいだな」（そうなんだ。そんなふうに感じているんだ）

「そうなんだ。まるっきり現実味がないし、何も役に立たないよ」

「学校には何の価値もないと思っているんだな」（ちょっと待って――ぼくは本当にそう思っているんだっけ？）

「まあ、そういうことかな。本当に役に立つことなんか何も教えてくれないよ。ジョーなんかさ、学校をやめて自動車の整備士になったんだ。結構稼いでいるんだよ。そのほうが現実的なんじゃないかな」

「ジョーは正しい道を選んだと思っているんだね」（どうだろ……）

「まあ、ある意味ではそうかな……実際、もうお金を稼いでいるんだし。でも何年かしたら、後悔するんじゃないかな」

「ジョーは間違っていたと感じると思うんだね」

「きっとそうだよ。だってさ、ジョーが投げ出したものはすごく大きいんじゃないかな。ちゃんと勉強しとかないと社会に出て困るだろう？」

「そうだな、教育は大切だと考えているんだね」

「そうだよ。高校も出てなくて、就職もできない、大学にも行けないことになったらどうすりゃいいのさ。やっぱりちゃんと勉強しなきゃだめなんだよ」

「教育はおまえの将来に重要だと考えてるんだ」

「うん、そうなんだ。それでね……ぼく今すごく困っているんだ。ねえ、母さんには言わないでくれるかな？」

「母さんに知られたくないんだね？」

「うーん、そういうわけでも……まあ、話してもいいよ。どうせばれるだろうし。今日さ、テストがあったんだ。読解力のテスト。そしたらさ、ぼくの成績じゃ小学四年生のレベルらしいんだ。四年生だぜ、高校二年生なのに！」

本心から理解しようと思って聴くと、こんなにも違ってくる。本当の問題を見誤っていたら、相手によかれと思っていくら助言したところで何の意味もない。そして、自分の自叙伝とパラダイムを通してしか物事を見られない人は、本当の問題を突き止めることはできない。相手の視点に立って、相手が見ている世界を見ようとするなら、自分の眼鏡をしばし外さなくてはならないのだ。

「父さん、ぼく落第しちゃうよ。落第するくらいなら中退したほうがマシだよ。でも学校をやめたくはないんだ」

「つらいな。どうしていいかわからないんだね」

「父さん、どうしたらいい？」

父親がまず息子を理解することに徹したから、息子との会話は単なる言葉のやりとりではなく、親子の絆を深める機会となったのである。それは、表面をなぞるだけで手っ取り早く解決してしまえばいいというようなコミュニケーションではなく、息子にも、そして親子関係にも大きな影響を与える機会をつくり出した。自分の経験談、自分の自叙伝を得々と聞かせるのではなく、息子を本当に理解しようという姿勢によって信頼口座にたくさんの預け入れをしたから、息子も心を開き、少しずつ掘り下げ、ようやく本当の問題を打ち明ける勇気を持てたのである。

今、父親と息子はテーブルの同じ側に並んで座り、同じ視点から問題を見つめている。テーブルを挟んで睨み合っているのとは正反対の状況である。息子には、父親の自叙伝を聴いてアドバイスを求める心の余裕が生まれている。

ここで注意してほしいことがある。助言をする段階に入ってからも、父親は息子とのコミュニケーションに細やかに気を配らなければならない。息子が**論理的**に反応している間は、効果的に質問し、助言を与えることができる。しかし**感情的**な反応を見せたら、共感して聴く姿勢に戻らなければならない。


「そうだなあ。こういうことを考えてみたらどうだろう、というようなことはいくつかあると思うが」

「たとえば?」

「読解力をつけるために塾に行くとか。あそこの塾ならそのようなコースがあるんじゃないか?」

「それならもう調べたんだ。夜の授業が週に二日、それに土曜日は一日中なんだ。時間がとられすぎる」

息子の返事が少し**感情的**になったのを察知して、父親は共感して聴く姿勢に戻る。

「負担が大きいよなあ……」

「それもそうだけど、六年生の子たちにコーチになってあげるって約束したんだ」

「その子たちをがっかりさせたくないもんな」

「でもね、読解力のコースが本当にためになるんだったら、毎晩でも行くよ。コーチは誰かに代わってもらってもいいんだし」

「勉強はしなくちゃと思ってるけど、そのコースが本当に役立つかどうかわからない、だから迷っているんだな？」

「父さん、どう思う？」

息子は再び心を開き、**論理的**な反応をし始めた。ここでもう一度、父親の自叙伝を聴く気になっている。父親が息子に影響を与え、二人の関係を大きく変化させる機会が再び巡ってきたのである。

私たちは多くの場合、外部の助言がなくとも自分をコントロールできる。心を開くチャンスさえ与えられれば、あとは自分の力で自分の問題を解きほぐしていける。すると解決策がその過程ではっきり見えてくるものである。

もちろん、他者のものの見方や助力がどうしても必要な場合もある。そのようなときは、その人のためになることを本気で考え、その人の身になって話を聴き、その人が自分のペースで、自分の力で問題を突きとめ、解決できるように促すことが大切である。タマネギの皮を一枚一枚むくように少しずつ、その人の柔らかい内面の核に近づいていくのである。

人が本当に傷つき、深い痛みを抱えているとき、心から理解したいという純粋な気持ちで話を聴いてやれば、驚くほどすぐに相手は心を開く。その人だって胸の中にあることを話したいのである。とりわけ子どもは、心を開いて自分の思いを打ち明けたい気持ちでいっぱいなのだ。そしてその切実な思いは、友だちよりも、実は親に対して向けられている。親は自分を無条件に愛している、悩みを打ち明けたら必ず味方になってくれる、自分の悩みを馬鹿にしたり、批判したりしない。そう確信できれば、子どもは親に何でも包み隠さず話すものだ。

偽善や下心からではなく、純粋に相手を理解しようと努力すれば、相手のあるがままの想い、理解が流れ出てきて、聴いているほうは文字どおり言葉を失うことがあるはずだ。相手の身になって共感するのに、言葉など要らないこともある。むしろ言葉が邪魔になることさえある。だからテクニックだけではうまくいかないのだ。このような深い理解には、テクニックではとても到達できるものではない。テクニックだけに頼っていたら、かえって理解を妨げてしまう。

共感による傾聴のスキルを詳しく見てきたのは、どんな習慣においてもスキルは大切な部分だからである。スキルは必要である。しかしここでもう一度言っておきたいのだが、本当に理解したいという真摯な望みがなければ、いくらスキルを使っても役には立たない。あなたの態度に偽善や下心を少しでも感じとったら、相手は絶対に心を開かないし、逆に反発するだろう。相手が親しい間柄の人なら、話を聴く前に、次のようなこと話しておくのもよいだろう。

「私はこの本を読んで、共感して聴くことを知った。そしてあなたとの関係について考えてみて、今まであなたの話を本当の意味では聴いていなかったことに気づいた。でも、これからはあなたの身になって話を聴きたい。簡単にできることではないだろう。うまくできないときもあるかもしれない。でも頑張ってみようと思う。私はあなたのことを大切に思っている。だからあなたを理解したい。あなたにも協力してほしい」こうしてあなたの動機を相手に対して宣言するのは、大きな預け入れになる。

しかし、あなたに誠意がなかったら、相手を傷つけるだけである。このような宣言をして相手に話をするよう促し、相手が心を開いて傷つきやすい心の中を見せてから、実はあなたに誠意がないとわかったら、その人は弱い部分をさらけ出したまま放り出され、傷はいっそう深くなる。氷山の一角であるテクニックは、その下にある人格という巨大な土台から生まれたものでなければならないのだ。

相手の身になり共感して話を聴くといっても、時間がかかってまどろっこしいと反発する人もいるだろう。たしかに最初は時間がかかるかもしれない。しかし先々まで考えれば、大きな時間の節約になる。仮にあなたが医者で、確実な治療を施したいと思えば、時間をかけてでも正確な診断を下すことが一番効率的である。医者が「今日は忙しくて診断を下す時間がないんです。この薬でも飲んでてください」と言わないだろう。

あるとき、ハワイのオアフ島で原稿を書いていた。涼しいそよ風を入れようと、机の前と脇の窓を開けていた。私は原稿を章ごとに分けて大きな机の上に並べた。

すると突然、風が強くなり、原稿を吹き飛ばした。原稿は部屋中に散らばり、まだページ番号を入れていない原稿も多かったので、私はすっかり慌ててしまった。私は必死にすぐに原稿を集めてまわった。ここでようやく、最初に一〇秒かけて窓を閉めたほうがよかったのだと気づいたのである。

共感して話を聴くのはたしかに時間がかかる。しかし、相手に心理的な空気を送らず未解決の問題を抱えたまま、ずっと先に進んでから誤解を正したり、やり直したりすることに比べれば、たいした時間ではない。洞察力があり、共感して話を聴ける人は、相手の心の奥底で何が起きているかをいち早く察し、相手を受け入れ、理解してあげることができる。だから相手も安心して心を開き、薄皮を一枚ずつ剥いでいき、やがて柔らかく傷つきやすい心の核を見せ、そこにある本当の問題を打ち明けられるのである。

人は誰でも、自分のことをわかってもらいたいと思っている。だから、相手を理解することにどんなに長い時間を投資したとしても、必ず大きな成果となって戻ってくる。なぜなら問題や課題が正しく理解された感じたとき、人が深く理解されていると感じたときに増える信頼口座の残高があれば、解決に向かって進めるようになるからだ。

理解ととらえ方

人の話を深く聴けるようになると、とらえ方は人によって大きく異なることがわかってくる。そしてその違いこそが、相互依存の状態において他者と力を合わせて何かをするときにポジティブな効果を与えることもわかってくる。同じ一枚の絵が、あなたには若い女性に見える。私には老婆に見える。その両方が正しい、そう思えるようになるのだ。

あなたは配偶者中心の眼鏡で世の中を見ているかもしれない。私は経済やお金中心の眼鏡で見ているかもしれない。

あなたは豊かさマインドに脚本づけられているかもしれない。私は欠乏マインドに脚本づけられているかもしれない。

あなたは、視覚的、直観的、全体的に物事をとらえる右脳タイプで、私は分析的に系統立てて考え、論理的に物事をとらえる左脳タイプかもしれない。

あなたと私とでは、これほどもののとらえ方が違うかもしれないのである。それでも、あなたも私もそれぞれのパラダイムで何年も生きてきて、自分に見えていることが「事実」だと思い、その事実が見えない人は人格や知的能力に欠点があるんじゃないかと疑ってしまう。

人はそれぞれ違いがあるのに、家庭でも会社でも、地域社会の奉仕活動でも、決められたリソースをうまく使って結果を出すために力を合わせなくてはならない。そのためにはどうすればいいのだろうか。自分のもののとらえ方の限界を超え、他者と深いコミュニケーションをとって協力して問題に取り組み、Win－Winの解決策に到達するには、どうすればいいのだろうか。

第5の習慣がその答えである。それが、Win－Winに至るプロセスの第一歩である。たとえ相手がWin－Winのパラダイムを持っていなくとも、むしろそのような相手であればこそ、こちらがまず相手を理解する努力をすることが大切なのである。

ある会社の重役の体験談を紹介しよう。この原則の力強さを知ることができる。

うちはほんの小さな会社なのですが、ある大手銀行と契約の話が進んでいました。銀行側は、サンフランシスコから弁護士をわざわざ飛行機で呼び寄せ、オハイオからは交渉担当者もかけつけ、大きい支店の支店長二人まで加わり、総勢八人の交渉団でやってきたのです。私たちは、Ｗｉｎ－Ｗｉｎ ｏｒ Ｎｏ Ｄｅａｌで交渉を進めることにしていました。こちらはサービス水準を大幅に引き上げ、コスト面でもかなりいい条件を提示していたのですが、銀行側はそれをはるかに上回る要求を出してきたのです。

うちの社長は交渉の席に着くと、こう切り出しました。『まずはお客様のほうで納得のいくように契約書を書いていただけますか。そうすれば、私どももお客様のご要望をよく理解できます。それに従って交渉を進めさせていただきたいと思います。値段についてはその後で交渉することにしましょう』と。

これには銀行の交渉団も度肝を抜かれたようでした。自分たちが契約書を書くことになるとは思ってもいなかったでしょうからね。銀行側はそれから三日後に契約書の文面を持ってきました。

契約書が提示されると、うちの社長は「まずお客様の望んでいることを、こちらが理解しているかどうか確認させてください」と言って契約書を読み始めました。条項を一つずつ追いながら自分の言葉に置き換え、相手の気持ちを察し、銀行側にとって重要なことを自分がちゃんと理解しているか確認しながら、最後まで目を通しました。

社長は銀行側の考えをすっかり理解すると、今度は私たちから見た問題点を説明し始めました。銀行の交渉団はきちんと聴いてくれましたよ。こちらの話を聴く気になっていたんですね。戦闘的な気配は微塵もありませんでした。交渉が始まったときは形式ばっていて、疑心暗鬼で、まるで敵同士みたいな感じでしたが、力を合わせて良い結果を出そうという空気になっていました。

こちらの説明が終わると、銀行の交渉団は、『御社にお願いしたい。そちらの言い値でサインしましょう』と言ってきましたよ。

そして理解される

まず理解に徹し、**そして理解される**。理解されることが第5の習慣の後半だ。同様にＷｉｎ－Ｗｉｎの結果に到達するためにも不可欠である。

第4の習慣のところで、成熟さとは勇気と思いやりのバランスであると定義した。相手を理解するには、思いやりが要る。そして自分を理解してもらうには、勇気が要る。Ｗｉｎ－Ｗｉｎを実現するには、思いやりと勇気の両方が高いレベルで必要だ。相互依存の関係においては、自分をわかってもらうことも重要なのである。

古代ギリシャには素晴らしい哲学があった。それは、**エトス**、**パトス**、**ロゴス**という三つの言葉のまとまりで表される哲学である。この三つの言葉には、まず理解に徹し、それから自分を理解してもらうこと、効果的に自分を表現することの本質が含まれていると私は思う。

エトスは個人の信頼性を意味する。他者があなたという個人の誠実さと能力をどれだけ信頼しているか、つまりあなたが与える信頼であり、信頼残高である。**パトス**は感情、気持ちのことである。相手の身になってコミュニケーションをとることだ。**ロゴス**は論理を意味し、自分のことを筋道立てて表現し、相手にプレゼンテーションすることである。

エトス、パトス、ロゴス。この順番に注意してほしい。まず人格があり、次に人間関係があり、それから自分の言いたいことを表現する。これもまた大きなパラダイムシフトである。自分の考えを相手に伝えようとするとき、ほとんどの人は真っ先にロゴスに飛びつき、左脳を使っていきなり理屈で攻めようとする。エトスとパトスには見向きもせずに、自分の論理がいかに正しいかを述べ立てるのである。

ひどくストレスを抱えている知人がいた。上司が非生産的なリーダーシップ・スタイルを曲げようとしないからだという。

「なぜ変わろうとしないのだろう?」と、知人は私に聞いてきた。「話し合いを持ち、彼はわかったと言った。それなのに何もしようとしない」

「君が**効果的**なプレゼンテーションをすればいいじゃないか」と私は言った。

「したさ」と彼。

「効果的という言葉の意味をどうとらえている? セールス・パーソンの成績が振るわないのは、誰のせいだろう? お客さんではないはずだ。効果的というのは、PとPC両方のことなんだ。君は自分が望んでいた変化を起こしたかい? その過程で信頼関係を築いただろうか? 君のプレゼンテーションの結果はどうだった?」

「僕が言っているのは、上司のことだ。彼は何もしない。聞く耳を持たないんだよ」

「それなら、君の考えを**効果的**なプレゼンテーションで伝えることだ。まず彼の身になって考えてみる。自分の言いたいことを簡潔にまとめて、目で見えるかたちでプレゼンする。相手が望んでいることを相手よりもうまく説明しなくちゃいけない。ある程度の準備が要るよ。やれるかい?」

「なぜそこまでしなくちゃいけないんだ？」と彼は納得しない。

「つまり、君は上司にはリーダーシップ・スタイルを変えてほしいと思っていながら、自分のプレゼンテーションのスタイルは変えようとしないのかい？」

「そういうことかな……」と彼は答えた。

「なら、笑顔で今の状況を我慢するしかないね」

「我慢なんかできるものか。そんなことをしたら自分に嘘をつくようなものだ」

「それなら、効果的なプレゼンテーションをするしかないよ。それは君の影響の輪の中にあることだよ」

結局、知人は何もしなかった。あまりに投資が大きすぎると思ったのだろうか。


大学教授である別の知人のほうは、しかるべき努力をした。ある日、彼は私のところに来て、こう言った。「私の研究分野はこの学部の主流じゃないから、予算をもらおうにもこちらの話を聴いてくれないんだ。困ったよ」

私は、彼が置かれた状況をしばらく聴いてから、エトス、パトス、ロゴスのプロセスで効果的なプレゼンテーションを行ってはどうかとアドバイスした。「君が誠実な人間であることはよくわかっているし、君の研究に大きな価値があることもわかった。相手が望むような代替案を相手よりもうまく説明するんだ。君が相手を深く理解していることが伝わるようにする。それから、君の要求を論理的に説明する」

「わかった。やってみるよ」

「私を相手に練習してみるかい？」と持ちかけると、彼は喜び、リハーサルしてみた。

本番のプレゼンテーションで、彼はこう切り出したそうだ。「まず、学部の現在の研究目標が何か、私の予算申請に対して学部が何を懸念しているのか、私自身がきちんと理解しているか確認させてください。それから私の提案をお話しさせていただきます」

彼は時間をかけ、丁寧に話した。彼が学部側の事情と立場を深く理解し、尊重していることが伝わると、主任教授は他の教授に向かってうなずき、彼の方を向いてこう言った。「研究費を出そう」

相手のパラダイムや関心事を最初に深く理解し、その理解に沿って、自分の考えをはっきりとわかりやすく、目に見えるかたちで表現すれば、あなたのアイデアに対する相手の信頼は格段に上がる。

あなたは自分の立場から離れないわけでもなく、虚飾の言葉を弄して自分勝手な理屈を並べ立てているわけでもない。あなたは本当に理解している。あなたのプレゼンテーションは、最初に考えていたものとは違ってくるかもしれない。相手を理解しようと努力するうちに、自分でも何かを学ぶからである。

第5の習慣が身につくと、自分の考えをより正確に、誠実な態度で表現できるようになる。それは周りの人たちにも伝わる。知りうるすべての事実、関係者全員のものの見方を考慮して、全員のためになる案を誠意を持って提示していることが、周りの人たちにもわかるようになるのだ。

対

第5の習慣の効果が大きいのは、あなたが自分の「影響の輪」の中心に働きかけるからである。他者と関わり合いを持つ相互依存の状況では、自分の力では解決できない問題や対立、自分には変えることのできない事情や他人の行動など、影響の輪の外のことが多くなる。輪の外にエネルギーを注いでいても、ほとんど何の成果もあげられず、ただ消耗するだけである。

しかし、まず相手を理解する努力なら、いつでもできる。これならば、あなたの力でどうにかできる。自分の影響の輪にエネルギーを注いでいれば、だんだんと他者を深く理解できるようになる。相手の正確な情報に基づいて問題の核心を素早くつかめる。信頼口座の残高を増やし、相手の心に心理的な空気を送り込める。そうして、一緒に問題を効果的に解決できる。

これはまさにインサイド・アウトのアプローチである。内から外への努力を続けていくと、影響の輪にどのような変化が起こるのだろうか。相手を本気で理解しようと思って聴くから、あなた自身も相手から影響を受ける。しかし、自分も心を開いて他者から影響を受けるからこそ、他者に影響を与えることもできるのである。こうしてあなたの影響の輪は広がり、やがて関心の輪の中にあるさまざまなことにまで影響を及ぼすようになっていく。

あなた自身に起こる変化にも注目してほしい。周りの人たちへの理解が深まるにつれ、その人たちの人間的価値が見え、敬虔な気持ちを抱くようになる。他者を理解し、その人の魂に触れることは、神聖な場所に足を踏み入れるのと同じなのである。

第5の習慣は、今すぐにでも実行に移すことができる。今度誰かと話をするとき、自分の自叙伝を持ち出すのはやめて、その人を本気で理解する努力をしてみる。その人が心を開いて悩みを打ち明けなくとも、その人の身になり、共感することはできる。その人の気持ちを察し、心の痛みを感じとって、「今日は元気がないね」と言ってあげる。その人は何も言わないかもしれない。それでもいい。あなたのほうから、その人を理解しようとし、その人を思いやる気持ちを表したのだから。

無理強いしてはいけない。辛抱強く、相手を尊重する気持ちを忘れずに。その人が口を開かなくとも、共感することはできる。表情やしぐさを見ることによって相手に共感することができる。その人の胸のうちを敏感に察してあげられれば、自分の経験談を話さずとも、寄り添うことはできるのだ。

主体性の高い人なら、問題が起こる前に手立てを講じる機会をつくるだろう。息子や娘が学校で大きな問題にぶつかるまで手をこまねいている必要はないのだ。あるいは、商談が行き詰まってから手を打つのではなく、次の商談からすぐにでも、まず相手を理解する努力をしてみる。

早速、子どもと一対一で話す時間をつくってみよう。子どもを本気で理解するつもりで、真剣に耳を傾ける。家庭のこと、学校のこと、あるいは子どもが直面している人生の試練や問題を、子どもの目を通して見る。信頼口座の残高を増やす努力をし、子どもの心に空気を送り込むのである。

あるいは、配偶者と定期的にデートしてみる。食事に行くのもいいだろうし、二人で楽しめることをするのもいいだろう。お互いの話に耳を傾け、わかり合う努力をする。お互いの目を通して、人生を見つめてみる。

妻のサンドラと過ごす毎日の時間は、私にとってかけがえのないものである。お互いを理解する努力はもちろんだが、子どもたちときちんとコミュニケーションをとれるように、共感して聴くスキルの練習をすることもある。

お互いのもののとらえ方を話し合ったり、より効果的に家族の難しい人間関係へのアプローチをロールプレイで練習したりもする。

たとえば私が息子か娘の役をやり、家族の一員としての基本的な義務を果たしていないのに、何かの権利を要求する。妻はどう対処すればよいか練習するのである。

私と妻が手本となって子どもたちに正しい原則を教えられるように、さまざまな状況を思い描き、役を交替しながらロールプレイをするわけである。子どものことで両親のどちらかがうまく対応できなかったり、しくじったりした状況を再現し、ロールプレイで練習しておけば、後々役に立つ。

愛する人たちを深く理解するために投資した時間は、開かれた心と心のコミュニケーションという大きな配当になって返ってくる。家庭生活や結婚生活に影を落とす問題の多くは、深刻な問題に発展する前に解決できるものである。家庭の中に何でも話し合えるオープンな雰囲気があれば、問題になりそうな芽はすぐに摘み取れる。たとえ大きな問題が持ち上がっても、家族同士の信頼口座の残高がたっぷりあれば、対処できるのである。

ビジネスにおいても、部下と一対一で向かい合う時間をつくり、話を聴いて、理解しようと努力する。人事関係の問題に対処する窓口やステークホルダーから情報を集めるシステムを確立して、顧客や仕入れ先、スタッフから率直で正確なフィードバックを受ける仕組みを社内に設置することもできる。資金や技術と同じくらい、それ以上に人を大切にする。会社のあらゆるレベルの人の力を引き出すことができれば、時間もエネルギーも資金も大幅に節約できるだろう。自分の部下や同僚の話を真剣に聴き、彼らから学び、そして彼らの心に心理的な空気を送り込む。そのような会社であれば、九時から五時までの勤務時間の枠を超えて一生懸命に働く忠誠心も育つのである。

まず理解に徹する。問題が起こる前に、評価したり処方したりする前に、自分の考えを主張する前に、まず理解するよう努力する。それは、人と人とが力を合わせる相互依存に必要不可欠な習慣である。

お互いに本当に深く理解し合えたとき、創造的な解決策、第3の案に通じる扉が開かれる。私たちの相違点が、コミュニケーションや進歩を妨げることはなくなる。それどころか、違いが踏み台になって、シナジーを創り出すことができるのである。

第5の習慣：まず理解に徹し、そして理解される　実践編

1 信頼口座が赤字になっていると思うような相手を一人選ぶ。その人の視点に立って現状を眺め、気づいたことを書き留めておく。今度その人と話す機会があったら、本気で理解するつもりで話を聴き、書き留めておいた内容と比べてみる。相手の視点に立って考えたことと合っていただろうか。その人の考えを本当に理解していただろうか。

2 共感とはどういうことか、身近な人と共有する。その人に、「共感して話を聴く練習をしたいから、私の様子を一週間観察して、フィードバックしてくれないか」と頼んでみる。どんなフィードバックをもらっただろうか。その人はあなたの態度にどんな印象を持っただろうか。

3 人々が話をしている様子を観察する機会があったら、両耳をふさいで数分間眺めてみる。言葉だけでは伝わらない感情を読みとることができるだろうか。

4 今度誰かの話を聴いていて、つい自分の経験談、自叙伝を持ち出し、質問して探ったり、自分勝手な評価や助言、解釈をしてしまったら、素直にそれを認めて謝る（「ごめんね。君の話を本当に理解するつもりで聴いていないことに気づいた。最初からやり直してもいいかな？」）。このような態度は信頼口座への預け入れになる。

5 今度自分の意見を述べるとき、共感したうえで行ってみる。相手の考え、立場を相手以上にうまく説明する。それから、相手の視点に立って自分の考え、立場を説明し、理解してもらう。

新たなインサイト

第5の習慣　まず理解に徹し、そして理解される

ショーン・コヴィー

ビジネススクールを卒業するとき、私は難しい決断を下した。じつは、オーランドにあるディズニーのアトラクション企画部門から内定をもらっていた。世界で最もクールな仕事と言えるだろう。その一方で、父が一〇年前に興していた会社コヴィー・リーダーシップ・センターからも声がかかったのだ。

その頃、父の仕事に同伴させてもらった。第5の習慣を二〇〇人のシニアリーダーに教える仕事で、父は共感のスキルについて講演した。相手が言っていることを、相手の感情を反映させ自分の言葉で言いなおすスキルである。相手に共感して話を聴くことができれば、今より一〇倍も効果的に人間関係を築ける、というのが父の講演の要点だった。それを実証するために、父は学校を中退したがっているティーンエイジャーに扮し、父親役を参加者に演じさせ、ロールプレーイングを始めた。子どもが本当に伝えたいことにきちんと共感して聴くわけである（本章の三七七ページに父が書いているロールプレイはこれ

と同じものである)。参加者たちはうまくできず、次々と失敗していた。どの参加者も探りを入れ、アドバイスし、あるいは自分の体験談を話すばかりだった。父はかまわずロールプレイを続けた。参加者は状況がつかめず、フラストレーションがたまっていき、「この男、いったいだれなんだ。何がしたいんだ?」と怪訝《けげん》な様子になっていった。室内の雰囲気はカオス寸前だった。ようやく一人の参加者が共感的な対応をして、父(まだ息子役を演じていた)が少し心を開いた。次の参加者も息子役の父に共感的に応答し、参加者たちはコツをつかんだようだった。

父親役の参加者たちが少しずつ共感的な応答をするようになると、息子役の父は心を開いていった。息子が抱えていた本当の問題がついに明らかになり、問題は解決された。それは変化の体験だった。参加していたリーダーたちは有能で実績ある人ばかりだったが、人生で初めて、共感とその重要性を知ったのだった。室内のムードはカオスから啓発に一変した。彼らはもう元の自分に戻ることはない。私は椅子の背にもたれて、決心した。「ここで働こう」と。

第5の習慣については質問を受けることが多いので、私のインサイトはQ&A方式で説明しよう。

第5の習慣はいつも実践すべきですか？

いいえ。共感による傾聴は、それに適した時と場所があります。同僚がキャリアの助言を求めているときや、大切な人とうまくコミュニケーションがとれないときなど、重要な話や慎重な対応が求められる話、あるいはきわめて個人的な話をするときには共感による傾聴を心がけましょう。こうした会話には時間がかかるものなので、相手を急《せ》かしてはいけません。相手の感情が高ぶっているときは必ず共感による傾聴、これが鉄則です。日常のおしゃべりや仲間内の気軽な会話、コミュニケーションが良好で問題がないときにまで共感による傾聴を実践する必要はありません。

この習慣が身につきにくいのはなぜですか？

あなたがこの習慣に悪戦苦闘していても、ご安心ください。最高の仲間がいます。すべての習慣の中で私の父が一番苦労したのがこれです。父はよく「相手が正しいとわかっているときほど、きちんと聴けないもんだよ」と冗談めかして言っていました。第5の習慣は、ほとんどの人が自分ならうまくできると思っていますが、実際にはだれにとっても一番苦手な習慣です。自分はきちんと人の話を聴けますよ、と言う人ほど、相手の立場ではなく自分の立場から聞いています。理解するつもりではなく、何かの思惑があって、どう答えようかと考えながら聞いています。相手の頭の中に入っていこうとはしません。だから核心となる問題点はもちろん、ほとんどのことを聞き逃してしまうので、いくら自分ならできると思っていても、相手の気持ちを動かすことは絶対にできません。

リーダーの立場にある人は特に共感による傾聴を難しく感じるでしょう。部下は上司には従おうとするからです。多くのシニアリーダーが聞き下手で、自分のオフィスでは聞くよりも話す時間のほうが圧倒的に長いのはそのためです。カリフォルニア大学教授のダッチャー・ケルトナーは「権力のパラドクス」という用語の生みの親です。共感によって、あるいは他者のためになる行動によって影響力を獲得していくからリーダーになるのに、影響力と権力を手にしたとたん、それらのスキルを失ってしまうことを「パラドックス」だと言っているのです。実際、梯子を登るほど共感力を失うリーダーが多いようです。*

あなたがリーダーの立場にあるなら、自己分析してみてください。次のチームミーティングには、「今日の会議では私が話すのは全体の何パーセントだろう?」と自問して

* D. Keltner, "Power Paradox : Why Leaders Must Give Away Power to Keep Influence, Fortune, May 18, 2016
参照：https://fortune.com/2016/05/18/power-paradox-influence.

臨みましょう。出席者が六人で、あなたの話が八〇パーセントなら、問題ありです。自叙伝のメガネを通して聴くことは大きな誤解を招きかねません。私の同僚のジェイ・ハドソンのエピソードを紹介しましょう。

コロラド州の矯正局（刑務所など矯正施設の管理、監督を行う）で働いていたとき、我々が担当するユニットの一つで軍曹と違反者との間でいざこざがありました。この違反者は別の施設に移されることになっていて、移送の前に規定の私物調べを受けました。私物調べを行った軍曹には吃音《きつおん》の障がいがありました。吃音は彼の任務に何の差支えもなく、それどころか、そうした困難を抱えながらも抜群のコミュニケーション力の持ち主でした。ところが私がユニットに到着すると、軍曹がひどく怒っていたのです。違反者が彼の吃音を真似し、バカにしたからです。

しかし違反者を見ると、彼もまた怒っていました。私物調べをした軍曹が吃音を真似したからだといいます。そうです。違反者も吃音の障がいをもっていたのです。二人とも相手が自分を真似していると思い込んでいたわけです。お互いが同じ困難に苦労しているとは、二人ともまったく知りませんでした。軍曹は事情を知ると違反者に歩み寄り、彼の手を握って、誤解したことを謝りました。

矯正施設のことをよく知っている人なら、一つの誤解がすぐさまのっぴきならない事態を引き起こすことは想像できるでしょう。どんな状況でもまず理解に徹すること、それが安全と安心を維持するうえで不可欠なのです。

あなたはこの習慣に苦労していますか？

はい。意識していないと、自分の頭を出て相手の頭の中に入っていくことをつい忘れてしまいます。

私はブリガム・ヤング大学（BYU）で先発のクォーターバックになりました。あこがれていたポジションでした。BYUに進学したのは、ほかのどの大学チームよりもボールを投げていたからで、私は投げるのが好きだったんです。しかし二年間先発をやり、上級学年に進級する直前、前十字靭帯を断裂し、膝の再建手術を受けなければなりませんでした。事実上、私のフットボール生命は終わりました。打ちひしがれました。

ですから結婚して息子が生まれると、クォーターバックになってもらいたくて、自分が知っていることを全部教えようと決心したのです。名前すら私の名をとってマイケル・ショーンとしました。ハドルのコマンドの受け方、ディフェンスの読み方、態勢の整え方、ディープパスの投げ方、何から何まで教えました。小学校から中学校まで息子のフットボールチームのコーチをして、数えきれない時間を費やしました。マイケル・ショーンは優秀なクォーターバックになり、「息子さん、今日のプレーはすごかったですね！」などと言われ、誇らしく思ったものです。ところが九年生に進級する年の夏、息子が突然「お父さん、今シーズンはプレーしたくないんだ」と言ってきたのです。

最初に私の口から出たのは、「本気か？ 私がおまえのトレーニングに何年かけたかわかっているだろう？」

「わかっている。感謝している。ぼくはただプレーしたくないんだよ」

ご想像どおり、私は必死で息子を説得しました。「これほどたくさんのスキルを身につけたというのに、全部捨ててもいいのか」と迫り、息子に罪悪感まで持たせたのです。しかし何を言っても、息子の気持ちは変わらないようでした。

数日後、私は職場で共感による傾聴のワークショップエクササイズをチームと設計していて、はたと気づきました。あろうことか、この自分が共感による傾聴をしていなかったとは！ 私は第5の習慣を教えられて育ち、その本まで書いていたというのに、まるで実践できていなかったのです。

私は最初に戻り、私的成功のところからやり直さなくてはなりませんでした。第1の習慣の自覚を用いて、意識して自分の反応を選ぶスペースをつくりました。息子の成功が私のエゴを満たすものだったことに気づきました。息子のために一生懸命にやっていると思っていたのですが、実際はそうではなかった。果たせなかった自分の夢を息子に託していただけだったのです。

第2の習慣に進み、「私は息子を育てたいのか、それともクォーターバックを育てたいのか？」と自問しました。わかります？　私はこの問いを真剣に考えなければなりませんでした。私は一〇年間も、息子が州選抜のクォーターバックになることを夢見ていたのですから。

私は身を震わせ、「そんなことは決まっている。私は息子を育てたい。息子に寄り添いたい。彼にかなえてほしいのは彼自身の夢だ。私の夢ではない」と思いました。

数日後、自然に会話ができました。「マイケル・ショーン、今シーズンはプレーをしたくない理由を詳しく話してくれないか」今度は、私には何の下心もありませんでした。ただ息子を理解したいだけでした。

「昨シーズンはあまりよくなかった」

「厳しい一年だったということかい？」

「そうじゃない。つぶされるんだよ。お父さんは年のわりに体が大きかったからわからないよ。ぼくは一番小さいんだ」

「おまえの年のときの私は体格がよかったから、つぶされるのがどんな感じか私には理解できないと思っているんだね。自分は小柄と思っているのかい？」

「そうだよ。この夏、みんなとても大きくなったのに、ぼくはぜんぜんだった。ぼくはみんなより三〇ポンドも軽いんだ。今年はもっとつぶされるよ」

「みんなよりもずっと小さいから、試合でケガをすることに恐怖感があるんだね」

会話は一〇分ほど続きました。息子がそんなことを思っていたとはまったく知りませんでした。体格が小柄なほうであることはわかっていましたが、一年間そんなふうに感じていて、次の年をそれほど怖がっていたとは、思いもよりませんでした。

「お父さん、どうすればいいと思う？」

この前のときは何日もかけて彼を説得しようとしましたが、だめでした。しかし今度は共感のコミュニケーションを始めてから一〇分足らずで、息子は私の働きかけに心を開いたのです。

「やりたいことをやるべきだと思うよ。プレーをしたいなら、そうすればいい。したくないなら、それでもいい」

「ほんと？」息子は興奮したように言いました。

「ほんとだよ」

数日後、息子がやってきてこう言いました。「どっちにしてもいいよって言ってくれるのはわかっているけど、ぼく、今年もプレーするよ」

こうしてマイケル・ショーンはその年も、その翌年もプレーしました。しかしその後、足首を痛めて手術を何度も受け、プレーを続けられなくなりました。私にとって、彼のフットボールキャリアが終わったことは大事件ではありませんでした。それよりも、彼が素晴らしい若者に成長したことが何よりもうれしかったのです。ティーンエイジャーに寄り添うのは難しいことだけれども、私たち親子の場合は、高校、大学、それ以降も近い関係を保つことができました。息子が大問題にぶつかったときは（ここでいう大問題とは「恋人と結婚すべきか？」というような類のもの）、必ず相談してくれました。私たち親子の関係にとって、あの瞬間は悪いほうへ進む分岐点になっていたかもしれません。しかしありがたいことに良いほうへ進む分岐点になりました。これからも「共感による傾聴」を大切にしていくつもりです。

今はテキストやメールでのコミュニケーションが増えていますが、第5の習慣は何か変わるのでしょうか？

はい、おっしゃるとおりです。第5の習慣の変化は私のチームでも見られます。だれかが腹を立て、とげとげしいメールを送信すると、相手も同じようなメールを返す、というような感じです。そして、二人ともだれかにコピーを送り……さらにコピーが広まっていきます。私なら、「大声で怒鳴りたいなら、電話をかけて怒鳴る」派です。

声のトーンや顔の表情は共感による傾聴に不可欠なものですが、テクノロジーを介すると使えません。ですから重要で感情的な問題に対応するときは、メールやテキストではだめです。どこかの時点で実際に会うか、少なくとも電話で話しましょう。

共感による傾聴でも解決できないときはどうしたらいいですか?

共感による傾聴を行う目的は、対立の解決ではありません。目的は理解することです。一四歳のとき、家族全員で映画を観に行きました。私は最悪の気分でした。わが家は九人きょうだいで、大勢をひとまとめみたいにして連れていかれるのが嫌で嫌でたまらなかったのです。ひどいことを言って皆を傷つけました。父はそんな私を叱りもせず、家に帰ると私を呼び寄せ、何が気に入らなかったのかと聞いてきました。私は無責任にもこう言い放ちました。「父さんはだれのことも気にかけてない。ぼくは家族のみんなと同じじゃない。父さんはぼくをぼくとして見てくれていないんだ」

父は私の言い分を大問題にすることもできたでしょう。腹を立て、家族全員に謝らせることもできたと思います。しかしそうはせず、私の話をじっと聴き、私が言ったことを自分の言葉で言い直し、私を理解しようとしました。私に同意したのではありません。私のことを理解したのです。私は意見を変えなかったけれども、父は私を叱りませんでした。私に怒りを発散させたのです。実際のところ何も解決しませんでしたが、父が理解を示してくれたおかげで、その後は反抗する気にはなりませんでした。今振り返ってみると、父はとても賢かったと思います。

似たようなことが起きると、父はよく「ネガティブなエネルギーは窓を開けて外に出してしまいなさい。中に入れてはいけない」と言っていました。あなたの子どもや配偶者、同僚がネガティブな考えや無責任な意見を言ったら、無理に取り合って解決しようとせず、相手が発した言葉に気づかなかったふりをすることも大切です。カッとなって言ってしまっただけのことなら、開け放した窓から外に追い出しましょう。窓を閉めて部屋の中で跳ね返らせたら、二人とも傷ついてしまいます。

第4から第6の習慣までは重複しているように思えます。どこが違うのですか？

第4の習慣、第5の習慣、第6の習慣は、もちろん違う習慣ですが、かみ合って機能します。当社は長年にわたり、これら三つの習慣を「根、道筋、果実」という覚えやすい言葉で教えてきました。「第4の習慣：Win-Winを考える」は人間関係を築くための土台、根っこです。Win-Winに至るまでの道筋が「第5の習慣：まず理解に徹し、そして理解される」です。そして第4の習慣と第5の習慣を実践することで得られる果実が、第6の習慣のシナジーです。

共感による傾聴を試しても、相手がそのように受けとめてくれないことがあります。

本気で共感しているのだろうかと疑う人もいるでしょう。ですから、スキルではなく本心から相手に共感して耳を傾けなくてはりません。

だれかとの関係がうまくいかないと、ほとんどの人は公的成功でなんとかしようとします。たとえば、「妻との関係がぎくしゃくしている。第5の習慣をやらなければ」というように。もちろんそれは間違いではありません。とはいえ、まだ第5の習慣を行える準備ができていないかもしれません。私自身、息子のマイケル・ショーンとの関係で学びましたが、人間関係で生じる多くの困難は、まず私的成功を果たさなければ解決できません。第1の習慣に立ち戻り、自覚、良心、想像、意志を働かせれば、自分の動機を明確にすることができます。次に第2の習慣によって、自分の行動をどう変えたいのか思い描きます。その思い描いた自分の行動を実現するのが第3の習慣です。まずは相手を理解することに徹すると、自分の弱さに気づきます。自分を脅かしていることが何だったのかわかるからです。第5の習慣を本心から実践するためには、私的成功を成し遂げることによって生まれる心の安定が必要なのです。

THE SEVEN HABITS
OF HIGHLY
EFFECTIVE PEOPLE

第６の習慣

シナジーを創り出す

SYNERGIZE

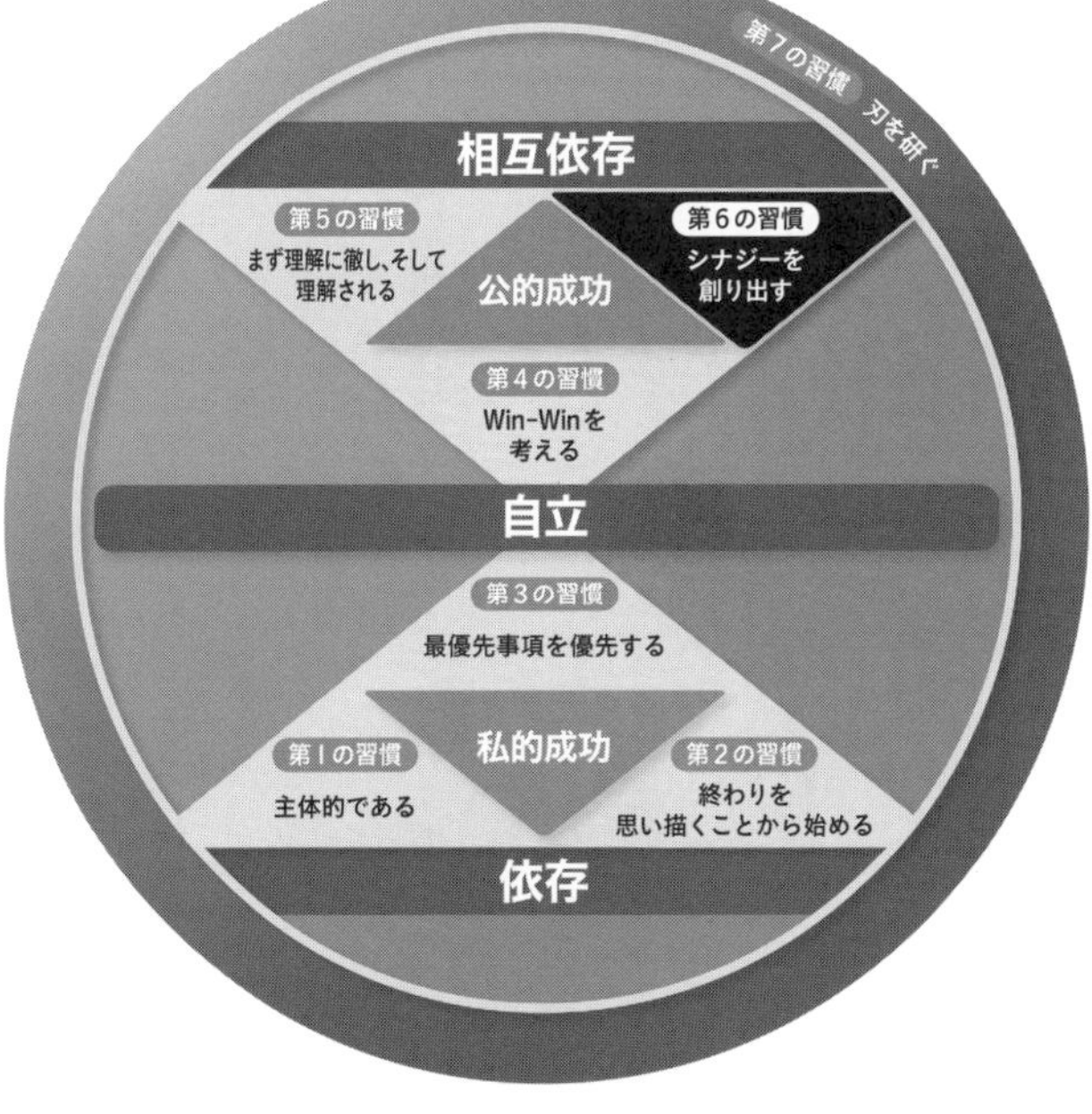

創造的協力の原則

私は、聖人の願いを己の指針としたい。
危機的な問題においては結束を、
重要な問題においては多様性を、
あらゆる問題においては寛容を。

――大統領就任演説　ジョージ・H・W・ブッシュ

ウィンストン・チャーチル卿は、第二次世界大戦時下にイギリス首相に任命されたとき、「私のこれまでの人生は、まさにこのときのためにあった」と語った。同じ意味で、ここまで学んできた習慣はすべて、シナジーを創り出す習慣の準備だったと言える。

シナジーを正しく理解するなら、シナジーは、あらゆる人の人生においてもっとも崇高な活動であり、他のすべての習慣を実践しているかどうかの真価を問うものであり、またその目的である。

どんなに困難な試練に直面しても、人間だけに授けられた四つの能力（自覚・想像・良心・意志）、Ｗｉｎ－Ｗｉｎの精神、共感の傾聴のスキル、これらを総動員すれば、最高のシナジーを創り出すことができる。そうすると、奇跡としか言いようのない結果に到達できる。それまで考えてもみなかった新しい道が拓けるのである。

シナジーは、原則中心のリーダーシップの神髄である。原則中心の子育ての神髄である。人間の内面にある最高の力を引き出し、一つにまとめ、解き放つ。ここまで学んできたすべての習慣は、シナジーの奇跡を創り出すための準備だったのである。

シナジーとは、簡単に言えば、全体の合計は個々の部分の総和よりも大きくなるということである。各部分の関係自体が一つの「部分」として存在するからである。しかもそれは単なる部分ではなく、触媒の役割を果たす。人に力を与え、人々の力を一つにまとめるうえで、もっとも重要な働きをするのである。

しかし創造のプロセスに歩み出すときは、とてつもない不安を感じるものだ。これから何が起こるのか、どこに行き着くのか、まったく見当がつかず、しかもどんな危険や試練が待ち受けているのかもわからないからだ。冒険心、発見しようとする精神、創造しようとする精神を持ち、一歩を踏み出すには、確固とした内面の安定性が必要となる。居心地のよい自分の住処を離れて、未知なる荒野に分け入って行くとき、あなたは開拓者となり、先駆者となる。新しい可能性、新しい領土、新しい大地を発見し、後に続く者たちのために道を拓くのである。

自然界はシナジーの宝庫だ。たとえば二種類の植物を隣り合わせて植えると、根が土中で入り組み、土壌を肥やし、一種類だけを植えた場合よりもよく育つ。二本の木材を重ねれば、一本ずつで支えられる重量の和よりもはるかに重いものを支えられる。全体は各部分の総和よりも大きくなるのである。一プラス一が三にも、それ以上にもなる。

ところが、自然から学べるこの創造的協力の原則を人間関係に応用するのはそう簡単なことではない。家庭には、シナジーを観察し練習する多くの機会がある。

男女の結びつきがこの世に新しい命を送り出すことこそが、まさにシナジーである。シナジーの本質は、お互いの違いを認め、尊重し、自分の強みを伸ばし、弱いところを補うことである。

男と女、夫と妻の肉体的な違いは誰でも認めるところである。しかし社会的、精神的、情緒的な違いはどうだろうか。これらの違いもまた、充実した人生を生きるため、お互いのためになる豊かな環境を生み出す源となるのではないだろうか。これらの違いこそが、お互いの自尊心を育み、価値を生かし、一人ひとりが成熟して自立し、やがて相互依存の関係を築く機会を与えてくれる環境をつくるのである。シナジーは他者と社会に奉仕し、貢献する、次の世代のための新しい脚本を創り出すことができるのではないだろうか。防衛的でもなく、敵対的でもなく、自己中心的でもない脚本だ。保身だけを考えて政治的に立ち回る脚本ではなく、心を開いて人を信じ、分かち合う生き方の脚本である。所有欲に縛られ、何でも自分勝手に決めつけて生きる脚本ではなく、人を愛し、人のためを思って生きる脚本なのではないだろうか。

シナジーを創り出すコミュニケーション

他者とのコミュニケーションが相乗効果的に展開すると、頭と心が開放されて新しい可能性や選択肢を受け入れ、自分のほうからも新しい自由な発想が出てくるようになる。それは第2の習慣（終わりを思い描くことから始める）に反するのではないかと思うかもしれないが、実際にはその正反対であり、第2の習慣を実践していることに他ならない。たしかに、シナジーを創り出すコミュニケーションのプロセスでは、先行きがどうなるか、最後がどのようなものになるのかわからない。しかし内面に意欲がみなぎり、心が安定し、冒険心が満ちてきて、前に考えていたことよりもはるかに良い結果になると信じることができるはずだ。それこそが最初に描く「終わり」なのである。

そのコミュニケーションに参加している人たち全員が洞察を得られるという。そして、お互いの考えを知ることで得られる興奮がさらに洞察力を深め、新しいことを学び成長していけるという確信を持って、コミュニケーションを始めるのである。

家庭でもその他の場面でも、ささやかなシナジーさえ体験したことのない人は大勢いる。このような人たちは、自分の周りに殻をつくり、防衛的なコミュニケーションの仕方や人生も他人も信用できないと教わり、脚本づけられているからである。だから、第6の習慣を受け入れられず、創造的協力の原則を信じようとしない。

これは人生の大きな悲劇だ。人生を無駄に生きてしまうことにもなりかねない。持って生まれた潜在能力のほとんどが手つかずのまま、生かされることもなく人生が過ぎていってしまうからである。効果的でない人生を送る人は、自分の潜在能力を発揮することなく日々を過ごしている。たとえ人生の中でシナジーを経験することがあったとしても、些細なことであり継続もしない。

あるいは記憶を手繰りよせれば、信じられないほど創造力を発揮した体験が呼び起されるかもしれない。若い頃の一時期に何かのスポーツで本物のチームスピリットを体験した記憶かもしれない。あるいは何か緊急事態に遭遇し、自分のわがままやプライドを捨て、居合わせた人たちと結束して人命を救ったり、危機的状況を解決する方法を考え出したりした記憶かもしれない。

多くの人は、これほどのシナジーは自分の人生には起こるはずもない奇跡のようなものだと思っていることだろう。だが、そうではない。このようなシナジーを創り出す経験は日常的に生み出せるのであり、毎日の生活で経験できるのだ。しかし、そのためには、内面がしっかりと安定し、心を開いて物事を受け入れ、冒険に心躍らせる必要がある。

創造的な活動のほとんどは、予測のつかない出来事がつきものである。先が見えず、当たるのか外れるのかもわからず、試行錯誤の連続である。だから、こうした曖昧な状況に耐えることができる安定性、原則と内なる価値観による誠実さがなければ、創造的な活動に参加しても不安を感じるだけで、楽しくもないだろう。こういう人たちは、枠組み、確実性、予測を過度に求めるのだ。

教室でのシナジー

本当に優れた授業はカオスのほんの手前で行われる——これは教師としての長年の経験から私自身が実感していることである。「全体は各部分の総和よりも大きくなる」という原則を教師も生徒も本当に受け入れているかどうかが、シナジーを生むための試金石になる。

教師も生徒も、授業がどのように展開していくのかわからない局面がある。そのためにはまず、誰もが自分の意見を安心して述べ、全員が他者の意見に耳を傾け、受け入れ、学び合う環境をつくることが大切だ。それがブレーンストーミングに発展する。ここでは人の意見を「評価」したい気持ちを創造力と想像力、活発な意見交換によって抑える。すると、普通では考えられないようなことが起こる。新しい発想や考え方、方向性に教室全体が湧きたち、興奮の渦と化すのだ。この雰囲気を言い表すぴったりの言葉は見つからないが、そこにいる全員が興奮を感じとることができる。

シナジーとは、グループの全員が古い脚本を捨て、新しい脚本を書き始めることだと言ってもいい。

大学でリーダーシップに関する教鞭をとっていた頃、忘れられない体験をした。新学期が始まって三週間ほど経ったときのことである。一人の学生が個人的な体験をクラスの全員に話して聞かせた。洞察に富み、感情を揺さぶる話だった。その体験談を聞いた全員が謙虚で敬虔な気持ちになり、勇気を出して話した学生に尊敬と感謝の念を抱いた。

これがきっかけとなって、教室の中にシナジー効果を生もうとする創造的で豊かな土壌ができた。他の学生たちも、自分の体験や意見を次々と述べた。自信をなくしているのだと、率直に打ち明ける学生もいた。クラスに信頼関係ができ、安心して発言できる環境ができあがっていたから、誰もが心を開いて自分の考えを話し、皆が真剣に耳を傾けた。学生たちがそれぞれ準備していた発表を行う予定だったが、授業が思いもかけない展開をみせたので、予定を変更し、そのままディスカッションを進め、お互いの考えを膨らませ、洞察を深めていった。かくしてリーダーシップ論の授業は、まったく新しい脚本に沿って進められることとなったのである。

このプロセスに私自身も深く引き寄せられ、夢中になっていた。まさに創造的なプロセス、まるで魔法のような展開に、すっかり魅了されてしまったのである。あらかじめ用意していた授業に戻そうという気はいつの間にかすっかり消え失せ、新しい可能性を感じ始めていた。そのプロセスは単なる絵空事ではなかった。一人ひとりが成熟し、内面が安定し、発言内容もしっかりしていた。私が用意していた授業プランをはるかにしのぐものだったのだ。

私たちはそれまでのシラバスや教科書、研究発表のスケジュールをすべて捨て、授業の新しい目的、プロジェクト、課題を設定した。あまりに強烈な体験だったため、それから三週間ほど経ってから、私も学生たちもその体験を他の人たちにどうしても知ってもらいたくなった。

そこで、このリーダーシップ論の授業でお互いに学んだことや考えたことを、一冊の本にまとめることにした。新たな課題を決め、新しいプロジェクトを立ち上げ、新しいチームを編成した。まったく新しい学習環境を得て、学生たちは以前のクラスでは考えられないほど熱心に研究に取り組んだ。

この経験を通して、高い独自性、クラスの一体感、シナジー文化を創り出した。シナジーの文化は学期が終わっても途絶えることはなく、卒業後も同期会が開かれた。あれから何年も経った今でも、集まればあの授業の話になる。あのとき起こったこと、シナジーが創られた理由の話に花が咲く。

私が不思議に思うのは、あれほどのシナジーを創り出すためには強い信頼関係が必要であるのに、それがほんのわずかな時間で確立されたことである。その大きな理由は、学生たちがそれだけ人間的に成熟していたからだろう。最終学年の最終学期に入っており、単に教室で講義を聞くのではなく、何か別の体験を求めていたのだろう。自分たちで創造できる有意義で新しい何か、エキサイティングな何かを求めるハングリー精神があったのだと思う。彼らにとっては、「機が熟した」瞬間だったのだ。

さらに、彼らの中で正しい「化学反応」が起きたのだ。シナジーとは何かという講義を聴かされ、それについて話し合うよりも、実際に体験するほうがはるかに強烈だったのだろうし、彼らにしてみれば、教科書を読むよりも自分たちで新しいものを生み出すほうが納得のいく体験だったのだろう。

これとは逆に、あと一息でシナジーに到達するところでカオスの淵に引っかかったまま進まず、結局はただの混乱で終わってしまった体験もある。ほとんどの人がこのような体験をしているのではないだろうか。残念なことに、一度このような苦い経験をしてしまうと、次に何か新しい経験のチャンスに巡り合っても、以前の失敗が頭をもたげるのである。シナジーなど絶対に無理だと最初から決めつけ、シナジーに通じる道を自分から断ち切ってしまうのだ。

それは、ごく一握りの生徒の悪い行いを理由に規則をつくる管理者のようなものだ。他の大勢の生徒たちの自由や創造的可能性を抑えつけてしまう。あるいは、可能な限り最悪の脚本ばかりを想定し、そんな脚本を法律用語で書き上げ、創造力や起業精神を抑え込み、シナジーを創り出す可能性を摘んでしまう企業経営者もいる。

これまで多くの企業の経営陣にコンサルティングしてきた経験を振り返ってみて、記憶に鮮やかに残っているのは、ほとんどがシナジーの効果が得られたときのことだと断言できる。シナジーに至るには、そのプロセスの早い段階で必ずと言っていいほど大きな勇気を必要とする瞬間があった。自分自身にとことん正直になり、自分の本当の姿を見せ、自分の内面、あるいは組織や家族の状況に正面から向き合い、その結果、どうしても言わなければならないことに気づくからである。それを口にするのは、大きな勇気と本当の愛情がなければできることではない。だから、相手も心を開いて正直になり、自分自身をさらけ出す。その瞬間からシナジーのコミュニケーションが始まる。こうしてコミュニケーションはどんどんクリエイティブになり、やがて、最初は思ってもみなかった洞察が生まれ、斬新な計画となって実を結ぶのである。

カール・ロジャース（訳注：米国の心理学者）は「もっとも個人的なことはもっとも一般的なことである」と教えている。自分の本当の姿を見せ、自信を失った経験も含めて自分のことを率直に話すほど、それを聴いている人たちは、自分の経験を正直に話しても大丈夫なのだという気持ちになる。するとあなたの正直さが相手の精神を養い、そこに真の創造的な共感が生まれ、新たな洞察や学びがもたらされる。こうして次第に気持ちが高揚していき、冒険心が刺激されて、コミュニケーションのプロセスはシナジーへと向かっていく。

ここまでくれば、短い言葉でも会話が成り立つようになる。ときにはつじつまの合わない言葉を言ったとしても、お互いに何を言わんとしているかすぐにわかる。そこから新しい世界が見えてくる。新しい理解、新しいパラダイムから、それまでになかった選択肢を生み出し、新しい可能性を開き、全員で新たな案を検討し始める。このようなプロセスから生まれたアイデアは、宙ぶらりんのまま具体的に実現しないこともあるかもしれないが、たいていは現実に即した有意義な解決策になるものだ。

ビジネスでのシナジー

同僚たちと会社のミッション・ステートメントを作ったとき、とても印象深いシナジーを体験した。社員のほぼ全員で山に登り、雄大な自然の中で最高のミッション・ステートメントに仕上げようと、まず第一稿を書くために話し合いを始めた。

最初はお互い尊敬し合い、ありきたりな言葉で慎重に話していた。しかし、会社の将来についてさまざまな案や可能性、ビジネスチャンスを話し合ううちに、だんだんと打ち解け、自分の本当の考えをはっきりと率直に話せるようになってきた。ミッション・ステートメントを書くという目的が、いつの間にか全員が自由にイマジネーションを働かせ、一つのアイデアが別のアイデアに自然とつながっていく活発なディスカッションの場となっていた。全員がお互いに共感しながら話を聴き、それと同時に勇気を持って自分の考えを述べた。お互いを尊重し、理解しながら、シナジーを生む創造的なコミュニケーションをしていたのだ。

そのエキサイティングな雰囲気を誰もが肌で感じていた。そして機が熟したところで、全員で共有できるビジョンを言葉にする作業に戻った。言葉の一つひとつが私たち全員にとって具体的な意味を持っていた。一人ひとりが決意できる言葉に凝縮されていた。

完成したミッション・ステートメントは、次のようになった。

我々のミッションは、個人や組織が、原則中心のリーダーシップを理解し実践することにより、価値ある目的を達成する能力を大きく高められるようにエンパワーすることである。

シナジーのプロセスがミッション・ステートメントとなって実を結び、その場にいた者たちの心と頭にその一言一句がくっきりと刻まれた。このミッション・ステートメントは、私たちが仕事を進めるうえでの基準となり、どうあるべきか、どうあるべきでないかを明確に示す道標となったのである。

もう一つ、素晴らしい成果につながったシナジーを体験したときの話をしよう。ある大手保険会社から、年間の事業計画を決める会議のアドバイザーを頼まれた。活発なディスカッションにしたいので助言してほしいということだった。会議にはすべての役員が出席し二日間にわたって行われることになっていた。会議の数ヵ月前に準備委員会のメンバーと会い、打ち合わせをした。彼らの説明によると、事前に質問用紙に記入してもらったり、直接話を聴いたりして、四つか五つの重要課題を決め、それぞれの課題について役員が対応策を準備し、会議で発表するのが例年のパターンだということだった。それまでの会議では、お互いに遠慮して率直な意見交換ができず、議論が白熱することはたまにあっても、保身と面目をかけたＷｉｎ－Ｌｏｓｅの展開になっていたという。たいていは決まりきったプロセスをたどるだけの創造的ではない退屈な会議だった。

準備委員会のメンバーにシナジーの威力のことを話すと、彼らもその可能性の大きさを感じたようだった。最初はかなり尻込みしていたものの、例年のパターンを変えてみようと決心した。準備委員会は、重要課題について匿名で「提案書」を作成し提出するよう各役員に依頼し、集まった提案書を役員全員に配り、会議の前によく読んで、それぞれの課題をさまざまな角度から理解しておくよう伝えた。さらに、自分の考えを述べるよりも人の意見を聴くことに重点を置き、自分の立場を守ろうとするのではなく、皆で協力しシナジーを発揮して、より良いものを生み出そうとする姿勢で会議に臨んでほしいとも伝えておいた。

私は会議初日の午前中を使って、第4、第5、第6の習慣の原則とスキルを役員たちに手ほどきした。それ以降の時間は、会議を創造的なシナジーの場にすることに使った。

シナジーの力が解き放たれると、信じられないほどのエネルギーを生み出した。例年のお決まりのパターンはきれいに消えてなくなり、会議は熱気に包まれた。一人ひとりが心を開いて発言を熱心に聴き、受け止める。そこに新しい洞察が加わり、それまで思ってもみなかった選択肢が次々と出てきた。会議が終わる頃には、会社が直面する重要課題を全員が、まったく新しい視点から理解していた。あらかじめ作成されていた提案書は、もはや不要となっていた。お互いの考え方の違いを尊重し、それを乗り越えて、全員が共有できる新しいビジョンがかたちをなしていったのである。

人は一度でも本物のシナジーを経験すると、それ以前の自分に戻ることはない。あれほど心が広がり、胸躍る冒険にまた出会えることを確信できるからである。

だからといって、以前に経験したシナジーをそっくりそのまま再現しようとしても、うまくいくものではない。しかし創造的なことを成し遂げようという目的意識ならば、いつでも再現**できる**。東洋に「師を真似ることを求めず、師の求めたものを求めよ」という至言がある。これにならえば、過去のシナジー体験を真似るのではなく、それとは異なる目的、より高い目的を達成するための新しいシナジーを求めることができるのである。

シナジーとコミュニケーション

シナジーは心を湧き立たせる。創造することは心を湧き立たせる。心を開いたコミュニケーションが生み出すものには、驚くべきものがある。シナジーは、大きな成果、意味のある進歩につながる。それは否定しようのないことである。だから、リスクを負ってでもシナジーを起こす努力はする価値があるのだ。

第二次世界大戦後、アメリカ合衆国は新設された原子力委員会の委員長にデビッド・リリエンソールを任命した。リリエンソールは各界の実力者を集めて委員会を組織した。どの委員もそれぞれの分野で強い影響力を持ち、自らの揺るぎない信念に基づいて行動する人物だった。

それぞれに強烈な個性を放つ人物で構成された原子力委員会は、きわめて重要な任務を帯び、メディアも大きな期待を寄せる中、委員は皆、一刻も早く仕事に取りかかろうと意欲的になっていた。

ところが、リリエンソールは委員同士の信頼口座の構築に数週間を費やし、委員たちがお互いの興味、希望、目標、懸念、経歴、判断基準、パラダイムを知り合える機会を設けた。立場を超えた人間同士の交流を促し、絆を強めることに時間を使ったのである。彼のこうしたやり方は、「効率的ではない」とみなされ、厳しい批判にさらされた。

だが結果的には、委員同士が結束し、全員が心を開いて率直に話し合える環境ができ、実にクリエイティブでシナジーにあふれた委員会ができたのである。お互いを心から尊敬していたから、意見の相違があっても、かたくなになって対立することはなく、お互いに本気で理解しようとした。委員一人ひとりが、「あなたほど知性と能力に優れ、責任感の強い方が私とは違う意見を持っているからには、私がまだ理解していないことがあるのでしょう。それをぜひとも知りたい。あなたのものの見方、考え方を教えてください」という態度を持つようになっていた。率直に話し合える人間関係が生まれ、素晴らしい組織文化が形成された。

下の図は、信頼関係がコミュニケーションの質にどのように影響するかを示したものである。

もっとも低いレベルのコミュニケーションは低い信頼関係から生じる。自分の立場を守ることしか考えず、揚げ足をとられないように用心深く言葉を選び、話がこじれて問題が起きたときの用心のためとばかりに予防線を張り、逃げ道をつくっておく。このようなコミュニケーションでは、結果はＷｉｎ－ＬｏｓｅかＬｏｓｅ－Ｗｉｎのどちらかしかない。Ｐ／ＰＣバランスがとれていないから、コミュニケーションの効果は

コミュニケーションのレベル

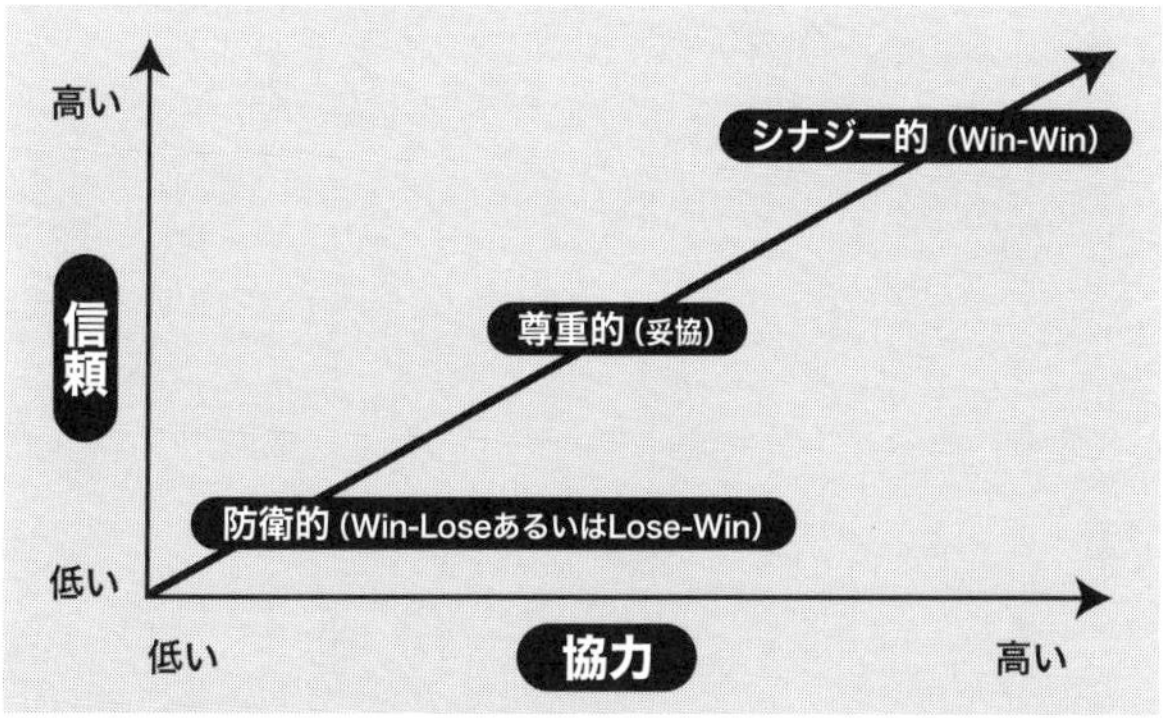

まったく期待できず、さらに強く自分の立場を防衛しなければならない状況をつくり出すという悪循環に陥ってしまう。

中間のレベルはお互いを尊重するコミュニケーションである。それなりに成熟した人間同士のやりとりである。相手に敬意は払うけれども、面と向かって反対意見を述べて対立することを避け、そうならないように注意して話を進める。だから、相手の身になって共感するところまでは踏み込めない。知的レベルでは相互理解が得られるかもしれないが、お互いの立場の土台となっているパラダイムを深く見つめることなく、新しい可能性を受け入れることはできない。

一人ひとりが別々に何かをする自立状態においては、お互いを尊重するコミュニケーションのレベルでもうまくいく。複数の人間が協力し合う相互依存の状況でも、ある程度まではやっていけるだろう。しかしこのレベルでは、創造的な可能性が開かれることはない。相互依存の状況でお互いを尊重するコミュニケーションをとると、たいていは妥協点を見つけて終わりである。妥協とは、一プラス一が一・五にしかならないことである。どちらも二を求めていたけれども、お互いに〇・五ずつ諦めて一・五で手を打つことだ。たしかにこのレベルのコミュニケーションでは、それぞれが自分の立場を守ろうとするかたくなな態度はないし、相手に腹を立てることもなく、自分のいいように相手を操ろうという魂胆もなく、正直で誠意あるやりとりができる。しかし、個々人のクリエイティブなエネルギーが解き放たれず、シナジーも創り出せない。低いレベルのＷｉｎ－Ｗｉｎに落ち着くのがやっとだ。

シナジーとは、一プラス一が八にも、一六にも、あるいは一六〇〇にもなることである。強い信頼関係から生まれるシナジーによって、最初に示されていた案をはるかに上回る結果に到達できる。しかも全員がそう実感でき、その創造的なプロセスを本心から楽しめる。そこには小さいながらも完結した一つの文化が花開く。その場限りで終わってしまうかもしれないが、P／PCのバランスがとれた完璧な文化なのである。

シナジーに到達できず、かといってNo Deal（取引きしない）を選択することもできない、そんな状況になることもあるだろう。しかしそのような状況であっても、真剣にシナジーを目指していれば、妥協するにしても、より高い妥協点が見つかるものである。

第3の案を探す

コミュニケーションのレベルが相互依存関係の効果にどう影響するのか、もっと具体的に考えてみよう。次のような場面を想像してみてほしい。

ある男性が、今年の長期休暇は家族と湖に旅行して、キャンプと釣りを楽しみたいと思っているとしよう。彼にとっては一年前から温めてきた大切な計画だ。湖畔のコテージを予約し、ボートのレンタルも手配してある。息子たちもこのバカンスを心待ちにしている。

ところが妻は、この休暇を利用して年老いて病床にある母親を見舞いたいと思っている。母親は遠く離れた場所に住んでいるから、頻繁に会いに行くことはできない。彼女にとって長期休暇は絶好のチャンスなのである。

夫と妻の希望の違いは、大きな争いの原因になりかねない。

「もう計画はできているんだ。息子たちも楽しみにしている。湖畔旅行に行くべきだ」と夫は言う。

「でも母はいつまで元気でいられるかわからないのよ。少しでもそばにいてあげたいの。母とゆっくり過ごせる時間は休暇のときしかとれないわ」と妻が応じる。

「一年も前からこの一週間の休暇を楽しみにしてきたんだ。子どもたちにしてみたら、おばあちゃんの家に行って一週間も過ごすなんて退屈だろう。騒ぎたいだけ騒ぐだろうから、お母さんに迷惑をかけるだけだ。それにお母さんは今すぐどうこうっていう病状じゃないんだし。近くにきみの姉さんも住んでいて、ちゃんと世話だってしてくれているじゃないか。大丈夫だよ」

「私の母親でもあるのよ。そばにいたいの」

「毎晩電話すればいいじゃないか。クリスマスには家族全員が集まって一緒に過ごす計画になっているだろう？」

「そんなのまだ五ヵ月も先の話じゃない。それまで母が元気でいられる保証なんかないのよ。とにかく、母は私を必要としているの。行ってあげたいのよ」

「お母さんは大丈夫だって。僕と息子たちだって君を必要としているんだよ」

「母のほうが釣りより大事だわ」

「君の夫と息子たちのほうがお母さんより大事だと思うがね」

こんなふうに話は平行線をたどり、行きつ戻りつしながら、そのうち妥協点を見出すかもしれない。たとえば休暇は別々に過ごし、夫は子どもたちを連れて湖に行き、妻は母親を見舞う。そしてお互いに罪悪感と不満だけが残る。子どもたちは両親のそんな気持ちを感じとり、休暇を思いきり楽しめなくなる。

あるいは夫のほうが折れて、しぶしぶ妻の母親の家に行くかもしれない。そして、その一週間が家族全員にとってつまらない休暇になるという自分の確信を裏づける証拠を、意識的にせよ無意識にせよ、妻にあてつけることになるだろう。

逆に妻が譲歩し、湖への家族旅行に同行するかもしれない。むろん、彼女は釣りもキャンプも楽しもうとしない。その後、母親の病状に少しでも変化があろうものなら、過剰に反応するだろう。万一容態が悪化し亡くなるようなことにでもなれば、夫はずっと罪悪感を抱くだろうし、妻も夫を許すことができないだろう。

どの妥協案を選択しようと、それから先何年にもわたって、このときの休暇がことあるごとに持ち出され、相手の無神経さ、思いやりのなさ、優先順位の決め方の甘さを裏づける証拠に使われることになる。ケンカの火種はずっとくすぶり続け、夫婦の絆を断ち切ってしまいかねない。自然に湧き出る愛情に満ち、しっかりとした絆で結ばれていた家族が、こうした出来事が積み重なり、やがて憎み合う関係に変わってしまうのは珍しいことではない。

夫と妻はこの状況をそれぞれ違う目で見ている。その違いが二人の間に溝をつくって引き離し、関係にヒビを入れている。しかし、その違いがあってこそ、二人がもっと近づき、絆を強くすることもできるのである。効果的な相互依存の習慣を身につけ、実践すれば、新しいパラダイムを土台にしてお互いの違いを認め、より高いレベルのコミュニケーションがとれるようになるのだ。

夫婦はお互いの信頼口座にたくさんの残高を持っているのだから、相手を信頼し、心を開いて率直にコミュニケーションをとることができる。夫婦ならＷｉｎ－Ｗｉｎを考え、お互いのためになり、それぞれが最初に出した案よりも良い第3の案があるはずだと信じられる。夫婦は相手の身になり共感して話を聴き、まず相手を理解しようと努力できるのだから、相手の価値観や関心事の全体像をとらえ、それを踏まえ、お互いのためになる決断を下すことができる。

高い信頼口座の残高、Ｗｉｎ－Ｗｉｎを考える姿勢、まず相手を理解しようとする努力、これらの要素があいまって、シナジーを創り出す理想的な環境ができあがる。

仏教ではこれを**中道**と言い表している。この言葉の本質は妥協ではない。たとえるなら三角形の頂点であり、より高い次元の選択を意味する。

夫婦は、「中道」すなわち、より高次の道を探し求めるとき、お互いの愛情そのものがシナジーを創り出す要素であることを実感するはずだ。

お互いのコミュニケーションが深くなるにつれ、夫は母親に会いたいという妻の願いを深く理解する。母親の世話を姉に任せきりにしていることに対して、少しでも負担を軽くしてあげたいという妻の思いを察する。母親がいつまで元気でいられるかわからないのだから、妻にしてみれば釣りよりも母親を見舞うほうが大切なのももっともだと理解するのである。

そして妻のほうも、家族で旅行し息子たちに一生の思い出に残る経験をさせてあげたいという夫の気持ちを理解する。夫が息子たちと釣りのバカンスを楽しむために道具を揃え、釣りの教室に通っていたことも知っている。この旅行を家族のかけがえのない思い出にする大切さも強く感じている。

だから、二人はお互いの望みを一つに合わせることにする。向かい合って対立するのではなく、同じ側に立って問題を眺めてみる。お互いの希望を理解して、両方の希望をかなえられる第3の案を見出す努力をする。

「近いうちにお母さんを見舞ったらどうだろう。週末の家事は僕が引き受けるし、週明けだけちょっと人を頼めば、家のことは心配ないよ。行ってきたらいい。君にとってお母さんと過ごす時間がどれだけ大事か、僕にもよくわかっているから。

それとも、ひょっとしたらお母さんの家の近くにキャンプと釣りができる場所があるかもしれないね。計画していた湖ほどの場所じゃなくても、屋外で楽しめることに変わりはないんだし、君の希望もかなえられる。子どもたちだってお母さんの家の中で暴れまわることもないしね。それに親戚と一緒に楽しめることだってあるかもしれないよ」

こうして二人はシナジーを創り出す。話し合いを続けて、お互いが納得できる解決策を見つけ出す。それは最初に出していたそれぞれの案よりも良い解決策になるはずだ。妥協ではなく、二人とも満足する解決策になる。シナジーから生まれる解決策は、PとPCの両方を高めることができるのだ。

お互いの希望を出して取引し、ほどほどのところで妥協するのではない。シナジーは二人の関係をも変える力を持っているのである。シナジーのプロセスは、二人が望むものを与え、そして二人の絆を強めるのである。

ネガティブなシナジー

白か黒かの二者択一でしか物事を考えられない人にしてみれば、第3の案を探すのはそれこそ途方もないパラダイムシフトだろう。しかし、その結果の違いは驚くほどである。

人間同士の相互依存で成り立つ現実の世界で生きているにもかかわらず、それに気づかずに問題を解決したり、何かを決定したりするとき、人はどれほど多くのエネルギーを無駄に使っていることだろう。他人の間違いを責める。政治的な工作に奔走する。ライバル心を燃やして対立する。保身に神経をとがらせる。陰で人を操ろうとする。人の言動の裏を読もうとする。こうしたことにどれだけの時間を浪費しているだろうか。まるで右足でアクセルを踏みながら左足でブレーキを踏んでいるようなものである。

しかし多くの人はブレーキから足を離そうとせず、さらに強くアクセスを踏み込む。もっとプレッシャーをかけ、自分の主張を声高に叫び、理屈を並べて自分の立場をより正当化しようとするのだ。

こんなことになるのは、依存心の強い人が相互依存の社会で成功しようとするからである。依存状態から抜け出ていない人たちにとっては、自分の地位の力を借りて相手を負かそうとするWin－Lose、あるいは相手に好かれたいがために迎合するLose－Winの二つに一つしか選択肢がないのである。Win－Winのテクニックを使ってみたりはするものの、本当に相手の話を聴きたいわけではなく、相手をうまく操りたいだけなのだ。このような状況でシナジーが創り出される可能性はゼロである。

内面が安定していない人は、どんな現実でも自分のパラダイムに当てはめられると思っている。自分の考え方の枠に他者を押しこめ、自分のクローンに改造しようとする。自分とは違うものの見方、考え方を知ることこそ人間関係がもたらす利点であるのに、その事実に気づかないのだ。同一と一致は違うのである。本当の意味での一致というのは、補い合って一つにまとまることであって、同一になることではない。同一になることはクリエイティブではないし、つまらないものである。自分と他者の違いに価値を置くことがシナジーの本質なのである。

シナジーに関して、私は一つの確信を持つに至っている。それは、人間関係からシナジーを創り出すには、まず自分の中でシナジーを創り出さなければならないということだ。そして自分の内面でシナジーを起こすには、第1、第2、第3の習慣が身についていなければならない。これらの習慣の原則を理解し実践できている人なら、心を開き、自分の脆い部分をさらけ出すリスクを負っても、内面がぐらつくことはないし、Win－Winを考える豊かさマインドを育て、第5の習慣の本質を体現できるのである。

原則中心の生き方によって得られる非常に現実的な成果の一つは、過不足なく統合された個人になれることである。論理と言語をつかさどる左脳だけに深く脚本づけられた人は、高度な創造力がなければ解決できない問題にぶつかったとき、自分の思考スタイルの物足りなさを痛感することだろう。そして、右脳の中で新しい脚本を書き始めるのである。そもそも、右脳がなかったわけではない。ただ眠っていただけなのだ。右脳の筋肉がまだできていなかったのかもしれないし、あるいは子どもの頃には右脳の筋肉をよく使って鍛えていたのに、左脳を重視する学校教育や社会のせいで、すっかり萎縮していたのかもしれない。

直観的、創造的、視覚的な右脳、論理的、言語的な左脳、この両方を使いこなせれば、脳全体をフルに働かせることができる。つまり、自分の頭の中で心理的なシナジーを創り出せるのだ。そして左脳と右脳の両方を使うことが、現実の人生にもっとも適したやり方なのである。人生は論理だけで成り立つものではない。半分は感情によって成り立っているのだ。

フロリダ州オーランドにある企業で「左脳でマネジメント、右脳でリーダーシップ」と題したセミナーを行ったときのことである。休憩時間に、その企業の社長が私のところにやってきて、次のような話をした。

「コヴィー博士、おかしなことを言うようですが、今日のセミナーを聴いていて、会社で実践するのはもちろんですが、実は妻との関係にも使えるかどうか考えていたんですよ。妻とのコミュニケーションがどうもうまくいかなくて困っています。どうでしょう、妻を交えて一緒に昼食をとりながら、私たちの会話がどんなふうか見ていただけませんでしょうか」

「いいですよ」と私は答えた。

私たち三人は昼食の席に着き、挨拶を交わして二言三言おしゃべりをすると、社長は奥さんにこう言った。

「今日はね、先生にお願いしたんだ。一緒に昼食をとりながら、我々のコミュニケーションのことでアドバイスをしていただきたいと。私がもっと思いやりのある優しい夫になってほしい、君がそんなふうに思っていることはわかっているんだ。私にどうしてほしいのか、具体的に話してくれないか」

彼は左脳派のようだ。いきなり事実や数字、具体例、各部分の説明を求める。

「前にも言ったけど、具体的にどこがどうというわけではないのよ。何て言ったらいいのかしら、お互いのプライオリティの違いよね。全体的に物事の優先順位が違うような気がするのよ」

どうやら奥さんの方は右脳派だ。感覚的に全体をとらえ、部分と部分の関係性を見る。

「どういうことなんだ、そのプライオリティが違うような気がするというのは？　君は私にどうしてほしいんだ？　はっきり言ってくれないと、私としてもどうしようもないじゃないか」

「だから、何となくそんな感じがするのよ」奥さんは右脳だけを働かせて、イメージと直感で話をしている。「あなたは口で言うほど結婚生活を大切に思っていないような気がするの」

「じゃあ、大切にするためには何をすればいいんだい？　具体的に話してくれよ」

「言葉にするのは難しいわ」

そこで彼はもうお手上げだという表情をして、私のほうを見た。彼の表情は「先生、わかるでしょう？　先生だって、奥さんがこんなに話の通じない人だったら耐えられないでしょう？」と訴えていた。

「そんな感じがするの。本当に」

「そこが君の悪いところなんだよ。君のお母さんもそうだ。まあ実際、女性というものはおしなべてそうなんだが」

彼は、まるで宣誓供述書をとるための尋問さながら、奥さんに質問し始めた。

「住んでいる場所が気に入らないのか？」

「そうじゃないわ。全然そんな問題じゃないの」と彼女はため息をつく。

「そうか」彼は必死で自分を抑えている。

「でも、何が問題なのかはっきり言ってくれないなら、一つひとつ確かめていくしかないじゃないか。何が問題で、何が問題じゃないのか。住んでいる場所が気に入らないのか？」

「そうねえ……」

「先生がせっかく時間を割いてくださっているんだから、『はい』か『いいえ』ではっきり答えてくれよ。今の家は好きか？」

「はい」

「よし。それははっきりしたな。じゃあ、欲しいものは全部あるかい？」

「はい」

「わかった。やりたいことはやっているかい？」

こんな調子がしばらく続いたところで、私は二人のためにまだ何のアドバイスもしていないことに気づいた。そこで私は口を挟んで、こう聞いてみた。

「お二人はいつもこんなふうに会話をしているのですか？」

「毎日こうですよ」と彼が返事した。

「結婚してからというもの、ずっとこうです」彼女はそう言って、またもため息をつく。

私は二人を見ていて、脳の片方ずつしか使っていない者同士が一緒に暮らしているのだなと思った。

「お子さんはいらっしゃいますか？」と聞いてみた。

「はい、二人います」

「本当に？」私はわざと驚いたような声をあげた。「どうやってつくったんです？」

「どういう意味です？」

「お二人はシナジーを創り出したのですよ。普通なら、一プラス一は二です。しかしお二人の場合は一プラス一が四になったのです。それがシナジーなんです。全体が各部分の和より大きくなった。ですから、お二人はどうやってお子さんをつくったんです？」

「そんなことはご存じでしょう」と彼は言った。

「お二人はお互いの違いを尊重した。つまり、お互いの違いに価値を置かなければならないんですよ」と私は大声で言った。

違いを尊重する

違いを尊重することがシナジーの本質である。人間は一人ひとり、知的、感情的、心理的にも違っている。そして違いを尊重できるようになるためには、誰もが世の中をあるがままに見ているのではなく、「自分のあるがまま」を見ているのだということに気づかなくてはならない。

もし私が世の中をあるがままに見ていると思い込んでいたら、自分との違いを尊重しようと思うだろうか。「間違っている人」の話など聴くだけ無駄だと切り捨ててしまうだろう。「私は客観的だ、世の中をあるがままに見ている」というのが私のパラダイムなのだ。「他の人間は皆些末なことにとらわれているけれども、私はもっと広い視野で世の中を見渡している。私は立派な視野を持っている。だから私は上に立つ者としてふさわしい人間なのだ」と自負しているのである。

私がそういうパラダイムを持っていたら、他者と効果的に協力し合う相互依存の関係は築けない。それどころか、自立した人間になることさえおぼつかないだろう。自分の思い込みで勝手に条件づけしたパラダイムに縛られているからである。

本当の意味で効果的な人生を生きられる人は、自分のものの見方には限界があることを認められる謙虚さを持ち、心と知性の交流によって得られる豊かな資源を大切にする。そういう人が個々人の違いを尊重できるのは、自分とは違うものを持つ他者と接することで、自分の知識が深まり、現実をもっと正確に理解できるようになるとわかっているからなのである。自分の経験したことしか手元になければ、データ不足であることは明らかである。

二人の人間が違う意見を主張し、二人とも正しいということはありうるだろうか。論理的にはありえないが、**心理的**にはありえる。そしてそれは、現実にはよくあることなのである。一枚の絵を見て、あなたは若い女性に見えると言い、私は老婆に見えると言う。私たちは同じ白地に同じ黒線で描かれた同じ絵を見ているのだが、解釈の仕方が私とあなたとでは違うのである。この絵を見る前に、違う見方をするように条件づけられていたからである。

お互いのものの見方の違いを尊重しなければ、また、お互いを尊重し合い、どちらの見方も正しいのかもしれないと思わなければ、自分の条件づけの中にずっととどまることになる。人生は「あれかこれか」の二者択一で決められるわけではない、答えは白か黒のどちらかだけではない、必ず第3の案があるはずだと思えない限り、自分だけの解釈の限界を超えることはできないのである。

私にはどうしても老婆にしか見えないかもしれない。しかし私は、その同じ絵があなたの目には違う何かに映っていることはわかる。私はあなたのその見方を尊重する。そして私は、あなたの見方を理解したいと思う。だから、あなたが私とは違うものの見方をしているなら、私は「よかった。あなたは違うふうに見えるんだね。あなたに見えているものを私にも見せてほしい」と言えるのである。

二人の人間の意見がまったく同じなら、一人は不要である。私と同じように老婆にしか見えない人と話をしても、得るものはまったくない。私とまったく同じ意見を持つ人とは、話す興味は湧いてこない。あなたは私とは違う意見だからこそ、あなたと話してみたいのだ。私にとっては、その違いこそが大切なのである。

違いを尊重することによって、私自身の視野が広くなるだけでなく、あなたという人間を認めることにもなる。私はあなたに心理的な空気を送り込むのである。私がブレーキから足を離せば、あなたが自分の立場を守ろうとして使っていたネガティブなエネルギーも弱まる。こうして、シナジーを創り出す環境ができていく。

教育学者R・H・リーブス博士が著した『動物学校』というおとぎ話には、違いを尊重する大切さがよく描かれている。

昔々、動物たちは「新しい世界」のさまざまな問題を解決するために、何か勇敢なことをしなければならないと考え、学校をつくりました。学校では、かけっこ、木登り、水泳、飛行を教えることにしました。学校の運営を円滑にするために、どの動物も全部の教科を学ぶことになりました。

アヒルは、水泳の成績は抜群で、先生よりも上手に泳げるくらいでした。飛ぶこともまずまずの成績でしたが、かけっこは苦手です。かけっこの成績が悪いので、放課後もかけっこの練習をしなければなりませんでした。水泳の授業中もかけっこの練習をさせられました。そうしているうちに、水かきがすり減ってきて、水泳の成績が平均点まで下がってしまいました。学校では平均点ならば問題ないので、アヒルの水泳の成績が落ちたことは、アヒル本人以外は誰も気にかけませんでした。

ウサギは、かけっこはクラスでトップでした。ところが水泳が苦手で居残りさせられているうちに、すっかり神経がまいってしまいました。

リスは木登りの成績が優秀だったのですが、飛行の授業で、木の上からではなく地上から飛べと先生に言われて、ストレスがたまってしまいました。練習のしすぎでヘトヘトになり、肉離れを起こし、木登りの成績はCになり、かけっこもDに落ちたのです。

ワシは問題児で、厳しく指導しなければなりませんでした。木登りの授業ではどの動物よりも早く上まで行けるのですが、決められた登り方ではなく、自分のやり方で登ってしまうのです。

学年末には、水泳が得意で、かけっこ、木登り、飛行もそこそこという少々風変りなウナギが一番高い平均点をとり、卒業生総代に選ばれました。

学校が穴掘りを授業に採用しなかったので、プレーリードッグたちは登校拒否になり、その親たちは税金を納めようとしませんでした。プレーリードッグの親は子どもに穴掘りを教えてくれるようアナグマに頼み、その後、タヌキたちと一緒に私立学校を設立して、成功を収めました。

力の場の分析

相互依存の状況では、成長と変化を妨げるネガティブな力に対抗するときにこそ、シナジーが特に強力になる。

社会心理学者のクルト・レヴィンは、「力の場の分析」というモデルを構築した。それによると、現在の能力や状態は、上向きの推進力とそれを妨げようとする抑止力とが釣り合ったレベルを表しているという。

一般的に推進力はポジティブな力である。合理的、論理的、意識的、経済的な力が働くわけである。それに対して抑止力はネガティブな力であり、感情的、非論理的、無意識、社会的・心理的な力が働く。自分だけでなく周りの人たちを見ても、両方の力が働いていることはよくわかる。変化に対応するときには、推進力と抑止力の両方を考慮しなければならない。

たとえば、どんな家庭にも「場の雰囲気」というものがある。あなたの家庭の「場の雰囲気」を考えてみよう。ポジティブな力とネガティブな力のかかり具合で、家族同士で気持ちや心配事をどこまで安心して話せるか、どこまでお互いを尊重して話ができるかがおおよそ決まり、家庭の雰囲気を作っている。

あなたは今、その力関係のレベルを変えたいと思っているとしよう。もっとポジティブな力が働き、家族がお互いをもっと尊重し、もっとオープンに話ができ、信頼感に満ちた雰囲気をつくりたいとしよう。そうしたいと思う理由、論理的な理由そのものが、釣り合いのレベルを押し上げる推進力になる。

しかし推進力を高めるだけでは足りない。あなたの努力を抑え込もうとする抑止力があるからだ。それは兄弟同士の競争心かもしれないし、夫と妻の家庭観の違いかもしれない。あるいは家族の生活習慣かもしれないし、あなたの時間や労力をかけなければならない仕事やさまざまな用事も抑止力になるだろう。

推進力を強めれば、しばらくは結果が出るかもしれない。しかし、抑止力がある限り、徐々に推進力を強めることは難しくなっていく。バネを押すようなもので、強く押せば押すほど強い力が必要になり、そのうちバネの力に負けてしまい、元のレベルに突然跳ね返ってしまうのである。

ヨーヨーのように上がったり下がったりを繰り返しているうちに、「しょせんこんなもの。そう簡単には変われない」と諦めムードになっていく。

しかし、ここで諦めずにシナジーを創り出すのである。Ｗｉｎ－Ｗｉｎを考える動機（第４の習慣）、まず相手を理解することに徹し、それから自分を理解してもらえるようにするためのスキル（第５の習慣）、他者と力を合わせてシナジーを創り出す相互作用（第６の習慣）、これらを総動員して抑止力に直接ぶつけるのだ。抑止力となっている問題について、心を開いて話し合える雰囲気をつくる。するとがちがちに固まっていた抑止力が溶け始め、ほぐれていき、抑止力が推進力に一変するような新しい視野が開けてくる。人々を問題の解決に巻き込み、真剣に取り組ませる。すると誰もが問題に集中し、自分のものとしてとらえ、問題解決の一助となる。

そうすることで、全員が共有できる新しい目標ができ、誰も予想していなかった方向へ話が進んでいき、上向きの力が働き始める。その力が興奮の渦を

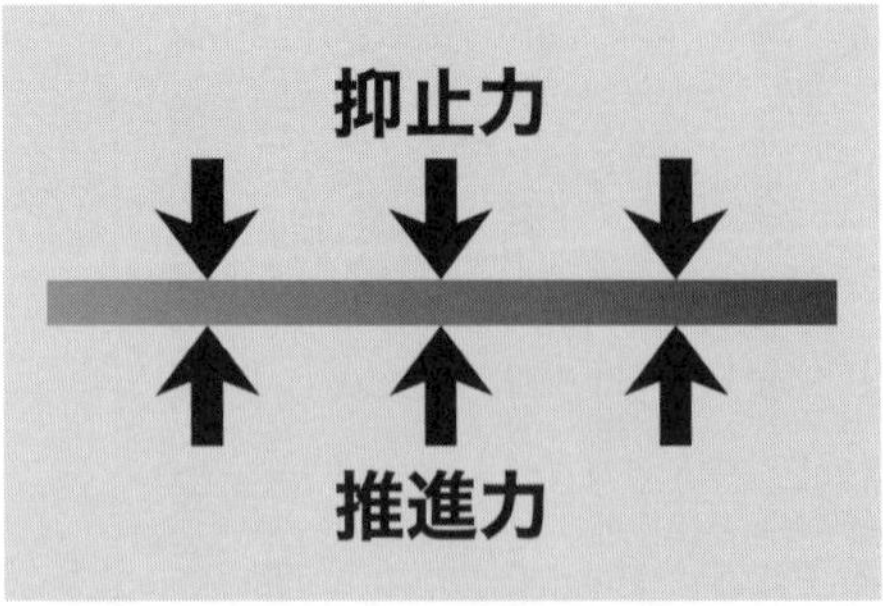

もたらし、新しい文化が生まれる。興奮の渦の中にいた全員がお互いの人間性を知り、新しい考え方、創造的で斬新な選択肢や機会を発見して、大きな力を得るのである。

私はこれまで、心底憎み合い、それぞれに弁護士を立てて自分の正当性を主張する人たちの仲裁を何度も引き受けたことがある。しかし裁判に訴えれば、話し合いは紛糾するばかりで、事態は悪化するばかりだった。そうはいっても信頼関係はないに等しいから、法廷で決着をつけるしか方法はないと当事者は思い込んでいる。

そういうとき私は当事者双方に、「お互いが満足できるＷｉｎ－Ｗｉｎの解決策をお互い見つける気はありますか？」と聞く。

たいていは肯定的な答えが返ってくるが、双方とも、そんな解決策などあるわけがないと思っている。

「私が相手の合意を取りつけたら、Ｗｉｎ－Ｗｉｎの解決を目指してお互い本気で話し合いますか？」と私は聞く。

これもまた、答えはイエスである。

ほとんどのケースで、驚くような結果になる。何ヵ月も法廷で争い、心理的にも当事者双方を苦しめていた問題が、ものの数時間か数日で解決してしまう。しかもその解決策というのは、裁判所が当事者に提示するような妥協ではない。当事者同士で話し合い、シナジーのプロセスから生まれる解決策は、それぞれの当事者が主張していた解決策よりも優れたものになる。それだけではない。当初は修復不可能なほど破綻していたかに見えた関係が、この解決策をきっかけにして関係が長く続いていくケースがほとんどなのである。

私たちの会社が行っている能力開発セミナーで、あるメーカーの経営者から、債務不履行で長年の得意先から訴えられているという話を聞いた。メーカーも得意先もそれぞれの立場の正当性を主張して譲らず、相手のほうこそ倫理観に欠け、信用できないと思い込んでいた。

このメーカーが第5の習慣を実践してみると、二つのことが明らかになった。一つ目は、そもそもの発端は話の行き違いによる誤解で、非難し合っているうちに問題が大きくなったこと。二つ目は、双方とも最初は悪意などなく、裁判に持ち込んで余計な費用を使いたくはなかったが、それ以外の方法が見つからなかったことだった。

この二つがはっきりしたら、第4、第5、第6の習慣の精神が発揮され、問題はあっという間に解決し、両社の取引関係は今もうまくいっているという。

もう一つの例を紹介しよう。

ある日の早朝、宅地開発業者から電話がかかってきた。切羽詰まった声で助けを求めていた。銀行から借りた金の元金と利息を期日どおりに支払わなかったために、銀行が差し押さえに出ようとしていて、彼はそれを阻止するために仮処分を申請しているという。銀行に返済するためには、追加融資を受けて土地の造成を終え、宅地を販売しなければならないのだが、銀行側は、返済期日を過ぎている貸付金が返済されるまでは追加融資には応じられないの一点張りらしい。ニワトリが先か卵が先かの堂々巡り、答えの出ない膠着状態になっていた。

その間、宅地開発プロジェクトは一歩も進まず、そのうち、道路には雑草が生え、造成を終えた数少ない区画に家を建てていた人たちは、こんな状態では不動産の資産価値が下がってしまうと腹を立てていた。市当局も、一等地の開発が遅れに遅れ、見苦しい状態になっていることを問題視していた。訴訟費用は銀行と開発業者の両方ですでに何十万ドルにも膨れ上がっているにもかかわらず、審理が始まるのは数ヵ月先の予定だという。

万策尽きていた開発業者は、第4、第5、第6の習慣の原則を試してみることにしぶしぶ同意した。再度の話し合いを持ちかけられた銀行は、彼以上にしぶっていたが、仕方なく応じた。

話し合いは、銀行の会議室で朝八時からスタートした。ピリピリとした緊張と双方の不信感が手に取るように伝わってきた。銀行の役員たちは、何もしゃべるなと弁護士から口止めされていた。法廷で不利になるような言質をとられないように、発言は弁護士が全部引き受け、役員たちは黙って聴くだけの姿勢で臨んでいた。

私は話し合いが始まってから最初の一時間半を使って、第4、第5、第6の習慣について説明した。九時半、私は黒板のところへ行き、開発業者から聴いた話をもとにまとめておいた銀行側の懸念事項を書き出した。最初のうち、役員たちは何も話さなかったが、Ｗｉｎ－Ｗｉｎの解決策を見つけたいのだというこちらの意向を繰り返し伝え、まずそちらの考えを理解したいのだと熱心に訴えると、彼らも次第に態度を軟化させ、銀行側の立場を説明し始めた。

自分たちの立場を理解してもらえたらしいと感じ始めると、会議室の雰囲気は一変した。問題を平穏に解決できるのではないか、そんな期待感に出席者たちの気持ちが高揚し、話し合いの場が活気づいてきた。役員たちは、弁護士の制止を振り切ってさらに心を開いて話し始め、銀行としての立場を説明するだけでなく、「この会議室を出たら、頭取から真っ先に『金は回収できたか』と聞かれます。何と答えればいいでしょうね？」と個人的な不安まで口にする役員もいた。

一一時の時点ではまだ、役員たちは銀行側の主張のほうが正しいのだという態度は変えていなかったものの、言い分はきちんと理解されていると思うようになっていた。徐々にかたくなな態度は消えていった。その頃には銀行側も開発業者の言い分に耳を傾ける余裕が出てきたように見えたので、私は黒板の反対側に開発業者の主張を書き出した。その結果、双方とも相手の立場をよく理解でき、それまでのコミュニケーション不足が誤解を生み、お互いに相手に対して現実からかけ離れた期待を抱いていたことに気づいたのである。Ｗｉｎ－Ｗｉｎの精神でコミュニケーションをとっていたら、問題がこれほどこじれることはなかったという反省も生まれた。

双方がこれまで感じていた慢性の痛みと急性の痛みを共有できたことに加え、問題を前向きに解決したいという熱意が話し合いを推し進めた。会議終了予定の正午頃には、会議室はシナジーの熱気に包まれ、創造的なアイデアが湧くように出てきた。全員が、このまま話し合いを続けたい気持ちになっていた。

開発業者が最初に出していた案をたたき台にして、全員でＷｉｎ－Ｗｉｎの解決策を目指すことになった。シナジーから生まれたアイデアを加え、原案をより良いものに磨き上げていった。一二時四五分頃、開発業者と銀行の役員は、できあがった計画を携えて住宅所有者協会と市当局に向かった。その後もいろいろと面倒なことが出てきたものの、法廷での争いは避けることができ、宅地開発プロジェクトは無事に完了した。

私はなにも、裁判に持ちこむのがいけないと言っているのではない。状況によっては法的手段に訴えなければならないこともある。しかしそれはあくまでも最後の手段である。あまりに早い段階から裁判を視野に入れたら、たとえ予防策のつもりでも、ときには、恐れと法律のパラダイムに縛られ、シナジーとは逆の思考と行動プロセスを生み出してしまう。

自然界のすべてはシナジーである

生態系という言葉は、基本的には自然界のシナジーを表している。すべてのものが他のすべてのものと関係し合っている。この関係の中で、創造の力は最大化する。「7つの習慣」も同じである。一つひとつの習慣が持つ力は、相互に関係し合ったときに最大の力を発揮するのである。

部分と部分の関係は、家庭や組織にシナジーの文化を育む力でもある。問題の分析と解決に積極的に関わり、自分のものとして真剣に取り組むほど、一人ひとりの創造力が大きく解き放たれ、自分たちが生み出した解決策に責任を持ち、実行できるようになる。そしてこれはまさに、世界市場を変革した日本企業の力の神髄であると断言できる。

シナジーの力は実際に存在する。それは正しい原則である。シナジーは、ここまで紹介してきたすべての習慣の最終目的であり、相互依存で成り立つ現実を効果的に生きるための原則なのである。チームワーク、チーム・ビルディング、人々が結束して創造力を発揮すること、それがシナジーである。

相互依存の人間関係においては、他者のパラダイムをコントロールすることはできないし、シナジーのプロセスそのものも自分ではコントロールできない。しかし、あなたの影響の輪の中には、シナジーを創り出すための多くの要素がある。

あなたが自分の内面でシナジーを創り出すとき、その努力は影響の輪の中で完全になされる。自分自身の分析的な側面と創造的な側面の両方を意識して尊重し、その二つの側面の違いを生かせば、あなたの内面で、創造的なエネルギーが解き放たれるのだ。

敵対心を向けられるような厳しい状況にあっても、自分の内面であればシナジーを創り出すことはできる。侮辱を真に受ける必要はないし、他者が発するネガティブなエネルギーは身をかわしてよければいい。他者の良い面を探し出し、それが自分とはまるで異なっていればなおさら、そこから学んで視野を広げていくことができる。

相互依存の状況の中で、あなたは勇気を出して心を開き、自分の考え、気持ち、体験を率直に話すことができる。そうすれば、他の人たちもあなたに触発されて心を開くだろう。

あなたは他者との違いを尊重することができる。誰かがあなたの意見に反対しても、「なるほど。君は違う見方をしているんだね」と言えるのだ。相手の意見に迎合する必要はない。相手の意見を認め、理解しようとすることが大切なのである。

自分の考えと「間違った考え」の二つしか見えないときは、あなたの内面でシナジーを創り出して、第3の案を探すことができる。ほとんどどんな場合でも、シナジーにあふれた第3の案は見つかる。Win－Winの精神を発揮し、本気で相手を理解しようとすれば、当事者全員にとってより良い解決策が見つかるはずだ。

第6の習慣：シナジーを創り出す　実践編

1　あなたと考え方のまるで違う人を一人思い浮かべてみる。その人との違いを土台にして第3の案を見つけるにはどうしたらよいか考えよう。今あなたが進めているプロジェクトや直面している問題について、その人に意見を求めてみる。自分とは違う考え方を尊重して耳を傾けてみよう。

2　あなたをイライラさせる人の名前をリストアップする。あなたの内面が安定していて、自分と他者の違いを尊重できるなら、その人との違いを生かしてシナジーを創り出せるだろうか。

3　もっとチームワークを高めてシナジーを創り出したいと思う状況を一つ挙げる。シナジーを創り出すためには、どのような条件が必要だろうか。それらの条件を揃えるために、あなたにできることは何だろうか。

4　今度、誰かと意見が違ったり、対立したりしたとき、相手の立場の裏にある事情を理解するように努力してみる。その事情を考慮して、お互いのためになる創造的な解決策を話し合ってみよう。

新たなインサイト

第6の習慣　シナジーを創り出す

ショーン・コヴィー

セルゲイは、スタンフォード大学でコンピューターサイエンスを学びはじめて二年目のとき、春のオリエンテーションで新入生をサポートする仕事を任された。あの日の朝、彼はラリーという新入生にキャンパスを案内することになっていた。

二人はすぐには打ち解けず、お互いに「嫌なやつ」と思っていた。何かにつけて意見は合わなかった。しかし、どんな話題でも反対の意見を言いあうことが楽しくてたまらなくなり、やがて親友同士になった。

セルゲイもラリーもコンピューターが好きだったが、性格はまるで正反対だった。セルゲイは外向的で、ラリーは内向的でおとなしい。セルゲイはじっと座っていられないタイプ、ラリーはレゴでプリンターを組み立てたこともあるほど辛抱強いタイプだ。

その後、ラリーの論文作成でペアを組むことになり、二人はインターネットの新しい検索方法を模索した。当時は、コンピューターに言葉を打ちこむと、その言葉がいくつあるか、どこにあるかをインターネットが吐き出していた。ラリーは、言葉ではなくリンクを検索したら面白いのではないかと考えた。ほかのウェブサイトへのリンクが多いほど重要性が高いことを発見したのである。彼のアプローチを使えば、情報は重要度順に画面に表示される。

この新しいプログラムは元のウェブサイトへのリンクを数えるので、セルゲイとラリーは「BackRub」と名づけた。プログラムを動かすために、ラリーの部屋は大学のネットワークがダウン寸前になるほど大量の安いコンピューターで埋めつくされた。そこで二人は友人のガレージに引っ越した。

それから何年か経ち、現在は毎日一〇億人以上がBackRubを使っている。そう、Googleだ。ラリー・ペイジとセルゲイ・ブリンの会社は、大学寮の一室からスタートしたのである。

Googleを創設した二人の大学生は、意見が一致することはほとんどなかった。何についても同じ意見だったらどうなっていただろう？　二人ともまったく同じ才能を持っていたとしたら？　二人とも内向的だったら？　あるいは外向的だったら？　世界有数の企業を興すには、お互いに異なる強みが必要だったことは言うまでもない。一人ではできなかったことは明らかだ。

第3の道を信じる

私たちは数えきれないほど多くの組織と仕事をしてきた。そこから学んだのは、シナジーが重要だということだ。シナジーはたんに立派な理論ではないし、理想でもない。人生はチームスポーツであり、正しい態度とスキルを身につけてこそ、複雑な問題に対しシナジーによって答えを見出せるのである。いつもではないが、ほとんどの場合はそうなる。第3の道を見つけるには、それが存在すると信じなければならない。力を合わせれば、どちらか一人が考えた解決策よりも良い解決策が見つかると信じなければならない。シナジーは現実的じゃない、私のやり方かあなたのやり方か二つに一つだと考えていたら、この習慣を身につけることは絶対にできない。

第3の道を見つけるためのカギは、自分のエゴを脇におき、最善の解決策を見つけるために関わっている全員の知能を結集する必要があると認めることだ。一人ひとり得意なものは異なるのだから、だれもが自分のやり方で貢献できる。近年ますます、知能がきわめて複雑なものであることは科学的に証明されている。ハーバード大学教育大学院で教鞭《きょうべん》をとる心理学者ハワード・ガードナーは、知能の九つのタイプを提示し、個人はこれらの属性の複数を持っていると指摘している。

1 **空間的知能**：大小を問わず、自分が置かれている空間を把握できる能力

2 **言語的知能**：言葉（書き言葉、話し言葉）を使いこなす能力

3 **論理・数学的知能**：論理、数字、合理性を扱える能力

4 **運動的知能**：身体のバランス感覚、時間感覚、反射神経、手先の器用さを操る能力

5 **音楽的知能**：音、リズム、トーン、ピッチを敏感に認識する能力

6 **対人的知能**：他者の気分や動機を敏感に察知し、人とうまく付き合い、協力し、「チームプレーヤー」になれる能力

7 **内省的知能**：内面を見つめ、自分自身の感情を客観的に解釈する能力

8 **博物学的知能**：動物や植物、雲その他の形態における自然界の結果的差異を分類し関連づける能力

9 **実存的知能**：人生に関する大きな問いをたて、答えを追究する能力＊

＊ハワード・ガードナー『MI：個性を生かす多重知能の理論』新曜社　訳・松村暢隆

第3の道を見つけるために欠かせないものは、じつはもう一つある。「対話」だ。他者とのコミュニケーションを実践し学ばなければならない。たくさんの実践を重ねる必要がある。ブレーンストーミングして課題を洗い出し、アイデアをぶつけあい、何度も何度もホワイトボードに戻る。ウィルバーとオービルのライト兄弟は、おびただしい数の議論をし、お互いの違いを十分に認めていたからこそ、飛行機を発明することができた。ウィルバーは亡くなる直前、このような言葉を残している。「我々が人生で成したことのほとんどは、我々の間でなされた対話、提案、議論の結果である」

ローカルテレビ局では、報道部門と営業部門は対立しているものである。気象予報士のトラヴィス・コシュコの場合もそうだった。健全なコミュニケーションとブレーンストーミングによって、対立を解決する第3の道を見出した彼の経験を紹介しよう。

私が長年勤めるテレビ局は、お天気コーナーで「Three-Degree Guarantee（三度保証）」というコンテストをやっていました。前日の予測と実際の気温がプラスマイナスで三度超えていたら、コーナーのスポンサーから視聴者にプレゼントをあげる、というものです。気温の予測が外れるのを極力減らすためです。

お天気コーナーの「三度保証」は一〇年近く続き、飽きられていることはだれの目にも明らかでした。賭けに参加する視聴者の人数が減る一方だったのです。予想気温が大きく外れることはほとんどなく、これは天気予報の信頼性から言えば高く評価されることなのですが、外れないのでプレゼントはないのです。コンテストに参加する視聴者の数はほぼゼロまで落ち、スポンサーの露出度や視聴者の関心の点では失敗とみなされました。私はこのコーナーを終了させたほうがよいと思いましたが、営業担当役員のジョセフィンはテレビ局の収入を維持するために続けたいという意向でした。意見は真っ向から対立し、何らかの変化が必要でした。

そこで私は新しいアイデアをジョセフィンに持ちかけました。「コンテストをロト方式にしたらどう？」と。たとえばチャンネル番号の一九にちなんで賞金を一九ドルの少額から始めて、プラスマイナス三度以内で予測できたら五ドルずつ追加していく。予測が三度を超えて外れたら賞金全額を提供し、また一九ドルからスタートする。この方式によって、私たちは正確な予測をこれまで以上に心がけ、賞金が増えていくので参加する視聴者も戻ってきました。

最初に気づいたのは、ジョセフィンが私の働きかけを受け入れ、私の提案を本心から気に入ってくれたことでした。それからは二人でこのアイデアに磨きをかけ、彼女と私だけでなく、スポンサーやテレビ局のニーズも満たすものに仕上げました。新しいコンテストが大成功を収めるまでさほど時間はかかりませんでした。参加する視聴者の数はうなぎのぼり。「正解」の日が四一日続いたこともあります。このときが最高額の賞金で、ソーシャルメディアでもずいぶんバズりましたね。職場の外では大勢の人が私を呼び止め、賞金のことを話しました。スポンサーも生まれ変わったコンテストに大喜びでした。

視聴率が低迷していてもそのままで続けたほうが簡単だったでしょう。たとえ貴重な機会を失うことになっても、そのほうが楽な選択だったと思います。しかしジョセフィンと私は新しい道を見つけようとし、そして関係者全員が勝者になりました。私は正確な予報を出す気象予報士の評判を守り、ジョセフィンはテレビ局の収入を増やしました。そして視聴者は多額の賞金を手にしたのです。

相互補完のチーム

あるとき上司のことで父に愚痴をこぼした。父から返ってきた答えは「おまえと同じように彼にも短所がある。他人の短所を気に病んではいけない。上司の長所を生かして短所を補う、そうしたほうがいい」というものだった。

父はこれを自ら実践していた。コヴィー・リーダーシップ・センターを立ち上げたとき、父はCEOに就任したが、すぐに「こういうポストは得意じゃない。私は教師だ」と気づき、リーダーシップのスキルで自分を補ってくれる優秀な人たちを役員に招いた。父が自分のエゴに固執することはなかった。

だが、父の人生で最も大きなシナジーは母との間で生まれたものだったと思う。二人は生い立ちも人生に対する態度もまるで違っていた。母の一家は第二次世界大戦中に身一つでドイツから移民してきた。この新天地で母は一言もドイツ語を話さず、必死でドイツ語訛《なま》りをなくした。母の父親は高校の歴史教師だったので暮らしは慎ましかった。それに対して父は裕福な家庭で育っていた。こうした違いがあったから、倹約が喧嘩《けんか》の種になることがよくあった。母はしょっちゅう「あなた、ダブルコーンのアイスクリームを買うの？　そんなお金ないわよ！」などと言っていた。

私が長年両親を見ていてわかったのは、父は母の世界観を理解していたということだ。そしてお互いの世界観をぶつけるのではなく、母の世界観が父のそれを補っていたのである。父はそうすることで、お互いが心の中に抱いているものよりも良い中間地帯がある、きちんとコミュニケーションがとれれば、そこに到達できることを学んだのだ。母がいなかったなら、父はシナジーを理解できないままだったと思う。

父が名声を得ると、父に正直なフィードバックをできるのは母一人になった。あるとき、父はケン・ブランチャードや数名の著名人と大勢の聴衆の前で講演した。講演後、だれもかれもが父を褒めたが、母だけはこう言った。「スティーブン、今回は最高の出来とは言えないわね。堅苦しくて、図が多すぎたわよ。みなさん、ストーリーが聞きたいの。ケンみたいにもっとストーリーを話したほうがいいじゃない？」母はいつも、もっとシンプルに、もっと笑顔で、もっと親しみやすい感じで、とアドバイスして父を励ましていた。母はものの見方が父とは違っていて、何でもありのままに話すから、父は母のフィードバックをほかのだれのフィードバックよりも歓迎していた。

顧客とのシナジー

個人と個人の間に生まれるシナジーだけでなく、産業界においてもステークホルダーや顧客との関係において創造的な協力ができる。私はレゴが大好きで、レゴ社にはいつも感心させられている。世界で最も信頼される企業の一つであり、その核をなす強みの一つが、顧客とのシナジーなのである。

一九四九年創業のレゴ社は、パッケージセットのレゴを開発し、販売してきた。スター・ウォーズのコレクションをはじめ、パッケージセットは大人気である。しかし多くのファンから（ほとんどは子どもの頃の心を忘れない大人たち）、自分だけのセットをデザインしたいので、必要なピースをオンラインで注文できるようにしてほしいという声が寄せられた。顧客の要望に応えて、レゴ社は二〇〇五年、LEGO Digital Designer《レゴ・デジタル・デザイナー》という無料ソフトウェアをリリースした。

するとと不思議なことが起きた。だれかがレゴ社のコンピューターシステムをハッキングし、プログラムコードを書き換え、使えそうなピースが少ししか入っていないパレットから不要なピースを減らせるようにした。ユーザーは各パレットの内容を確認し、自分のニーズに合わせてピースを減らし、お金を節約できるわけである。レゴ社はハッキングにすぐに気づいた。最終利益が脅かされている企業がとる行動はだいたい予想がつくが、レゴ社の場合は違っていた。これらの顧客は自分たちのニーズに合うようにソフトウェアを変更したのであって、それは素晴らしいことだと認めたのである。レゴ社は顧客がソフトウェアをあっという間にハッキングしたことに驚いたが、その修正を受け入れた。最も忠実なファンが何を求めていたのかがわかり、彼らのしたいようにさせた。なぜならレゴ社にとってそれは、利益よりも大きな、重要な計画に一致するからである。ファンは独自のデザインを考え出すだろう、ひょっとしたらうちで使えそうなアイデアも出てくるかもしれない、レゴ社はそう期待した。実際、そのとおりになった。

シナジーのスピリットでレゴ社は一歩下がり、まずはハッカーたちの声に耳を傾けて理解に徹し、意見の違いを歓迎した。厳しい状況に発展してもおかしくなかったが、一転してなごやかなムードになり、シナジーを創り出すことができたのだった。

シナジーに到達するには

シナジーは自然に生まれるものではない。意識しなければ到達できない。どこから手をつければよいかわからないのであれば、次の五つのステップに従ってみてほしい。やってみればとても簡単だ。

1 問題あるいは機会を明確にする
2 相手の道（まず相手の考えを理解することに徹する）
3 私の道（自分の考えを伝え、理解してもらう）
4 ブレーンストーミング（新しい選択肢やアイデアを生み出す）
5 より良い道（最善の解決策を見つける）

私の同僚が、土曜日のすごし方をめぐって家族とシナジーを創り出した経験を話してくれた。五つのステップをどのように踏んでいるか注意して読んでほしい。

夫は常日頃から「土曜日は家族と一緒にすごし、家族の絆を深めるための日」と言っていました。だれかに理由を聞かれれば、「なんのために土曜日があるんだ」と答えるでしょうね。

私の場合は違っていて、「土曜日は掃除をして、たまっている諸々の家事をやる日。基本的にはやるべきことリストを終わらせる日」と考えるタイプです。子どもたちは私の考え方を気に入らず、毎週土曜日はほとんど喧嘩《けんか》でした。お父さんは公園に行こうと言う、お母さんは庭で草むしりがしたいと言う。

どちらが勝ったと思います？

毎回お父さんのほうにきまっています。

どこの世界に庭で草むしりをしたい子どもがいるでしょう？ うちの子たちだってそうです。ええ、私は自分の計画のことになると視野が少々狭くなるのは認めます。仕事をしだしたらきりがない。キッチンの掃除を始めたら、次はリビング、その次はバスルーム、そして書斎、階段、洗濯室、寝室……ある金曜日の夜、テレビを見ていたとき、夫と私はふとこんな会話をしました。

夫：明日は朝一番で外で何かしようよ。

私：家事がたまっているのよね。早くから始めないと。

夫：やらなきゃいけないことのリストを作りなよ、一緒に見てみよう。

私：（私はリストを書きながら気が変になりそうでした。漏れがないようにと祈りながら、リストを夫に渡しました。）

夫：よし。このうち半分は二〜三時間もあれば終わるな。子どもたちは嫌にならずに手伝ってくれるかな？

私：無理。別のプランがいるんじゃない？

夫：そうだな。じゃあ、午前中はまだ涼しいから（注：私たちが住んでいるところは、夏は四〇度をゆうに超えてしまう）、公園に行ってソーダでも飲んで、それから帰ってきて、君が絶対にやらねばと思う家事を片付けるというのは？

私：やってみましょうか。

さて、土曜日の朝です。私たちは起きると、公園に行くことにしました。暑くなりすぎる前に公園に行けるというので、子どもたちは大興奮で、一時間たっぷり遊びました。夫と私は公園の小道をぶらぶらと散歩してから、子どもたちと遊びました。そろそろ暑くなってきたときにはみんな疲れていました。お気に入りの店に立ち寄って冷たい飲み物で涼み、それから家に帰り、やらなければならない家事に取りかかりました。子どもたちに「やることリスト」を見せても、文句はほとんど出ませんでした。

今では土曜日をシナジー・サタデーと呼んでいて、夫も私も満足しています。

シナジーは究極の習慣である。それまでの習慣のすべてが積み重なった上に、この習慣がある。それは効果性の高い生き方をすることで得られる見返り、おいしい果実である。次の会議のとき、だれかに予想外の意見をぶつけられたら、大きな声で「いいね、君の見方は違うんだな！」と言ってみよう。

THE SEVEN HABITS
OF HIGHLY
EFFECTIVE PEOPLE

第四部

再新再生

RENEWAL

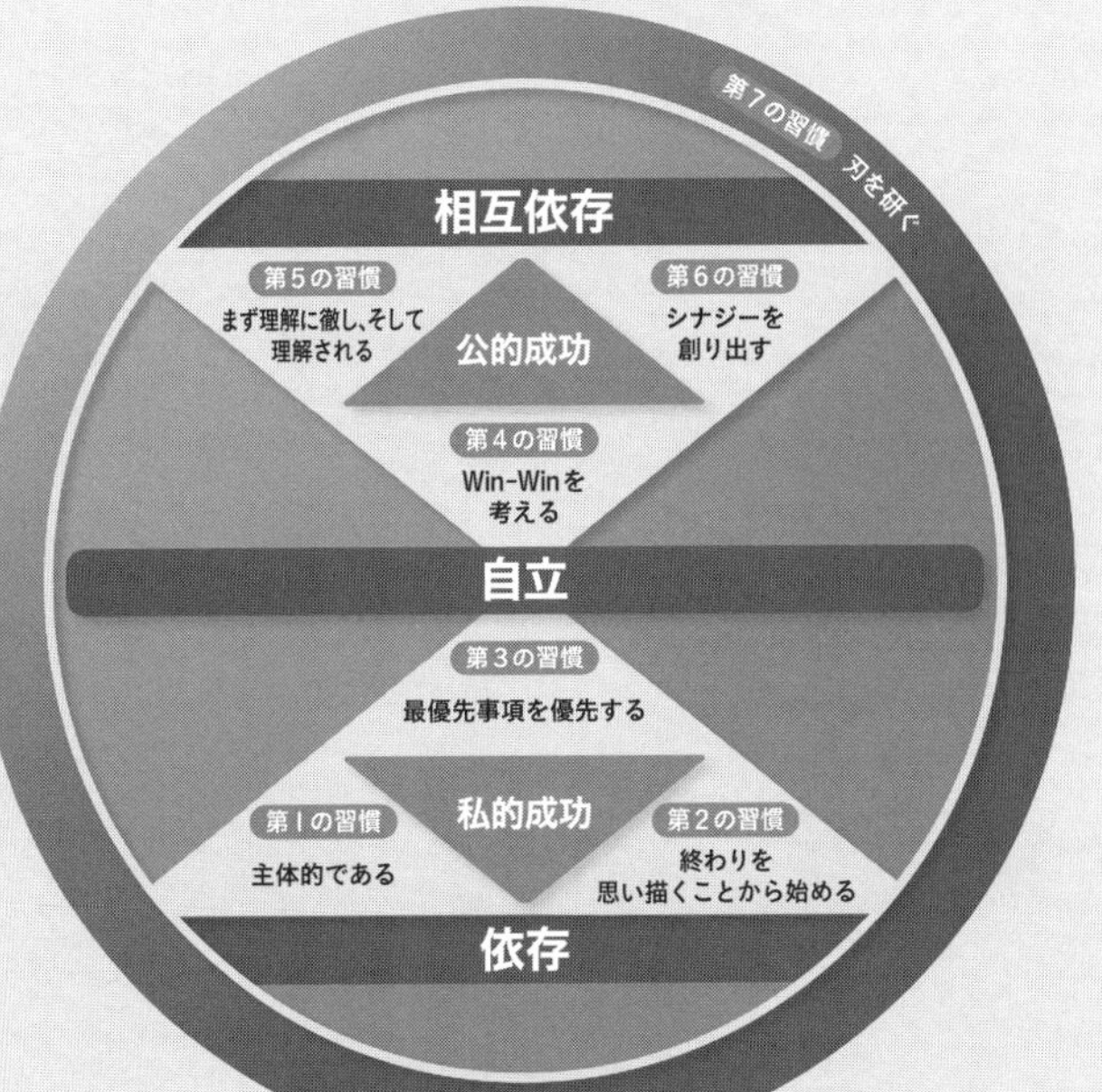

THE SEVEN HABITS OF HIGHLY EFFECTIVE PEOPLE

第7の習慣

刃を研ぐ

SHARPEN THE SAW

バランスのとれた再新再生の原則

ときに小さなことから大きな結果が生み出されるのを目にするとき、こう考えてしまう。小さなことなど一つもないのだ。

――ブルース・バートン

森の中で、必死で木を切り倒そうとしている人に出会ったとしよう。

「何をしているんです？」とあなたは聞く。

すると男は投げやりに答える。「見ればわかるだろう。この木を切っているんだ」

「疲れているみたいですね。いつからやっているんですか？」あなたは大声で尋ねる。

「もう五時間だ。くたくただよ。大変な仕事だ」

「それなら、少し休んで、ノコギリの刃を研いだらどうです？　そうすれば、もっとはかどりますよ」とあなたは助言する。すると男ははき出すように言う。

「切るのに忙しくて、刃を研ぐ時間なんかあるもんか！」

第7の習慣は、刃を研ぐ時間をとることである。成長の連続体の図では、第7の習慣が第1から第6までの習慣を取り囲んでいる。第7の習慣が身につけば、他のすべての習慣を実現可能にする。

再新再生の四つの側面

第7の習慣は個人のPC（成果を生み出す能力）である。あなたの最大の資産、つまりあなた自身の価値を維持し高めていくための習慣である。あなたという人間をつくっている四つの側面（肉体、精神、知性、社会・情緒）の刃を研ぎ、再新再生させるための習慣である。

表現の仕方は違っていても、人生を巡る哲学のほとんどは、何らかのかたちでこれら四つの側面を取り上げている。哲学者のハーブ・シェパードは、バランスのとれた健全な生活を送るための基本価値として、**観点**（精神）、**自律性**（知性）、**つながり**（社会）、**体調**（肉体）の四つを挙げている。「走る哲学者」と呼ばれたジョージ・シーハンは、人には四つの役割――よき動物（肉体）、よき職人（知性）、よき友人（社会・情緒）、よき聖人（精神）――があると説いている。組織論や動機づけの理論の多くも、経済性（肉体）、処遇（社会・情緒）、育成や登用（知性）、社会に対する

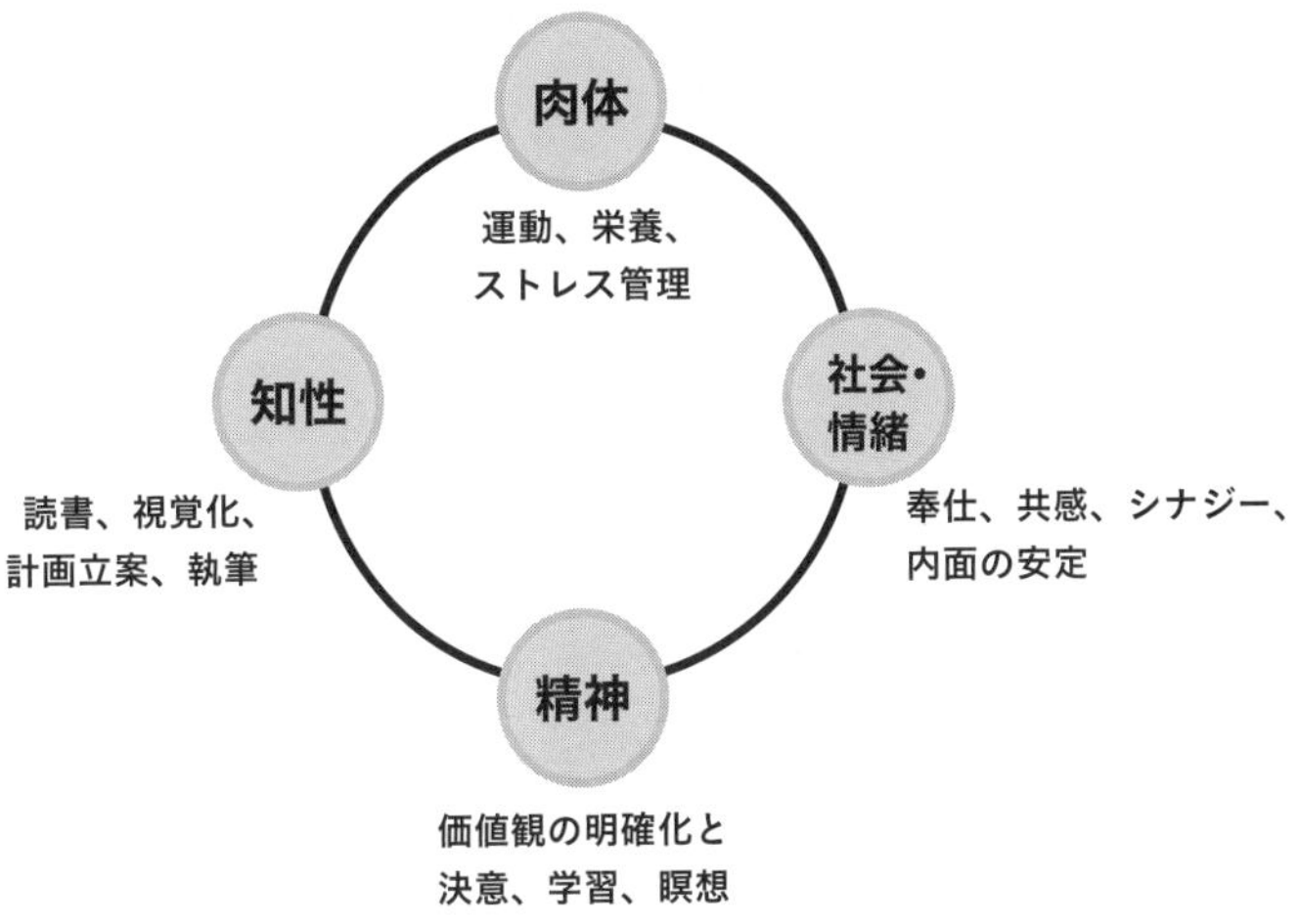

組織の貢献・奉仕（精神）のかたちで四つの側面を取り上げている。

「刃を研ぐ」というのは、基本的に四つの側面すべての動機を意味している。人間を形成する四つの側面のすべてを日頃から鍛え、バランスを考えて磨いていくことである。

そのためには、私たちは主体的であらねばならない。刃を研ぐのは第Ⅱ領域に入る活動であり、第Ⅱ領域は、あなたが主体的に行うべき活動の領域である。第Ⅰ領域の活動は緊急であるから、自分から主体的に動かなくとも、活動のほうからあなたに働きかけてくる。しかしあなたのＰＣ（成果を生み出す能力）は、自分から働きかけなくてはならない。習慣として身について意識せずともできるようになるまで、いわば「健康的な依存症」の域に達するまで、自分から主体的に実践しなければならないのだ。その努力はあなたの影響の輪の中心にあるから、他の誰かに代わりにやってもらうことはできない。自分のために、自分でしなければならないのである。

「刃を研ぐ」ことは、自分の人生に対してできる最大の投資である。自分自身に投資することだ。人生に立ち向かうとき、あるいは何かに貢献しようとするときに使える道具は、自分自身しかない。自分という道具に投資することが「刃を研ぐ」習慣なのである。自分自身を道具にして成果を出し、効果的な人生を生きるためには、定期的に四つの側面すべての刃を研ぐ時間をつくらなければならない。

肉体的側面

肉体的側面の刃を研ぐというのは、自分の肉体に効果的に気を配り、大切にすることである。身体によいものを食べ、十分な休養をとってリラックスし、定期的に運動する。

運動は第Ⅱ領域に入る波及効果の大きい活動だが、緊急の用事ではないから、続けようと思ってもそう簡単にはいかない。しかし運動を怠っていると、そのうち体調を崩したり病気になったりして、第Ⅰ領域の緊急事態を招くことになりかねない。

多くの人は、「運動する時間なんかない」と思っている。しかしこれは大きく歪んだパラダイムだ。「運動せずにいてもよい時間などない！」と思うべきなのである。せいぜい週に三時間から六時間程度、一日おきに三〇分くらい身体を動かせばいいのである。週の残り一六二時間から一六五時間を万全の体調で過ごせるのだから、たったこれだけの時間を惜しむ理由などないだろう。

特別な器具を使わなくとも運動はできる。ジムに通ってトレーニングマシンで肉体を鍛えたり、テニスやラケットボールなどのスポーツを楽しむこともいいだろう。しかし、肉体的側面で刃を研ぐのに、そこまでの必要性はない。

理想的なのは、自宅でできて、持久力、柔軟性、筋力の三つを伸ばせる運動プログラムである。

持久力をつけるには、心臓血管の機能を高める有酸素運動が適している。心臓が肉体に血液を送り出す機能を強化するわけである。

心臓は筋肉でできているが、心筋を直接鍛えることはできない。脚の筋肉など大きな筋肉群を動かす運動をして鍛えるしかない。だから、早歩きやランニング、自転車、水泳、クロスカントリースキー、ジョギングなどの運動が非常に効果的なのである。

一分間の心拍数が一〇〇を超える運動を三〇分続けると、最低限の体調を維持できると言われている。少なくとも自分の最大心拍数の六〇％になれば理想的だ。最大心拍数というのは、一般的には、二二〇から年齢を差し引いた数値だと言われ、心臓が全身に血液を送り出すときのトップスピードのことである。たとえば四〇歳の人なら、最大心拍数は二二〇－四〇＝一八〇だから、一八〇×〇・六＝一〇八まで心拍数を上げる運動が理想的である。最大心拍数の七二～八七％になる運動であれば、「トレーニング効果」が表れるとされている。

柔軟性にはストレッチが最適である。ほとんどの専門家は、有酸素運動の前にウォーミングアップ、後にクールダウンとしてストレッチを行うよう勧めている。運動の前にストレッチすると、筋肉がほぐれて温まり、激しい運動をする準備ができる。運動の後のストレッチは、筋肉にたまった乳酸を散らすので、筋肉の痛みや張りを防ぐ効果がある。

筋力をつけるには、筋肉に負荷をかける運動がよい。シンプルな体操、腕立て伏せや懸垂、腹筋運動、あるいはウェイトを使った運動などである。どのくらいの負荷をかけるかは人それぞれである。肉体労働者やスポーツ選手であるなら、筋力をつけることがそのままスキルアップにつながるが、デスクワークが主体で、それほど強い筋力は必要ないのなら、有酸素運動やストレッチのついでに、筋肉に負荷をかける運動を少しやる程度で十分だろう。

あるとき、運動生理学博士である友人とジムに行った。筋肉強化に取り組んでいた彼は、ベンチプレスをするときに手伝ってほしいと頼んできた。ある時点まできたら、バーベルを一緒に戻してほしいという。「でも私が声をかけるまでは手を出さないでくれ」と彼はきっぱりと言った。

私は彼の様子を見ながら、いつでも手助けできるように構えていた。彼のバーベルは、アップ、ダウンを繰り返した。そのうち、バーベルを上げづらくなってきたように見えた。しかし彼は続けた。いよいよ辛そうになり、それでも続けようしたが、私はもはや限界だろうと思った。だが予想に反して、彼は持ち上げた。上げたバーベルをゆっくり戻すと、また上げ始める。アップ、ダウン、アップ、ダウン。

彼の顔を見ていると、ついに血管が今にも破裂し飛び出してくるかに思え、「いくら何でも今度こそ駄目だ。バーベルが落ちて彼の胸をつぶしてしまうかもしれない。バーベルを支えないと。彼は気がおかしくなって、自分のしていることがわからなくなったのだろう」とまで考えた。だが、彼はしっかりとバーベルを下ろした。そして再び上げ始めた。信じられなかった。

そしてようやく、彼はバーベルを元に戻してくれと私に声をかけた。「なぜそこまでやるんだい？」と私は思わず聞いた。
「運動の効果のほとんどは最後にこそくるんだよ、スティーブン。私は筋肉を強化しようとしているのだから、筋肉繊維が破れて、神経がその痛みを感知するまで続けなくちゃいけない。そこまでやれば、肉体は自然と過剰反応して、その繊維は四八時間以内に以前より強くなるんだ」と彼は答えた。

これと同じ原則が、忍耐など情緒的な筋肉にも作用している。自分のそれまでの限界を超えるまで我慢し続けると、精神の筋肉繊維が破れ、自然と過補償され、次にそれと同じ負荷がかかっても耐えられるようになる。精神力が強くなるのである。

私の友人は筋力をつけたかった。そして彼は、どうすれば筋力をつけられるかよく知っていた。しかし多くの人は、効果的になるために、そこまで筋力アップに精を出す必要はない。むろん、「痛みがなければ効果なし」という考え方が当てはまる場合もあるが、それは効果的な運動プログラムの本質となるものではない。

肉体的側面の再新再生の目的は、仕事をして、周りの環境に適応し、生活を楽しめる肉体的能力を維持し高めることである。そのために定期的に運動して、刃を研ぐ。

運動プログラムを組むときは、よく考えなければならない。たいていの人はやりすぎてしまうもので、これまでまったく運動していなかった人は特にそうである。そのせいで肉体のあちこちが痛んだり、怪我をしたり、ひどい場合には回復不能な損傷を負うことにもなりかねない。だから少しずつ始めるのがよい。自分の肉体と相談しながら、最新の研究にも注意し、かかりつけの医師のアドバイスに従って運動プログラムを組むことが大切である。

あなたがこれまで運動をしていなかったのであれば、甘やかし、衰えていた肉体は、突然の変化に明らかに抵抗するはずだ。最初のうちは、運動を楽しめないだろう。むしろ嫌で嫌でたまらないかもしれない。しかし、そこで主体的になろう。とにかく実行する。ジョギングする日の朝に雨が降っていても、決行する。「雨か。よし、肉体だけでなく精神も鍛えるぞ！」と張り切って外へ出よう。

運動は応急処置ではない。長い目で見て大きな成果をもたらす第Ⅱ領域の活動である。コンスタントに運動している人に尋ねてみるといい。少しずつ地道に続けていれば、心臓と酸素処理系統の機能が向上し、休息時心拍数が徐々に下がっていく。肉体の耐えられる負荷が大きくなり、普通の活動もはるかに快適にこなせるようになる。午後になっても体力が落ちず、新たなエネルギーが肉体を活性化し、それまではきついと感じていた運動も楽にできるようになる。

運動を継続することで得られる最大のメリットは、第1の習慣の主体的な筋肉も鍛えられることだろう。運動を行うことを妨げるすべての要因に反応せずに、健康を大切にする価値観に基づいて行動すると、自信がつき、自分に対する評価や自尊心、誠実さが大きく変わっていくはずである。

精神的側面

精神的側面の再新再生を行うことは、あなたの人生に対してリーダーシップを与える。これは第2の習慣と深く関係している。

精神的側面はあなたの核であり、中心であり、価値観を守り抜こうとする意志である。きわめて個人的な部分であり、生きていくうえで非常に大切なものである。精神的側面の刃を研ぐことは、あなたを鼓舞し高揚させ、人間の普遍的真理にあなたを結びつけてくれる源泉を引き出す。それを人はそれぞれまったく異った方法で行う。

私の場合は毎日聖書を読み、祈り、瞑想することが精神の再新再生になっている。聖書が私の価値観をなしているからである。聖書を読んで瞑想していると、精神が再生され、強くなり、自分の中心を取り戻し、人に仕える新たな決意が湧いてくる。

偉大な文学や音楽に没入して精神の再新再生を感じる人もいるだろう。雄大な自然との対話から再新再生を見出す人もいるだろう。自然に抱かれると、自然の恵みがひしひしと伝わってくるものである。都会の喧騒から逃れて、自然の調和とリズムに身を任せると、生まれ変わったような気持ちになる。やがてまた都会の喧騒に心の平和を乱されるにしても、しばらくは何事にも動じることのない平穏な心でいられる。

アーサー・ゴードンは、『The Turn of the Tide（潮の変わり目）』という小説の中で、彼自身の精神の再新再生を語っている。

彼はある時期、人生に行き詰まり、何もかもがつまらなく無意味に思えた。熱意は失せ、執筆にも身が入らず、何も書けない日々が続いた。状況は日ましに悪くなるばかりだった。

彼はついに意を決し、医者の診察を受ける。診察してみてどこにも悪いところはないと判断した医者は、「一日だけ私の指示に従えるかね」とゴードンに聞いた。

ゴードンが「できます」と答えると、こう指示した。「明日、あなたが子どもの頃一番幸せを感じた場所に行って過ごしなさい。食べ物は持って行ってもいいですよ。しかし誰とも話してはいけない。本を読んでもいけないし、文章を書くこともだめだ。ラジオを聞くのもだめ」医者は四枚の処方箋を書いて彼に手渡し、それを一つずつ九時、一二時、三時、六時に開くように言った。

「先生、これは何かの冗談ですか？」とゴードンは言った。

「そのうち請求書を送りますよ。それを見れば、とても冗談とは思わないでしょうな」と医者は答えた。

次の日の朝、ゴードンは海岸に行った。九時、一枚目の処方箋を読む。「耳を澄まして聴きなさい」と書いてある。あの医者のほうこそおかしいんじゃないか、と彼は思った。いったい三時間も何を聴けばいいんだ？ しかし指示に従うと約束した手前、とにかく聴くことにした。ごく普通の海の音、鳥の鳴き声しか聴こえない。だがしばらくすると、最初は気づかなかったさまざまな音が耳に入ってくる。聴きながら、子どもの頃に海が教えてくれたいろいろなことに思いを巡らせた。忍耐、尊敬、あらゆるものは相互に依存しつながり合っていること。それらの音を聴き、そして音と音の間の静寂を聴くうちに、穏やかな気持ちに満たされてきた。

正午、二枚目の処方箋を開く。「振り返ってみなさい」としか書いていない。何を振り返るんだ？ 子どもの頃のことだろうか、幸せだった日々のことだろうか。彼は昔のことを思い出してみた。小さな喜びの瞬間が次々と蘇る。それらを正確に思い出そうとした。思い出しているうちに、心の中に温もりが広がった。

三時、三枚目の処方箋を開く。一枚目と二枚目の処方箋は簡単だったが、これは違った。「自分の動機を見つめなさい」と書いてある。彼は思わず身構えた。成功、名声、生活の安定……今まで追い求めてきたものを一つずつ思い返し、自分の動機に間違いはなかったと自分に言い聞かせた。しかし、そこではたと気づく。これらの動機では足りないのかもしれない。自分が今行き詰っている原因もそこにあるのかもしれない。

ゴードンは自分の動機を深く見つめた。昔の幸福だった日々に思いをはせた。そしてついに、答えが見つかった。

「一瞬のひらめきで確信した」と彼は書いている。「動機が間違っていたら、何をやっても、どれも正しくはない。どんな仕事でも同じだ。郵便配達人だろうと、美容師だろうと、保険の外交員だろうと、主婦であろうと関係ない。自分が人のためになっていると思える限り、仕事はうまくいく。自分のことしか考えずにやっていると、うまくいかなくなる。これは万有引力と同じくらいに確かな法則なのだ」

六時になった。最後の処方箋を開く。この指示を実行するのに時間はさほどかからなかった。「悩み事を砂の上に書きなさい」ゴードンは貝殻を拾い、しゃがんで、いくつかの言葉を足元の砂の上に書きとめた。そして立ち上がって、きびすを返して歩いていった。後ろは振り返らなかった。そのうち潮が満ちて、すべてを消し去るだろう。

精神の再新再生には、時間を投資しなければならない。これは決して無駄にすることのできない第Ⅱ領域の活動である。

偉大な宗教改革者マルティン・ルターは、「今日はあまりにもすべきことが多いから、一時間ほど余分に祈りの時間をとらなければならない」と言ったという。ルターにとって、祈りは単なる義務ではなかった。自らのうちに活力を蓄え、そしてそれを解き放つために必要な源だったのである。

どんなに大きなプレッシャーにさらされても動じず、平静でいられる禅僧に、「どうしたらあなたのように平静心を保てるのですか?」と誰かが尋ねた。禅僧は「私は座禅の場を離れない」と答えたという。禅僧は朝早く座禅を組み、そのときの平静な精神を一日中、どこにいても頭と心の中に置いているのである。

自分の人生を自分で導くために、リーダーシップを生活の中心に置き、人生の方向、人生の究極の目的を見つめる時間をとると、その効果は傘のように大きく広がり、他のあらゆるものすべてに影響を与える。それによって私たちの精神は再新再生され、新たな気持ちになれるのである。

私が人生のミッション・ステートメントを大切にしている理由もここにある。自分の中心と目的を明確にし、ステートメントにしておけば、たびたびそれを見直し、決意を新たにできる。精神を再新再生する毎日の活動の中で、ミッション・ステートメントに記された価値観に沿ってその日行うことを思い描き、頭の中で「予行演習」することができるのである。

宗教家のデビッド・O・マッケイは「人生の最大の闘いは、日々自らの魂の静けさの中で闘われるものである」と教えている。あなたがこの闘いに勝ち、心の中の葛藤を解決できれば、平穏な気持ちになり、自分が目指すものを見出せる。そうすれば公的成功は自然とついてくる。自分の力を生かせると思う分野で他者の幸福のために貢献し、他者の成功を心から喜べるようになるのである。

知的側面

ほとんどの人は、正規の学校教育で知性を伸ばし、勉学する姿勢を身につける。しかし学校を卒業するなり、知性を磨く努力をぱったりとやめてしまう人が少なくない。真剣に本を読まなくなり、自分の専門外の分野を探求し知識を広げようとせず、分析的に考えることもしなくなる。文章を書くこともしない。少なくとも、自分の考えをわかりやすく簡潔な言葉で表現する能力を試そうともしないのだ。その代わりにテレビを見ることに時間を使っているのである。

ある調査によれば、ほとんどの家庭で週に三五時間〜四五時間もテレビがついているという。これは一般的な週の労働時間とほぼ同じであり、子どもたちが学校で勉強する時間よりも長いのである。テレビほど社会的影響力の強いものはない。テレビを見ると、そこから流れてくる価値観にいとも簡単に引き寄せられる。実に巧妙に、知らず知らずのうちに、私たちを強烈に感化しているのである。

テレビを賢く見るには、第3の習慣に従ってセルフ・マネジメントをしっかりと行う必要がある。自分の目的のためになり、自分の価値観に合う番組、適切な情報を得られ、楽しめて、インスピレーションを刺激してくれる番組を選ぶようにする。

わが家では、テレビの時間は週に約七時間までと決めている。一日平均一時間ほどである。あるとき家族会議を開き、テレビが家庭に及ぼしている弊害を示すデータを見ながら話し合った。家族全員が素直に、かたくなにならずに話し合うことができ、連続ドラマにはまったり、テレビをつけっぱなしにしたりする「テレビ中毒」は依存症の一種だということを、家族の一人ひとりが自覚できるようになった。

ただし、私はテレビの存在に感謝しているし、質の高い教育番組や娯楽番組を楽しんでもいる。そういう番組は生活を豊かにしてくれるし、自分の目的や目標に役立つこともある。しかしその一方で、時間と知性の浪費にしかならない番組、ただ漫然と見ていたら悪い影響しか及ぼさないような番組もたくさんある。自分の肉体がそうであるように、テレビはよい下僕にはなっても、よい主人になることはない。自分の人生のミッションを果たすために使える資源を最大限効果的に活用するには、第3の習慣を実践し、自分自身をきちんとマネジメントできなければいけない。

継続的に学ぶこと、知性を磨き広げていく努力をすることは、知的側面の再新再生には不可欠である。学校に通うとか、体系的な学習プログラムを受講するなど、外からの強制的な教育が必要な場合もあるだろうが、たいていはそのようなものは不要である。主体的である人なら、自分の知性を磨く方法をいくらでも見つけられるだろう。

知性を鍛え、自分の頭の中のプログラムを客観的に見つめることはとても大切である。より大局的な問題や目的、他者のパラダイムに照らして、自分の人生のプログラムを見直す能力を伸ばすことこそ、教育の定義だと私は考えている。このような教育もなく、ただ訓練を重ねるだけでは視野が狭くなり、その訓練をどのような目的で行うのか考えることができなくなる。だから、いろいろな本を読み、偉人の言葉に接することが大切なのだ。

日頃から知識を吸収して知性を広げていこうと思ったら、優れた文学を読む習慣を身につけることにまさる方法はない。これもまた波及効果の大きい第Ⅱ領域の活動である。読書を通じて、古今東西の偉大な知性に触れることができる。ぜひ一ヵ月に一冊のペースで読書を始めてみてほしい。それから二週間に一冊、一週間に一冊というようにペースを上げていくとよいだろう。「本を読まない人は、読めない人と何ら変わらない」のである。

優れた古典文学や自伝、文化的な視野を広げてくれる良質の雑誌、現代の多様な分野の書籍を読むことによって、自分のパラダイムが広がり、知性の刃を研ぐことができる。本を読むときにも第5の習慣を実践しよう。まず理解に徹しようと思いながら読めば、知性の刃はいっそう鋭くなる。著者が言わんとしていることを理解しないうちに、自分の経験に照らして内容を判断してしまったら、せっかくの読書の価値も半減してしまう。

文章を書くことも、知性の刃を研ぐ効果的な手段である。考えたことや体験したこと、ひらめき、学んだことを日記につけることは、明確に考え、論理的に説明し、効果的に理解できる能力に影響を与える。手紙を書くときも、ただ出来事を書きならべて表面的な話に終始するのではなく、自分の内面の奥底にある考えや思いを文章で伝える努力をすることも、自分の考えを明確にし、相手からわかってもらえるように論理的に述べる訓練になる。

スケジュールを立てたり、何かを企画したりすることも、第2、第3の習慣に関わる知性の再新再生になる。計画を立てるのは、終わりを思い描くことから始めることであり、その終わりに至るまでのプロセスを頭の中で組み立ててみることである。知力を働かせ、始めから終わりまでのプロセスを思い描き、想像してみる。一つひとつのステップを事細かく思い描くことまでしなくとも、全体の道筋を見渡してみればいい。

「戦争の勝敗は将軍の天幕の中で決まる」と言われる。最初の三つの側面――肉体、精神、知性――の刃を研ぐ努力を、私は「毎日の私的成功」と呼んでいる。あなたの内面を磨く時間を毎日一時間とることを勧めたい。これから一生、毎日一時間でよいから、ぜひそうしてほしい。

一日のうちわずか一時間を自分の内面を磨くことに使うだけで、私的成功という大きな価値と結果が得られるのである。あなたが下すすべての決断、あらゆる人間関係に影響を与えるだろう。一日の残り二三時間の質と効果が向上する。睡眠の質までよくなり、ぐっすりと眠って肉体を休ませられる。長期的に肉体、精神、知性を日々鍛え、強くし、人生の難局に立ち向かい乗り越えられるようになるのだ。

フィリップス・ブルックス（訳注：米国の宗教家）は次のように言っている。

これから何年か先、君が大きな誘惑と格闘しなければならない日がくるだろう。あるいは人生の深い悲しみを背負い、その重さにうちふるえる日がくるだろう。しかし本当の闘いは、今ここですでに始まっている。大きな悲しみや誘惑にぶつかったとき、惨めな敗北を喫するか、栄光の勝利を手にするか、それは**今**決まりつつある。人格をつくるには、こつこつと努力を重ねていく以外に方法はないのだ。

社会・情緒的側面

肉体、精神、知性の側面は、パーソナル・ビジョン、パーソナル・リーダーシップ、パーソナル・マネジメントの原則を中心とした第1、第2、第3の習慣と密接に関わっている。それに対して社会・情緒的側面は、人間関係におけるリーダーシップ、共感による相互理解、創造的協力の原則を中心とした第4、第5、第6の習慣と関係するものである。

社会的側面と情緒的側面は結びついている。私たちの情緒は主に人との関係によって育まれ、表に出てくるからである。

肉体、精神、知性の再新再生には時間がかかるが、社会・情緒的側面については、それほど時間をかけなくとも再新再生できる。普段の生活で人と接する中で十分にできるからだ。しかし、訓練は必要となる。他者との関係を築く第4、第5、第6の習慣を実行するために必要な私的成功のレベルを獲得し、さらに公的成功のスキルを身につけていなければならない。

たとえば、あなたが私の人生で重要な位置を占める人物だとしよう。上司、部下、同僚、友人、隣人、配偶者、子ども、親類など、どうしても接しなければならない人物、無視することのできない人物で、あなたと私は、何かの目的を達成するか、重要な問題を解決するために、あるいは難局を切り抜けるために、話し合い協力しなければならない状況にあるとしよう。しかし私たちはものの見方が違っている。あなたと私は違う眼鏡をかけている。あなたには若い女性に見える絵が、私には老婆に見えるのだ。

そこで私は第4の習慣を実践して、あなたにこう提案する。「あなたと私とでは、この問題に対する見方が違うようですね。よく話し合って、お互いに満足できる道を探しませんか？ どうでしょう？」こう言われれば、ほとんどの人は「やってみましょう」と答えるはずである。

次に私は第5の習慣に移り、「最初にあなたの考えを聴かせてください」と言う。次に何と答えようかと考えながら聞くのではなく、あなたの身になって共感しながら聴く。あなたのパラダイムを深く、隅々まで理解するつもりで聴く。あなたの主張をあなたと同じくらい正確に説明できるようになったら、今度はあなたにわかってもらえるように自分の考えを述べる。

私とあなたがお互いに満足できる解決策を求めようという決意を持ち、お互いの観点を深く理解できれば、私たちは第6の習慣に進むことができる。認め合った意見の違いを踏まえたうえで、あなたと私がそれぞれ最初に提示していた案よりも優れた第3の案を見つけるために力を合わせるのである。

第4、第5、そして第6の習慣において成果を出すには、基本的に知性の問題ではなく感情の問題である。心の安定と密接に関係しているのである。

心の安定を自分の内面にあるものから得ている人は、公的成功の習慣を実践できる強さを持っている。内面が安定していない人は、知力がどれほど高くとも、人生の難しい問題で自分とは違う考えを持つ相手に対して、第4、第5、第6の習慣を実践してみたところで、自分との違いを脅威に感じて尻込みしてしまうだろう。

心の安定の源はどこにあるのだろうか。他の人たちにどう見られているかとか、自分がどんな扱いを受けるかというようなことから得られるのではない。他者から渡された脚本から得られるのでもない。周りの環境や自分の地位も心の安定を与えてはくれない。

心の安定は自分自身の内側から生まれる。頭と心に深く根づいた正確なパラダイムと正しい原則から生まれる。心の奥深くにある価値観と一致する習慣を日々実践する誠実な生き方、内から外へ、インサイド・アウトの生き方から生まれるのである。

自分の価値観に誠実に生きることが、自尊心を呼び起こす源だと私は確信している。昨今売れている本の中には、自尊心は気の持ちようだとか、考え方や態度次第でどうにでもなるとか、その気になれば心の平和は得られるといったようなことが書いてあるものも多いが、それは違うと思う。

心の平和は、自分の生き方が正しい原則と価値観に一致していて初めて得られるものであり、それ以外はないのである。

他者との相互依存の関係から得られる心の平和もある。Ｗｉｎ－Ｗｉｎの解決策がきっとある、人生は白か黒かの二つの一つではない、お互いのためになる第３の案が必ず見つかるはずだ。そう思えば内面は安定していられる。自分の考え方を否定しなくとも、そこから一歩出れば相手を理解できるのだと思えば、心は安定する。本当の自分を見せて、他者と創造的に協力し、相互依存の習慣を実践して新しいものを見つける体験をすれば、心は少しもぐらつかず、しっかりと安定していられるのである。

人に奉仕し、人の役に立つことも心の安定をもたらす。その意味からすれば、あなたの仕事も心の安定を与える源になる。創造力を発揮して仕事に取り組み、世の中に貢献していると思えるとき、あなたは心の安定を得られるはずだ。人知れず奉仕活動をすることも同じである。誰もそのことを知らないし、誰かに知らせる必要もない。人に褒めてもらうことではなく、他の人たちの人生が豊かになるように奉仕することが大切なのである。目的は人に働きかけ、良い影響を与えることであって、認められることではない。

ヴィクトール・フランクルも、人生に意味と目的を見出すことがいかに重要であるか力説している。それによって自分の人生を超越し、自分の内面にある最高の力を発揮できるのである。ストレスの研究で名高い故ハンス・セリエ博士は、健康で幸せに長生きする鍵は、世の中に貢献し、人のためになり、自分の気持ちも高揚する有意義な活動に身を捧げ、人の生活に喜びをもたらすことだと述べている。博士の座右の銘は、「汝の隣人に愛されるように努めよ」であった。

ジョージ・バーナード・ショー（訳注：英国の劇作家）は次のように語っている。

これこそ人生の真の喜びである――自らが大切だと信じる目的のために働くことである。それは自然の力と一体になることであって、世界が自分を幸せにしてくれないと嘆いたり、不平を言ってばかりいる利己的な愚か者になることではない。私は自分の人生がコミュニティ全体に属するものであると考える。したがって、命ある限りコミュニティのために尽くすことは私の名誉なのだ。死ぬときには自分のすべてを使い果たしていたい。なぜなら働けば働くほど、より生きているということだからだ。私は生きることにこの上ない歓びを感じる。私にとって人生とは短いろうそくではない。それは私に手渡され、私が今このときに掲げている松明のようなものだ。だからそれを次の世代に手渡すまで、できる限り赤々と燃やし続けたいのである。

同じように、N・エルドン・タナー（訳注：米国の宗教家）はこう言っている。「奉仕とは、この地球に住む特権を得るための家賃である」人に奉仕する方法はいくらでもある。教会や奉仕団体に属していようがいまいが関係ない。多くの人のためになる仕事に就いているかどうかも関係ない。少なくとも一人の誰かに無条件の愛を注ぐ機会なしに一日が終わることはないはずだ。

他者への脚本づけ

ほとんどの人は、自分の周りの人たちの意見やものの見方、パラダイムに脚本づけされている。そのような社会通念の鏡に映った自分の姿が本当の自分だと思っている。しかし、相互依存の状態にいる人は、他者にとっては自分自身も社会通念の鏡の一部であることを自覚している。

私たちは、その鏡に歪みのない鮮明な他者の姿を映してあげることができる。相手の主体性を認め、責任ある個人として接すれば、その人の本来の姿を映し出すことができる。その人が、原則を中心に置き、自分の価値観を大切にして自立し、世の中のためになる人間として生きていく脚本を書く手助けができる。豊かさマインドを持っている人なら、相手のポジティブな部分を映し出してあげても何も損なうものはない。それどころか、あなたの手助けによって本来の主体性が引き出された人と接する機会が増えるのだから、あなたにとってもプラスになるのである。

あなたのこれまでの人生を振り返ってみてほしい。すっかり自信をなくしていたとき、あなたを信じていてくれた人がいたはずだ。その人はあなたに良い脚本を与えてくれた。それがあなたの人生にどれだけ大きな影響を及ぼしただろうか。

もし、あなたが他者の良いところを認め、その人に良い脚本を与えることができるとしたらどうだろう。社会通念の鏡に映った自分が本当の自分だと思い込み、人生の坂道を転げ落ちようとしている人がいたら、あなたはその人の可能性を信じて、坂道を登っていけるように上を向かせることができる。その人の話に耳を傾け、その人の身になって共感する。その人の責任を肩代わりしてやるのではなく、その人が主体的な人間になって責任を果たせるように励ますのである。

『ラ・マンチャの男』というミュージカルをご存じだろうか。中世の騎士がアルドンサという娼婦に出会う美しい物語である。娼婦であるアルドンサは、人々から見下され、ふしだらな女と決めつけられていた。

しかし、詩人の心を持つ騎士は、彼女の中にまったく違う姿を見出していた。彼の目には、美しく気高い女性が映っていたのである。騎士はアルドンサの素晴らしさを何度も彼女に伝えた。そして彼女にドルシネアという新しい名前を与えた。それを機に、彼女の人生に新しいパラダイムがもたらされる。

最初のうち、騎士にいくら認められても、彼女は騎士をかたくなに拒絶していた。古い脚本の力はちょっとやそっとでは崩れないのである。騎士を頭のおかしい空想家だと思い、軽くあしらっていた。しかし、騎士は諦めずに無条件の愛を注ぎ続け、彼女の古い脚本に少しずつ入り込んでいった。騎士の態度が彼女の本来の姿を呼び戻し、彼女の内面に眠っていた可能性を引き出す。やがて彼女も騎士の態度に反応し始める。少しずつ、彼女は自分の人生のあり方を変えていく。騎士が映し出してくれる自分の姿を信じ、その新しいパラダイムに従って生き、周りの人たちがため息をつくほど変わっていくのである。

その後、彼女が以前のパラダイムに戻りかけたとき、騎士は彼女を自分の病床に呼び、「見果てぬ夢」という美しい歌を唄い、彼女の目をじっと見つめてささやいた。「君はドルシネアだ。それを忘れてはいけない」

自己達成予言にまつわる有名な逸話を紹介しよう。イギリスの学校で起こった話である。コンピューターのプログラミングを間違ったために、成績の優秀なクラスが「劣等」となり、成績の劣るクラスが「優等」となってしまった。このコンピューターから出力されるデータは、学年度の初めに教師に手渡され、教師はその資料をもとに受け持つクラスの学力を把握して授業の準備をした。

五ヵ月半後にようやくプログラミング上のミスが判明したのだが、学校側はその事実を伏せたまま、生徒たちに知能テストを実施することにした。結果は驚くべきものだった。本当の「優等生」たちのIQはかなり下がってしまっていた。知力が劣り、非協力的で教えにくい生徒というレッテルを貼られ、そのような扱いを受けてきた結果だった。教師の間違ったパラダイムが実際に生徒たちに影響を与え、自己達成予言となったのである。

一方、本当は「劣等生」だったはずの生徒たちのIQは上がっていた。教師はこの生徒たちを優等生として扱い、一人ひとりの生徒に対する教師の期待が生徒自身にも伝わり、子どもたちは熱意と希望を持って積極的に授業に取り組んだ結果だった。

教師たちは、新学年になって最初の数週間の印象を尋ねられて、「どういうわけか、それまでの指導方法がうまくいかなかったので、教え方を変えてみました」と答えている。渡されたデータでは優秀な生徒たちなのだから、うまくいかないのは教え方に問題があるのだと思い、教え方を工夫したのである。教師たちは主体的になり、影響の輪の中に力を注いだ。要するに、生徒の学力が劣っているように見えるなら、それは教師の側に問題があるのであって、柔軟な対応が欠如しているからなのである。

私たちは他者に対して、そこにどんな姿を映してあげているだろうか。そして、それらは彼らの人生にどれだけの影響を及ぼしているだろうか。他者の姿は、その人の人生に計り知れない影響を及ぼしているのである。ものの見方を変えれば、他の人たちの信頼口座に大きな預け入れができる。配偶者、子ども、同僚、部下と接するとき、相手の内面に眠っている潜在能力が見える人は、記憶よりも想像力を使う。相手にレッテルを貼ろうとせず、会うたびに新鮮な目でその人を見ることができる。そうしてその人自身が自立し、深い満足感を持ち、豊かで生産的な人間関係を育てていけるように手助けするのである。

ゲーテは次のような言葉を残している。

「現在の姿を見て接すれば、人は現在のままだろう。人のあるべき姿を見て接すれば、あるべき姿に成長していくだろう」

再新再生のバランス

自分を再新再生するプロセスを行うためには、肉体、精神、知性、社会・情緒の四つの側面すべてにわたってバランスよく刃を研がなくてはならない。

四つの側面はそれぞれに大切だが、四つのバランスを考えて磨くことによって最大の効果が得られる。どれか一つでもおろそかにしたら、他の三つの側面に必ず悪影響が及ぶ。

これは個人に限らず組織でも同じである。組織の場合で言えば、肉体的側面は経済性である。知的側面は、人材を発掘して能力を開発し、有効に活用することだ。社会・情緒的側面は、人間関係やスタッフの処遇である。そして精神的側面は、組織の目的や貢献、組織としての一貫した姿勢を通して存在意義を見出すことである。

これら四つのうちどれか一つでも刃が鈍っていたら、組織全体に悪影響が波及していく。大きくポジティブなシナジーを創り出すはずの創造的なエネルギーが、組織の成長と生産性を妨げる抑止力になってしまうのだ。

経済的側面の刃しか研がない組織は少なくない。金儲けだけを考えている組織だ。もちろん、その本音をおっぴらには言わない。表向きには聞こえのよい目的を掲げている場合もある。しかし一皮むけば、金を儲けることしか眼中にない。

このような企業では必ず、ネガティブなシナジーが創り出されている。部門間の争い、保身優先で建前だけのコミュニケーション、政治的な駆け引き、策略などが横行している。たしかに利益がなければ組織は効果性を発揮できなくなるが、組織の存在意義はそれだけではない。人は食べなければ生きてはいけないが、食べるために生きているわけではないのだ。

これと対極にあるのが、社会・情緒的側面の刃だけをせっせと研いでいる組織である。このような組織は、組織の価値基準から経済性を排除したらどうなるかという社会的実験を行っているようなものである。組織の効果性を測る基準を設定していないから、あらゆる活動の効率が落ち、非生産的になって、しまいには市場から追い出されるのである。

四つの側面のうち三つまでなら刃を研いでいるが、四つ全部まで手がまわらない組織が多いのではないだろうか。たとえば、組織としてのサービス水準（精神的側面）、高い経済性（肉体的側面）、良い人間関係（社会・情緒的側面）はうまく再新再生できていても、才能を見出し、能力を伸ばして有効に活用し、認める知的側面は手薄になっているというようなケースだ。この知的側面の刃が鈍っている組織のマネジメント・スタイルは、見た目は穏やかだが内実は独裁で、その結果、組織内の反発や抗争、高い離職率など深刻で慢性的な文化の問題を抱えることになる。

個人だけでなく組織においても効果的に力を発揮するためには、四つの側面すべてをバランスよく伸ばし、再新再生する努力が必要である。どれか一つでも刃が鈍っていたら、それが組織の効果性と成長を妨げる抑止力として働く。組織でも個人でも、四つの側面のすべてをミッション・ステートメントに盛り込めば、バランスのとれた再新再生の枠組みになるだろう。

このような継続的改善のプロセスがＴＱＣ（Total Quality Control：全社的品質管理）の核をなすものであり、日本経済の発展を支えているのである。

再新再生のシナジー

バランスのとれた再新再生そのものが、シナジーを創り出す。四つの側面は密接な相関関係にあるから、どれか一つの側面の刃を研げば、他の側面に良い影響を与える。肉体の健康は精神の健康に影響し、精神の強さは社会・情緒的な強さに影響する。一つの側面の刃が鋭くなれば、他の三つの側面の刃も鋭くなる。「7つの習慣」によって四つの側面のシナジーが創り出される。四つの側面のどれか一つの刃を研ぐと、「7つの習慣」のうち少なくとも一つを実践する能力が高まる。習慣には順番があるとはいえ、どれか一つの習慣が改善されると、シナジー的に他の六つの習慣を実践する力も高まっていくのである。

たとえば、あなたが主体的に行動するほど（第1の習慣）、自分の人生を自分で導くパーソナル・リーダーシップ（第2の習慣）と自分を律するパーソナル・マネジメント（第3の習慣）の能力が向上する。パーソナル・マネジメントの能力が高まれば、第Ⅱ領域に属する再新再生の活動（第7の習慣）を実行できるようになる。そして、まず相手を理解する努力をするほど（第5の習慣）、お互いの間にシナジーが創り出され、Ｗｉｎ－Ｗｉｎの結果を効果的に見出せるようになる（第4、第6の習慣）。自立に至る習慣（第1、第2、第3の習慣）のどれか一つでもしっかり身につければ、相互依存の関係を育む習慣（第4、第5、第6の習慣）を効果的に実践できるようになる。そして再新再生（第7の習慣）は、他の六つの習慣すべてを再新再生させるプロセスなのである。

肉体的側面を再新再生する活動は、あなたの自信を強くし、自覚と意志、主体性を向上させる（第1の習慣）。周りの環境から影響を受けるのではなく、自分から働きかけること、どんな刺激に対しても反応を自分で選択することで、主体的に行動できるようになるのだ。おそらくはこれが、定期的に運動して肉体的側面の刃を研ぐ最大のメリットだろう。毎日の私的成功の一つひとつが、心の安定口座への預け入れになるのである。

精神的側面を再新再生する活動は、あなたのパーソナル・リーダーシップを育てる（第2の習慣）。記憶だけに頼らず、想像力を働かせ、良心に従って生きる能力が向上するのである。あなたの内面の奥底にあるパラダイムと価値観を深く理解し、正しい原則を内面の中心に据え、自分の人生のミッションを明らかにし、正しい原則と一致した生活を送れるように人生の脚本を書き直し、内面の強さの根源を生かして生きていけるようになる。精神の再新再生によって私生活が豊かになることも、心の安定口座への預け入れになる。

知的側面を再新再生する活動は、あなたのパーソナル・マネジメント能力を高める（第3の習慣）。一週間なり一日なりの計画を立てることで、波及効果の高い第Ⅱ領域の活動に意識が向き、優先すべき目標、自分の時間と労力を投じるべき活動をはっきりと認識し、優先順位に従って活動を計画し実行できるようになる。継続的に自己研鑽を行うことによって、知識が豊かになり、選択肢が広がっていく。個人の経済的安定は仕事や社会からもたらされるのではなく、自らの生産能力——自分で考え、学び、創造し、変化に対応する力——から得られる。それが本当の意味での経済的自立である。経済的自立とは富を持つことではなく、富を生み出す能力を持つことであり、その能力は自分自身の内面で育てるべきものなのだ。

毎日の私的成功は、「7つの習慣」を身につけ実践する鍵である。毎日少なくとも一時間、肉体、精神、知性の刃を研ぎ、日々私的成功を重ねていくことは、あなたの影響の輪の中でできる努力である。この毎日の一時間は、「7つの習慣」を生活に根づかせ、原則中心の生き方をするために必要な第Ⅱ領域の活動に投資する時間なのである。

また、毎日の私的成功は「毎日の公的成功」の土台にもなる。内面がぐらつかず安定していてこそ、社会・情緒的側面の刃を研ぐことができるからである。毎日の私的成功の土台があれば、相互依存の社会において自分の影響の輪に力を注ぐことができ、豊かさマインドのパラダイムを通して他者を見られるようになり、自分と他者の違いを尊重し、他者の成功を心から喜べるようになり、他者を本気で理解してシナジーを創り出し、Ｗｉｎ－Ｗｉｎの解決策を見つける努力ができるようになり、相互依存の現実の中で第4、第5、第6の習慣を実践する土台ができるのである。

上向きの螺旋

再新再生は、成長と変化を繰り返しながら、螺旋階段を登るようにして自分自身を継続的に高めていく原則である。

この螺旋階段を確実かつ継続的に登っていくためには、再新再生に関するもう一つの側面について考える必要があり、それによって人は螺旋階段を降りるのではなく、上へ上へと登っていけるのである。それは人間だけに授けられた能力の一つ、良心である。フランスの小説家スタール夫人の言葉を借りよう。

「良心の声はいかにもか細く、もみ消すことは簡単である。しかしその声はあまりにも明解で、聞き間違えることはない」

良心とは、心の声が聞こえる限り私たちが正しい原則に従っているかどうかを感じとり、正しい原則に近づかせてくれる持って生まれた才能なのだ。

スポーツ選手にとっては運動神経と肉体を鍛えることが不可欠であり、学者にとっては知力を鍛えることが不可欠であるように、真に主体的で非常に効果的な人間になるためには良心を鍛えなければならない。しかし良心を鍛えるには、より高い集中力、バランスのとれた自制心が必要であり、良心に誠実であることを常に心がけなければならない。精神を鼓舞するような書物を定期的に読み、崇高な思いを巡らせ、そして何より、小さく、か細い良心の声に従って生きなければならないのである。

ジャンクフードばかり食べ、運動しない生活を続けていれば肉体の調子がおかしくなるのは当然である。それと同じように、下品なもの、猥褻なもの、卑劣なものばかりに接していたら、心に邪悪がはびこって感受性が鈍り、善悪を判断する人間本来の自然な良心が追いやられ、「バレなければかまわない」という社会的な良心が植えつけられてしまう。

ダグ・ハマーショルドは次のように語っている。

己の中の野性が暴れるとき、人は完全に動物になっている。嘘をつくとき、人は真理を知る権利を放棄している。残酷な行為を働くとき、人は知性の感覚を失っている。きれいな庭をつくりたい者は、雑草の生える場所を残しておきはしないのだ。

私たち人間は、いったん自覚を持ったなら、自分の人生を方向づける目的と原則を選択しなければならない。その努力を怠ったら、刺激と反応の間にあるスペースは閉ざされ、自覚を失い、生存することと子孫を残すことだけを目的に生きる下等動物と同じになってしまう。このレベルで存在している人は、生きているとは言えない。ただ「生かされている」だけである。人間だけに授けられた能力は自分の中でただ眠っていて、それらを意識することもなく、動物のように刺激に反応して生きているにすぎないのである。

人間だけに授けられた能力を引き出し、発揮するのに近道はない。収穫の法則はここでも働いている。種を蒔いたものしか刈り取れないのであって、それ以上でもそれ以下でもない。正義の法則は時代を超えて不変であり、自分の生き方を正しい原則に近づけるほど、判断力が研ぎ澄まされ、世の中の仕組みがよく見えてくるし、私たちのパラダイム——私たちが生きる領域を示す地図——も正確になっていくのである。

上向きの螺旋を登るように成長していくためには、良心を鍛え、良心に従って再新再生のプロセスを一歩ずつ進んでいく努力をしなければならない。良心が鍛えられれば、私たちは自由、内面の安定、知恵、力を得て、正しい道を歩んでいくことができる。

上向きの螺旋階段を登るには、より高い次元で**学び**、**決意**し、**実行**することが求められる。このうちのどれか一つだけで十分だと思ったならば、それは自分を欺いていることになってしまう。たえず上を目指して登っていくには、学び、決意し、実行し、さらにまた学び、決意し、実行していかなくてはならないのである。

成長の螺旋

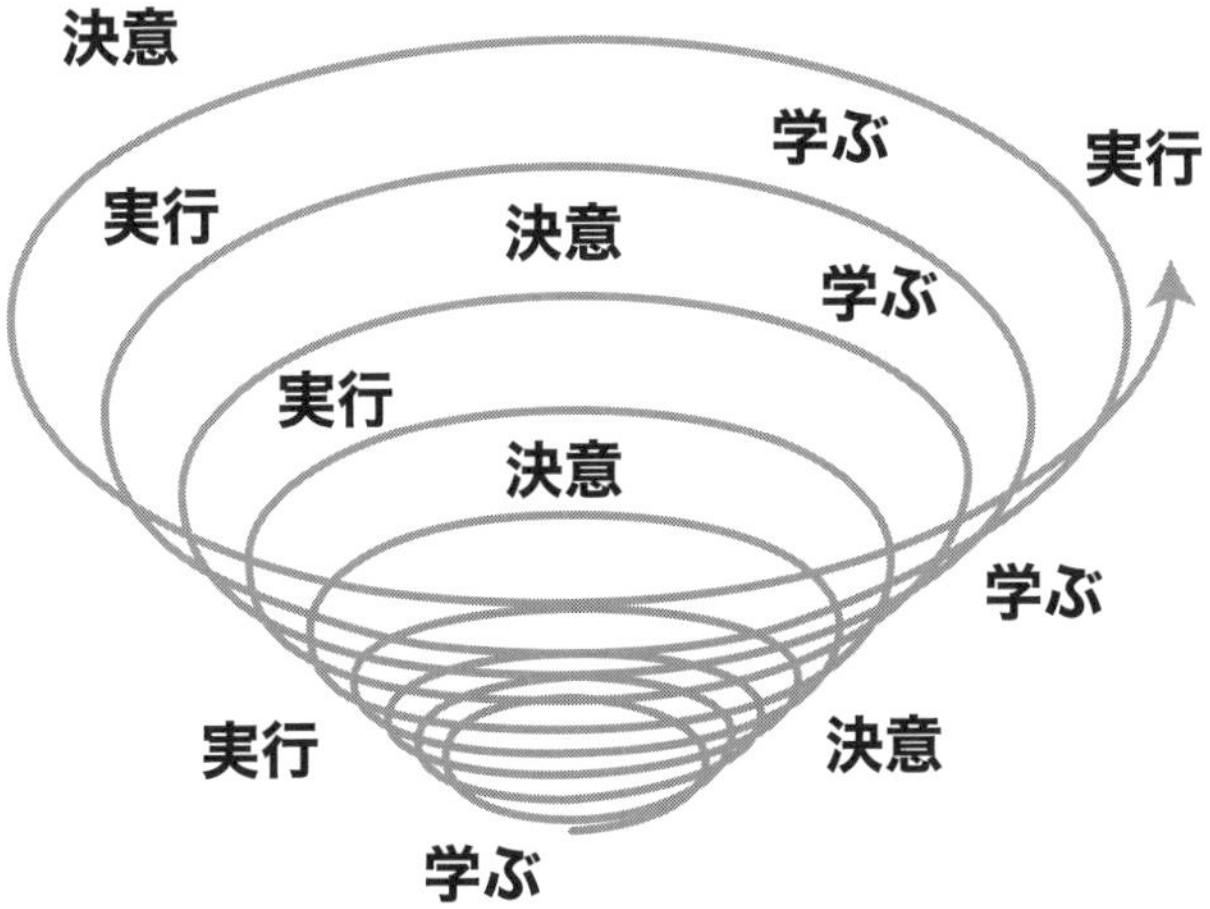

第7の習慣：刃を研ぐ　実践編

1　肉体を健康的な状態に維持する活動をリストアップしてみる。自分のライフスタイルに合っていて、楽しみながら長く続けられる活動を考えてみよう。

2　1でリストアップした活動の中から一つ選び、来週のスケジュール表に自分を高めるための目標として書き込んでおく。週末に自己評価してみる。目標を達成できなかったら、その目標よりも重要な用事ができて、それを優先しなければならなかったからなのか、それとも自分で決めたことを守れず、自分の価値観に忠実でなかったからなのか考えてみよう。

3　精神的側面と知的側面についても、同じように再新再生の活動のリストをつくってみる。社会・情緒的側面では、改善したい人間関係や、公的成功においてより大きな効果性をもたらす具体的な状況をリストアップしてみる。それぞれのリストから一週間の目標を一つ選び、実行し、自己評価する。

4　毎週、四つの側面のそれぞれについて「刃を研ぐ」活動を書いて決意し、実行する。結果を自己評価する。

新たなインサイト

第７の習慣　刃を研ぐ

ショーン・コヴィー

『ハミルトン』は私の一番好きなミュージカルだ。初めて観たあと、作者のリン＝マニュエル・ミランダのことを詳しく調べた。ミランダが刃を研がずにいたら、『ハミルトン』が日の目を見ることはなかったかもしれないと知って、興味をそそられた。ミランダはミュージカル『イン・ザ・ハイツ』を七年間ノンストップで上演し、二〇〇八年、この作品でついにブロードウェイ進出を果たした。デビュー作でトニー賞四部門を受賞し、ようやくメキシコで休暇をとることができた。そしてビーチで軽く読もうと、ロン・チャーナウ著『ハミルトン──アメリカ資本主義を創った男』（井上廣美訳、日経BP）を荷物に詰めた。ほとんど忘れられている建国の父の詳細な伝記である*。

ミランダはアリアナ・ハフィントンのインタビューにこう答えている。「頭が休息したとたん、ハミルトンが頭の中に入ってきた。それまでの人生で最高のアイデアがバカンス中に浮かんだのは偶然でもなんでもない。後にも先にも最高のアイデアだと思う」*

＊ Hamilton History. (n.d). 参照：https://www.linmanuel.com/hamilton

＊ Almendrala, A. (2016, June 23). “Lin-Manuel Miranda’s Greatest Idea Came To Him On Vacation.”
参照：https://www.huffpost.com/entry/lin-manuel-miranda-says-its-no-accident-hamilton-inspiration-struck-on-vacation_n_576c136ee4b0b489bb0ca7c2.

そのアイデアの種から『ハミルトン』が生まれたのだった。それは興行記録を塗り替え、文化的現象となり、ミランダはピューリッツァー賞、エミー賞、グラミー賞、さらには一一部門でトニー賞を獲得した。

ミランダとは違って、アレクサンダー・ハミルトン自身は再新再生の原則に忠実ではなく、その代償を払ったことは言っておいたほうがいいだろう。ミュージカルでは、妻のエリザが楽曲「テイク・ア・ブレイク」で休みをとるようハミルトンに懇願するが、彼は応じない。アリアナ・ハフィントンによれば、燃え尽き症候群、具体的には睡眠障害が、大統領になるというハミルトンの希望を打ち砕き、結婚生活を脅かし、最後には命を奪った。ハフィントンはこう書いている。「ハミルトンが活躍できたのは燃え尽きるほど働いたからではない。むしろ、そうであったにもかかわらず、なのである。エリザの助言に耳を傾けて休息をとっていたなら、あれほど身を捧げた国家の建設にもっと時間を注げただろう」*

ミランダが描いたハミルトンをめぐる教訓とは違って、著名な大統領伝記作家のドリス・カーンズ・グッドウィンによれば、フランクリン・デラノ・ルーズベルトは第二次世界大戦中の最も危機的な時期に一〇日間も釣り旅行をしていたという。しかしそれでも、米国による同盟国への武器貸与を可能にする重要なレンドリース法を思いついたのは、じつはこの旅行中だった。グッドウィンはまた、南北戦争中、エイブラハム・リン

* Huffington A. (n.d.). “Alexander Hamilton: Father of American Banking and American Burnout.” 参照 : https://www.linkedin.com/pulse/alexander-hamilton-father-american-banking-burnout-arianna-huffington.

カーンが劇場に足しげく通っていたことも指摘している。「照明が落ち、シェークスピア劇が始まると、リンカーンは戦争のことを忘れ、貴重な数時間で頭をすっきりさせたことだろう。またテディ・ルーズベルトは大統領になってからも午後の二時間はかかさず運動していた。テニスの試合に興じたり、ロック・クリーク・パークの木々に覆われた崖を登ったり、ボクシングやレスリングをしたりしていたのだ」＊

私たちはこれらの教訓を私たち自身の文化の問題として真剣に受け止めてこなかった。燃え尽き症候群は増え続けている。孤独も増え続けている。パソコンやスマホの画面を見る時間も増え続けているのだ。

＊ FranklinCovey. (2018, October 16). "On Leadership with Scott Miller." Salt Lake City, UT

毎日の私的成功を果たす

私もこの罠《わな》にはまっている一人だが、刃を研がずにいていいわけがないことは経験から学んだ。ものすごく忙しかった時期のある日、仕事から帰宅すると、三フィートもあるコンゴウインコがキッチンテーブルくらいの鳥かごに入っていた。妻と娘が私に一言の相談もなく買ったのだった。この巨大なインコが地面を揺るがすような鳴き声をあげるのを聞いていて、鳥は恐竜から進化したという説に間違いはないと確信した。その晩、インコの金切り声があまりにうるさく、近所の二軒から「大丈夫ですか」と電話がきたほどだった。家族全員が忙しかったから、またもペットを飼うなんてあり得ないことだった。「なんで相談しなかったんだよ」私は声を荒げた。この出来事に不意をつかれ、妻のレベッカに当たり散らしてしまったのだ。

翌朝、目を覚ましても疲労感が残っていて、今日は忙しいから刃を研げないなと思ったが、ふと頭の後ろから父の声が聞こえたような気がした。「忙しくてガソリンを入れる時間もなく運転し続けたことがあったかね?」そこで私はベッドを出て階下に降り、三〇分ほどエクササイズをした。それから本を読み、その日の計画を立てた。さらにミッション・ステートメントと個人目標に目を通していると、鳥のことで昨晩レベッカに投げつけた乱暴な言葉を良心の声が思い出させてくれた。出勤の仕度をしてから、私はきちんと椅子に座り、妻に謝った。謝ってよかった。妻も機嫌をなおして私を許し、ハグして送り出してくれた。

職場に着いたときには心身ともに快調だった。その日は何百万ドルにもなる重要な決断をいくつか下すことになっていたからなおさら、そうでなくてはならなかった。幸運も手伝って、私は思いどおりの確かな決断を下すことができた。朝に私的成功を果たしていたからこそ、このような成果を出せたのだ。しかも、それには一時間しかかかっていないのである。

私の父は、再新再生の習慣を本気で実践していた。明け方、本や雑誌を読みながら永遠にエアロバイクを漕ぎ続けるのではないかと見えた。明け方の時間を大切にしていたのは、多くのことを着想し、アイデアを思いついたからだろう。父はハードワークをこなし、数えきれないほど出張していたが、スケジュールは必ず早朝に組んでいた。そして、休暇には家族を連れてモンタナの山小屋ですごすのをことのほか好んでいた。そこでは早起きしてマウンテンバイクで長い距離を走り、途中どこかで止まって何かを読み、思索していた。朝のツーリングから意気揚々と帰ってきて、力のこもった声で「今朝は最高のアイデアを思いついた！」というようなことを言う父の姿は、子どもの頃の忘れられない記憶の一つである。父のエネルギーがこちらにも伝染するようだった。

わが家は大家族だったから、いつも何かとせわしないのに、父は早寝早起きだった。週末や親せきが集まるときには、父抜きで映画に行き、ジャンクフードを食べ、夜遅くまでおしゃべりした。部屋の中を見わたして「あれ、お父さんは?」と言うと、もうベッドに入っているのだった。朝、父は家族全員がまだ寝ているうちに起きて、エクササイズし、思索し、本を読み、何かを書いていた。

「おまえたち、もっと本を読まなきゃだめだ。私なんか一週間に一〇冊は読んでいるぞ」と父はよく言っていた。私たちきょうだいは「そんなのうそだ。お父さんは流し読みしているだけでちゃんと読んでない。だから一〇冊にはならないよ」と言い返したりしていた。

父はまた、母と小さなバイクで近所を走りまわりながら「いろいろ話す」時間も大切にしていた。実際のところ、父の社会的成功と強固な人間関係のほとんどは、毎日自分自身に集中し、私的成功を日々積み重ねることから生まれていたのである。

人間は、肉体、心情、知性、精神の四つの側面でできている。四つの側面がそれぞれに依存しあい、常に養分を必要としている。自動車の四本のタイヤのように、一本のタイヤの空気が抜けていれば、四本がばらばらにすり減っていく。疲れていたら(肉体)、愛情(心情)を示すことは難しい。しかしやる気があって内面の調和がとれていれば(精神)、より適切な判断が下せるし(知性)、敬意を持って人に接することができる(心情)。

刃を研ぐ習慣は第Ⅱ領域の活動である。重要だが緊急ではない活動だ。これは無意識にできるものではない。意識して優先的に行わなければならない。だが第Ⅱ領域の活動のすべてがそうであるように、刃を研ぐことにかける時間とエネルギーは大きな果実になって返ってくる。自分のために時間を使うことに罪悪感をおぼえてはいけない。飛行機に乗っているときに客室の圧力が下がったとき、自分の酸素マスクを着けなければほかの人たちに手助けすることはできない。酸素が欠乏して意識がなくなったら、親友も、三歳のわが子でさえ助けることはできないのだ。

テクノロジーに支配されるな

テクノロジーは時間とエネルギーを吸い取っていく。これほど刃を鈍らせるものに、人間はいまだかつて出会ったことはない。

先日、うちの子どもたちが通う中学校でテクノロジーの使い方に関する講演会があった。講堂はアドバイスが欲しくてたまらない親たちでいっぱいで、私は通路に座らなければならなかった。講演者は、ティーンエイジャーがパソコンやスマホの画面に向かっているのは週に三五時間にものぼり、これでは脳の配線もおかしくなると言った。講演者によれば、過剰なソーシャルメディアは往々にして鬱や不安につながり、人気のあるサイトの多くは暴力やポルノをそそのかし、弱みにつけこむ悪党であふれている。注意すべきこととして、家庭でテクノロジーの使い方をコントロールできないと、テクノロジーのほうが家庭をコントロールし、有害な影響をもたらす、というのが講演の要点だった。「お子さんと相談して、家族のテクノロジー契約書を作成してください。テクノロジーの使い方に関するWin-Winの合意のようなものです」と言って、私たち親を励ましてくれた。

そこで妻と私は家で三人の子どもたちと話し合い、「コヴィー家テクノロジー契約書」なるものを作成した。「君たちのスマホプランの料金を支払っているのはお父さんとお母さんなんだぞ」と念を押してから、いろいろなことを合意した。使用時間は一日三時間までにした。スマホは毎晩キッチンのドッキングステーションで充電する。ベッドにスマホを持っていってはいけない。食事のときや車の中ではデバイスを使わないルールには、しぶしぶ同意した。

「でもあきちゃうよ」息子が不満を言った。

「飽きるのは脳にはいいことだよ」と私は答えた。「それに家族でおしゃべりできるようにならないとね」

すべて契約どおりにいったわけではない。ベッドにスマホを持っていくこともあった。しかし子どもたちはおおむね契約を守り、わが家に大きな変化をもたらした。契約書を作成する前、一一歳の息子ワイアットはビデオゲームにはまっていた。あるとき彼は時間の約束を守れなかったため、強制的にやめさせなければならなかった。息子は薬の切れた薬物中毒者みたいに身を震わせていた。ぞっとする光景だったが、息子はどうにか耐え、一週間後、私に感謝した。「お父さん、ビデオゲームをやめてから、前よりもずっとハッピーな気分だよ」

このアドバイスは子どもだけでなく我々大人にも当てはまる。たとえば私は、スマホで夜通しニュースを読んでしまう癖をどうにかしなければならない。家庭でテクノロジーを管理する正しい方法は一つだけではないが、何であれ計画に家族全員が合意できなければトラブルを招くことになる。子どものいる家庭なら、家族のテクノロジー契約のようなものを作成すれば、心身の健康に対する現代の最大の脅威を撃退できると思うので、ぜひやってみてほしい。スマホの画面に人間を消費させてはいけない。古代ギリシャの有名な格言「過剰の中の無」は、限度を超えれば無も同然、何事も節度をもってやらなければならないのだと教えてくれる。テクノロジーも同じだ。

あるとき木こりが言った。「木を切り倒すのに六時間あったら、最初の四時間は斧を研ぎます」斧であれノコギリの刃であれ、要点は変わらない。知識労働者の時代にあって、多くの仕事は賢明な決断と適切な判断力で決まると言っていい。私たちの幸福のほとんどは人間関係の質によるものだ。運動する時間も友人とランチに行く時間もない、本を読んだり日記をつけたりする暇なんてない、あの講演会も時間的に無理だ、休みをとっている場合じゃない、家族旅行なんかとても行っていられない……こんなふうに思っているかもしれない。実際のところは時間がないのではなく、とろうとしないのである。

再び、インサイド・アウト

主は心の内側から外側に向けて働きかけるが、
この世は外側から内側に向けて働きかける。
この世は貧民窟から人々を連れ出そうとするが、
主は人々から邪悪や汚れた面を取り去り、
自分自身で貧民窟から抜け出られるようにする。
この世は環境を変えることによって人間を形成しようとするが、
主は人間自体を変え、それによって人間が自らの手で環境を変えられるようにする。
この世は人の行動を変えようとするが、
主は人の性質を変えることができる。

――エズラ・タフト・ベンソン

ここで、この本のエッセンスとも言える私自身の体験を話そう。私の体験談の根底にある原則をあなたに重ね合わせてほしい。

数年前、私はまだ大学で教鞭をとっていたが、執筆活動に専念するために一年間の休暇をとり、家族ととももにハワイのオアフ島の北海岸にあるライエという町で過ごした。

かの地に落ち着いてしばらくすると、快適この上なく、しかも非常に生産的な生活パターンができていった。

朝早く砂浜をジョギングした後、半ズボンに裸足の子どもたち二人を学校に送る。それから、サトウキビ畑の隣にあるビルに借りたオフィスに行き原稿を書く。そこはとても静かで、景色も美しく、心休まる場所だった。電話も会議も急ぎの用事もない。

ある日、オフィスからほど近くにある大学の図書館に出かけていった。図書館の奥に山積みになっていた書籍の間を歩いていて、その中の一冊に何となく興味をひかれた。手に取って開き、読んでいるうちに、ある一節に目が止まった。そこに書いてある言葉が、その後の私の人生を大きく変えることになったのである。

私は何度もその文章を読んだ。簡単に言えば、刺激と反応の間にはスペースがあり、そのスペースをどう使うかが人間の成長と幸福の鍵を握っているということだった。

その考え方が私にどれほど大きな影響を与えたか、とても言葉では言い表せない。たしかに私が受けてきた教育も自分の将来は自分で決められるという自己決定論であったが、「刺激と反応の間にはスペースがある」と表現された一節はとても斬新であり、信じられないほど強烈な力で私の脳裏に刻まれた。それはまるで「初めて真実を知った」ような、あるいは「自分の中で革命が起きた」ような感じだった。満を持して私の前に現われた一節であるように思えたのである。

私はこの考え方を繰り返し反芻した。そして、私自身の人生のパラダイムそのものが大きく変わり始めた。まさに自分が自分を観察していた。刺激と反応の間にあるスペースに立ちどまり、自分を取り巻くさまざまな刺激を見つめ始めた。そうするうちに、自分の反応は自分で選べるという自由の感覚が私の内面を満たした。実際、私自身が周囲に与える刺激にもなれるのだし、あるいは少なくとも刺激に影響を与え、まったく別の刺激に転換することもできる。まさしく選択の自由なのだった。

それから間もなく、この革命的な考え方のおかげもあって、私と妻は深く充実したコミュニケーションをとるようになった。昼少し前に私はオフィスから古い赤のホンダのバイクに乗って妻を迎えに行ってから、幼稚園に通っていた二人の子どもを迎えに行き、一人は私と妻の間に、もう一人は私の左ひざに乗せて、オフィスの隣に広がるサトウキビ畑を走った。私たちは会話を楽しみながら、一時間ほどのんびりと走り回ったものである。

子どもたちはバイクに乗るのを楽しみにしていて、いつもおとなしくしていた。他のバイクや自動車を見かけることもほとんどなく、私たちのバイクも静かだったから、妻と私は大きな声を出さずともおしゃべりできた。いつも最後は人気《ひとけ》のない海岸まで行き、バイクを停めて二〇〇メートルほど歩いて、静かな砂浜でピクニックをした。

その砂浜と島から海に流れ込んでいた小さな川が子どもたちの大のお気に入りだった。子どもたちがそこで遊んでいる間、妻と私は静かに話ができた。ハワイで過ごしたその一年間、私たち夫婦は毎日たっぷり二時間いろいろな話をして、誰にも想像できないほどお互いを理解し、信頼を深めたのである。

最初の頃は、気の向くままにさまざまな話題がのぼった。関わりある人たちの噂、さまざまなアイデア、その日の出来事、子どもたちのこと、私が書いている本のこと、家庭のこと、将来の計画……。しかし少しずつコミュニケーションが深まるにつれ、お互いの内面の世界を話すようになった。どんな育てられ方をしたのか、どのような脚本に沿って生きてきたのか。あるいは心情や自己不信。このような会話に深く入り込んでいるとき、私たちは自分自身の内面を、そして相手の内面を見つめていた。私たちは刺激と反応の間のスペースを意識して使い始めた。するとそのうち、自分たちがどのようにプログラミングされているのか、それらのプログラムが自分のものの見方にどんな影響を与えているのかを考えるようになっていった。

私と妻が歩み出した内面世界への冒険は、それまで体験していた外の世界への冒険よりも発見と洞察に満ち、驚きと興奮を与えてくれ、もっと奥深くへ進んでいきたい気持ちにさせた。

とはいえ、すべてが甘く輝かしいものではない。相手の気に障るようなことを言ってしまったり、心が痛んだり、気まずい思いをしたり、露呈したりもした。心を開いてコミュニケーションをとっていたからこそ、お互いに自分の弱さをさらけ出すこともあった。それでも私たちは、この内面世界は何年も前から足を踏み入れてみたかった場所だったことに気づいた。深く分け入っていき、心の奥底の傷つきやすい部分に足を踏み入れ、そして出てきたときには、まるで心が癒されたような気持ちになったものだ。

お互いに助け合い、支え合い、励まし合い、相手の話に共感していたからこそ、お互いにこの自己発見のプロセスをつくりあげ、導き合った。

そのうち、私たちの間には二つの不文律ができた。一つは、詮索し探ろうとしないこと。相手が脆く傷つきやすい部分を話し始めたら、質問せず、ただひたすら共感して聴くことに徹した。相手を詮索し探るのは、その人の心の中にずかずかと入っていくことだ。相手をコントロールし、こちらの理屈を押しつけようとするものである。私と妻はお互いの内面世界に新しい領域を開拓していた。そこは不安や怖れに満ち、先が見えず、本人でも簡単には進んでいけない領域だった。もっと相手の内面世界の奥へ入っていきたくとも、相手の気持ちを尊重して、相手が自分のペースで打ち明けるのを待つことにした。

二つ目の不文律は、あまりにも心が痛むような話になったら、その日の会話はそこで終わりにすることだった。翌日は前日の続きでもいいし、相手がその話を続けてもいいと思えるようになるまで待つことにした。解決しないままにしておいても、いつか話す日がくるだろうと思って、急がないことにしたのだ。時間はたっぷりあったし、助けとなる環境もあった。それに私たちはお互いの内面世界を冒険し、結婚生活の中で自分を成長させていくことに高揚感を覚えていたから、最後まで終わっていない話があっても、いずれ時期がくれば展開していくだろうと思っていた。

妻と私の毎日のコミュニケーションでもっとも難しく、それがゆえにもっとも実り多かったのは、お互いの脆い部分が重なり合う問題を話すときだった。相手の脆さに自分の脆さを見てしまうせいで、刺激と反応の間のスペースがなくなってしまい、すぐに怒りや苛立ちを表に出してしまうこともあった。しかし私たちは、お互いにきちんと話をしたいと強く望んでいたから、そこでいったん話を打ち切り、気持ちを落ち着かせてからもう一度話し合う暗黙の了解ができていた。

このような厳しい局面になる話題の一つに、私の性格に関わるものがあった。私の父は内向的な性格で、自制心が強く、何かにつけて慎重な人だった。父とはまるで対照的に、母はとても社交的でオープンな人である。私は両親どちらの性質も受け継いでいると思うが、何か不安なことがあると父のように内向的になり、自分の殻に閉じこもり、周りを注意深く観察する傾向がある。

妻は私の母のような女性で、社交的で自分を飾らず、自然体で人と接する。結婚してから何年間も、私たちはお互いの性格のことで幾度となくぶつかっていた。私は妻のオープンな率直さが時と場合によっては不適切だと感じていたし、妻のほうは、私がややもすると内にこもり、人とのコミュニケーションをシャットアウトしているように見え、人付き合いにマイナスだと言っていた。こうしたお互いの性格で気になっている点も、砂浜での毎日のコミュニケーションの話題にのぼった。私は妻の洞察をありがたく思い、彼女の助言を素直に受け入れ、人の気持ちに敏感で、もっとオープンで社交的な人間になろうという気持ちになった。

もう一つの厳しい話題は、私がずっと気になっていた妻の「こだわり」だった。妻はフリジデア社の電化製品に強いこだわりがあったのだが、私には妻の執着ぶりがどうしても理解できなかった。他社の製品を買うことなど考えようともしないのだ。結婚したばかりで家計もまだ苦しかった頃のこと、私たちが住んでいた小さな大学町にはフリジデア社の製品を扱う店がなく、妻は七〇キロも離れた「大都市」まで車で行ってでも買ってくると言い張ったこともあった。

これは私にとって何とも不愉快な問題だった。幸い、これほどの執着は電化製品を買うときにしか出てこないが、何か電化製品を買わなければならないとき、私の我慢も限界を超えそうになる。妻の異常なこだわりという刺激が私の怒り反応のボタンを押してしまいそうになるのだ。このたった一つの問題で、妻が不合理な考え方をする人間だと決めつけ、私の中に妻に対する否定的な感情が広がっていくのである。

電化製品の問題が浮上すると、私はたいてい内にこもり、黙っていることにしていた。この問題に対処するには口を閉ざすしか方法はないと思っていたからだ。少しでも口を開こうものなら、自制心を失ってしまい、後々後悔するようなことを言ってしまうに違いないからだ。実際、言わなくてもいいことを口走り、後で謝ったことも一度や二度ではない。

私はなにも、妻がフリジデア社の製品を好きだということにイライラしていたわけではない。フリジデア社の電化製品の良さを強調しようとして、何の根拠もなく、私にしてみればまるで理屈に合わないことをまくし立てることだった。妻が自分の発言を単なる感情的なものだと認めさえすれば、私の態度も違っていただろう。しかし絶対に意見を引っ込めず、無理にでも正当化しようとするから、私としても腹が立っていたのだ。

ハワイでの春まだ浅い日のことである。フリジデア社の一件が砂浜での会話の話題にのぼった。それまで続けてきた会話のすべてを通してこの話をする準備が整ったのだ。探らない、心に痛みを感じたらそこでいったん打ち切りにして時間をおくという不文律もできていた。

この問題を話し合った日のことを私は生涯忘れないだろう。その日は海岸には向かわなかった。延々とサトウキビ畑を走り続けた。たぶん、私たちはどちらも、お互いの目を見て話したくなかったのだと思う。何しろこの問題に関しては、嫌な感情を蘇らせる苦い経験があまりにも多かった。長いこと、お互いの胸の奥底でわだかまりとなって残っていたのだ。夫婦関係を壊してしまうほど深刻な問題ではなかったにせよ、ハワイで楽しく緊密な関係を築こうとしているとき、不和となるような話題にふれることが必要だった。

妻も私も、このときの話し合いでかけがえのないことを学んだ。話しているうちに、まさにシナジーが創り出された。妻自身も、自分の「こだわり」の原因に初めて気づいたようだった。彼女は父親のことを話し始めた。父親は高校の歴史の教師をしていたが、その給料だけでは家計を支えられなかったため、電化製品の販売店を開いたのだった。ところが時代は不景気に入り、経営状態がひどく悪化した。そんなときに何とか事業を続けられたのは、フリジデア社の融資のおかげだった。

彼女はありえないほど父親思いの娘だった。毎日くたくたに疲れて帰宅し、長椅子に横になっている父親の脚をさすりながら、歌を唄ってあげたという。父と娘のそんな心温まる時間が何年も続いた。父親は仕事の悩みや心配事を娘に話した。経営難に陥ったときにフリジデア社の融資のおかげで倒産せずにすみ、どれほど感謝しているか、包み隠さず娘に話したそうだ。

父娘のコミュニケーションはごく自然なかたちで行われたからこそ、妻の人となりを方向づけた脚本の中でもっとも強烈なものになったのだろう。自分の殻をすべて取り払い、リラックスした状態で自然に行われるコミュニケーションで、さまざまなイメージや考えが無意識のうちに心に刻まれる。おそらく、あの砂浜での私とのコミュニケーションがだんだんと深まり、安心して何でも自然に話せるようになるまで、妻自身、父親とそのようにして過ごした日々のことを忘れていたのだろう。

妻は自分自身の心の奥底を見つめ、そしてフリジデア社に対するこだわりの源泉がどこにあるのかを初めて知ったのである。妻に対する私の理解も深まり、新たな気持ちで妻の思いを尊重するようになった。妻は電化製品にこだわっていたのではなかったのだ。妻はフリジデア社の製品のことを話していたのではない。父親のこと、父親を大切に思う気持ちを話していたのである。

今でも憶えている。あの日、私たちはどちらも目に涙をためていた。妻が遠い昔のことを思い出し、自分の感情の根源を見出したこともちろんだが、それ以上にお互いに対する敬虔な気持ちに満たされたからだ。はたから見ればどうということもない過去の経験かもしれない。しかしそれは妻の心に深く根を下ろした大切な経験だったのだ。人の内面の奥底に潜んでいるもっとも傷つきやすい部分を見ずに、表面に現れる他愛のない行為だけに反応するのは、人の心という聖域を踏みにじることなのである。

あのハワイでの日々から、私たち夫婦はたくさんの豊かな実りを得ることができた。砂浜での深いコミュニケーションのおかげで、お互いの胸のうちをすぐに察することができるようになった。ハワイを後にするとき、この習慣を続けることを決めた。その後も一緒にホンダのバイクに乗り、天気が悪ければ車で走りながら話をしている。お互いに愛情を持ち続ける鍵は、話をすることだ。それも感情について話すことが大切だと私たちは思っている。妻と私は今も毎日会話の時間をとる。出張しているときは出先から毎日数回は妻に電話する。心の故郷に戻り、幸福、心の安定、大切な価値を毎日手にするのである。

『汝再び故郷に帰れず』というトーマス・ウルフの小説がある。彼は間違っていると思う。再び故郷に帰ることはできるのだ。家庭が豊かな人間関係とふれあいの場であるならば。

世代を超えて生きる

私たち夫婦は、あの素晴らしい一年を通して、刺激と反応の間のスペースをうまく使うことを学んだ。それによって、人間だけに授けられた四つの能力を発揮し、自分の内面から力を得るインサイド・アウトの原則を身につけたのである。

私たちも以前はアウトサイド・インで日々の生活を送っていた。外から働きかける力に頼っていたのである。愛し合っているのだから、自分たちの態度や行動をコントロールすれば、お互いの違いを乗り越えられると思っていた。しかし、それはしょせん絆創膏を貼ったり、鎮痛剤を飲んだりするような応急処置であって、痛みの根源を完全に取り除けるわけではない。自分自身の内面にある基本的なパラダイムに働きかけてコミュニケーションをとれるようになるまで、慢性的な問題は残ったままだったのである。

インサイド・アウトのアプローチをとるようになってからは、お互いを信頼して心を開ける関係を築き、個性の違いを心から認められるようになった。それはアウトサイド・インのアプローチでは絶対にできなかったことである。Ｗｉｎ－Ｗｉｎの充実した関係、深い相互理解、奇跡のようなシナジー、これらの美味しい果実は、私たちがそれぞれに持つプログラムを見つめ、それを自分たちで書き換え、深いコミュニケーションという第Ⅱ領域の重要な活動に意識的に時間を割き、「根」を育てたからこそ実ったのである。

果実はそれだけではない。私たち夫婦がそれぞれの両親から強い影響を受けているのと同じように、私たちも知らず知らずのうちに子どもたちに影響を与え、彼らの生き方を形成しているのだということを深く実感できたのである。両親から与えられた脚本が自分の人生にいかに大きな力を持っているかを理解できたから、次の世代の子どもたちに正しい原則を教え、模範を示す決意を新たにすることができたのである。

私たちはさまざまな脚本に従って生きている。この本では主に、自らが主体的な人間になって書き直すべき脚本を取り上げた。しかし自分が持っている脚本を見つめてみると、書き換える必要のない素晴らしい脚本もあることに気づくだろう。前の世代から引き継ぎ、特に意識することもなく当たり前のように受け止めてきた脚本の中には、私たちに良い影響を与えているものも少なくないのである。真の自覚とは、そのような脚本に感謝することである。原則中心の生き方を教え、今ある自分を育ててくれた先人たち、自分の将来の可能性を気づかせてくれた先人たちに感謝することなのだ。

世代を超えて強い絆で結ばれた家族には、卓越した力がある。子どもたち、両親、祖父母、叔父叔母、いとこなどが良い関係にあり、相互依存のしっかりとした結びつきを維持している家族には、自分が何者であるのか、自分という人間をかたちづくっているものは何なのか、自分にとって大切なものは何かをはっきりと気づかせてくれる大きな力がある。

子どもにとって、自分は何らかの「一族」の一員であるという意識を持てるのは幸せなことだ。たとえはるか遠くに住んでいても、大勢の親類が自分を知っていて、大切に思ってくれていると感じられる子どもは幸せであるし、親にとってもありがたいことである。あなたの子どもが何か悩みを抱えていて、親とは話したがらない時期で何の相談もしてこないなら、あなたの兄弟が親代わりになって相談に乗り、進むべき道を示してあげることもできる。

孫に温かい愛情を注ぐおじいちゃんやおばあちゃんは、子どもにとっては、この地球上でかけがえのない存在である。祖父母は、孫たちの良いところや可能性をきちんと映し出せる歪みのない鏡なのだ。私の母もそうである。八〇代後半になった今でも、子どもや孫たち一人ひとりを深く気にかけていて、愛情あふれる手紙を書いてくれる。先日も、母からもらった手紙を飛行機の中で読んでいて涙が止まらなかった。母に今晩電話したら、どんな言葉をかけてくれるかおおよそ見当がつく。「スティーブン、母さんがどれほどあなたのことを愛しているのか、あなたをどれだけ素晴らしいと思っているのか知ってほしいのよ」母はいつも私の価値を認めてくれる存在なのである。

世代を超えて強く結びついている家族は、もっとも実り多い報いがあり、満ち足りた相互依存関係を築ける。そのような家族関係の大切さは、誰しも感じているものである。以前『ルーツ』という本がベストセラーになったが、私たち一人ひとりにルーツがあり、今の自分まで続いてきた道のりをさかのぼり、自分の祖先、自分のルーツを知ることができる。

それを知ろうとする最大の動機は、自分のためではない。自分の後に続く**子孫**たち、全人類の次の世代のためなのである。次のような言葉を残した人がいる。「子どもたちに後々まで遺してやれるものは二つしかない。一つは〝ルーツ〟であり、もう一つは〝翼〟である」

流れを変える人になる

子どもたちに「翼」を与えるというのは、前の世代から引き継いできた悪い脚本、効果的とはかけ離れた生き方を乗り越える自由を与えることだと思う。私の友人で同僚でもあるテリー・ワーナー博士の言葉を借りれば「流れを変える人」になることだ。実りのない生き方の脚本を次の世代にそのまま手渡すのではなく、その脚本を変えるのである。脚本を書き直し、その過程で人間関係を育てていくのだ。

仮にあなたが子どもの頃に両親に虐待されたからといって、あなたも自分の子どもを虐待する必要はない。ところが現実には、親に虐待されて育った子どもは、自分が親になって同じようにわが子を虐待する例が非常に多い。しかし、あなたは主体的な人間なのだから、自分からその脚本を書き直すことができる。子どもを虐待しないことを選択できる。そして、子どもを一人の人間として認め、子どもが前向きに生きていく脚本を書いてやることができる。

そのことを自分の人生のミッション・ステートメントに書き、頭と心に刻みつける。そのミッション・ステートメントに従って生活し、毎日の私的成功を実現している自分の姿を思い描く。さらに、自分の両親を愛し、許し、まだ健在であるなら、まず両親を理解する努力をして、関係を築き直す道を歩み始めることもできる。

あなたの家族に何世代にもわたって受け継がれてきた悪い流れを、あなたの代で止めることができるのだ。あなたは流れを変える人となり、過去と未来をつなぐ人となる。あなた自身が変われば、流れを変えれば、その後に続く何世代もの人々の人生に大きな影響を与えられるのである。

二〇世紀の流れを大きく変えた人物として、アンワル・サダトを挙げよう。彼の生き方から、流れを変えることの本質を深く理解することができる。不信、恐怖、憎悪、誤解の巨大な壁をアラブ人とイスラエル人の間につくり出した過去、対立と孤立の増幅が避けられそうにもない将来、その間《はざま》にサダトは立っていた。話し合いの努力はことごとく摘み取られた。合意案を形成する手続きや書式、果てはコンマやピリオドをどこに打つかまで、あらゆることに難癖がつき争いの火種になっていた。

誰も彼もが葉っぱだけに斧を向ける中で、サダトだけは、刑務所の独房での経験を生かして根っこに働きかけた。そしてついに、何百万人もの人々のために歴史の流れを変えたのである。サダトは自伝の中で次のように書いている。

私はほとんど無意識に、カイロ中央刑務所の五四番の独房で培った内面の強さを引き出し始めた。その強さとは、変化を起こす能力と言えるものである。私が直面していた状況は複雑をきわめ、心理的、知的な能力で自分自身を武装しなければ、とても変えられる望みはなかった。あの孤独な場所で人生や人間の本質を深く見つめ、自分自身の思考の構造そのものを変革できない者は、決して現実を変革することはできず、したがって、決して進歩することもないのである。

根本的な変化はインサイド・アウトから始まるものである。葉っぱだけをいじる応急処置的な個性主義のテクニックで態度や行動だけを変えればすむものではない。根っこに働きかけなくてはならないのだ。自分の根本的な考え方を見つめ、自分の人格を形成し、世界を見るときのレンズとなっているパラダイムを変えなければ、本当の変化は生まれない。このことを哲学者のアンリ・フレデリック・アミエルは次のように表現している。

人間は道徳的真理を頭で考え、理解することができる。感覚的にとらえることもできる。そのとおりに生きようと決意することもできる。しかし、ここまでして理解し身につけたつもりでも、道徳的真理は私たちの手からするりと逃げていくことがある。意識よりももっと深いところに、私たち人間の存在そのもの、人間の実体、本質があるからである。この一番奥の場所まで到達して自分自身と一体になり、随意的にも不随意的にも、あるいは意識的にも無意識的にもできるようになった真理だけが、本当に自分のものとなる。つまり単なる所有のレベルを超えたものとなるのである。真理と自分自身との間に少しでも距離があるうちは、私たちはまだ真理の外にいる。人生について考えていること、感じていること、望んでいること、自覚していることは、人生そのものではないかもしれない。人生の目的は神と一体化することなのである。そうなって初めて、真理は二度と私たちのもとから逃れない。そうなったとき、真理は私たちの外側に存在するものでもなく、内側に存在するものでもなくなる。私たち自身が真理であり、真理が私たち自身なのである。

自分自身と一つになること、愛する人たちや友人、同僚と一つになることが「7つの習慣」の最高で最良、もっとも実りある果実である。誰しも、過去に一度や二度は心を一つにする果実を味わったことがあるだろう。逆に、心がばらばらに離れてしまった寂しく苦い果実も味わっているはずだ。だからこそ私たちは、心が一つになることがいかに貴重で、また同時に壊れやすいものであるかを知っているのである。

このように心を一つにまとめるためには、誠実な人格を築き、愛と奉仕の人生を送らなくてはならないのは言うまでもないことだが、それはたやすいことではない。応急処置でどうにかなるものではないのだ。

だが、それは決してできないことではない。人生の中心に正しい原則を置き、他の中心から生まれたパラダイムと訣別し、無益な習慣の安心領域から出ることによって実現するのである。

間違うこともあるだろう。気まずい思いをすることもあるだろう。だが、毎日の私的成功を積み重ね、インサイド・アウトの生き方を一歩ずつ進んでいけば、結果は必ずついてくる。種を蒔き、辛抱強く雑草を抜き、大切に育てれば、本当の成長の喜びを実感できるようになる。そしていつか必ず、矛盾のない効果的な生き方という最高の果実を味わえるのである。

最後にもう一度エマーソンの言葉を借りよう。「繰り返し行うことは、たやすくなる。行う作業の質が変わるのではなく、行う能力が増すのである」

人生の中心に正しい原則を置き、行うことと行う能力のバランスを考えて努力を続けていくと、効果的で有益な、そして心安らかな生き方ができる力がついてくる。それは私たち自身のためであり、私たちの後に続く者たちのためでもあるのだ。

私信

この本の締めくくりに、正しい原則の根源について私個人の思いを少し述べさせていただきたい。正しい原則は自然の摂理であると私は考えている。正しい原則の根源、そして良心の根源は、私たち人間を創造した父なる神にあると信じている。神から授かった良心に忠実に生きる限り、人は自らの天分を存分に生かすことができ、良心の声に耳を傾けない人ほど、動物のような人生を送ることになると信じている。

法律や教育だけではどうにもできない部分が人間にはあり、そのような部分については神の力に頼らざるを得ないのだと、私は考えている。人間である以上、完全無欠な存在にはなれない。正しい原則に従って生きる努力をするほどに、人間は天賦の才を発揮でき、この世に授かった命を余すところなく生きられるのである。イエズス会士のテイヤール・ド・シャルダンはこのように言っている――「我々は、霊的体験をしている人間ではない。人間的体験をしている霊なのである」。

私は今も、この本に書いたことを実践するために必死に努力している。このような努力は価値があるし、必ず満たしてくれる。それは私の人生に意味を与え、人を愛する力、奉仕する力、挫折しても何度でも立ち上がる力を与えてくれる。

最後に、T・S・エリオットの言葉を紹介したい。私自身の発見と確信を見事に言い表していると思う。

「探究に終わりはない。すべての探究の最後は初めにいた場所に戻ることであり、その場所を初めて知ることである」

新たなインサイト

再び、インサイド・アウト

ショーン・コヴィー

飛行機が離陸するとき、フライトプランは決まっている。しかしフライト中は、風や雨、乱気流、航空交通量、ヒューマンエラー、その他さまざまな理由で飛行ルートから外れることがある。それどころか、ほとんどの時間は外れている。要は、パイロットは計器を読みながら常にコースを微調整しているのだ。その結果として目的地に到着できる。あなたも本書に刺激を受け、「7つの習慣」に挑戦して最高の人生を送りたいという気持ちになっていると思う。しかし実際にやってみると、フライトプランどおりにいかず、ほとんどの時間はコースから外れているように感じることもあるだろう。でも大丈夫。がっかりすることはない。そのつどプランに戻って微調整すれば、最後には必ず目的地に着く。

本書では覚えることがたくさんあるので、私たちが「7つの習慣」のセミナーや講演で取り上げることの多い、「効果性の高い二一の取り組み」をまとめとして紹介したい。

きっと役に立つと思う。

■私的成功■

第1の習慣

1 立ち止まり、原則と望む結果に基づいて反応する
2 主体的な言葉を使う
3 自分の影響の輪に集中する
4 流れを変える人になる

第2の習慣

5 結果を明確にしてから行動する
6 個人のミッション・ステートメントを書き、それに従って生きる

第3の習慣

7 最優先事項に集中する
8 重要ではないものは取り除く
9 週ごとに計画を立てる
10 選択の瞬間には原則に忠実である

■公的成功■

11 他者との信頼口座を築く

第4の習慣

12 豊かさマインドを持つ
13 勇気と思いやりのバランスをとる
14 他者のWinを自分のWinと同じように尊重する
15 Win–Winの合意をつくる

第5の習慣

16 共感による傾聴を実践する
17 相手を尊重して理解する

第6の習慣

18 違いを大切にする
19 第3の道を探す

第7の習慣

20 毎日の私的成功を達成する
21 成果（Production）と成果を生み出す能力（Production Capability）のバランスをとる

これらの二一の取り組みの根底にあるのは、父が特に重要視していた三つの基本概念である。

第一に、順番が大事であるということ。「7つの習慣」はインサイド・アウトのアプローチである。気難しい上司やだれかの悪習、大きなチャンスなど、自分の外にあるさまざまな困難や挑戦はとりあえず脇において、まず自分自身から始める。公的成功を獲得する前に私的成功を成し遂げなければならない。この順番は変えられない。すべての変化はあなた自身から始まる。問題が自分の外にあると考え始めたなら、その考えこそが問題なのである。

第二に、基礎はパラダイムであること。私たちは態度や行動という葉っぱを切り整えることばかりに時間をかけ、根っこに斧を向けることはほとんどしない。根っこはパラダイム、つまり世界を見る眼鏡である。本当の変化を起こすには、この基礎部分に取り組まなければならない。人間は、公的生活、私的生活、内的生活の三つを生きている。公的生活は、他者に対する生き方、行動の仕方である。私的生活は、家庭の中で愛する人たちといるときの生き方である。内的生活は、自分の頭の中の生活である。そこでは自分自身から一歩離れ、自分の考え、動機、基礎となるパラダイムを客観的に見つめ、それらを変える選択をすることができる。想像と良心を働かせて脚本を書き直し、自分の人生に別のコースを描き、私的成功を達成することができる。

第三に、仕切っているのは私たちではなく、原則であること。そして、責任、豊かさ、再新再生など人間の効果性の原則にパラダイムと習慣を重ね合わせるほど、長い目で見て私たちはもっと幸せになり、成功を積み重ねていける。近道はないのだ。

「7つの習慣」は、時間を超えた普遍の原則を土台にしているからこそ、ほとんどどんな状況にも応用できる。家庭でも職場でも使える。個人にも組織にも使える。「7つの習慣」は世界的に知られ、「7つの習慣」という言葉の多くは漫画に描かれ、風刺に使われ、にきび薬の名前にまでなっている。私が出会った例をいくつか紹介しよう。

- 成功するゾンビの7つの習慣
- 過剰に評価される人の7つの習慣
- 悲惨な人の7つの習慣
- 頭を良く見せないための7つの習慣
- 抜群に頭の良い人の7つの習慣
- 怠けすぎな人の7つの習慣
- 成功するバカの7つの習慣
- 凡庸すぎる起業家の7つの習慣
- 恐れを知らない人の7つの習慣

●成功する海賊の7つの習慣

「7つの習慣」は、障がいのある人にも大きな効果がある。私の友人のグレン・スタッキは、一一歳のときの外傷性の脳損傷を負ったが、〝My Smile Is My Superpower: Rising Above a Disability Through Living the 7Habits〟（笑顔はスーパーパワー：7つの習慣で障がいを乗り越える）という本に自身の体験を綴った。本の中で彼は、人から変な目で見られるのを「7つの習慣」で乗り越え、自分の内面の声を聴くことができたと書いている。

「7つの習慣」は刑務所でも取り入れられ、成果を出している。連邦刑務所で行われた「7つの習慣」のクラスを修了したある受刑者は、次のような話をしてくれた。

私は連邦裁判所で起訴され、禁固九五年の判決を受けました。高校を卒業してカリフォルニア州立大学フレズノ校に進学しましたが、奨学金のペルグラントを却下され、ものすごく腹が立ち、ネガティブな方向にパラダイム・シフトしてしまった。悪い選択をしようとどうしようと、得るものも失うものもないと思っていました。ありとあらゆる言い訳で自分を正当化しました。しかしようやく、すべては自分しだいなのだとわかりました。私のパラダイムはまた変わりました。今度は主体的であるというパラダイムです。学生、きょうだい、息子、職業人としての自分の役割で効果的な人間になりたい。悔悛《かいしゅん》が重要であることに気づかないまま連邦刑務所で二〇年をすごしました。私は今、親切、謝罪、許しを経験しています。私の行動はすべて本心からのものでなくてはなりません。政府や刑務局を責めるのは無益な暇つぶしです。私は自分の運命を自分でコントロールできるようになりました。「7つの習慣」からは、協力、共感による傾聴、主体性、明確で直接的な目標を教えてもらいました。私の思考パターンを建て直してくれました。小さなことなど一つもない。これは私にとってとても意味のある言葉です。小さなことが、恥ずべき重大な結果をもたらしたのです。私は今、家族を最優先しています。「7つの習慣」のおかげで、私はもうかつての言い訳ばかりの哀れな人間ではありません。

「7つの習慣」は乗馬の世界でも効果的に応用されている。数年前、わが家はある悲劇を経験した。それは私たち家族の世界が崩れ落ちるような出来事だった。鬱病との長い闘いの末、愛する娘レイチェルが二一歳の若さで亡くなったのである。妻と私、そして子どもたちは深いショックを受け、もう永遠に幸福な生活には戻れないと思った。三年前に息子を失った私の友人がやってきて、こう言った。「君には三つの選択肢がある。この出来事が家族を壊すままにする。あるいは君はこの出来事に支配される。もう一つは、この出来事で強くなる」私は友人の言葉に深く影響された。それから数カ月、数年と、妻と私は主体的な選択をしようと必死で努力した。そして私たち家族は以前よりも強くなり、絆を深めることができたのである。

悲しみを癒すために、私たち家族はレイチェルにちなんだ非営利団体「ブライドル・アップ・ホープ：レイチェル・コヴィー財団」を設立した。レイチェルは馬が大好きだった。亡くなってから、彼女の多くの友人たちが、「山に連れていってもらって乗馬をした経験のおかげで変わることができた」と話してくれた。私たちは少女と馬が強い絆で結ばれることを知り、レイチェルの意思を受け継いでいきたかった。ブライドル・アップ・ホープのミッションは、乗馬トレーニングを通して、若い女性たちの希望、自信、回復力を引き出すこと。不安、鬱、虐待、トラウマに苦しむ若い女性たちの力になる。ブライドル・アップ・ホープ独自のプログラムは、三つの要素で構成されている。乗馬を習い、馬との絆をつくる、山小屋での奉仕活動、そして「7つの習慣」を通して生きるスキルを身につけることである。「7つの習慣」はプログラム全体に反映され、若い女性たちは人生の道を進んでいくために必要なパラダイムとスキルを自分のものにできるのだ。

「7つの習慣」が乗馬療育とも共通点があることがわかり、私たち家族も驚いている。たとえば多くの動物と同じように馬も、「まず理解に徹し、そして理解される」ことについて多くを教えてくれる。どん底の状態にあったときにブライドル・アップ・ホープのプログラムに参加し、大きな変化を遂げた少女、アナリースがこのような話をしてくれた。

ブライドル・アップ・ホープのプログラムでは、自分がどんなことを望んでいるのかを覚えていられるように、ミッション・ステートメントを書きます。私は「人や何かを信頼しても大丈夫」と書きました。その当時、私はあまりに多くの人から裏切られていました。でも、馬小屋の馬たちはとても静かで、落ち着いていたのです。馬たちはいつもそこにいて、無条件の愛を示してくれます。とても忙しくてきつかった日、私は馬小屋にいるロケットに会いに行きました。私の大好きな馬です。ハグしようと入っていくと、ロケットは私に近づいてきて、私にそっと寄り添ったのです。私は泣き出してしまいました。だってロケットは私のイライラを感じとり、私に触れて、慰めようとしてくれたからです。馬は特別な存在です。嘘をつかないし、言葉を交わさなくともこちらの感情を理解できるのです。慰めが必要なときはそれを感じとり、こちらの感情にどう反応すればよいか、ちゃんとわかっているのです。

馬のように他者に共感できる人間になろう！

隣近所の規模で始めた私たち家族のプロジェクトは、世界規模の財団に成長した。現在、私たちが思い描いている終わりは、既存の乗馬施設とパートナーシップを組んで世界一〇〇〇カ所にブライドル・アップ・ホープ支部を設立し、馬と習慣の力によって世界中の何万人もの若い女性たちに希望をもたらすことである。

だれにでも辛いことは起こる。「7つの習慣」の根底にある原則は、私たち家族に困難を乗り越えさせてくれた。あなたの力にもなるはずだ。

父のスティーブン・R・コヴィーが『7つの習慣』を書いてから三〇年以上が経つ。そのときから世の中はずいぶん変化した。より良くなったものもあれば、さらに悪くなったものもある。私は子どもたちにいつも「今が一番生きるのに良い時代だ」と言っている。スマホのGPS機能を使えるから、ガソリンスタンドで道を聞く必要はない。飛行機で世界中どこにでも行ける。本、ブログ、動画、そのほかさまざまなコミュニケーションチャンネルで世界中の何百万人もの人々に瞬時にメッセージを届け、影響を与えられる。

その反面、問題も増えている。公的機関への信頼が落ちている。鬱や不安が世界的な疫病になっている。家族は傷ついている。世界のほとんどの人たちが、文字どおりに、あるいは精神的に、テロの脅威の中で生きている。

個人の生活のペースは光速だ。私たちは毎日二四時間ネットに接続されている。だれもがソーシャルメディアに浸っている。スクリーンに生活を乗っ取られている状態である。情報があふれ、選択肢が多すぎる。いつも妥協を迫られる。

だからこそ、『7つの習慣』はこれまで以上に読まれるべき一冊である。それはより良い人生を築く土台になる。狂騒の度を増す世界で心の安定が得られる。『7つの習慣』を読むことで、自分の人生を振り返ることができる。心の重荷や過去のつらい体験があっても、自分には選択する力があるのだと思い出させてくれる。心躍る目的を思い描き、それを追求できるように背中を押してくれる。本書は、充実した人間関係を築き、人を団結させる第3の道を見つけるのは、自分次第であることを教えているのである。

最後に、あなたの平和と幸福を願う。『7つの習慣』を読んだあなたは、新しいパラダイムにシフトし、変えたいと思っている習慣を変えることができるはずだ。悪習は居心地のよいベッドのようなもの。入るのは簡単だが出るのは難しい。たやすい仕事などない。だが、やればできる。力はあなたの中にある。それには決意することだ。本気で決意する。「よし、やるぞ」と決意した瞬間から、すべてが変わる。スコットランドの著述家で登山家のW・H・マレーの言葉で締めくくろう。

決意するまでは躊躇《ちゅうちょ》もするだろうし、思いとどまり身を引くこともある。それではすべてが無効になる。あらゆる率先的な行動（そして創造）に関しては、一つの根本的な真理がある。

その真理を知らなければ、無数のアイデアも、どんなに素晴らしい計画も頓挫する。それは、人が決意を固めた瞬間に神の摂理も動き出すということだ。決意しなければ起こりえないさまざまなことが次々と起こり、支えとなる。その決意からさまざまな事象が生まれ出て、予想もしていなかった出来事や出会い、物質的な支援さえも、夢にも思っていなかったかたちで手を差し伸べてくるのである。こうして私は、ゲーテの次の二行連句を深い敬意を抱くようになった。

あなたにできること、あるいはできると夢見ていることがあるならば、今すぐ始めよ
大胆さには、天与の才、力、魔法が備わっている

『7つの習慣』その後　スティーブン・R・コヴィーQ&A

『7つの習慣』が出版されてから長い年月が経ち、その間、スティーブン・R・コヴィー博士の「影響の輪」は世界中に広がった。彼は国王や大統領の相談にのり、考えられるあらゆる手段を通して、世界中の何百万人もの人々に効果的に生きることの原則を教えた。世界で最も影響力のあるひとりに選ばれ、『7つの習慣』は二〇世紀で最も重要な自己啓発書と評価された。

コヴィー博士が生前によく受けた質問とその回答を以下にまとめた。

『7つの習慣』は一九八九年に出版されました。それ以降のご自身の経験を踏まえて、どこか書き換えようとは思いますか？　書き加えたいこと、逆に削除したい箇所はありますか？

軽々しく答えるつもりはないのですが、どこも変えるつもりはありません。もっと深く掘り下げ、広く応用する可能性はあると思いますが、そうした試みについては、後から出版した別の本で取り上げています。

たとえば、「7つの習慣」の中で多くの人が苦手としているのは第3の習慣「最優先事項を優先する」なのですが、この習慣について二五万人以上の人たちをプロファイリングしました。その結果を基に『7つの習慣　最優先事項』という本で第2の習慣と第3の習慣をさらに深く掘り下げ、他の習慣についても具体例を加えました。『7つの習慣　ファミリー』では、絆が強く幸福で、効果的に営まれる家庭を築くことに「7つの習慣」の考え方を応用しています。

また息子のショーンは、一〇代のニーズや関心事、問題に「7つの習慣」のフレームワークを当てはめ、若者の興味を惹くような図版を多用して、『7つの習慣ティーンズ』を出版しました。

さらに、「7つの習慣」を身につけることで創造的に人生を送れるようになったという話を何万人もの人たちに語ってもらいました。その体験談が『「7つの習慣」実践ストーリー集』に詳しく収録されています。私たちに勇気を与え、鼓舞してくれるエピソードです。境遇や組織内での地位、それまでの人生に関わらず、あらゆる個人、家族、組織において、原則の力、変化を起こす力が働いたことを教えてくれます。

『7つの習慣』が出版されてから、何か新たに気づいたことはありますか？

多くのことを学びました。さらに認識を深めた、と言ったほうがいいかもしれません。

一・原則と価値観の違いを理解することが大切です。原則は自然の法則です。私たちの外にあり、私たちの行動の結果を最終的に決めるものです。価値観は私たちの内面にあり、主観的なものです。自分の感情をもっとも強く動かすものが行動を導くのです。原則を自分の価値観にできれば理想的です。そうであれば、今欲しい結果を手にし、将来はさらに良い結果を得ることができます。私はそれを「効果性」と定義しています。誰でも価値観を持っています。犯罪者にも価値観はあります。価値観は人間の行動を支配します。それに対して原則は行動の結果を支配します。原則は私たちの外に存在する独立したものなのです。原則を意識していようがいまいが、受け入れていようがいまいが、原則は働いています。好きであろうがなかろうが、信じていようがいまいが、忠実に従っていようがいまいが関係ありません。原則は常に働いています。私は、謙虚さはあらゆる美徳の母だと信じています。謙虚であれば、物事を支配しているのは原則であって自分ではないと言えます。だから原則に従うことができるのです。傲慢な人は、物事を支配するのは自分だと考えます。自分の価値観が自分の行動を支配するのだから、好きなように人生を送ればいいのだと考えるのです。しかし行動の結果を決めるのは、価値観ではなく原則です。だから原則を自分の価値観にし、原則を大切にすべきなのです。

二.「7つの習慣」に関して世界中から寄せられた体験談を読んで、原則の普遍性が「7つの習慣」を支えているのだと確信しました。これらの人々の実例や実践方法はそれぞれに異なりますし、文化的背景も異なっています。しかし原則は同じです。世界の六大宗教のどれにも、「7つの習慣」に述べられている原則がみられます。実際、これらの宗教圏で講演するときは、その宗教の聖典から引用することもよくあります。中東でも、インド、アジア、オーストラリア、南太平洋、南米、ヨーロッパ、北米、アフリカ、世界各地でそうしてきました。ネイティブアメリカンなどの原住民の文化圏でもそうします。性別も関係なく誰もが同じような問題に悩み、同じようなニーズを持っています。だから基本の原則の話は誰の心にも響くのです。正義やWin

―Winの原則は、誰もが内面に持っている感覚です。責任の原則、目的意識の原則、誠実さ、他者を敬う気持ち、協力、コミュニケーション、再生は、誰もが理解できる道徳観です。これらは普遍の原則なのです。しかしその原則をどう実践するかは文化圏によって異なります。それぞれの文化圏が普遍の原則を独自に解釈しているのです。

三．組織において「7つの習慣」がどのような意味を持つのか明確ではありませんでした。もちろん、厳密に言えば組織に「習慣」というものはありません。ノルマや行動規範のような組織文化、それがいわば組織の習慣です。組織はまた、システム、プロセス、手順も確立しています。これらも習慣です。しかし結局、どんな行動も個人の行動であることに変わりはありません。組織構造やシステム、プロセス、手順に関して経営者が下した決定に沿った集団行動の一部であっても、一人ひとりの行動なのです。あらゆる業界、職業の何千もの組織を見てきましたが、『7つの習慣』に書いてあるのと同じ基本の原則が組織の中でも働いていて、それが効果性を左右していることがわかりました。

四．「7つの習慣」を教えるときは、どの習慣から始めてもかまいません。どれか一つの習慣を教えて、そこから他の六つの習慣に結びつけていくこともできます。「7つの習慣」はホログラムのようなもので、全体が部分に含まれ、部分が全体に含まれているのです。

五. 「7つの習慣」はインサイド・アウトのアプローチをとっていますが、自分の外側にある問題、アウトサイドの問題にインサイド・アウトのアプローチで取り組めば非常に効果的です。コミュニケーションや信頼関係など、人間関係に問題を抱えているなら、インサイド・アウトのアプローチはおのずと決まります。その問題を解決し公的成功を果たすために、まず私的成功を成し遂げるアプローチをとればよいのです。だから私はよく、第1、第2、第3の習慣を教える前に第4、第5、第6の習慣を教えています。

六. 相互依存は自立よりも一〇倍は難しいものです。Win－Loseの態度をとる相手に対してWin－Winを考えます。心の中では自分を理解してほしいと叫んでいるのに、まず相手を理解することに徹します。妥協するほうが簡単なのに、より良い第3の案を探す努力をします。これらができるようになるためには、感情面でも知性面でも自立できていなければなりません。言い換えれば、他者と創造的に協力し成功するためには、内面が安定し、自分を律することができなくてはならないのです。しっかりと自立した人間でなくてはなりません。自立していなければ、相互依存のつもりで行動しても、それは実際には反依存の状態にすぎず、自分が自立しているのだと主張したいがために、相手と正反対の言動に走っているのです。あるいは、相手の弱点をあげつらうことで自分の欲求を満たし、自分の弱点を正当化するような共依存関係になってしまいます。

七. 第1の習慣から第3の習慣までは「約束をし、それを守る」という一言で言い表せるでしょう。第4の習慣から第6の習慣までは「問題に他者と一緒に取り組み、協力して解決策を見つける」と言い換えることができます。

八．『7つの習慣』は新しい言語です。この本に出てくる個性的な言葉やフレーズはそれほど多くはありませんが、そのどれもが、重要なことを伝える符号のようなものになったと思います。「あれは預け入れだったろうか、それとも引き出し？」「これは反応的な行動か、それとも主体的な行動か？」「これはシナジーだろうか、妥協だろうか？」「この状況はＷｉｎ－Ｗｉｎなのか、Ｗｉｎ－Ｌｏｓｅなのか、それともＬｏｓｅ－Ｗｉｎなのか？」「最優先事項を優先するのか、優先しなくてもよいことを優先するのか？」「手段を思い描くことから始めるのか、終わりを思い描くことから始めるのか？」といった問いかけを、他者にも、自分にもすることができるのです。これらの言葉で表現される原則と概念を深く理解し、実践することによって、根本から文化が変わった組織や家庭の実例をたくさん知っています。

九．誠実さは忠誠心よりも大切です。というより、誠実は忠誠心の最高位のかたちである、と言ったほうがよいかもしれません。誠実とは、原則を中心にして生活することです。中心に据えるのは、他人でも組織でもありません。家族ですらありません。あくまでも原則です。誰でも自分が抱えている問題の根を見つめれば、「それは他者に受け入れられることなのか（あるいは政治的に受け入れられるのか）、それとも正しいことなのか？」と自分に問うことになります。正しいと思うことをせず、他人や組織に忠誠であることを優先していたら、誠実とは言えません。その場では他者に受け入れられ、好かれるかもしれないし、忠誠心を得られるかもしれません。しかし誠実さを欠いていたら、やがてはその人間関係にヒビが入るでしょう。たとえば誰かの関心を買いたいために、その場にいない人の悪口を言ったとしましょう。そこでは相手と意気投合したように見えても、その人はあなたが別の場所で自分の悪口を言うのではないかと思うはずです。ある意味では、第1から第3の習慣は誠実さを表し、第4から第6の習慣は忠誠心を表しています。誠実さと忠誠心は完全に一体なのです。誠実であれば、いずれは他者の忠誠心を得られます。しかし最初に忠誠心を求めようとしたら、それと引き換えに誠実さを捨てることになるでしょう。好かれるよりも信頼されるほうがよいのです。人を信頼し、尊重することこそが、愛を生み出すのです。

一〇.「7つの習慣」を実践するのは、誰にとっても大変なことです。「7つの習慣」の全部を毎日きちんと実践できている人などいないでしょう。それどころか、どれ一つとして実行できない日もあるはずです。実際、理解するのは簡単でも、日々実践するのは大変なことです。「7つの習慣」は常識です。しかし常識だからといって、必ず実行できるとは限らないのです。

「7つの習慣」の中で身につけるのが一番難しいのはどれでしょうか?

第5の習慣ですね。とても疲れているときや、自分が正しいと確信しているときなどは、本気で相手の話を聴こうとしてもできません。聞くふりをすることさえあります。理解しようと思って聴いているのではなく、どう返答しようか考えながら聞いているのです。これではいけません。私自身、「7つの習慣」の全部を実践するのは大変です。悪戦苦闘の毎日です。どれ一つとして制覇できていません。「7つの習慣」というのは、完全には習得できない人生の原則だと思います。もうそろそろ到達かと思ったら、まだまだ道は続いているというような感じです。知れば知るほど、自分にはまだわかっていないことが多いのだと思い知らされるのです。

私は、大学で受け持っている学生に評価をつけるとき、五〇%は彼らがしてくる質問の内容、あとの五〇%はその質問に対する彼ら自身の回答の内容で評価しています。こうすれば本当の習熟度がわかるからです。

これと同じように「7つの習慣」も上向きの螺旋のようなものと言えます。

もっともレベルの高い第1の習慣は、一番下のレベルにある第1の習慣とはまるで異なります。最初のレベルで主体的である習慣を実践するのは、せいぜい刺激と反応の間にあるスペースを意識できるくらいです。次のレベルでは、仕返しはしない、やり返さない、というような選択ができるようになるでしょう。次のレベルでは、

成長の螺旋

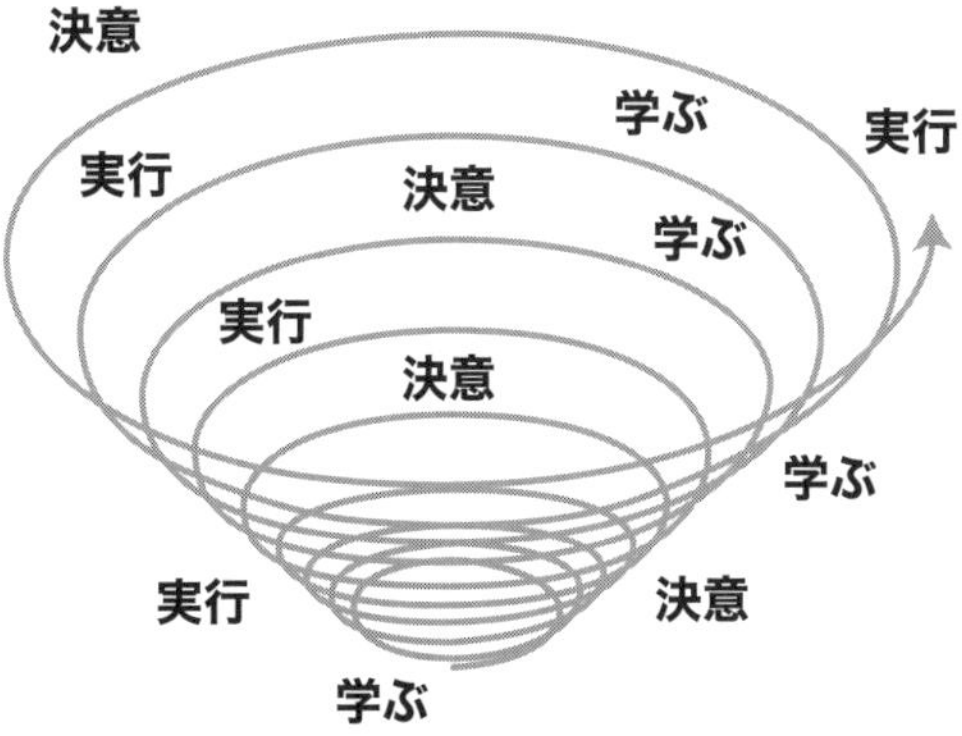

許しを求めるようになります。そして次のレベルでは他人を許せる。その次は、親を許せる。さらに次は、すでに亡くなった親を許せる。そして次のレベルで、他者に腹を立てないことを選択できるようになるのです。

有名になって、何か影響はありますか？

いろいろとありますね。個人的には光栄なことだと思っています。教師としての立場から言えば、謙虚にならなくてはいけないと思います。これらの原則のどれ一つとして、私が考え出したものではありません。私個人が高い評価を受けるべきではないことを強く自覚しなくてはなりません。謙虚な人間とみられたいから言っているのではありません。そう信じているから言っているのです。私は皆さんと同じように真実を追求し、理解したいと思う一個人です。私は師ではありません。そのように呼ばれたくありませんし、弟子が欲しいとも思いません。私は、人々が自らの心の中にすでに持っている原則を師とし、良心に従って生きられるように促しているだけなのです。

人生をやり直せるとしたら、実業家としての自分をどう変えたいですか？

そうですね、もっと戦略的に、先を見て主体的に行動を選択したいですね。緊急の用事に埋もれて、空中に飛び交ういくつものボールに対応していれば、その時どきにどの場所に立てばよいのかわかっていて、何にでもうまく対処できる人間に見えるものです。しかし実際には、自分の置かれた状況や行動パターンを深く考えているわけではなく、そのときの自分の役割や職務で満たすべき基準をよく考えて設定しているわけでもありません。自分の行動を戦略的に選択する。つまり、その瞬間に受けるプレッシャーに対応するのではなく、長い目で見て主体的に行動すれば、いずれ大きな果実が得られると私は確信しています。ある人がこんなことを言っています。「強く望んでいることは、いとも簡単に信じられる」ですから、自分の人格と能力の両方を深く見つめなくてはならないのです。どちらかに欠点があれば、その欠点がいずれは人格にも能力にも表れることになります。トレーニングや能力開発研修も大切ですが、自分の行動は自分で選択するほうがはるかに重要なのです。

人生をやり直せるとしたら、親としての自分をどう変えたいですか？

日頃から打ち解けて話す時間をもっと持ち、親として子どもたちの成長の段階に合わせて、非公式なWin－Win実行協定を結びたいですね。私は仕事で家をあけることが多いので、つい子どもたちを甘やかしてしまい、Lose－Winの結果になってしまうことが少なくありません。理にかなった健全なWin－Winの合意を見出せるように、それにふさわしい関係を築く努力を日頃からもっとすべきだと思っています。

テクノロジーはビジネスの環境をどのように変えていくのでしょうか？

スタン・デイビスが「インフラストラクチャーが変わると、何もかもが揺れ動く」と言っています。まったくそのとおりだと思います。しかも、技術的なインフラはすべてのものの中心にありますから、良い流れも悪い流れも加速させます。だからこそ、人間的な要素がますます重要になると確信しています。高度な技術をうまく使うには人間性が不可欠です。テクノロジーの影響力が増せば増すほど、そのテクノロジーをコントロールする人間性が重要になるのです。とりわけ、テクノロジーをどう利用するかは文化的な背景を踏まえて決めていかなくてはならず、そこには必ず人間性が求められるのです。

『7つの習慣』は、国、文化圏、世代、性別を超えて世界中に広まりましたが、驚いていらっしゃいますか？

イエスでもあり、ノーでもあります。これほどまでに世界的な現象になるとは予想していませんでしたし、この本で使われている言葉のいくつかがアメリカの風物にもなりました。その意味では驚いています。しかし、この本に書かれていることは二五年にわたってテストし、効果を確かめました。そもそも原則に基づいているのですから、うまくいくと確信していました。その意味では驚くことではないですね。これらの原則は私が考え出したものではありません。普遍の原則なのです。

「7つの習慣」を子どもたちに教えるにはどうしたらよいでしょう？

アルベルト・シュバイツァーは、子育てには三つの基本ルールがあると言っています。第一に、手本を示す。第二に、手本を示す。第三に、手本を示す。私もそのようにしたいと思いますが、とてもそこまでいきませんね。そこで私が考える三つのルールは、「第一に手本を示す。第二に愛情深く思いやる関係を築く。第三に、『7つの習慣』の基本的な考え方を子どもの言葉でわかりやすく教える」というものです。「7つの習慣」の基本と用語を理解させ、自分自身の体験を原則に従って進めていく方法を教えるのです。自分の生活の中で、どのような原則と習慣を実践できるのか教えてあげればよいと思います。

私の上司（配偶者、子ども、友人）にぜひとも「7つの習慣」を実践してほしいのですが、この本を読むように勧めるにはどうしたらよいと思いますか？

あなたがどれほどその人のことを思っているか本人に伝わらなければ、あなたの忠告には耳を貸さないでしょう。あなた自身が信頼される人格を磨いて、その人と信頼関係を築く。そうして、「7つの習慣」が自分にとってどのように役立ったか話して聴かせれば、耳を傾けてくれるはずです。その後、タイミングを見計らってトレーニングプログラムに誘ったり、本をプレゼントしたり、機会をとらえて基本的な考え方を教えてあげたりすればよいでしょう。

経歴をお聞かせください。また、どのような経緯から『7つの習慣』を書くに至ったのですか？

若い頃は父の跡を継いで家業に就くものだと何となく思っていました。しかし、ビジネスよりも教えることやリーダーを育てる仕事のほうに面白みを感じました。ハーバード・ビジネス・スクールで学んでいたとき、組織で働く人間に強く興味を持ったのです。後にブリガム・ヤング大学でしばらく経営学を教え、この分野のコンサルティング、アドバイス、トレーニングにも携わりました。その間、バランスのとれた一連の原則を順序だてて、リーダーシップとマネジメントの総合的な能力開発プログラムの開発に関心を持ったのです。これらがやがて「7つの習慣」となり、それを組織にも応用していくうちに、原則中心のリーダーシップという概念に発展していきました。私は大学を辞め、あらゆる組織の経営者のコンサルティング、トレーニングを専業にする決心をしました。

原則中心のリーダーシップについては、『7つの習慣』、その他の拙著に具体的に書いていますが、しばらくして、この考え方は私自身のものにとどまらず、はるかに大きなものであることが明らかになりました。原則中心のリーダーシップというメッセージを広め、定着させるために何らかの組織を立ち上げなければ、私の死後、このメッセージの大切さ、普遍性が失われていくと危惧しました。

そこでコヴィー・リーダーシップ・センターを設立しました。この会社が後にフランクリン・クエストと合併しフランクリン・コヴィー社となりました。フランクリン・コヴィー社のミッションは、原則中心のリーダーシップを応用し、世界中の人々、組織、社会の偉大さを引き出すことです。現在、フランクリン・コヴィー社は世界一五〇カ国以上で活動しており、そのミッション、ビジョン、価値観、パフォーマンスを誇らしく思っています。私が願っていたとおりのことが行われています。最も重要なことは、フランクリン・コヴィー社の仕事が私個人に依存していないことでしょう。ですから、私がこの世を去ったあともずっと続いていくはずです。

成功の方程式があると主張する人に対して、どう思われますか？

二つあります。まず、原則あるいは自然の法則に基づいた主張であるなら、私もそれを学びたいですし、他の人たちにも推薦します。次に、基本の原則や自然の法則を違う言葉で表現している場合もあるでしょう。

『7つの習慣』は今も通用しますか？　一〇年後、二〇年後、一〇〇年後も通用するでしょうか？

変化が大きくなるほど、そして私たちを取り巻く課題が厳しくなるほど、これらの習慣が重要になります。なぜかと言えば、私たちの問題や痛みは普遍的なものだからです。そして問題は増え、痛みも強くなっています。歴史を通して生き残り、繁栄する社会に共通する普遍的な原則、時代を超えて不変にして自明の原則に基づいた方法でなければ、これらの問題は解決できません。これまでもそうでしたし、今もそうです。今後ともそうなのです。これらの原則は私が考え出したものではありません。私の手柄でもなんでもありません。私はこれらの原則を見出し、体系的な枠組みとしてまとめただけです。

原則のことをよく話されていますが、原則がそれほど重要なのはなぜですか？

公正、正直、敬意、ビジョン、説明責任、創造的協力といった原則が、私たちの生き方を支配しているからです。原則がコントロールしているのです。「あなたが自分の最高の希望をかなえ、最大の困難を乗り越えたいなら、あなたが求める結果を支配する原則、自然の法則を見つけ、それを実践しなさい」これは私がこれまでに学んだ教訓の中で最も奥深いものです。原則をどう実践するかは人によって大きく異なりますし、その人の強み、才能、創造力によって左右されます。しかし突き詰めれば、どのような努力においても、その成功を支配する原則に従って行動しなければ、努力が実を結ぶことはありません。

多くの人はそうは考えていません。少なくともそのように意識することはないでしょう。それどころか、原則に基づく解決策が、現代の大衆文化における一般的な行動や考え方とはまるで正反対である傾向が強まっています。たとえば、意見の違いや対立を考えてみてください。人は多くの共通点を持っていることも事実ですが、個々人の違いは計り知れません。考え方は人それぞれです。価値観や動機、目的は人によって異なり、ときにはぶつかりあいます。対立は、こうした違いから自然と起こります。私たちの社会は対立や意見の違いを競争的に解決しようとしますが、それでは「自分ができるかぎり勝つ」という態度にしかなりません。たしかに巧みな妥協からは多くの「良い」が生まれます。しかしお互いに許容できる中間点に到達するまで双方が自分の立場を譲るわけですから、どちらも本心から喜べる結果にはなりません。お互いの違いを最小公倍数まで落としてしまうとは、なんともったいない！創造的な協力という原則を解き放てず、お互いが最初に考えていたことよりも良い解決策を見つけられないのは、大きな損失なのです。原則中心のアプローチであれば、必ずより良い結果を生み出せます。

自分が残すレガシーのことを考えるべきだと日頃から教えていらっしゃいますが、あなたのレガシーは何になるのでしょう？

個人的には、家族に関わるものです。家族の幸福、家族一人ひとりが充実した人生を送ること、それが私の最大のレガシーになればと。家族以上に幸福感や満足感を与えてくれるものはありません。私にとって家族が一番大切なものです。ある賢明なリーダーが「どんな成功も家庭での失敗を補うことはできない」と言っていました。まったく同感です。実際、自分の家庭で行う仕事は、生涯にわたって行う仕事の中で最も重要なのです。家族以上に大切なものはありません。私たちが一般的に家族に注いでいる時間や配慮くらいでは、まだまだ足りません。職場では綿密な戦略を立てるのに何時間も費やさなくてはならないかもしれません。しかしそれは、家族の絆を強くする方法を考える数時間を惜しむ理由にはならないのです。

ただし、家庭での成功か、仕事での成功か、という二者択一は間違っています。「どちらか一つ」ではありません。きちんと考えて計画を立てれば、どちらでも成功できます。実際、ある一つのことで成功すれば、他のことでも成功できるのです。また、これまで家族をないがしろにしてきたとしても、その生き方を改めるのに遅すぎることはありません。

セミナーなどでよく「死の床で人生を振り返り、もっと多くの時間をオフィスで過ごせばよかったと思う人はいますか？」と質問します。手を挙げる人はいません。だれでも、愛する人、家族のことを思います。人はだれかのために生きるのであり、最期はその人のことを思うのです。

わが家の子どもたちも全員結婚し、配偶者と一緒に、貢献にフォーカスした原則中心の生き方をしようと努力しています。

職業人としてはどのようなレガシーを残したいですか？

フランクリン・コヴィー社を通して何百万人もの人たちが「7つの習慣」のトレーニングを受け、何千人もの人たちが自分の組織で「7つの習慣」を教える資格を認定される、これは私にとって本当にうれしいことです。フランクリン・コヴィー社がこれからも世界中のほぼすべての国で原則中心の新しいワールドクラスのプログラムを開発し、教えていくことも大きな喜びになるでしょう。

しかし私が職業人として残したい一番のレガシーは、子どもたちに対して行っている仕事です。それは「リーダー・イン・ミー」というプログラムで、世界中の多くの学校で取り入れられており、文字どおり何百万人もの子どもたち、彼らが通う学校、彼らの家族に影響を与えています（LeaderInMe.org を参照）。これらの学校では、大人も子どもも全員が「7つの習慣」という共通言語を学びます。目標を設定し達成する方法、対立を解決する方法、創造的に考え行動する方法、人前で話す方法、人を出迎える方法を学びます。選択という天賦の才があること、被害者になる必要はないこと、機械の歯車になる必要はないことを学ぶわけです。

子どもたちがこれらの原則をしっかりと身につけて成長し、他者に対して果たすべき義務を真剣に考えられる市民に育ったら、どんな未来になるか想像してみてください。そのような未来は実現可能なのです。

それが私のレガシーになればと願っています。

「7つの習慣」が人々に影響を与え続けているのはなぜですか？

「7つの習慣」は、個人が最善の自分を見出し、そのとおりに生きることを手助けするからだと思います。人は、特に若い人たちは、「7つの習慣」として具体的に示されている原則の力を直感的にとらえ、心の奥底で、近道ではない道を歩みたいと思うようになります。あまりにあわただしい世の中で自分を見失っている人は、自分自身の運命を自分の手に取り戻したいと思うようになります。

昨今は「なりすまし」をめぐる事件が多発しています。財布やクレジットカードを盗まれ、個人情報が悪用されるのはおそろしい犯罪ですが、それよりもひどい「なりすまし」は、じつは自分が何者なのかを自分自身が忘れてしまうことです。だれもが計り知れない価値と可能性を持っていて、それは人との比較の問題ではないことに気づかず、他の人よりもどれだけ優位に立っているかが自分の価値やアイデンティティだと思い始めたら、それは深刻ななりすましです。真の成功のために対価を払うことを嫌がり、近道を選んでしまう文化にどっぷりつかっていると、本当のアイデンティティが失われます。家族の中で、友人との関係で、職場で、私たちは常に人工的なセルフイメージに囚われています。鏡を発見したとき、人間は魂を失い始めました。本当の自分よりもイメージを気にするようになり、社会的な鏡の産物となったのです。アイデンティティと価値の中心が、自分の内面から外へと移動したのです。

7つの習慣によって、本当の自分自身を取り戻すことができます。本当の自分を思い出せるのです。自分の人生には自分が責任を持つ、自分の選択には他のだれでもない自分が責任を持つのだということに、改めて気づくことができます。自分が考えること、行うこと、あるいは抱く感情は、自分が選択したことであり、自分以外のだれかにそうさせられているわけではないのです。

一番重要な最後のメッセージは「クレッシェンドの人生を歩む」だとおっしゃっていますね。どのような意味ですか？

あなたが行う最も重要な仕事は、いつもまだ先にある、という意味です。常にその仕事への決意を深め、取り組みを広げ続けなければなりません。そもそも引退という考え方は間違っています。会社員を引退することはできるでしょうが、有意義なプロジェクトや貢献を引退することなどありえません。

「クレッシェンド」は音楽用語で、だんだんと強くボリュームをアップして演奏するという意味です。人生にたとえれば、自分の強みをもっと発揮し、もっと努力することです。その反対は「ディミヌエンド」で、だんだんと弱く、ボリュームを下げて演奏するという意味です。人生にたとえれば、受け身になって後退し、何事も無難にすませ、ぶつぶつと愚痴をこぼしながら生きることです。

クレッシェンドに生きよう。そう考えながら生きなければなりません。あなたが何を成し遂げていても、あるいはまだ何も成し遂げていなくても、行うべき重要な貢献があるのです。バックミラーに映る過去の自分を見続けていたい気持ちを振り払いましょう。希望を持って前を見なければなりません。私は今、娘のシンシアと書いている次作の『Live Life in Crescendo（クレッシェンドに生きよう）』の出版が楽しみでしかたがありません。

あなたが何歳であろうと、人生のどの段階にいようと、「7つの習慣」に従って生きていれば、あなたの貢献が終わることはありません。より良いもの、より高次のものを常に追求して生きていくことができます。次の魅力的なチャレンジ、より深い理解、より親密なロマンス、より有意義な愛。過去の成功を思えば満足感にひたれるかもしれません。しかし次の大きな貢献はいつもまだ先にあるのです。築くべき関係があり、奉仕すべきコミュニティがあり、絆を強くすべき家族があり、解決すべき問題があり、習得すべき知識があり、成し遂げるべき偉大な仕事があるのです。

娘のひとりから「『7つの習慣』を書き上げたのだから、世界に影響を与える仕事は終わったんじゃない？」と尋ねられたことがあります。私の答えに娘はギクっとしたことでしょう。「自分を過大評価するわけじゃないが、私の最高の仕事はまだ先にあると思っているよ」

スティーブン・R・コヴィーは、二〇一二年七月一六日、七九歳で亡くなった。約一〇件の執筆プロジェクトに精力的に取り組んでいたさなかの死であった。一般的な意味での引退はせず、それどころか最後まで「クレッシェンド」に生きた。その思想の影響は、加速がつくように世界中に広まり続け、児童・生徒、企業経営者、普通の人々の人生を変えている。コヴィーの最高の仕事はまだ先にある、私たちはそう確信している。

付録

APPENDIX

付録A さまざまな中心から生まれるものの見方

あなたの人生の中心がここにあるとしたら	人生を形成する要素をこのように見ている：配偶者	家族	お金	仕事	所有物
配偶者	・自分のニーズを満たす最大の源	・それなりに良いもの ・夫婦関係よりも大切ではない ・夫婦が協力して築くもの	・配偶者を養うために必要なもの	・配偶者を養うためのお金を稼ぐ手段	・配偶者に感謝の気持ちを表したり、喜ばせたり、あるいは操ったりする手段
家族	・家族の一員	・もっとも優先すべきもの	・家族を経済的に支えるもの	・目的を達成する手段	・家族の楽しみを増やすもの
お金	・金儲けの助けになる、あるいは邪魔になる存在	・お金のかかる存在	・心の安定と充足感を得る源	・お金を手に入れるために必要な活動	・経済的な成功の証
仕事	・仕事の助けになる、あるいは邪魔になる存在	・仕事の助けになる、あるいは邪魔になる存在 ・仕事の大切さを教えるべき対象	・重要度はそれほどでもない ・一生懸命努力した証	・充足感と満足感をもたらす最大の源 ・最高の倫理	・仕事の効率をあげる道具 ・働いた成果
所有物	・主たる所有物 ・所有物を手にするために力を貸してくれる人	・自分が利用し、搾取し、支配し、管理する所有物 ・世間に誇示する所有物	・所有物を増やすために欠かせないもの ・管理している所有物の一つ	・地位、権威、評価を得る場	・ステータスシンボル

娯楽	・愉快に生きるためのパートナー、あるいはそれを邪魔する存在	・娯楽を得るための手段、あるいは障害	・娯楽を得る機会を増やす手段	・目的を達成する手段 ・楽しい仕事ならOK	・楽しみの対象 ・楽しみを増やす手段
友人	・友人にもライバルにもなる ・社会的ステータスシンボル	・友人にもなれば、自分の友人関係を妨げる障害にもなる ・社会的ステータスシンボル	・経済的・社会的な財をもたらす源	・社交の場	・友情を買う手段 ・友人をもてなしたり、楽しく付き合うための手段

あなたの人生の中心がここにあるとしたら ＼ 人生を形成する要素をこのように見ている	娯楽	友人	敵	教会	自己	原則
配偶者	・お互いの関係を強める活動、そうでなければ関心はない	・配偶者が親友、あるいは唯一の友人 ・夫婦共通の友人しか友人ではない	・配偶者は自分を敵から守ってくれる人、あるいは共通の敵を持つことが夫婦関係の基盤であり、絆を強める	・夫婦で一緒に楽しむ活動 ・夫婦関係ほど重要ではない	・自分の価値は配偶者次第 ・配偶者の態度や行動に大きく影響を受ける	・配偶者との関係を築き維持していくための理念
家族	・家族全員でできる活動、そうでなければあまり関心はない	・家族ぐるみで付き合える友人、あるいは競争相手 ・家族の絆をおびやかす存在	・家族にとっての敵 ・家族の結束力を強める存在 ・家族の絆をおびやかす存在	・家族の力の源	・家族の大切な一員だが、自分よりも家族のほうが大切であり、家族に従う	・家族の強い絆を維持するルール ・時と場合によっては家族のために原則を曲げる

お金	仕事	所有物	娯楽	友人
・金がかかる、あるいは経済的負担	・時間の無駄 ・仕事の邪魔	・物を買ったりクラブの会員になったりすること	・人生の最大の目的 ・満足感を得られる最大の源	・いつも友人と楽しむこと ・主に社交の場
・経済力や影響力を基準にして選ぶ	・職場の同僚や利害を共有する人 ・基本的には要らない	・自分のもの ・利用できる存在	・遊び仲間	・自分の幸福に必要不可欠な存在 ・仲間の一員であること、受け入れてもらうこと、仲間に好かれることが何よりも重要
・経済面でのライバル ・経済的安定を脅かす存在	・仕事の妨げになる存在	・泥棒など、財産を奪う人 ・自分よりも財産を持っている人、名声の高い人	・真面目すぎる人 ・楽しむことに罪悪感を持つ人、楽しみをぶち壊しにする人	・自分の仲間以外 ・共通の敵を持つことが友情を強める
・節税対策に利用する ・自分からお金をかすめとっていく存在	・自分の会社のイメージアップに役立つ存在 ・時間をとられる ・人脈を広げる場	・「私の教会」というステータスシンボル ・自分の所有物に対して不当な批判をする存在	・融通がきかず、娯楽の妨げになる存在 ・罪悪感を押しつける存在	・社交の場
・自分の価値は資産価値で決まる	・自分の価値は仕事上の役割で決まる	・自分の価値は所有しているものによって決まる ・自分の価値は社会的地位や名声によって決まる	・快楽を追求するための道具	・自分の価値は友人との付き合いによって決まる ・拒絶されたり、人前で恥をかいたりすることを恐れる
・お金を稼ぎ管理するのに役立つ考え方	・仕事の成功につながる考え方 ・仕事の状況によっては原則を曲げる	・所有物を増やすのに役立つ考え方	・満たさなければならない自然の欲求や本能	・人とうまくやっていくための基本的な法則

あなたの人生の中心がここにあるとしたら	人生を形成する要素をこのように見ている 配偶者	家族	お金	仕事	所有物
敵	・自分に賛同してくれる人、あるいは敵の身代わりにして感情のはけ口にする相手	・逃げ場（気持ちの支えになってくれる）、あるいは敵の身代わりにして感情のはけ口にする	・敵と闘うための手段、あるいは敵よりも優位に立つための手段	・逃避先、憤慨を晴らす場	・敵と闘うための手段 ・味方を確保する手段 ・逃避、逃げ場
教会	・奉仕活動の仲間、協力者、あるいは自分の信仰の強さが試される存在	・教義に忠実に生きていることを世間に見せるための存在、あるいは自分の信仰の強さが試される場	・教会の活動や家族を支える手段 ・奉仕活動や教義よりも優先させたら邪悪なもの	・現世で生きるために必要なもの	・現世で所有するものはほとんど価値がない ・重要なのは世間体やイメージ
自己	・所有物 ・自分を満足させ、喜ばせてくれる存在	・所有物 ・自分のニーズを満たしてくれる存在	・自分のニーズを満たしてくれる源	・自分のやりたいことをする機会	・自分の価値を決め、自分を守り、自分を高めてくれるもの
原則	・お互いが満足できる相互依存の関係を築くパートナー	・友人 ・奉仕、貢献、自己実現の場 ・世代を超え、脚本を書き直し、流れを変える人になる機会	・重要な優先事項や目標を達成させてくれるリソース	・自分の才能を有意義に発揮できる場 ・経済的なリソースを確保するための手段 ・他の用件との時間的バランスを考え、人生における優先事項や価値観との調和をとりながら自分の時間を投じる	・さまざまなことに使えるリソース ・適切に管理すべきもの ・人のほうが重要

あなたの人生の中心がここにあるとしたら	あなたの人生を形成する要素に対する見方					
	娯楽	友人	敵	教会	自己	原則
敵	・次の闘いに備えるための休養	・精神的な支え、同調してくれる人 ・共通の敵がいるから友人になる場合もある	・憎しみの対象 ・自分が抱える諸々の問題の根源 ・自己弁護や自己正当化を助長する刺激	・自分を正当化する源	・被害者意識 ・敵に縛られ、身動きがとれない	・敵にレッテルを貼ることを正当化してくれるもの ・敵が間違っていることを証明する根拠
教会	・組織のメンバーと集まるのは「罪のない」娯楽 ・それ以外の楽しみは罪深く時間の無駄だと決めつける	・同じ教会のメンバー	・無神論者、自分の教会の教義に賛同しない人、教義に反した生き方をしている人	・生き方の指針を示してくれるもっとも重要な存在	・自分の価値は、教会での活動、寄付、教義を実践する度合いによって決まる	・教会が説く教え ・教会の教義のほうが重要
自己	・自分が得て当然の満足 ・「私の権利」 ・「私のニーズ」	・「私」を支持し、「私」に必要なものを提供してくれる人	・自分の立場を明確にし、自分を正当化するための源	・自分の利益を追求する手段	・自分は他者よりも善人で、頭がよく、正しい ・自分が満足するためなら何をしてもよい	・自分を正当化するための根拠 ・自分の利益と一致する考え方。自分のニーズに合わせて変えてもかまわない

原則
・原則中心の生き方では、あらゆる活動に喜びを見出せる ・バランスがとれ一貫性のあるライフスタイルでは、娯楽も重要な部分である
・相互依存の生き方のパートナー ・分かち合い、助け合い、支え合う親友
・他者を「敵」とみなすことはない。パラダイムや目標が自分とは異なる人に対しては、理解しようと努める
・正しい原則を学ぶ場 ・奉仕や貢献する場
・人は誰しも唯一無二の才能に恵まれた創造的な個人であり、自分自身も同じである。皆が自立し、同時に相互依存の関係を築いて協力し合えば、大きな成果を達成できる
・不変の法則。これに反すれば必ず報いがある ・尊重すれば誠実な生き方ができ、本当の意味での成長と幸福に結びつく

付録B
職場で実践する第Ⅱ領域の一日

ここでは、第Ⅱ領域を重視するパラダイムがビジネスでどれほど大きな影響を与えるか理解するために、具体的な状況を設定して分析し、演習を行ってみよう。

あなたが大手製薬会社のマーケティング担当役員だと仮定しよう。あなたは今出社したところであり、いつもと同じような一日が始まろうとしている。その日に待ち受けている仕事の予定を見て、それぞれの仕事にどれくらいの時間がかかりそうか見積もる。

仕事のリストは次のとおりだが、優先順位はまだつけていない。

一　本部長と昼食をとりたい（一時間〜一時間半）
二　来年度のメディア予算を策定するよう昨日指示された（二〜三日）
三　「未決箱」の案件が「既決箱」のほうまであふれている（一時間〜一時間半）
四　先月の売上高について販売部長と話し合う（四時間）
五　秘書から早急に書くよう言われている手紙が数通ある（一時間）
六　デスクにたまっている医療雑誌に目を通したい（三〇分）
七　来月に予定されている販売会議でのプレゼンテーションを準備する（二時間）

八　製品Xの前回出荷分が品質管理に引っかかったという噂を耳にした
九　食品医薬品局の担当者が製品Xについて電話がほしいとのこと（三〇分）
一〇　午後二時から役員会があるが、議題は不明（一時間）

第1、第2、第3の習慣で学んだことを応用して、どのようにスケジューリングすれば一日を有効に使えるか考えてみてほしい。

Appointment Schedule

6	
7	
8	
9	
10	
11	
12	
1	
2	
3	
4	
5	
6	
7	
8	
9	
10	
11	
12	

この演習では一日のスケジュールを計画するので、第四世代の時間管理に不可欠な一週間単位のスケジューリングは省いている。とはいえ、一日一九時間のスケジュールを立てるだけでも、第Ⅱ領域の原則中心のパラダイムがいかに重要であるかは理解できるだろう。

リストにある仕事のほとんどが第Ⅰ領域の用件であることは明らかだ。六番目の「たまっている医療雑誌に目を通す」以外は、重要で緊急な用件に思われる。

第三世代の時間管理テクニックを使うなら、優先度の高い順にA、B、Cをつけ、さらにAのグループの中で1、2、3というように順番をつけていくだろう。相手の都合や昼食にかかる時間なども考慮するはずだ。こうして、いろいろな事情を勘案して一日のスケジュールを立てるわけである。

第三世代の時間管理の考え方でスケジュールを組んでいる人たちの多くが、私が今説明したのとまったく同じアプローチをとっている。朝の時点でわかっている事情や状況を前提にして何時に何をするかを決め、その日の用件の大半を片づけ、少なくともその日のうちに手をつけるようにして、残りは翌日か別の機会にまわすようにするわけである。

たとえば、ほとんどの人は朝八時から九時の間に役員会の議題を確認して準備し、お昼に本部長と会う約束を取りつけ、それから食品医薬品局の担当者に電話を入れる。その後の一～二時間は、販売部長との話し合い、緊急かつ重要な手紙の処理、品質管理に引っかかったらしい製品Xの前回出荷分に関する噂の確認などに充てるだろう。午前中の残りの時間は、本部長との昼食会で話し合うことを準備したり、午後の役員会に備えて資料などを揃えたりする。あるいは、製品Xの噂や前月の売上に関して対処しなければならない問題が起これば、それらに時間がとられるかもしれない。

本部長との昼食会が終わってから午後の時間は、午前中に予定していた仕事で終わっていないものを片づけたり、他の緊急かつ重要な手紙を書いたり、「未決箱」にあふれかえっているものを整理したり、今日になってから入ってきた緊急かつ重要な用件に対応したりするだろう。

ほとんどの人は、来年度のメディア予算の策定と来月の販売会議の準備は、今日のように第Ⅰ領域の用件がたてこんでいない日にまわせばよいと考えるだろう。どちらも緊急ではなく、長期的な判断や計画が関係する第Ⅱ領域に入る活動である。医療雑誌もデスクに積み上げたまま、今日のところは手をつけない。これも第Ⅱ領域に入る活動であるし、予算の策定と販売会議の準備に比べても重要度は低そうに見えるからである。

何時に何をするかは人によって異なるだろうが、第三世代の時間管理の考え方はおおよそこのようになる。あなたは一から一〇までの仕事をどのようにスケジューリングしただろうか。第三世代のアプローチと同じだろうか。それとも第Ⅱ領域を重視する第四世代のアプローチで予定を組んだだろうか。

第Ⅱ領域を重視するアプローチ

今度は第Ⅱ領域を重視するアプローチでリストの仕事を一つずつ見ていこう。ここで紹介するのはあくまで例である。第Ⅱ領域に重点をおいたスケジューリングは他にも考えられるが、これから紹介する例では、このアプローチのポイントがよくわかると思う。

あなたが第Ⅱ領域の大切さをわかっている役員ならば、Ｐに関係する活動のほとんどが第Ⅰ領域に入り、ＰＣに関係する活動のほとんどが第Ⅱ領域に入ることは知っているはずだ。日頃から第Ⅱ領域に意識を向け、緊急事態が発生しないように早め早めに手を打ち、チャンスをつかめる態勢を整え、第Ⅲ領域と第Ⅳ領域の用事には勇気を持って「ノー」と言うこと、これが第Ⅰ領域の仕事を処理しやすく効率的に対応できるようにする唯一の方法であることも知っている。

●二時からの役員会──午後二時からの役員会については、出席する役員に議題が知らされていない。あるいは会議室に入ってから議事内容のプリントが配布されるのかもしれない。これはなにも珍しいことではない。しかし、これでは出席者は何の準備もできず、ろくに考えずその場で発言しなければならない。このような会議はきちんと段取りできておらず、主として第Ⅰ領域の問題に議論が集中する。しかも第Ⅰ領域の案件は緊急かつ重要でありながら、出席者はたいてい十分な情報を持っておらず、状況があやふやなまま議論が進むことになる。当然ながら、会議はたいした成果の上がらない時間となり、担当役員の独りよがりだけで終わってしまうものである。

ほとんどの会議で、第Ⅱ領域に入る案件は「その他」に分類される。「仕事の量は、完成のために与えられた時間をすべて満たすまで膨張する」というパーキンソンの法則のとおり、「その他」の議題を話し合う時間が残ることはまずない。時間が余ったとしても、第Ⅰ領域の案件で疲れ果ててしまっているから、「その他」を話し合う気力はほとんど残っていない。

そこであなたは、会議で第Ⅱ領域の議題をきちんと話し合えるようにするために、役員会をもっと効果的に進めるにはどうしたらよいか、会議の席で問題提起してみる。発言の時間は数分しかないかもしれないが、午前中の一～二時間をその問題提起の準備に充てることもできるだろう。次回の会議からは出席者が十分な準備をして臨めるようにすべきだと発言すれば、他の役員たちの注意を引くはずだ。全員が有意義なかたちで会議に貢献するためにも、毎回の会議の目的を明確にし、議題を前もって知らせておくことの重要性を指摘する。役員会の議長が最終的な議題を確認し、機械的に処理できる第Ⅰ領域の用件よりも、創造的な思考が求められる第Ⅱ領域の用件に時間を充てることも提案しておくとよいだろう。

さらに、議決内容とその実行期限を明記した議事録を会議終了後速やかに出席者に配ることも提案する。そうしておけば、次回の会議からは必要に応じてこれらの懸案事項も議題に含まれ、しかるべき時間を割いて討議できるようになるだろう。

リストの一〇番「二時からの役員会」一つとっても、第Ⅱ領域のレンズを通して見れば、やるべきことは多いのだ。主体的な人間でなければ行動は起こせないし、役員会の議題の準備をスケジュールに組み込むこと自体、果たして妥当なのかどうか検討してみる勇気も必要だ。このような提案を発言し、会議の場を険悪なムードにしないようにする配慮も要るだろう。

リストにある他の項目も、同じように第Ⅱ領域のレンズを通して見ることができる。ただし、食品医薬品局への電話はそうはいかないだろう。

- **食品医薬品局の担当者への電話**――食品医薬品局とのこれまでの関係を踏まえて、相手からどんなことを告げられても適切に対処できるように部下には任せず、自分で午前中に電話すべきだろう。相手の組織は第Ⅰ領域中心で動いているのかもしれないしあなたを指名しているからだ。

あなたは役員として自社の組織文化に直接働きかけられる立場にあるとしても、あなたの影響の輪は食品医薬品局の組織文化に影響を与えるほど大きくはなっていないだろうから、相手の要求には従うべきだろう。電話で告げられた問題がこれまで何度も発生した慢性的なものなら、第Ⅱ領域の考え方で再発防止策を検討する。ここでも、食品医薬品局との関係を良くし、あるいは問題の再発を防止する対策をとる機会とするには、あなたが主体性を発揮しなければならない。

- **本部長との昼食**――本部長と昼食をとるのは、リラックスした雰囲気の中で長期的な視点から第Ⅱ領域の問題を話し合えるまたとない機会である。これについても、午前中に三〇分～一時間ほどかけて準備できる。あるいは何も準備せず先入観を持たずに、本部長との会話を楽しみ、相手の話をまず注意深く聴くことにするのもよいだろう。どちらにするにしても、本部長との関係を良くする絶好の機会になる。

- **メディア予算の策定**――この二番目の項目については、メディア予算の策定に直接的に携わっている部下を二～三人呼び、あなたが承認のサインをすればよいところまで予算案を作成し、「完全なかたち」で提出するよう指示する。あるいは、いくつかの案を練らせ、それぞれの選択肢で考えられる結果も添えて提出させ、その中からあなたが選ぶようにしてもよいだろう。あなたが望む成果、ガイドライン、リソース、アカウンタビリティ、評価の結果を詳しく説明するには、たっぷり一時間はとる必要があるだろう。しかし、この一時間を使うことによって、それぞれに異なる視点を持つ担当者の能力を引き出せる。これまでにこのようにして仕事を任せたことがないなら、説明の時間はもっと必要かもしれない。彼らに予算策定を任せるのはなぜか、「完全なかたち」とはどのくらいのレベルなのか、彼らがお互いの意見を出し合ってシナジーを創るにはどうしたらよいか、複数の選択肢を用意するには何が必要かなどを丁寧に話しておく。

- **「未決箱」と「手紙の返事」**――未決箱があふれかえっているのを見てすぐに手を出したくなっても、ここはぐっとこらえて、今後は未決箱の整理や手紙の処理を秘書に任せられるように、三〇分～一時間とって、やり方を教えるとよいだろう。あなたの秘書が結果重視の考え方をしっかりと身につけるまで、トレーニングは数週間、場合によっては数ヵ月かかるかもしれない。しかし多少時間がかかってもやり方を教えておけば、秘書が手紙類や未決箱の中身に目を通し、内容によって自分で処理できるものは処理するようになる。判断のつかないものは優先度の高い順に並べ、あなたにしてほしいことをメモにして添付し持ってくるよう指示しておく。こうすれば、数ヵ月のうちには手紙類や未決箱の八〇％～九〇％は秘書が処理するようになる。あなたは第Ⅱ領域の活動に意識が向いていて、第Ⅰ領域の用事に忙殺されたくないのだから、この仕事は秘書に任せたほうがスムーズに運ぶだろう。

● **先月の売上高について販売部長と話し合う**——四番目の項目も第Ⅱ領域のレンズを通して見ることができる。話し合いに臨むにあたってはまず、販売部長とのこれまでの関係は第Ⅱ領域の考え方を土台にしていたか、お互いに合意した売上目標が第Ⅱ領域重視で設定されているかどうかをよく考えてみる必要がある。販売部長と話し合う内容についてはリストに何も書いていないが、第Ⅰ領域の問題だとするなら、その緊急の問題を片づけて終わりにせず、第Ⅱ領域のアプローチで問題の慢性的な原因に働きかけることができる。

秘書を教育しておいて、あなたが関与する必要のない用件は秘書のところで処理してもらい、あなたが本当に知っておかなければならない用件だけが上がってくるようにすれば理想的である。そのためには、販売部長をはじめ、あなたに報告義務のある部下たちに第Ⅱ領域の活動の重要性をよく説明し、あなたの職務はマネジメントではなくリーダーシップであることを理解させなくてはならない。そうすれば部下たちも、あなたを煩わせずに秘書とやりとりしたほうが問題を速やかに解決できることがわかってくるし、あなたのほうも、第Ⅱ領域のリーダーシップの仕事に時間を割けるようになる。

まず秘書に話を持っていくようにと販売部長に指示したら、販売部長が気を悪くするのではないかと心配ならば、第Ⅱ領域重視の考え方がお互いのためになることをよくわかってもらえるように、まずは販売部長との信頼関係を築くことから始める必要があるだろう。

● **医療雑誌に目を通す**——医療雑誌を読むのは第Ⅱ領域に入る活動であり、ついつい後まわしにしたくなる。しかし長い目で見れば、専門誌から最新の情報を仕入れていてこそ、役員という職責を果たす能力や自信を保てるのである。そこでたとえば、部下との会議の席で、医療雑誌を手分けして読むことを提案してみる。複数の雑誌を分担して読み、要点を会議で発表するシステムを確立するのである。さらに、全員が読んでおくべき重要な記事や論文はコピーして配ることもできるだろう。

●**来月に予定されている販売会議の準備**――七番目の項目に第Ⅱ領域重視の姿勢で臨むには、たとえばあなたの部下を何人か集め、セールス・パーソンのニーズを徹底的に分析するよう指示し、一週間か一〇日をめどに提案事項を完全なかたちにまとめて提出させる。そうすればあなた自身が部下の提案書を読み、販売会議でプレゼンテーションできるように手を加える時間もできる。あなたの部下たちは、提案書を作成するためにセールス・パーソン一人ひとりから不安やニーズを聴き出さなくてはならないだろうし、あるいは販売部門に会議の議事内容の原案を見せ、予定している議題が適切かどうか判断してもらい、会議の前に時間的余裕を持って最終的な議事内容を送付することも必要になるかもしれない。

なにも販売会議をあなた一人で準備する必要はない。さまざまな視点を持ち、販売活動の問題点も現場でよく知っている部下たちに任せることができる。彼らがお互いに建設的かつ創造的に話し合い、提案書を作成してあなたのところに持ってくるまで待っていればいいのである。部下たちがこういう仕事に慣れていないのであれば、あなたも何度か彼らのミーティングに顔を出し、なぜこのようなアプローチをとるのか、このように仕事を任せることで彼らにどんなメリットがあるのかを説明し、教育するとよいだろう。そうしているうちに、部下たちも長期的な視点に立ち、任された仕事を最後まで遂行する責任感が育ち、相互依存の関係を築いて力を合わせ、期限までに質の高い成果をあげられるようになるはずだ。

●製品Xと品質管理——最後に八番目の項目を見てみよう。製品Xが品質検査に引っかかったというものだ。第Ⅱ領域重視の姿勢で取り組むには、問題の原因が慢性的なものなのかどうか調査する。もし慢性的な原因があるなら、解決策の提案書をまとめるよう指示する。あるいは解決策をそのまま実施させ、結果を報告させてもよいだろう。

第Ⅱ領域に重点をおいて一日のスケジュールを立てると、あなたの時間のほとんどは、部下に仕事を任せ、教育し、役員会の準備をし、電話を一本かけ、生産的な昼食会に充てることになる。PCを長期的に育てるアプローチをとることによって、可能なら数週間で、長くても数ヵ月のうちには、第Ⅰ領域の用件ばかりをスケジューリングするような状態は解消するだろう。

付録Bをここまで読んできて、こんなのは理想論だと思っているかもしれないし、第Ⅱ領域を重視しても、第Ⅰ領域の仕事がなくなるわけがないと疑っているかもしれない。

たしかに、これが理想であることは認めよう。しかしこの「7つの習慣」の目的は、効果の上がらない人生を生きる人の習慣ではなく、効果的な人生を生きる人の習慣を紹介することであり、効果的に生きるというのは、理想的な生き方を目指すことに他ならない。

もちろん、第Ⅰ領域に時間を割かなくてはならないこともある。第Ⅱ領域を重視して最善のスケジュールを組んでも、そのとおりに実行できないことはあるだろう。だが、第Ⅰ領域の仕事を短時間で処理できる程度に減らすことならできる。第Ⅰ領域の緊急の仕事に一日中追いまくられて、体調を崩したり判断力が鈍ったりする心配はなくなる。

第Ⅱ領域重視のアプローチを実践するには相当な根気が必要となる。最初に挙げたような一〇個の項目のすべてを今すぐに第Ⅱ領域のレンズで見て対応するのは難しいかもしれない。しかし、その中の一つでも二つでもいいから、まずは取り組んで、あなただけでなく部下や同僚にも第Ⅱ領域のマインドセットを培っていけば、やがて大きな成果が表れるはずだ。

家族経営の会社や小規模な会社では、このようなデリゲーションは難しいかもしれない。だからといって、第Ⅱ領域のマインドセットが不要なわけではない。第Ⅱ領域を重視する意識を持って仕事を続けていれば、あなた自身の影響の輪の中で第Ⅰ領域の緊急かつ重要な用件を創造的な方法で減らせるようになるのである。

「7つの習慣」を実践した父へ　家族の追悼文

スティーブン・R・コヴィーの子どもたち
シンシア、マリア、スティーブン、ショーン、
デヴィッド、キャサリン、コリーン、
ジェニー、ジョシュア

モンタナでのあの日、一人の男性の命を救ったのが父の「刃を研ぐ」習慣であったことは間違いない。私たちは子どもの頃から、父が早朝、瞑想し、自分の著書を読み、運動をして、「日々の私的成功」のために努力している姿を見てきた。

あの日の午後、湖の美しい景色を楽しみながら、岸辺で静かに本を読んでいたとき、「助けて！」という悲鳴が聞こえた。父は、野生動物を探すためにいつも持ち歩いていたらしい双眼鏡を覗いた。すると湖に漁師の浮き輪が浮いており、誰かが氷のように冷たい水に沈みそうになりながら、必死にしがみついていたのだ。

父はすぐにジェットスキーに飛び乗り、浮き輪まで近づいて行った。浮き輪にしがみついていたのは泥酔した男性だった。父は男性をジェットスキーに引っ張り上げ、岸まで連れて帰った。それから近くのキャンプ場で男性の家族を探した。家族も酔っ払っており、男性がいなくなったことにまったく気づいていなかった。数

年後、父に助けられた男性は、この話を人生の転機として大勢の人たちに語った。誰が命の恩人だったのかは知らなかったものの、叫び声を聞いて助けてくれたことに感謝していた。

このことは、私たちの父スティーブン・R・コヴィーを象徴する出来事だ。父は、九人の子どもと五四人の孫だけでなく、『7つの習慣』に刺激を受けた多くの人々や組織にとっても「命綱」のような存在だった。父は常々、これらの習慣は、責任感、誠実さ、豊かさ、再生など不変の原則や自然法に基づくものであって、自分が考え出したわけではないと言っていた。その一方で、「必ずしも常識が一般的に行われているわけではない」とも考えていた。そのために父は、できるだけ多くの人に自分のメッセージを届けることに人生を捧げたのだ。

父が二〇一二年七月にこの世を去った後、私たち家族は、「人の可能性を引き出す」という父の生涯にわたる使命の大きさに気づいた。私たちの元には、目的のない人生、影響力のない企業リーダー、失敗した結婚、傷ついた人間関係、虐待といった苦境に直面したとき、父が投げた命綱によって救われたという電子メール、手紙、メモが世界中から何千通も寄せられ、訪問や電話もひっきりなしだった。これらの方々の体験談からも、原則を中心とした生き方により、父が文字通り何百万もの人々を鼓舞し、人の価値を認めることのできるたぐいまれな能力を持っていたことを改めて知ったのだ。

父は、「どんなときにも頼りになる男」であり、誠実な人生を歩んだ。生前、父は世界的なリーダーや国家元首に助言する機会を数多く持ったが、それは光栄なことであると同時に、責任の大きさも実感していたようだ。あるときのディスカッションで、グループの全員が当時の米大統領を批判するなか、父は一人沈黙を通した。この批判に加わらなかった理由を尋ねられた父は、「いつの日か大統領に影響を与える機会があるかもしれない。そのときに偽善者にはなりたくない」と答えた。数ヵ月後、その大統領が父を呼び、『7つの習慣』を二度読み終えたばかりであることを告げ、原則の適用について個人的に教えてもらえないだろうかと頼まれたそうだ。父は亡くなるまでに四人の米大統領を含む三一人の国家元首に面会した。

私たちの父は、何事にも自ら率先して手本を示した。その顕著な例が、長年にわたる研究の末に出版した『7つの習慣』だ。父はまさに「主体的」な個人以外の何ものでもなかった。子ども時代の私たちにとっては悩みの種だったが、言い訳をしたり、自分の問題で周囲の状況や友達、先生を非難したりすることは絶対に許されなかった。私たちはただ、「実現させる」か「別の反応を選ぶ」ように教えられた。とはいえ、私たちが被害者意識満々で他の人を非難することを母が時折許してくれ、父とのバランスをとってくれたのはとても助かった。

父の「RとI」(Resourcefulness＝知恵、Initiative＝率先力)は有名だった。あるとき、工事渋滞にはまり、飛行機に乗り遅れそうになったことがあった。これ以上待てないと判断した父は、タクシーを降りて車を誘導するから、車線が流れ始めたら自分を拾うようにと、タクシーの運転手に指示した。タクシーの運転手は驚き、「できるわけがない」と言うと、父は「まあ見てなさい!」と笑って答えた。父がタクシーを降りて車を誘導すると、車線は動き出した(その車線にいた他の車からはクラクションが鳴り、歓声が上がった)。タクシーの運転手は父を拾い、無事に空港に送り届けた。

私たち家族にとって父は、偽物の出っ歯を付けて扮装したり、トレードマークの坊主頭に突飛なかつらを被ったりして、初対面の人との会話を弾ませるような、とても気さくな人だった。あるとき、ゴルフに飽きて友人と水風船投げをし始め、コースから追い出されたこともある。また、私たちは父と一緒にエレベータに乗るといつもヒヤヒヤしたものだ。他に乗り合わせた人たちがいると、父はすぐに彼らのパーソナルスペースに侵入しながら、満面の笑みを浮かべて「皆さんは、私がなぜこの短い会議を招集したのか不思議に思っているかもしれませんね！」と明るい声で言い、自分の冗談にゲラゲラと大笑いする始末なのだから。

私たちは、他の人たちがどう思うかなど気にせず、父の明るいキャラクターを楽しむことにした。父は仮眠をとることでも有名だった。店や映画館、空港、電車、公園のベンチなどどんな場所でも、少し時間があれば必ず、上着を丸めアイマスクを付けて仮眠をとり、リフレッシュしていた。父の熱意は周囲にも伝わり、「今を生きる」の精神で生きること、「人生を存分に楽しむ」ことを私たちに教えてくれた。

父はいつも、仕事での成功に少なからず驚き、困惑し、自分の名声に奢ることなく、謙虚でいることを心がけていた。自分はこの素晴らしい仕事に仕えている身に過ぎないと考え、常に他の人たちや神を褒めたたえていた。自分自身の価値、信仰を決して恥じず、神が人生の中心にいれば、すべてがうまくいくと信じていた。父は私たちに、長い目で見れば、人として、あるいは組織として成功を維持する唯一の方法は、時代を超えた原則に従って生きることだと教えてくれた。

私たちの父は、有言実行を旨とし、自分の教えを実践するために本当に努力していた。思わず短気を起こしたときなどは、「カッとなってごめんね」「思いやりのないことをした。どうすれば仲直りできる？」と言って謝ったものだ。あたかも父が見た通りの良い人であるはずがないとでもいうように、「あのお父さんに育てられるのはどんな感じ？」と訊かれたことは一度や二度ではない。父は決して完ぺきな人ではなく、渋滞に巻き込まれたり、母の支度が終わるのを待っていたりしたときなど、努力してイライラを抑えていた。しかし、父の教えと生き方には少しも矛盾はなかった。

父は、皆さんが思った通りの人、こうであってほしいと願った通りの人だった。おそらくはこれが、私たちが父に贈ることができる最大の賛辞だろう。外では素晴らしい作家、教師であり、そして家では、夫、父としてもっと素晴らしい人だった。私たちは、外でも家でも変わらない父を愛していた。

父は、家族と過ごす時間を何よりも大切にしていたので、そのために時間を管理し、「最優先事項を優先」する習慣を実践していた。多忙で、出張も多かったにもかかわらず、誕生日やバスケットボールの試合など、私たちにとって本当に重要なことを忘れることはめったになく、ときには二年も前から計画を立てていた。

父は私たち一人ひとりとの一対一デートを実行して「信頼残高」を増やし、「人間関係においては、小事は大事である」の手本を示した。一瞬一瞬の大切さを教える名人で、私たちが取り組むすべてのことに真の原則を適用し、その場その場の感情ではなく、自分の価値観に基づいて判断しなさいと、私たちにいつも言い聞かせていた。たとえば、「人生はキャリアではなくミッションである」こと、他人に尽くすことが本当の幸せにつながることを教えてくれた。

父は私たちの母であるサンドラを心から愛し、五六年にわたり素晴らしい夫婦関係を築いた。週に数回、両親は互いに気持ちを通わせる儀式と称して、ホンダのバイクに乗り、「話ができる」ほどゆっくりと走りながら景色を楽しみ、一緒に過ごしていた。父が出張で家を空けているときでも、一日に二〜三回、互いに電話を掛けていた。私たちの両親は、政治から名著、子育てまでいろいろな話しをし、父は誰よりも母の意見を尊重していた。

父は何事も深く考えるたちなので、文章が理屈っぽくなるきらいがあった。母はそんな父の素晴らしいアドバイザーであり、「まあ、スティーブン、それでは難しすぎて、あなたが何を言いたいのか誰もわからないわ。もっとやさしい言葉で語りましょうよ」と言って、父の文章がわかりやすくなるように手助けしていた。父は母の意見をとても大事にしていた。私たちも親となった今、両親のＷｉｎ－Ｗｉｎの関係に驚かされ、二人が手に手を携えて送ってきた幸せな人生を思い、感無量だ。

父はリーダーシップを「他の人にその人自身の人間としての価値と可能性を明確に伝え、その人自身の目で見えるようにすることである」と的確に定義していた。父が亡くなった直後、非常に過酷な環境で育った男性からメッセージをいただいた。父が本当に追求していたことが伝わってくるメッセージだ。

「三〇年前、コヴィー先生が私のために二〇分のテープを作ってくださいました。人間としての私の価値を認めるメッセージが収められたテープです。それを今でも持っていることを、ご家族の皆さんに伝えたいのです。先生はテープの中で、神様が私を愛してくださっていること、私が大学に行けること、いつか自分の家族を持つ日が来ることなど、私のためにいろいろと話してくれました。以来三〇年間、私は毎日のようにテープを聞き、先生が私の中に見い出してくださったことすべてを実現しました。先生がいなければ、今の私はありません。ありがとうございました」

この『7つの習慣』の重要な記念日に、たくさんの称賛と、この本が影響を与えた何千もの組織、何百万人もの人たちとともに、スティーブン・R・コヴィーの子どもたちとして、「7つの習慣」を実践した父に賛辞を贈りたいと思う。皆さん自身、皆さんの家族、チームや組織、数えきれないほどの人々と理念にとって、父の人生と言葉はこれからも、溺れかけた男性に父が投げたような命綱であり続けると確信している。

私たちは今、激動の世界を生きているが、「7つの習慣」の普遍的な原則の意義は高まる一方であり、そのメッセージと影響を広める旅はまだ始まったばかりだと考えている。私たちはこれからもずっと、このような偉大な父―孫たちの大好きな呼び方では「パパ」――への感謝を忘れない。父の遺産は今も私たちの中に息づいている。父の偉大な精神、気持ちを鼓舞する教えに影響を受け、誠実な人生を生き、世界に貢献し、世界を変え、私たち一人ひとりが持つ偉大さを引き出そうとしているすべての人たちの中に生きている。

問題解決のための索引

この索引の目的は、深く根づいた問題を手っ取り早く解決する「応急処置」を見つけることではない。本書の中でこれらの問題を具体的に述べている箇所を参照し、深く洞察して、前向きに取り組んでいただきたい。

ここに挙げられているページは、『7つの習慣』の全体的、統合的なアプローチの一部であるから、個別にとらえるのではなく、全体の流れの中で理解し、実践して初めて効果がある。

個人の効果性

◉成長と変化

◉セルフ・リーダーシップ

人間関係における効果性

マネジメントの効果性

◉職場の人間関係

組織の効果性

◉質の高い組織をつくる

著者紹介　スティーブン・R・コヴィー

自分の運命を自分で切り拓くための奥深いアドバイスをわかりやすく教えることに生涯を捧げ、『タイム』誌が選ぶ世界でもっとも影響力のあるアメリカ人25人の一人に選ばれている。国際的に高く評価されるリーダーシップ論の権威、家族問題のエキスパート、教育者、組織コンサルタントとして活躍した。著書『7つの習慣』は全世界で販売部数4,000万部を超え（44カ国語に翻訳）、20世紀にもっとも影響を与えたビジネス書の1位に輝いている。他にも、『原則中心リーダーシップ』『7つの習慣 最優先事項』『第8の習慣』『子どもたちに「7つの習慣」を』『第3の案』などベストセラー多数。フランクリン・コヴィー社の共同創設者。ユタ州立大学商経学部終身教授、リーダーシップ学において同大学の名誉職ジョン・M・ハンツマン・プレジデンシャル・チェアに就く。妻、家族とともに米国ユタ州で暮らした。

https://www.franklincovey.com/stephenrcovey.html

訳者紹介　フランクリン・コヴィー・ジャパン

フランクリン・コヴィー・ジャパンは、『完訳7つの習慣　人格主義の回復』の翻訳のほか、戦略実行、顧客ロイヤリティ、リーダーシップ、個人の効果性の分野において、コンサルティングおよびトレーニング・サービスを個人や法人に提供している。
フランクリン・コヴィー社は、世界46都市に展開するオフィスを通して、147ヵ国でプロフェッショナル・サービスを提供している。米国では顧客に『フォーチュン』誌が指定する最優良企業上位100社のうち90社、同じく500社の4分の3以上が名を連ねるほか、多数の中小企業や政府機関、教育機関も含まれている。

https://www.franklincovey.co.jp

キングベアー出版について

キングベアー出版は『The 7Habits of Highly Effective People』を日本に紹介するために1992年に立ち上げた出版ブランドである。2013年に『完訳7つの習慣 人格主義の回復』として出版した。

現在、キングベアー出版は、『7つの習慣』の著者であるスティーブン・R・コヴィー博士が創設した米国フランクリン・コヴィー社との独占契約により、コヴィー博士の著作である『第8の習慣』『原則中心リーダーシップ』『7つの習慣 最優先事項』や、フランクリン・コヴィー社のコンテンツである『実行の4つの規律』『5つの選択』などを出版している。

キングベアー出版は『7つの習慣』を核にして、その関連コンテンツ、さらに、リーダーシップ、組織、ビジネス、自己啓発、生き方、教育といったジャンルの、海外の優れた著作物に限定して翻訳し、「変革を目指す組織」や「より良い人生を送りたいと考える個人」を対象に出版している。

キングベアー出版の事業会社である株式会社FCEパブリッシングはFCEグループの一員である。

http://fce-publishing.co.jp

FCEグループについて

“働く”と“学ぶ”が抱える問題をビジネスで解決し続ける企業家集団。「ビジネスパーソンが自分自身の強みを発揮して、イキイキと働く世界の実現」「未来を担う子どもたちが、人生を自ら切り拓く力を身につける」というテーマに向かって、子どもたちから社会人まで、幅広く人財育成・教育領域でのビジネスを展開している。

事業内容は、国内1,300社が受講する管理職向け「7つの習慣® Innovative Mind」研修と若手向け「7つの習慣® Next Leader」研修、実践を通して目標達成力を身に付けるトレーニング研修「xDrive」、全国500教室、2万人の子どもたちが受講するセルフリーダーシップ育成プログラム「7つの習慣J®」などを展開。その他、人材育成・研修事業、教育事業、RPA事業、外食事業など、幅広く展開している。

http://www.fce-group.jp

完訳 7つの習慣

30周年記念版

2020年10月1日　初版第一刷発行
2024年6月12日　初版第七刷発行

著　者　スティーブン・R・コヴィー
訳　者　フランクリン・コヴィー・ジャパン株式会社
装　丁　重原 隆
翻訳協力　坂本美鶴
編集協力　猪口 真
佐原 勉
発行者　石川淳悦
発行所　株式会社 FCE
キングベアー出版
〒163-0810
東京都新宿区西新宿 2-4-1 新宿 NS ビル 10 階
Tel : 03-3264-7403
Url : http://fce-publishing.co.jp

印刷・製本　大日本印刷株式会社
ISBN 978-4-86394-101-4

「7つの習慣」研修について

スティーブン・R・コヴィー博士が著した『7つの習慣』は書籍だけでなく、ワールドワイドでビジネスや教育の分野で研修プログラムとしても展開されている。

『7つの習慣』は組織においても有効である。厳密に言えば組織に「習慣」というものはなく、ノルマや行動規範のような組織文化、システム、プロセス、手順、これらが、組織の習慣となる。原則は組織の中で確実に作用しており、それが効果性を左右している。

そこで、企業とビジネス・パーソンを対象にした「7つの習慣」研修を開発・展開している。

また、コヴィー博士は、絆が強く幸福で効果的に営まれる家庭を築くことに『7つの習慣』の考え方を応用した『7つの習慣ファミリー』を著した。また、息子のショーンは、一〇代のニーズや関心事、問題に『7つの習慣』のフレームワークを当てはめた『7つの習慣ティーンズ』を出版した。

「7つの習慣」は家庭や学校においても効果を発揮することは自明であり、学校・塾／子ども向けの「7つの習慣」研修を開発・展開している。

いずれも「7つの習慣」を熟知した講師による研修を受講することで、確実に「7つの習慣」を身につけることができ、ビジネスや教育分野においても大きな効果を発揮することができる。

企業／ビジネス・パーソン向け研修

研修名	効果	問い合わせ先
7つの習慣® SIGNATURE EDITION4.0	米国フォーチュン100社の90%、グローバル・フォーチュン500社の75%に導入され、147ヵ国で展開している。個々人がリーダーシップを発揮し、人間関係や組織でのシナジーを創り出す。	フランクリン・コヴィー・ジャパン株式会社 https://www.franklincovey.co.jp
7つの習慣® innovative Mind	「7つの習慣」の原理原則を企業で実践すると、組織はどう変わるのか？事業の成長スピード鈍化させない組織をつくるための、中小企業の経営者・リーダー向けの「7つの習慣」研修。	株式会社FCEトレーニング・カンパニー http://www.training-c.co.jp

学校・塾／子ども向け研修

研修名	効果	問い合わせ先
リーダー・イン・ミー	リーダー・イン・ミーは、子どもたち向けのプログラムではなく、教員・保護者の意識改革や学校の問題解決を目的とした学校改革プログラムである。リーダー・イン・ミーを導入することで、授業をより効果的に実施できるようになる。	フランクリン・コヴィー・ジャパン株式会社 http://www.edu-franklincovey.jp
7つの習慣J®	小・中・高・大学生向けの「7つの習慣」プログラムである。全国の学校や学習塾でアクティブラーナーを育成する。	株式会社FCEエデュケーション http://www.fc-education.co.jp

キングベアー出版の本

情報社会に生きる知識労働者一人ひとりが身につけるべき習慣

完訳第8の習慣　「効果性」から「偉大さ」へ

スティーブン・R・コヴィー 著

定価：3,000 円＋税　四六判 640 頁　ISBN 978-486394082-6

『第8の習慣』は「自分のボイス（内面の声）を発見し、ほかの人たちも自分のボイスを発見できるように奮起させる」習慣である。新しい時代の中で、苦痛と不満の状態を脱し、生涯にわたって社会に関わり、貢献し、真の充足感を得るまでのロードマップを示してくれる。

原則に基づいたコンパスはリーダーに広い視野と方向性を示してくれる

7つの習慣原則中心リーダーシップ
成功を持続するリーダーの中心には原則があった！

スティーブン・R・コヴィー 著

定価：2,300 円＋税　四六判 496 頁　ISBN 978-486394060-4

2004 年発刊の『原則中心リーダーシップ』のリニューアル版。スティーブン・R・コヴィー博士が原則を中心に置いたリーダーシップの理論と手法を詳しく解説したリーダー必読の一冊である。

コンパスに基づいた最優先事項の実現方法を伝授

7つの習慣最優先事項
生きること、愛すること、学ぶこと、貢献すること

スティーブン・R・コヴィー／A・ロジャー・メリル／レベッカ・R・メリル 著

定価：2,200 円＋税　四六判 560 頁　ISBN 978-486394040-6

最も重要なことを実現する実行の原則が、15 年振りに完訳版として再登場！ どれだけ多忙でも、自分を見失わず、最優先事項を実行することができる。

キングベアー出版の本

「7つの習慣」を初めて学ぶ子どもたちや大人の頼もしい味方

ぼくに7つの習慣を教えてよ!

フランクリン・コヴィー・ジャパン 編著

定価:1,400円+税　四六判208頁　ISBN 978-486394037-6

ある小学校で行われた「7つの習慣」の授業を再現。イラストやわかりやすい演習も豊富な本書で学んで、子どもたちに「7つの習慣」を教えよう!

何をなすべきはわかっている。問題はどうやってするかだ!

実行の4つの規律
行動を変容し、継続性を徹底する

クリス・マチェズニー/ショーン・コヴィー/ジム・ヒューリング/竹村富士徳 著

定価:2,200円+税　四六判450頁　ISBN 978-486394064-2

本書は、日常業務などの竜巻に抗して戦略を着実に実行するために、組織に実行文化を定着させる原則と方法を明らかにする。

『実行の4つの規律』を図解でわかりやすく解説

図解でわかる　戦略実行読本

クリス・マチェズニー/ショーン・コヴィー/ジム・ヒューリング 著

定価:1,500円+税　四六判156頁　ISBN 978-486394027-7

『実行の4つの規律』をわかりやすく図解することで、誰でも4つの規律を実践できるようにしたワークブック。